北京师范大学区域经济学重点学科建设资助

北京师范大学资源经济与政策研究中心
北京师范大学资源学院
研究系列／资源经济与管理丛书／

资源开发地区转型与可持续发展
——鹰手营子矿区、灵宝、靖边转型案例

Transition and Sustainable Development for the Resource Exploitation Region

刘学敏 王玉海 李强 程连升 等编著

社会科学文献出版社
SOCIAL SCIENCES ACADEMIC PRESS (CHINA)

前　言

资源型城市和地区因自然资源开发而繁荣，也因资源枯竭而面临困境，转型是其必由之路。转型是一个世界性的难题，无论是德国的鲁尔、法国的洛林、日本的北九州，还是美国的休斯敦、洛杉矶等，转型都经历过长期艰苦的探索过程。每个城市或地区都有自己特殊的发展历史和转型背景，使任何一个转型都属于个案，只有经验可以借鉴、教训可以汲取，但绝不可照搬照抄。

中国有上百个资源型城市和地区，有些是伴随着近代工业的发展而形成的，更多的是新中国成立以后随着国家的工业化而形成和发展起来的。经过多年的高强度开发，资源逐渐枯竭，城市竞争力严重削弱，资源采掘、加工行业的下岗人员大幅增加，一些情况严重的城市的经济和社会状况已经举步维艰，可持续发展面临严重挑战。为此，国务院于2007年出台了《关于促进资源型城市可持续发展的若干意见》（国发〔2007〕38号，以下简称《若干意见》），提出加大对资源型城市尤其是资源枯竭城市可持续发展的支持力度，尽快建立有利于资源型城市可持续发展的体制机制，是贯彻落实科学发展观、构建社会主义和谐社会的要求，也是当前保障能源资源供给、保持国民经济持续健康协调发展的重要举措。

为落实上述《若干意见》，促进资源型城市可持续发展，2008年3月，国家发展和改革委员会确定了阜新、伊春、辽源等12个城市为首批资源枯竭城市；2009年3月，又确定了枣庄、黄石、淮北等32个城市为第二批资源枯竭城市。按照要求，这些资源型城市的可持续发展工作由省级人民政府负总责，并强调省级人民政府要切实加强对资源型城市可持续发展工作的领导和支持。同时，要求资源枯竭城市要抓紧制定、完善转型规划，提出转型和可持续发展工作的具体方案，进一步明确转型思路和发展重点，切实做好相关工作，用好中央财力性转移支付资金，为保增长、促协调，为全国资源型城市的经济转型和可持续发展探出一条新路。

北京师范大学资源经济与政策研究中心利用自己的优势，积极参与资源型地区转型和可持续发展的研究。本书就是在一般理论研究的基础上，就河北省承德市鹰手营子矿区、河南省灵宝市、陕西省靖边县的资源开发、经济转型和可持续发展进行案例研究，探索资源开发地区转型和可持续发展之路。

河北省承德市鹰手营子矿区是国家发展和改革委员会确定的第二批资源枯竭城市。在国家发改委的支持下，鹰手营子矿区人民政府和北京师范大学资源经济与政策研究中心联合成立了以刘学敏和王素芝为组长的转型规划编制组，在对鹰手营子矿区发展的历史、现状、面临的困境和发展的机遇进行认真分析的基础上，编制出《鹰手营子矿区转型与可持续发展规划》，并通过了河北省发改委在石家庄组织的评审和国家发改委在北京组织的评审。本书中的《河北省承德市鹰手营子矿区转型与可持续发展研究》是编制规划时的前期研究报告，参加写作的有：刘学敏、王玉海、程连升、李强、张彬、曹斐、王双、王珊珊、崔剑、邹波、陈哲。鹰手营子矿区政府各相关部门，尤其是经济发展局和转型办公室为本研究提供了大量的资料。

河南省灵宝市也是国家发展和改革委员会确定的第二批资源枯竭城市。在国家发改委的支持下，河南省灵宝市人民政府和北京师范大学资源经济与政策研究中心联合成立了以刘学敏为组长的转型规划编制组，经过一年多的努力，编制了《灵宝市资源枯竭型城市转型及可持续发展规划》，并通过了国家发改委在北京组织的评审。本书中的《河南省灵宝市转型与可持续发展研究》也是编制规划时的前期研究报告，参加写作的有：刘学敏、王玉海、程连升、李强、陈桂生、曹斐、敖华、张彬、王双、王珊珊、谷潇磊。河南省灵宝市发展和改革委员会以及各个部门、乡镇为本研究提供了大量的资料。

陕西省靖边县是中国西气东输的重要节点。近年来，油气资源开发带动了经济快速发展，使靖边从贫困县一跃而成为百强县，但在发展中也隐含着许多问题，诸如产业组织畸形、地方税源不足、收入差距过大、水资源强约束等。2010年是"十一五"规划的收官之年，也是"十二五"规划的筹划之年。为谋划靖边未来发展，切实编制出高质量、高水平的"十二五"规划，中共榆林市委常委、靖边县委书记马宏玉和北京师范大学常务副校长史培军教授就共同合作开展《靖边县"十二五"规划总体思路》研究达成一致意见。基于此，北京师范大学成立了以史培军教授为组长、刘学敏教授为副组长的专家组。经过深入研究，专家组提出，"跨越·调整·转型"是未来靖边发展的主题。本书中的《陕西省靖边县转型与可持续发展研究》是为完成规划总体思路而形成的研究报告。参加研究和写作的有：史培军、刘学敏、王玉海、李强、曹斐、敖华、刘连友、于德永、叶涛、杨明川、杜士强、廖建辉、江冲、王珊珊。靖边县经济发展局和各个部门、乡镇为本研究提供了大量的资料。

在本书的各项研究中，借鉴了大量前人研究的结果。尤其是在实地调研中，许多实际工作者贡献了他们关于转型的思路，这是他们长期思考的结果，使我们的研究能够更加切合地方发展的实际。这也使我们深深感到，地方的转型和可持续发展不是少数政府官员关起门来就可以完成的，转型思路也不可能出自书斋，它只能来自于实践，需要广泛的公众参与才能完成。

作者

2011 年 3 月 5 日

目 录

第一章　资源开发地区的转型与可持续发展 …………………………… 1
　1.1　用唯物史观认识资源开发地区的转型 ……………………………… 2
　1.2　走出资源开发地区转型的认识误区 ………………………………… 5
　1.3　资源开发地区转型中的政府定位 …………………………………… 9
　1.4　资源开发地区企业的社会责任 ……………………………………… 14

第二章　河北省承德市鹰手营子矿区转型与可持续发展研究 ………… 19
　2.1　鹰手营子矿区资源开发的历史和产业演进 ………………………… 22
　2.2　鹰手营子矿区资源枯竭状况与发展困境 …………………………… 42
　2.3　鹰手营子矿区资源枯竭与转型机理分析 …………………………… 59
　2.4　鹰手营子矿区转型的内容 …………………………………………… 69
　2.5　转型的基本思路和目标定位 ………………………………………… 94
　2.6　转型的可能途径与重点任务 ………………………………………… 100
　2.7　鹰手营子矿区转型的主要对策 ……………………………………… 117

第三章　河南省灵宝市转型与可持续发展研究 ………………………… 125
　3.1　灵宝市的资源开发和产业演进 ……………………………………… 128
　3.2　主体资源枯竭和城市转型要求 ……………………………………… 144
　3.3　接替产业培育和经济转型 …………………………………………… 162
　3.4　社会转型和民生建设 ………………………………………………… 185
　3.5　生态环境转型 ………………………………………………………… 191
　3.6　转型的保障措施和政策建议 ………………………………………… 198

第四章 陕西省靖边县转型与可持续发展研究……205
4.1 靖边县概况……209
4.2 靖边县发展现状……210
4.3 靖边县未来发展面临的形势……239
4.4 靖边县可持续发展思路和目标……245
4.5 靖边县的经济转型……251
4.6 靖边县的社会转型……261
4.7 靖边县水资源保障与生态环境建设……266
4.8 靖边县转型与可持续发展的保障体系……271

第一章

资源开发地区的转型与可持续发展

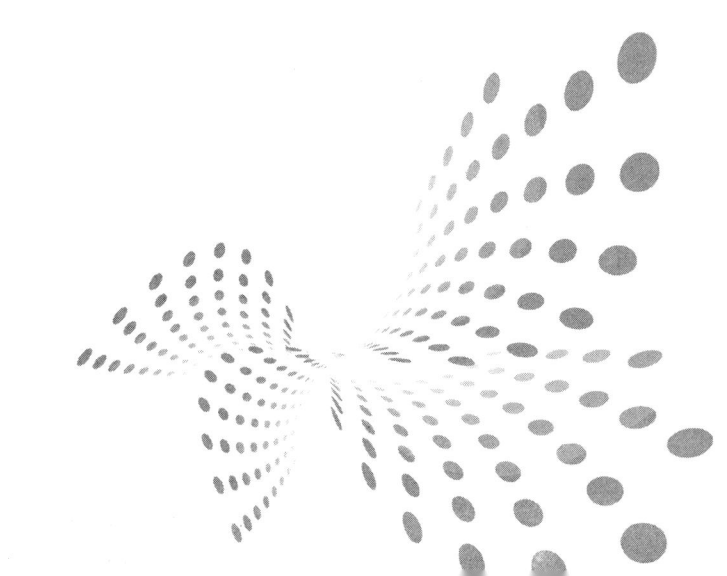

资源开发地区因资源而兴，也因资源枯竭而困。目前，我国众多的资源开发地区因不可再生资源枯竭而被迫转型。凤凰涅槃，浴火重生。能否实现华丽转身，为各方所高度关注。

1.1 用唯物史观认识资源开发地区的转型

资源开发地区因资源枯竭而被迫转型是一个世界性难题。对于中国而言，因在计划经济向社会主义市场经济的转型中，同时实现资源开发地区的转型，各种矛盾和问题交织在一起，使面临的问题和情况更加复杂。当前，人们在研究资源枯竭城市的转型时，常常把产业结构单一、城市功能不全、生态环境破坏严重等作为转型难以正常推进的障碍，更有甚者，直接指责资源开发地区计划经济的思维惯性、缺乏创新意识等，以致严重阻碍了转型的进程。对此，必须进行认真地、客观地评价和认识。

1.1.1 公正地看待资源开发地区的历史贡献

现实是历史发展的延续，也是未来发展的起点。所谓"观今宜鉴古，无古不成今"。对于资源开发地区现状的认识不能脱离历史的发展，不能绕开历史上曾经发生过的事情，这是认识问题的逻辑起点。只有这样，在寻求解决问题的办法时，才能避免误入歧途。

资源开发地区的形成大多在计划经济时期。面对新中国成立初期国家迫切需要工业化的现实需要，许多资源开发地区应运而生，进而形成资源型城市。在"先生产，后生活"、"重生产，轻生活"的指导思想下，资源开发地区无私奉献，为国家的工业化作出了巨大贡献。据不完全统计，新中国成立以来，资源开发地区为国家提供了93%的煤炭、90%以上的石油、80%以上的铁矿石、70%以上的天然气。作为国家确定的44个资源枯竭型城市之一的河北省承德市鹰手营子矿区，一个弹丸之地就曾经支撑了国家建设需要的1/4的铜。黑龙江省伊春市新中国成立60多年来为国家提供优质木材2.4亿立方米，贡献税金约70亿元，统配材差价300多亿元。新中国成立60多年，山西省总采煤为120亿吨，若用满载煤炭的火车一列接着一列，在地球上可以绕三圈。可以说，在共和国前进的道路上，资源开发地区坦荡奉献，留下了许多精彩华章。

不仅如此，由于中国区域发展极不平衡，新中国成立初期，仅有的民族工业也只集中于沿海地区，而广大西部地区近现代工业几乎为零，现代文明还没有渗透到中国的穷乡僻壤。为此，在落后地区资源型城市的迅速崛起，人力资源、技术和知识的大量涌入，为区域发展注入了巨大的活力，带动了整个区域经济和社会的发展。黑龙江的大庆、新疆的克拉玛依、四川的攀枝花、甘肃的白银等无不成为带动区域经济社会发展的火车头。即使是像江西萍乡这样的具有一百多年煤炭开采历史的资源枯竭城市，也与中国最早的民族工业的发展紧密地联系在一起，见证了张之洞创建的武汉汉冶萍公司的兴衰。

在计划经济条件下，国家遵循所谓"生产资料优先增长规律"，推行重工业优先发展的战略，以国家的行政力量人为压低所有重工业投入要素的价格，秉承"无偿调拨"、"统收统支"的原则和"资源无价、原料低价、产品高价"的行事方式，来支撑国家的快速工业化进程，使国家能够在长期笼罩着战争阴云的恶劣形势下，顽强地生存下来并取得举世瞩目的成就。对此，资源开发地区功不可没。由于实行的是计划经济体制，积累都属于国家并归国家支配，一切都上缴国家财政，地方和城市没有自己相应的积累，城市建设也完全依靠国家财政。何况，那时根本就没有生态补偿的概念和意识，因而也就不可能对矿区实行生态补偿。至于"可持续发展"这个 1987 年才由挪威前首相布兰特伦夫人在《我们共同的未来》中提出的概念，则就更不会顾及了。

但是，往事如烟，资源开发地区在计划经济时期铸就了辉煌，却在向社会主义市场经济转型的时期，主体资源枯竭了，主导产业衰落了，经济社会发展面临许多问题，呈现出不可持续发展的局面：产业单一、接续产业难以为继，城市发展缓慢、功能不全，产业工人技能单一、就业困难，生态环境问题严重，等等。这些问题的产生是历史原因造成的，在相当程度上是历史的产物，或者是历史问题在现实中的表现和延续，不能一味地、不公正地指责资源枯竭城市的干部职工缺乏进取和创新精神、存在计划经济的思维惯性。只有历史地、客观公正地看待资源枯竭城市存在的问题，才是历史唯物主义者应有的态度。

1.1.2 明确问题的责任主体

既然资源开发地区存在的问题是历史的产物，而历史的真实是这些地区支撑了国家的工业化，支撑了国家的经济社会发展，而当问题出现时，就应该明确责任主体，而不能完全由它们自己来承担这个沉重负担。事实上，资源开发地区自身也确实不堪这个重负。

1. 在生态建设问题上，要明确治理生态环境的责任主体

对于在计划经济时期造成的生态环境问题，由于国家（中央政府）是责任主体，则需要集中力量进行资源开发地区的生态环境治理。具体地讲，就是由中央政府在治理生态环境上专门预算，在深入研究、科学论证和系统规划的基础上，由政府成立专门的公司（专业的复垦公司）或者委托私人公司来进行生态修复和环境治理，注重市场化运作。

对于在从计划经济体制向市场经济体制过渡过程中，由中央所属企业在矿产资源开发中造成的生态环境问题和地方（省属）企业造成的生态环境问题，则明确责任主体，分别由中央和地方负责治理。同样，也要依市场化的原则，依托专业的复垦公司进行治理。

对于在经济过渡时期由集体或私人矿产资源开发造成的生态环境问题，由于是历史遗留的问题，而原有企业或许已经不复存在，依靠原有企业治理是不现实的，主要是由当时政府监管不力造成的，政府（中央政府和地方政府）是责任主体，应该主动承担起环境治理的责任。

对于现实中资源开发出现的问题，则要明确责任，在"保护中开发，开发中保护"，依据"谁开发，谁治理"的原则，由资源开发者治理；或者依据"谁开发，谁付费"原则，付费后由专业公司集中治理。

这样，对于历史累计和现实形成的环境问题，分别治理，责任明确，最终达到生态修复和环境治理的目的。由于是公司化、市场化运作，环境治理的过程就是国家资金进入资源开发地区的过程，就会创造出许多就业机会，带动当地经济的恢复和发展，在一定程度上化解社会矛盾。

2. 在城市建设和发展上，也要明确责任主体，尤其是"棚户区"改造的责任主体

棚户区是老矿区在建设过程中形成的，是特定的历史产物。几乎所有资源开发地区都有大片棚户区，这里房屋阴暗简易，没有暖气、厕所，地面脏乱差，基础设施薄弱，住房条件恶劣。连片的危旧房，狭窄的道路，破旧衰败的环境，改造任务异常艰巨。

譬如，在承德鹰手营子矿区，20世纪50年代末至60年代末，兴隆矿务局、寿王坟铜矿、涝洼滩煤矿、东风煤矿和胜利煤矿等国有矿山企业，在建矿初期将从事矿山采掘的工人安置住在附近的简易平房里。单身矿工家属探亲，为了一家人能够团聚，用石头、砖头、板皮、油毡依山就势搭建临时房。由于当时矿工待遇较高，农村生活条件较差，家属不愿回乡，日久天长定居下来。后来得到矿区和地方政府的默认，大部分家属进行农转非，矿工一人挣钱全家花，勉强维持度日。至90年代以后，企业亏损，生活困难，这些家属想回家务农，但已无地可种。由于这些房屋年久失修，维修资金短缺，地基下沉、墙体风化、碱化严重，墙皮大面积脱落，部分墙体屋顶出现裂缝。室外地面普遍高于室内地面，致使屋内潮湿阴暗，通风采光差，门窗严重破损，无法关闭。屋顶木架结构腐朽变形严重，造成防雨瓦破损，房顶塌落。

通常情况下，当矿山企业效益好时，也为职工兴建、分配过新房，但实际情况是一般只解决双职工住房。当资源日渐枯竭、企业陷于亏损之后，就无力解决这些职工的居住问题，而"棚户区"内的居民也因下岗失业等原因，无力从市场上购买商品住宅。

随着资源枯竭，一片片缺水、电、路等配套市政设施的"棚户区"成为城市中环境条件最差、贫困人口聚居的地方。所以，在资源开发地区，面临着高度城市化的假象。一方面，城市化率很高，城镇居民在总人口中比重很高；但另一方面，下岗失业率高，城市基础设施建设严重滞后，许多居民没有享受到现代城市文明。近年来，国家非常关注资源开发地区的"棚户区"改造问题，"棚户区"改造成为国家最庞大的安居工程。然而，问题依然严峻。由于这些问题本身是历史的产物，所以必须历史地看待。

与生态环境问题不同的是，城市建设尤其是"棚户区"的改造政策性很强，涉及每位居民的切身利益，一定要明确责任主体。由于"棚户区"的形成既有国家的原因，也有城市自身发展的原因以及居民个人的原因，存在多个责任主体，因此，应该由各个责任主体来分担历史责任。

作为中央政府，要专门设立改造基金，支持资源开发地区的"棚户区"改造；同时，通过就业援助和培训等，使这里的居民能够就业和获得收入，提高劳动力的流动性，使其从单一的劳动技能中走出来，能够适应市场经济的冲击。通过中央政府的支持，使一部分资金进入资源开发地区的城市建设和"棚户区"改造，对于这些城市和地区进行反哺，这实际上也是对其过去长期贡献的一种补偿。作为地方政府，积极筹资和融资，以市场化的方式推进城市建设和"棚户区"改造。作为历史上"棚户区"形成的又一主体，居民户更要积极筹资和配合政府的"棚户区"改造。由于政府的就业支持和培训，居民能够获得持久的收入，为最终走出"棚户区"奠定基础。只有各个责任主体协调努力，才能最终消除"棚户区"这个资源开发地区的顽疾，促进城市的可持续发展。

1.2 走出资源开发地区转型的认识误区

由于在整个中国经济发展中占有重要地位，资源开发地区的转型为政府和学界高度关注。然而，在转型问题上，存在许多认识上的误区，而要推进资源开发地区成功转型，首先必须走出误区，正确地认识转型。

1.2.1 资源开发地区转型不仅是产业转型

资源开发地区因资源枯竭，原有主导产业衰退，呈现矿竭城衰的衰败景象。如何使资源开发地区和城市再次焕发生机，人们往往把注意力放在了选择新的主导产业上，更多地关注产业转型和接续产业发展，各个地方政府也无一例外地把重点放在产业转型上，关注如何延长原有产业的链条，发展跟进产业；注重发展与原有产业不相干的产业，在原有产业体系中植入新的产业。应该说，资源开发地区的转型，首先是产业转型。非如此，不能支撑经济的发展和人民生活水平的提高，不能解决由此引发的许多社会问题。但是，仅仅有产业转型，不能涵盖转型的全部内容，也不足以解决资源开发地区面临的全部问题。

事实上，除了产业转型外，资源开发地区转型还包括：一是城市转型，把原来矿城合一的城市形态转变为功能综合的城市形态，使城市按照自身的发展规律演进；二是生态转型，把原来资源开发所造成的生态环境问题，通过生态修复和环境治理予以解决，实现可持续发展；三是体制转型，由于资源开发地区和城市在形成和发展中与计划经济体制高度相关，在市场化改革中进程相对迟缓，所以，必须包含从计划经济体制向社会主义市场经济体制的转型；四是经济发展方式的转型，从粗放型的"高投入、高消耗、高排放、低产出"的发展方式，向集约型、循环经济、低碳排放的发展方式转型，这种转型是目前中国所有城市和地区、所有行业都面临的重要任务，理所当然也是资源开发地区和城市在转型中必须面对的任务。

由此看来，资源开发地区转型是一个复杂的系统工程，产业转型是核心内容，但不是转型的全部。这也就决定了转型不可能一蹴而就，它是一个长期的、非常艰巨的过程。中国单一的经济体制转型就花费了30余年，也才初步建立了社会主义市场经济体制，还需要在继续深化改革中完善体制，何况资源开发地区这种复杂的综合转型。即使是国际上比较成功的转型案例，如德国鲁尔工业区也经历了几十年的艰苦努力才实现了初步转型。因此，转型的最终成功，是一个长期的过程，必须要有长期转型的准备和打算。

1.2.2 资源开发地区转型很难建立一个完整的产业体系

通常，资源开发地区依托于某一种或某几种资源而产生，产业单一是制约其发展的重要因素。目前，在转型中各地方政府都试图构建一个完整的产业体系，试图建立一个"合理的"产业结构。

所谓产业结构是各产业的构成及各产业之间的联系和比例关系。决定产业结构的因素主要有需求结构（中间需求与最终需求的比例、消费水平和结构、消费和投资的比例、投资水平与结构等）、资源供给结构（劳动力和资本及其相对价格、资源禀赋）、科技因素（科技水平和科技创新发展能力、速度以及创新方向等）、国际经济关系的影响（进出口贸易、引进外国资本及技术）等。产业结构的演化

即产业结构高级化，它是经济发展重点或产业结构重心由第一产业向第二产业和第三产业逐次转移的过程，标志着经济发展水平的高低和发展阶段、方向，这就是通常所说的配第—克拉克定理。

问题在于，这种所谓"合理的"产业结构和"配第—克拉克定理"对于一个国家来说是正确的，对于一个小的区域是否正确。这里存在一个逻辑错误：对于整体是正确的结论对于部分却是错误的（即分析谬误）；对于部分是正确的结论对于整体却是错误的（即合成谬误）。可见，对于资源开发地区接续产业发展，虽然客观上存在一个结构问题，但不必拘泥于各产业的比重，要以可持续发展为目标，在考虑区域产业协调的基础上，依托自身优势（技术优势、文化优势、资源优势）而形成自己的产业结构，这就可能出现"一业独大"的问题，不必去刻意追求所谓"合理的"产业结构。

值得一提的是，从目前的情况看，许多资源开发地区的转型规划，在塑造未来接续产业发展时都无一例外地把旅游业甚至娱乐业作为重要产业，但是，无论这些产业表现出如何具有吸引力，资源开发地区产业转型成功必须要有实体经济的发展作为基础和支撑。

1.2.3 资源开发地区转型的动力源不仅仅是政府

毫无疑问，由于大多数资源开发地区从产生到发展都与计划经济体制密切相关，而计划经济下的"资源无价、原料低价、产品高价"原则，使资源开发地区缺乏必要的资本积累，可以说，造成资源枯竭而接续产业又无法跟进在相当程度上是体制的原因，这就使政府尤其是中央政府理所当然地成为"责任主体"。从实际情况看，资源开发地区和城市单纯依靠自己的力量根本无法实现转型。况且，作为一个负责任的政府，当区域发展和人民生活面临困难的时候，也应该义无反顾地承担起自己的责任。因此，资源开发地区转型的推动者和动力源首先应该来自于政府（中央政府和地方政府）。从目前国家确定的44个资源枯竭城市的转型看，政府无疑都扮演了重要角色。

然而，在一个最终要建成社会主义市场经济体制的制度框架下，仅仅依靠政府的力量是不够的，还必须依靠市场的力量。因为在市场经济下，市场机制是配置资源的基础，决策分散，利益导向，市场决定了经济活动的走向。因此，对于资源开发地区的转型和接续产业成长，政府是外部重要的推动力量，而市场的力量才是内生驱动的。未来接续产业是政府选择的结果，更是市场选择的结果。只有经过市场的洗礼，选择的接续产业才是有生命力的。

从目前各资源开发地区转型时的接续产业选择上，到处都能看到政府参与的影子和痕迹，政府官员到处跑项目、拉关系、"规划"产业，但恰恰忽视了市场在产业选择上的重要作用。从客观上看，由于资源开发地区曾经是计划经济的重要领域和传统"领地"，所有制结构单一，主体企业是大型国有企业，计划经济体制影响根深蒂固，体制改革与发达地区相比明显滞后，市场力量明显不足，这就决定了资源开发地区在转型时，体制改革的任务依然繁重。

1.2.4　不存在干部职工观念落后、思想保守问题

一些到过资源开发地区的领导和专家，在经过一段时期的调研和考察后，得出一个结论，这就是，资源开发地区和城市创新动力不足，原有国有大型企业的干部职工思想保守，观念落后，缺乏创新和冒险意识，再加之客观上技术单一，使适应市场经济的能力较差。因此，要创新观念，树立市场经济的意识，推动转型。

其实，思想意识和观念是社会存在的反映，任何一种观念和意识的存在，是在一定约束条件下形成的。的确，由于长期的计划经济体制，且改革进程滞后，尤其是国有企业改革仍然是目前改革的重点领域，因此，在资源开发地区计划经济体制影响依然深远，反映到人们的思维中，自然就会表现出处处依赖政府、忽视市场作用来推动转型的想法。

曾几何时，人们把发展中国家农民贫困归因于愚昧和拒绝采用新技术，而美国发展经济学家、诺贝尔奖得主舒尔茨研究发现，那里的农民虽然贫穷，但作出的资源配置却是有效的，即"贫困而有效率"，农民作为"理性"的生产者，在长期的试错改错过程中，配置其所拥有的传统生产要素时，具有很高的效率，符合理性"经济人"原理。他指出，只要给予适当的刺激，那里的农民就可以点石成金。他还用危地马拉的帕那加撒尔和印度的塞纳普尔两个实例对这一假说进行了初步检验。

看来，资源开发地区转型中所存在的问题，不是也不应该理解为思想保守和观念落后，而是一定制度约束下"经济人"的理性选择。所以，要改变这种状态，就必须进行制度变革，更多地引入市场机制，在新的制度约束下，人们就会有新的经济行为，创新的火花才能迸发出来。

1.2.5　把劳动力转移到农业生产中不是"倒退"

随着原有资源的枯竭，资源开发地区的主导产业处于衰退之中，譬如在甘肃省白银市，资源仅满足其冶炼能力的5%。由此，为了推进转型，一些城市和地区开始大力发展农业尤其是生态农业，从而使原来的采掘和冶炼工人转而从事农业生产，如辽宁省阜新市的转型等。对此，一些人认为这是从工业化向农业化的转型，

是一种"倒退",是资源枯竭城市的"逆转型"。

然而,对于这种现象,不应该从本本出发,而应该从资源开发地区发展的实际出发。从理论上看,产业发展的总趋势是从第一产业向第二产业最后再向第三产业过渡,这是配第一克拉克定理所揭示的一般规律。但这种一般性或者共性是在特殊性中实现的,共性寓于个性之中,共性只能在个性中存在。任何共性只能大致地包括个性,而任何个性并不能完全被包括在共性之中。因此,这就不能排除在个别情况下第二产业也会向第一产业转化。这不是违背一般规律,而是规律的一种实现形式。

其实,从实际发展来看,农业生产发展是资源开发地区转型中的一个现实选择。因为在技能比较单一的情况下,原来的工人从事农业生产具有较大的适应性,而且发展现代农业如观光农业、生态农业、有机农业等投资相对较小,这是在原有主导产业衰退之后新产业选择中成本最低且可以迅速启动的产业,在转型中具有重要的意义。

同时,通常情况下,资源枯竭地区在资源开发的历史上,都不同程度地产生了许多可供开发的废弃地,煤炭开发则还有许多可以复垦的矸石山,此外还有大量的闲置厂房可以利用。所以,发展现代农业也是修复生态和环境治理的过程,它不是要复古传统农业,不能机械地理解为"逆转型",更不能理解为历史的"倒退"。

1.3 资源开发地区转型中的政府定位

资源开发地区的转型中,政府(包括中央政府和地方政府)都扮演着重要角色,从而准确定位政府的职能和作用具有非常重要的意义。

1.3.1 政府是资源开发地区转型的启动者和推动者

资源开发地区在面临枯竭、出现诸多社会问题后,需要进行转型;即使在资源开发和资源产业上升阶段,也应该谋划转型。然而,通过何种力量促进转型,却非常重要。对于中国来说,政府包括中央政府和地方政府应该成为转型的启动者和推动者。

如前所述,由于长期实行高度集中的计划经济体制,资源开发地区为了推进中国的工业化和形成完整的国民经济体系作出了巨大的贡献和牺牲。中国资源开发地区与西方市场经济国家不同,国外的资源开发地区和城市在市场经济下,通过以原料为基础的贸易使那里的利益流失,而在中国却是通过计划经济下政府的无偿调拨和不合理的产品差价关系使那里的利益流失。

从发展历史上看，这些资源开发地区所经历的两个阶段都非常不利。第一阶段是"计划经济下的发展时期"，这时的城市和产业都处于上升时期，但计划经济体制使它们沦为仅仅是一个生产者的地位，没有也不可能有积累以支撑未来的转型，城市的一切都在国家的掌控之中，一切都不需要筹划；第二阶段却是"市场经济下的转型时期"，当可以发挥资源优势发展经济的时候，资源枯竭了，社会负担沉重，被迫进行转型。

基于这样的特殊情形，单纯依靠资源开发地区的自身力量实现转型是非常困难的，必须要有外部力量的介入和支持。为此，在资源开发地区的转型中，作为能够协调各方利益的中央政府，就应该义无反顾地主导转型，成为转型的启动者和推动者。

事实上，对于我国的中央政府而言，已经就此做了大量的工作。国务院颁发了《关于促进资源型城市可持续发展的若干意见》（国发〔2007〕38号）；国家发展和改革委员会基于此，先后于2008年公布了首批12家资源枯竭城市名单、于2009年公布了第二批32家资源枯竭城市名单。对于列入名单的城市（地区），中央财政给予财力性转移支付资金支持。这些政策是非常必要和及时的，也取得了一定的效果。然而，对于列入名单的城市和地区则仍然采取了一种类似于计划经济下无偿给予的方式，没有个案地根据每个城市资源枯竭的程度、资源类型、转型难度、转型环境以及历史贡献等进行测算和评估，没有引入市场经济的评价方法和机制，因而就不可避免地采取了整齐划一的"一刀切"的方式，这在一定程度上削弱了政府支持和推动转型的力度。

不仅如此，列入资源枯竭城市名单从而获得中央政府财政资金的支持，固然是由于资源枯竭、城市发展遇到障碍，但从目前国家对于资源枯竭城市名单的确定来看，在一定程度上也是地方政府游说中央政府的结果。

当然，地方政府同样也是转型的启动者和重要推动者。资源枯竭、矿山关闭、企业停工和转产、职工失业、贫富差距拉大，尤其是社会问题的出现，任何一个负责任的政府都不应该漠视之。地方政府积极推进转型，其目的是要解决各种社会问题，而只有城市和地区的经济获得发展，才能为社会问题的解决提供必要的财力支撑。

1.3.2 政府是后资源型城市和地区的规划者和设计者

资源开发地区的转型目标是突破资源约束，最终破解难题，实现城市和区域的可持续发展，走向后资源型城市和地区。对此，政府应该成为后资源型城市和地区的规划者和设计者。后资源型城市和地区的设计和规划要本着产业高起点的原则，

由于其他城市也面临着经济发展方式转型和产业升级，资源开发地区要充分发挥后发优势，把城市和产业转型作为发展的机遇，积极推进转型。

政府首先要基于未来城市的定位来规划和设计转型目标。要充分研究资源枯竭以后城市未来的走向，最终目标是实现城市和区域的可持续发展。在转型目标上，长期以来人们受教条主义和本本主义的束缚，这就是，把现有的综合性城市作为转型目标，而没有考虑资源枯竭城市和地区发展的实际。事实上，目前国家确定的44个资源枯竭城市情况各异，面临的问题千差万别。有些可以朝着综合性城市的方向发展，而有些根本就不具有发展成综合性城市的基本条件和环境。有些城市生态环境脆弱、水资源短缺，尤其是在西北干旱半干旱地区，按照既有的观念和理论，这些城市永远也无法转型。因此，转型目标的确立不存在一个固定模式，它要依据转型城市的实际来确定。

同时，政府要设计后资源型城市和地区的产业体系，这是未来城市实现可持续发展的根基。同样，破解资源开发地区转型之谜，也不应该拘泥于既有的模式，要创新观念，大胆尝试。譬如，地处西北戈壁滩的克拉玛依市依石油而立，产业高度集中于石油化工及相关产业。按照转型为综合性城市的先验模式和构建一个所谓"合理"的产业结构，则永远也不可能转型，因为不存在转型的条件和外部环境。然而，克拉玛依市试图破解石油资源的约束，通过利用源源不断的国外（哈萨克斯坦、吉尔吉斯斯坦等）油气资源供给，通过中国北方石油化工基地的建设，来实现可持续发展和城市转型。这里，虽然还是单一的石油化工产业，依然依靠石油资源，城市也还是原来的油城，但因突破约束条件，就可能不再是传统意义上的资源型城市了。

1.3.3 做好资源开发地区转型需要总体制度设计

资源开发地区因开发不可再生的自然资源而形成了严重依赖资源的产业体系。由于客观存在一个开发极限问题，当资源枯竭或当受资源开发技术约束和资源开发经济不合理时，就会造成产业衰退，从而被迫进行转型。为此，这就需要对资源枯竭城市的转型和发展进行统筹规划，做好整体上的制度设计和安排。

从目前的情况看，各个历史时段对于资源开发地区和城市都没有做好整体上的制度设计和安排，从而国家的相关政策有头痛医头、脚痛医脚之虞。

在新中国成立以后实行计划经济的时期，为了支持国家的建设和发展，资源开发城市作出了巨大贡献和牺牲。那时，对于国家来说，需要更多的资源和物质产品；对于个人来说，一切都由国家解决，没有后顾之忧。按照当时的理解，在社会主义条件下不存在商品货币关系，全社会按中央机关的统一计划来生产，把全社会看成是一个大车间。由此，对于资源开发城市的发展在全社会范围内计划安排，不必由自身积累来发展。

改革开放以后，国家逐渐推行市场经济体制，社会经济逐渐由计划经济向社会主义市场经济转型，原来支撑资源开发地区发展的国有企业面临重重困难，需要在改革中求生存、求发展。在经济转型时期，许多原来的资源开发地区资源已趋枯竭，而一些新的开发地区，也因市场利益驱动，民资活跃，再加之政府"有水快流"的指导思想，造成资源开发中环境污染、生态破坏，又有一些地区面临着资源枯竭和城市转型。从目前情况看，主要问题是：在地区层面上，许多地区和城市仍然没有注意到资源枯竭以后的转型问题，在发展的高峰时期转型成本最低，却没有转型的意识，不注重积累，而有些已经枯竭的城市和地区没有走出"恋矿情结"，试图在寻求新的资源，仍然要以资源开发作为未来产业发展的支撑；在国家层面上，政府缺乏宏观规划和统筹安排，对于资源型地区和城市总体上的规模、每个区域的具体情况心中无数，缺乏整体上的制度设计。

根据国际上资源枯竭城市成功转型的经验，转型的时间跨度有时甚至需要50～100年，因此，这就必须要有整体上的设计和规划。

1. 要对资源开发地区和城市的资源开发、产业体系、生态环境和城市发展情况有一个整体的了解，做到心中有数

目前，中国有因资源开发而形成的资源型城市上百个，但这些城市和地区各自处于资源开发的哪个阶段，是初期、成长期、成熟期还是枯竭期，却不甚了了。除此之外，还有许多因资源开发而形成的资源型城镇，国家相关部门更是没有一个基本的数字。即使国家目前确定的44个资源枯竭城市的情况也各不相同。为了推进转型，中央政府必须对于资源开发地区的整体发展有更多的了解，个案地解决问题，这是确定转型时机的基础，也是实现成功转型的前提。

2. 政府既要做好资源开发地区转型的区域产业布局，还要有限参与产业的选择

目前，在资源开发地区城市和地区的接续产业发展上存在两个倾向。

其一是试图构建一个完整的产业体系，把目光盯在了国家支持的重点产业，如节能环保、新一代信息技术、生物、高端装备制造、新能源、新材料和新能源汽车等产业上，甚至完全不注意发挥所在地区和城市的文化、资源、技术等优势，结果可能形成的产业是没有竞争力的。

其二是政府过度参与，甚至越俎代庖，政府规划产业，不注意发挥市场机制的作用。实际的情况是，政府之手强，市场之手弱，在产业转型和区域经济发展时无法打出有力的"组合拳"。殊不知，在市场经济下，产业的形成既是政府的选择，更是市场的选择。离开市场的力量，选择的任何产业都是没有生命力的。所以，正

确的做法应该是，在国家宏观经济管理和区域产业布局之下，通过市场和政府的有机结合来选择接续产业，构建资源枯竭城市新的产业体系。

1.3.4 政府在转型中切忌过度参与

在资源开发地区的转型中，政府要作为启动者和推动者，要成为后资源型城市和地区的规划者和设计者，要注重制度建设和发展的环境建设。但是，应该明确一个总的原则，这就是中国的经济是社会主义市场经济，市场机制在经济活动和配置资源中起基础性的调节作用，政府绝不能在转型中过度参与，更不应对于企业的活动越俎代庖。

政府的过度参与主要表现在，一些地方政府包揽了转型的所有事务，几乎完全排斥市场的作用。在转型过程中，一些政府主要领导者甚至提出违背可持续发展和国家产业政策的要求，如提出要允许污染型、高排放产业进入转型城市，国家的转型扶持应该是降低产业进入门槛等。

政府的过度参与会造成不良后果。因为在转型中政府虽然居于主导地位，但具体投资和项目的进入却要依据市场的原则。市场的导向作用就在于，它由市场主体来分散决策，从而风险也分散负担。如果政府决策，则就会使风险过于集中于政府。这不仅不符合市场经济的原则，而且一旦发生投资失误，就会造成政府债务，甚至导致政府"破产"。在我国目前，政府的软预算约束下，不存在政府"破产"之虞，但随着改革的深入、社会主义市场经济体制的进一步完善，将会使政府的预算约束硬化，债务的累积将会招致政府"破产"。政府的"破产"不同于企业破产，不是政府法人资格消灭、政府停止工作运转，当地方政府在无法偿付到期债务时就应当被视为破产，无力支付债务的地方政府可以通过债务重组、改组或重新筹集资金等方式解决债务问题，以寻找更有效的方式让政府摆脱财政危机。

在国外资源开发地区转型中，就出现过政府决策失误、债务过多的教训。在日本北海道的夕张市，煤炭资源枯竭后，为了减缓煤炭产业衰退造成的影响，通过政府举债的方式，大规模发展旅游业，结果因城市规模过小，消费能力不足，以及周边城市的竞争，使投资规模巨大的旅游设施难以发挥作用。譬如夕张滑雪场预计年吸引游客150万人，但实际只有游客50万人，60%的生产能力闲置；动物园和游乐园无人问津。政府的巨额投资非但没有获得预期的回报，反而背上巨额债务，超出政府的应债能力。

对于中国资源开发地区来说，转型必须先转变观念。由于资源型城市和地区通常是计划经济传统影响根深蒂固的地区，新体制生长的速度比较慢，与城市、产业转型问题同样严重的是体制转型任务也异常艰巨,因此,必须树立市场经济的观念,才能在转型一开始体制就朝市场经济方向推进。

在转型中,还要处理好中央政府和地方政府的关系。无论是中央政府还是地方政府,其目标都在于推进转型,都在于致力创造转型的良好环境,但在转型中它们扮演的角色关系毕竟存在差别。中央政府除了要进行必要的财力支持、产业引导、项目布局外,还要进行转型的科技支持,因为,只有提高产业和产品的科技含量,新生长的产业才会有竞争力,才能有发展潜力和前途。地方政府则更要注重解决转型中出现的社会问题,化解社会矛盾。在转型中,由于从原有产业中分离出来的劳动者通常文化程度低,职业替代性强,劳动供给弹性大,因而在劳动市场关系中常常会出现劳动用工不规范的情形,劳动者权益容易受到侵犯,这就迫切需要法律援助。同时,基于再就业劳动者受教育程度低的实际情况,政府要投入资金大力发展职业教育,促进职业的流动性和对新产业的适应性,促进矿区人力资源向人力资本转化。

总的来说,对于资源开发地区的转型,无论是中央政府还是地方政府扮演何种角色,都需要认真研究。介入过少,不足以支持转型;介入过度,则会损害市场的机能。所以,必须准确定位转型中的政府职能,使转型成本最低,城市能够平稳转型。

1.4 资源开发地区企业的社会责任

资源开发地区曾经为新中国工业化的快速推进奠定了基础,也为改革开放后中国经济的快速成长提供了支撑。然而,当人们把快速发展的中国比喻成一艘豪华超级邮轮时,长三角、珠三角和京津地区是亮丽的甲板,而资源开发地区如山西、陕北、内蒙古西部等则是为邮轮提供动力的锅炉房。可见,在中国经济中,发展与环境之间的矛盾已然非常突出,资源开发地区的可持续发展面临着严峻挑战。的确,在资源开发的过程中,许多企业(包括国有大型企业)只关注自身的利润,忽视社会责任,在资源开发地区造成了许多经济和环境问题,迫切需要在发展中予以解决。

1.4.1 企业在资源开发中造成的问题

1. 资源破坏和环境污染

资源开发中造成资源破坏和环境污染,主要是在石油开采中造成水资源的破坏和污染、煤炭资源开发中造成塌陷和耕地资源的毁坏等。按照国家相关规定,依据"谁破坏,谁恢复"的原则,除了修复土地外,还要补偿相关损失。然而,中国的自然资源归国家所有,而土地分国家所有和集体所有两种,企业尤其是国有企业在开发资源的过程中,毁坏了土地这种农民赖以生存的最基本的生产资料,尽管国家有一些补偿的相关规定,但在现实操作中补偿却难以实现。在陕北某地,对于煤炭资源开发在 20 世纪 80 年代确定的补偿标准为每吨煤 0.2 元,因农民嫌少,拒绝领取,致使这种补偿就拖延下来,迄今未能兑现,也就谈不上补偿。不仅如此,在分散的农户与国有大型企业进行谈判时,农户之间协调成本高,即使能够一致行动,也仍然处于弱势地位。在有些地区,地方政府出面协调农户与国有企业的关系,但因地方政府的行政级别远低于国企的行政级别,因而有时也表现得无能为力。

2. 工业化和城镇化的背离

在资源开发地区,国有大型企业的植入,在地方原有的经济活动和经济结构中嵌入了工业化的因素。随着资源开发,资本、设备和先进技术的进入,使这些地方的经济发展充满了活力,一些原来的国家级贫困县,一跃而成为全国的百强县。按照一般的发展规律,工业化要求人口的聚居,形成聚集效应,通过城镇高收入的拉力和农业自身发展的推力,使从事第一产业的劳动力向第二产业转移,原来的农业生产者也进入城镇,开始享受现代城市文明。工业化带动城镇化,工业化是因,城镇化是果。但是,在资源开发地区,嵌入式的工业化却与当地的城镇化关联不大。导致的结果是:一方面,资源开发地区工业化程度很高,也有虚高的 GDP 和人均 GDP;另一方面却是广大农村依然贫困。譬如,在陕西省靖边县,伴随着油气资源的开发使工业经济尤其是资源经济快速发展,在经济结构中第二产业比重高达 84%,但城镇化率却只有 15%,远远落后于国家 46% 的平均水平。

3. 国家缺乏统筹规划

在资源开发中,国家缺乏统筹规划。在许多地区,伴随着资源开发,地方经济发展呈现一派生机;但当资源枯竭后,又呈现一派凋敝的景象。这样,整个经济发展过程就又回到目前国家高度关注的资源枯竭城市所走过的老路上,这就是,先是资源开发,接着是资源枯竭,最后是产业和城市的被迫转型。通常情况是,当资源价格飙升时,企业竭尽全力扩大生产能力,过度开采,甚至不惜竭泽而渔。在陕北某煤矿,设计能力为 118 年(储采比等于 118),但由于前几年煤炭价格上升,企业过度开采,致使资源 20 年就会枯竭。甚至在一些地方,国家、集体、个人一起上,地方政府也乐意见得"有水快流",致使资源过早枯竭。地方政府之所以放任这种情形,主要是由于以 GDP 为核心的政绩观使然。而问题在于,随着资源的枯竭，当国有企业撤走以后，留下来的便是满目疮痍，接续产业没有获得发展，城市或城镇就会完全衰落，从而面临着转型的困境。

1.4.2 强化资源开发地区企业的社会责任

计划经济下的国有企业承担了过多的社会责任，企业办社会（医院、学校等），国有企业的目标除了为国家赚取利润、积累资本外，还包罗万象，承担许多社会任务，维护社会稳定。当国有企业在某一资源型地区开发资源后，就相应地担负起当地在经济和社会发展中的全部责任，"城市企业化，企业城市化"，许多资源型城市如大庆、克拉玛依、白银等就是依托于国有大型企业而形成的，当转入市场经济后，这些企业因负担过重而苦不堪言。所以，中国目前改革的重要任务之一就是，剥离企业的社会负担，把这些社会职能交还给地方政府，使国有企业在市场中更加具有竞争力，但迄今看来，在资源开发地区国有企业的改革仍然任重而道远。

但是，矫枉过正，在向社会主义市场经济过渡的过程中，许多国有企业在新的开发资源地区却一切以利润为导向，漠视任何社会责任。不仅如此，在资源开发中因中央与地方政府的利益分摊问题而使中央企业与地方的矛盾尖锐，引发了许多社会问题，严重危害了和谐社会的建设。对此，在资源开发地区，尤其应强调企业承担社会责任。

企业社会责任（Corporate-Social-Responsibility，CSR）是指企业在创造利润、对股东承担法律责任的同时，还要承担对员工、消费者、所在地区和环境的责任。企业的社会责任要求企业必须超越把利润作为唯一目标的理念，强调要在生产过程中关注人的价值，强调对消费者、对环境、对社会的贡献。在企业生产的约束条件中，除了资本等传统生产要素外，保护生态和环境也要付出成本，从而成为重要的生产约束；而利润最大化也不再是唯一目标，代之以一个包含利润在内的长期稳定和可持续发展的目标集。

国有企业在资源开发地区承担社会责任不仅是必要的，而且也是可能的。在社会主义市场经济体制的框架下，国有企业在相当程度上垄断了国有资源的开发权，石油、天然气、煤炭和一些重要的矿产资源都是授权由国有企业开发，其他企业不能介入其中，由此国有企业获得了高额垄断收益，尽管一些企业常常公布出"亏损"的会计报表，以寻求国家更多的补贴。为此，国家要对这些国有企业的行为进行规制，要使其所获得的垄断收益中的一部分回馈社会、回馈地方，这是国有企业必须承担的社会责任。显然，这与计划经济时代国有企业办社会的性质是完全不同的。

概而言之，国有企业在资源开发地区主要应承担以下社会责任。

第一，要优先吸收资源开发地区的劳动力就业，在促进地方工业化的同时，带动当地的城镇化进程，进而解决资源开发地区城镇化与工业化严重脱节的问题。

企业尤其是国有企业要科学安排和合理使用资源开发地区的劳动力，扩大就业门路，在增加企业收益的同时，也要使当地经济获得发展，人民生活水平得以提高。要坚决摒弃现在一些国有企业的做法，这就是，拒绝吸收本地的劳动力，彻底割断与地方的人脉联系。事实上，如前所述，由于国有企业仍然沿袭过去的行政级别，一些国企的领导人在行政级别上远高于地方政府，这就使企业与地方的关系难以协调。

第二，企业要珍惜资源和保护环境，致力于推进地方的可持续发展。

资源开发造成的污染和环境破坏是长期以来的痼疾，严重恶化了国有企业与地方及当地人民的关系。在资源开发地区，一些企业为了应付检查，只做表面文章和形象工程，本来在煤炭资源开发中造成严重的塌陷和耕地毁坏，却惺惺作态，在道路两旁作出绿化和耕地恢复的示范点，而相关部门的检查也因官僚主义严重，只看表面，不重实际，致使资源开发中造成巨大破坏的企业，却反而成为生态修复和环境保护的典型。所以，国家要把企业在资源开发中的环境保护和生态修复作为重要的社会责任强制地实施和推进，减少开发资源对环境造成的污染和对生态的破坏，这是实现可持续发展的重要内容。

第三，国家要在制度设计上，使国有企业在资源开发中支持地方经济和社会发展，使资源开发中获取的一部分收益留给地方。

一方面，国有大型企业可以集中资本优势、管理优势和人力资源优势进行资源开发，扩展生产和经营范围，为企业赚取利润和增加资本积累，为国家的发展提供支撑，同时又把部分资源开发收益用以支持地方经济发展。这样，未雨绸缪，当资源枯竭、国有企业撤走以后，地区经济仍然保持活力，就可以避免矿竭城衰的困境，当然也就可以避免城市转型和由此而支付的转型成本。另一方面，国有企业也可通过公益行为帮助资源开发地区发展教育、社会保障和医疗卫生事业，帮助地方逐步发展社会事业，而这又起到无与伦比的广告效应，提升国有企业的形象和当地人民的认可程度，使企业自身也获得可持续发展。

参考文献

1. 林毅夫等：《欠发达地区资源开发补偿机制若干问题的思考》，科学出版社，2009。

2. 〔美〕乔尔·科特金（Joel Kotkin）：《全球城市史》，王旭等译，社会科学文献出版社，2006。
3. 刘学敏：《关于资源型城市转型的几个问题》，《宏观经济研究》2009年第10期。
4. 刘学敏：《资源枯竭型城市政府在转型中如何定位》，2010年7月26日第3版《中国改革报》。
5. 刘学敏：《走出资源枯竭城市转型的认识误区》，2010年10月25日第3版《中国改革报》。
6. 刘学敏：《重构资源开发地区国企社会责任感》，2010年12月2日第8版《中国社会科学报》。

第二章

河北省承德市鹰手营子矿区转型与可持续发展研究

【题记】

2009年3月，河北省承德市鹰手营子矿区被列入44个资源枯竭型城市，国家给予财力性转移支付以促进其转型，实现可持续发展。4月，经国家发展和改革委员会推荐，河北省承德市鹰手营子矿区人民政府委托北京师范大学资源经济与政策研究中心编制《河北省承德市鹰手营子矿区资源枯竭城市转型规划（2009~2020年）》，成立了由北京师范大学资源经济与政策研究中心主任刘学敏和鹰手营子矿区人民政府区长王素芝共同担任组长的规划编制课题组。鹰手营子矿区由发展和改革局牵头，成立转型办公室，配合课题组的工作。

课题组组建后旋即开始工作。从2009年4月至2010年1月，围绕鹰手营子矿区资源枯竭城市转型及可持续发展问题，课题组共进行了10次调研，其中包括8次在鹰手营子矿区的实地调研、1次在兴隆县的调研和1次在承德市的调研。在鹰手营子矿区主要调查了重点企业，走访了矿山棚户区，与政府职能部门进行了座谈；对鹰手营子矿区周边的兴隆县和承德市进行调研，以便认清鹰手营子矿区在区域发展中的位置，厘清区域间的产业联系。经过研究最后形成两个成果：《河北省承德市鹰手营子矿区产业转型与可持续发展研究报告》和《鹰手营子矿区资源枯竭城市转型规划（2009~2020年）》。为了使研究成果更加符合鹰手营子矿区的实际，在课题组的主导下，先后召开了4次座谈会征求意见和建议：1次是课题组内部邀请主要职能部门参加的规划意见征集会；1次是在政府系统内的规划汇报会；1次是邀请人大和政协委员参加的规划意见征求和研讨会；1次是在北京邀请相关领域专家参加的研讨会。

2010年1月21日，河北省发改委在石家庄对《鹰手营子矿区资源枯竭城市转型规划（2009~2020年）》（以下简称《转型规划》）进行验收评审。课题组成员王玉海教授就规划编制的情况、内容作了详细汇报，程连升教授作了补充说明。2011年2月25日，国家发改委又在北京组织了对规划的验收评审，刘学敏教授作了系统的介绍。在两次评审验收中，《转型规划》都得到了与会专家的高度评价，认为课题组工作扎实、调研深入，与当地政府部门形成了良好的互动关系。《转型规划》思路清晰，内容翔实，提出的"跳出矿业发展制造业，借势聚能打造工业园，对接京津融入首都区，立足生态构建宜居城，把握节奏促进大转型"思路切合实际，目标定位明确，包括经济产业、社会民生、资源环境、城市建设四方面的转型内容全面具体，分三步走的转型步骤切实可行。项目设计针对性强，政策保障措施得力，是一本高质量的规划文本。

此外，在《转型规划》编制的同时，课题组还主导编制了《经济转型产业聚集区产业发展规划（2009~2020年）》，使《转型规划》进一步落到了实处。

值此之际，要诚挚感谢中共鹰手营子矿区党委、政府、人大、政协对课题组给予的指导，感谢丁伟书记、王素芝区长、薛青松常务副区长等领导的关心支持。衷心感谢政府各职能部门对课题组在调研中的积极配合和大力协助。以李振阳局长为首的发展和改革局，认真细致又创新求实的工作作风，给我们留下了深刻的印象，其他部门的热情同样是课题组顺利完成规划任务的保障。感谢营子镇、汪家庄镇、北马圈子镇和寿王坟镇等4个乡镇对调研工作的积极配合。感谢兴隆

矿务局、铜兴矿业有限责任公司、承德建龙集团、河北怡达食品集团有限公司等企业的大力支持。值得一提的是，经过一年多的合作与交流，如今鹰手营子矿区已作为北京师范大学资源学院培育的本科生实习基地。

参与本研究和写作的课题组成员有：刘学敏、王玉海、程连升、李强、张彬、曹斐、王双、王珊珊、崔剑、邹波、陈哲。

2009年3月，国家发改委公布了第二批32个资源枯竭城市，河北省承德市鹰手营子矿区被列入其中。这里，有过历史的辉煌，但随着资源枯竭，原有的产业衰落，社会发展出现了许多问题，迫切需要实现转型，探索一条切合实际的可持续发展之路。

2.1 鹰手营子矿区资源开发的历史和产业演进

2.1.1 基本情况

河北省承德市鹰手营子矿区位于东经117°34′35″至117°53′02″，北纬40°28′28″至40°37′24″之间，总面积148.12平方千米。矿区属承德市管辖，东与承德县、兴隆县接壤，西、南、北三面被兴隆县环抱（图2-1）。

图2-1 鹰手营子矿区在中国大陆的地理位置示意图

鹰手营子矿区地处冀北山地，属燕山山脉沉降带的过渡地带，地势西北高、东南低。境内山峦起伏，地形地貌复杂，山地多，平地少，平均海拔500米。矿区属暖温带半湿润半干旱大陆性季风型山地气候，年平均气温6.8℃，年平均降水量700毫米，主要集中于7~8月，雨热同季，但降水量时空分布不均。年日照时数2918小时，无霜期为120~190天。气候特点表现为：春季多风干燥少雨、夏季高温多雨、秋季天高气爽、冬季寒冷少雪。

鹰手营子矿区属滦河水系，境内有滦河一级支流柳河经过，全长12.15公里。老牛河、汪家庄河、喇嘛沟河、金扇子河等4条季节性河流是柳河的支流。水资源

量平水年为 1.72 亿立方米，枯水年为 1.05 亿立方米，主要由地上水、地下水两部分组成，地下水主要是第四纪洪积物潜水。土壤类型主要为褐土，其中有机质、全氮含量处于中等水平，土壤潜在养分较高。当地森林覆盖率为 54.2%，生态环境良好。

根据第二次土地调查结果，鹰手营子矿区土地总面积为 14931.44 公顷，其中：耕地 803.48 公顷，园地 1087.20 公顷，林地 11088.75 公顷，草地 113.90 公顷，城镇村及工矿用地 1450.27 公顷，交通用地 146.36 公顷，水域及水利设施用地 149.88 公顷，其他土地 91.60 公顷。土地利用的结构如图 2 - 2 所示。

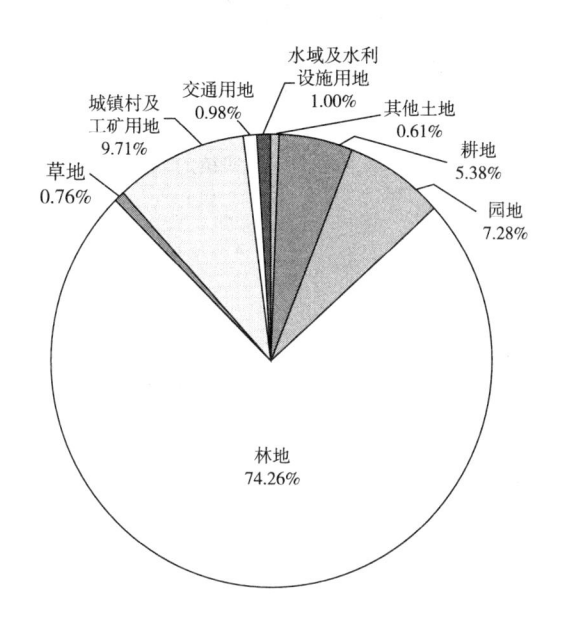

图 2 - 2　鹰手营子矿区的土地利用结构

鹰手营子矿区辖 4 个镇（即营子镇、汪家庄镇、北马圈子镇和寿王坟镇），15 个行政村和 10 个社区。20 世纪 50 年代，随着兴隆煤田和寿王坟铜矿的开发，营子和寿王坟这两个镇的人口急剧膨胀。之后，随着经济的迅猛发展，人口一直在不断增加。截至 2008 年，总人口为 6.93 万人，其中农业人口 1.9 万人，非农业人口 5.03 万人，人口密度为 468 人/平方千米。在总人口中，驻区省市属企业人口 2.24 万人，占 32.32%，其中包括企业在职工人和离退休职工 1.1 万人。所辖四镇 2008 年的人口数和人口密度如图 2 - 3 和图 2 - 4 所示，无论是人口绝对数量还是人口密度，营子镇均居首位。近年来，矿区人口呈现负增长的趋势（图 2 - 5），2000 ~ 2008 年的人口平均自然增长率为 1.45‰。

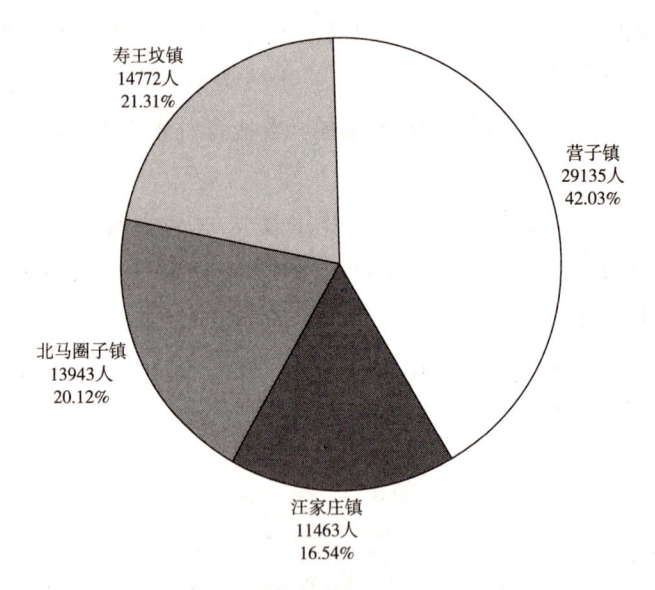

图 2-3 鹰手营子矿区四镇的人口分布

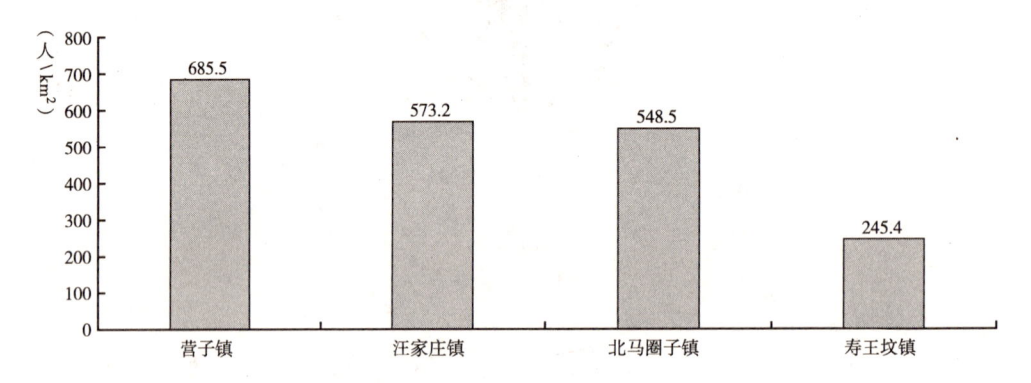

图 2-4 鹰手营子矿区四镇的人口密度

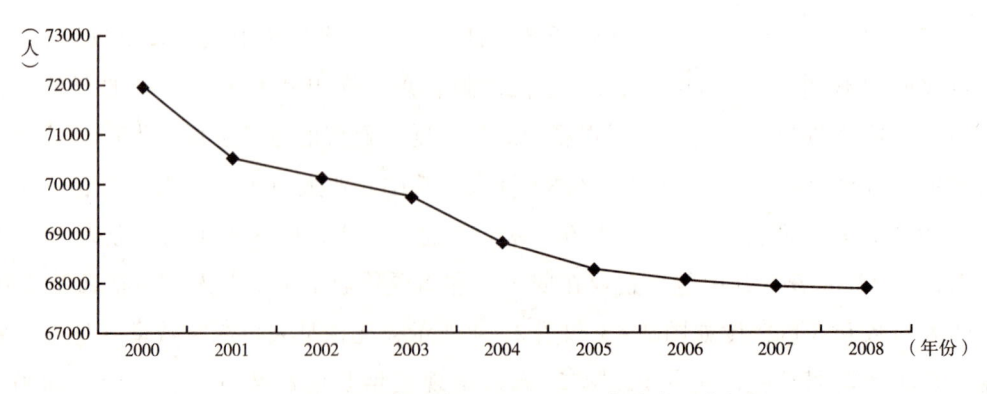

图 2-5 鹰手营子矿区 2000~2008 年的人口变化

2.1.2 交通条件

鹰手营子矿区处于京、津、唐三角经济地带，北距承德100公里，西南距北京176公里，南距天津220公里，东南距唐山200公里，具有较好的区位优势。"十五"时期，利用大量的基础设施建设投资，完成112线国道改造、北凌公路建设、营子火车站建设等项目，使矿区内的交通状况明显改善，公路通车里程由2002年的85.6公里增加到2005年的155.4公里。现有112国道和省道的北凌公路穿过，有京承铁路的两个火车站和6条货物运输专用线（图2-6）。

图2-6 鹰手营子矿区的交通状况

"十一五"期间，鹰手营子矿区的交通状况将随着承德市进入高速公路建设的高峰期而得到进一步改善。依据"面向京津、通达辽蒙、辟通港口"的交通发展基本定位，承德市规划了以市区为中心，以外环为起点，总里程约800公里的8条呈放射状的高速公路。"一环八射"高速公路网包括承德市区的环城路，以及京承、承唐、承朝、承秦、承赤、承张、津承、承围高速公路，通过"一环八射"的建设（图2-7），承德将成为联系京津、东北和内蒙古三大区域的重要交通枢

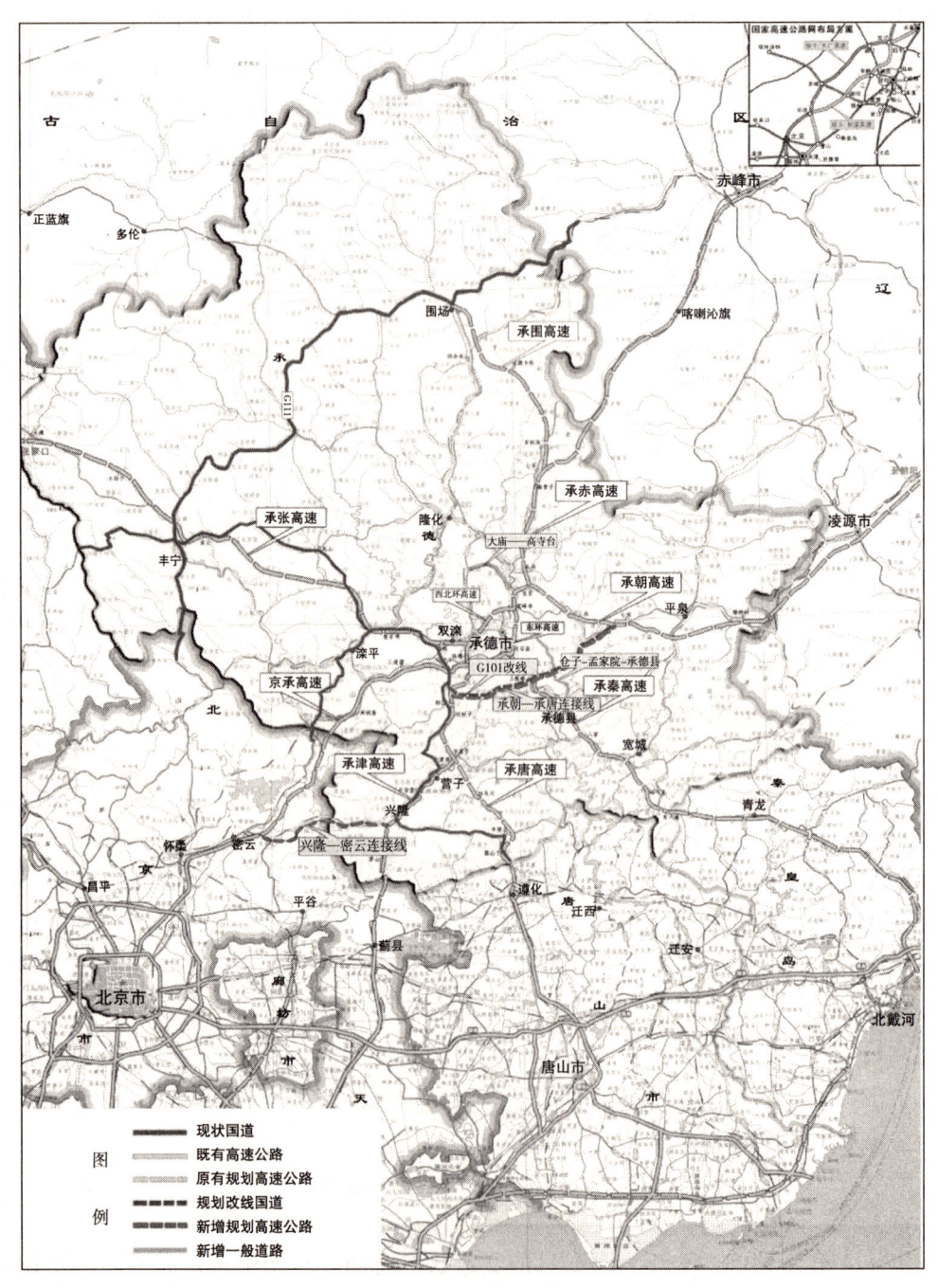

图2-7 承德市"一环八射"高速公路网规划

资料来源：承德市城市综合交通体系规划。

纽，可以直达京唐、曹妃甸、天津和秦皇岛四大港口。京承高速公路是《国家高速公路网规划》中大庆—广州高速公路的重要路段，也是河北省"五纵六横七条线"高速公路布局规划中"横一"的重要路段；全长82.2公里的承唐高速公路和全长118.4公里的承朝高速公路是《国家高速公路网规划》中长春—深圳高速公路的重要组成部分，也是河北省"五纵六横七条线"高速公路布局中"纵一"的重要路段，已于2010年国庆节前建成通车。由于承唐和津承高速公路在鹰手营子矿区附近交汇，以及京承与津承高速公路之间的兴隆—密云连接线的规划，鹰手营子矿区的交通条件会得到极大改善，从而为经济转型和发展带来新机遇。

此外，2009年开建的张唐高速铁路（鄂尔多斯—张北—沽源—丰宁—滦平—承德县—营子区—兴隆—唐山）、京沈高速铁路也将极大地改善鹰手营子矿区的交通环境。而且，京承城际铁路的规划如果能够通过鹰手营子矿区（顺义—平谷—兴隆—承德），将使鹰手营子矿区与北京之间的交通时间缩短到1小时以内。

2.1.3 经济发展

鹰手营子矿区是20世纪50年代末兴起的老工业基地，依托矿产资源的开发，工业经济曾长期居于承德市八县三区的首位。矿区所辖四镇多次进入承德市综合经济实力排位十强乡镇，并多次位列前三名。

但是，近年来，随着资源的日渐枯竭和采矿业的衰落，矿区经济发展陷入困境。"十五"以来，矿区致力于调整经济结构和产业结构，加快经济转型，并为此付出了艰辛的努力，完成了绝大部分国有和集体企业的改制任务，民营经济发展迅猛。2008年底，民营企业数量有178家，营业收入达到50亿元，实现税金9843万元，上缴税金占到全部财政收入的71.2%；产业结构从"地下"向"地上"转移的步伐逐步加快，初步形成多元支撑的产业格局，保证了国民经济的持续、平稳发展和社会全面进步。

如图2-8所示，2005年鹰手营子矿区生产总值完成10.57亿元，比2000年增长156%；全部财政收入完成1.107亿元，比2000年增长378%。2008年，全区生产总值达到17.85亿元，又比2005年增长68.9%；财政收入为1.68亿元，比2005年增长51.8%，地方一般预算收入为3038万元。2008年的城镇居民人均可支配收入为8913元，农民人均纯收入为3500元。

但是，从承德市的全局来看，矿区的现状依然是经济总量小，财政收入少，城镇居民收入较低。2007年，矿区的生产总值仅占承德市的2.68%，全部财政收入仅占1.74%，均居八县三区的末位，地区生产总值甚至不及第十位的围场的一半（图2-9、图2-10）。

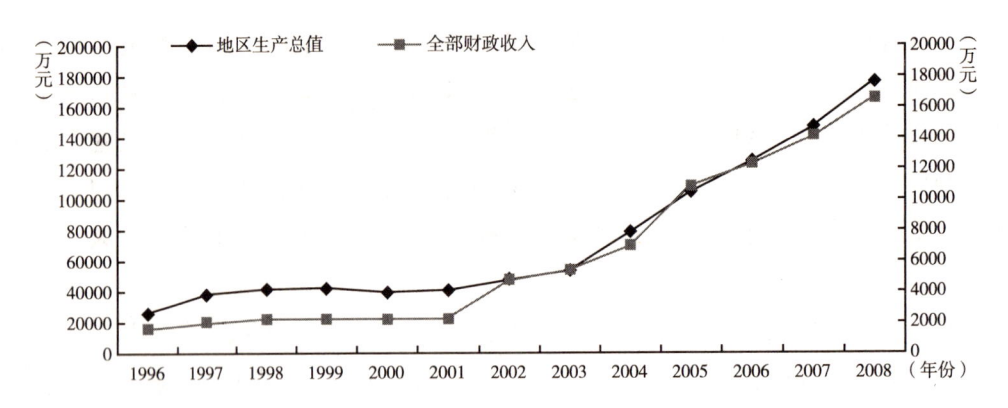

图 2-8 鹰手营子矿区 1996~2008 年的地区生产总值和全部财政收入

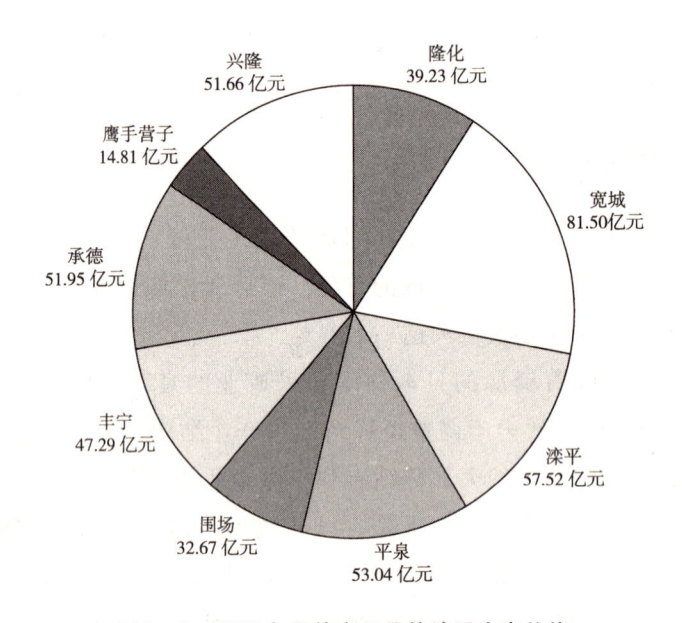

图 2-9 2007 年承德市八县的地区生产总值

2007年，城镇居民全年人均可支配收入分别比承德市和全国的平均水平低大约2000元和7000元，位居倒数第二（图 2-11）。而且，近年来随着工矿业的衰退，人均 GDP 也由 2002 年以前的第一位下滑到第三位。

2.1.4 资源开发

1. 资源状况

鹰手营子矿区矿产资源种类丰富，储量大。矿区有煤炭资源、金属矿产资源和非金属矿产资源三大类十几种，而且各种矿产资源的储量大，表 2-1 和表 2-2 表示的是鹰手营子矿区煤炭和主要矿产资源的累计探明储量和 2007 年末的保有储量。

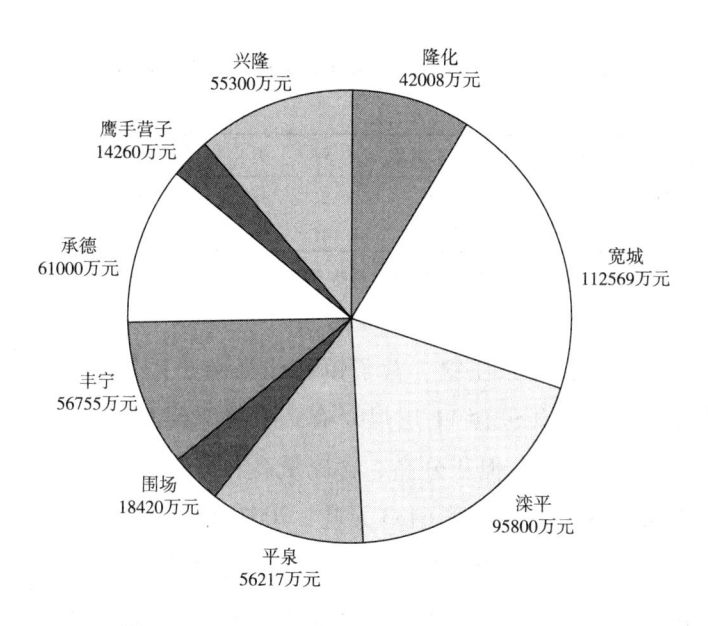

图 2-10　2007 年承德市八县的全部财政收入

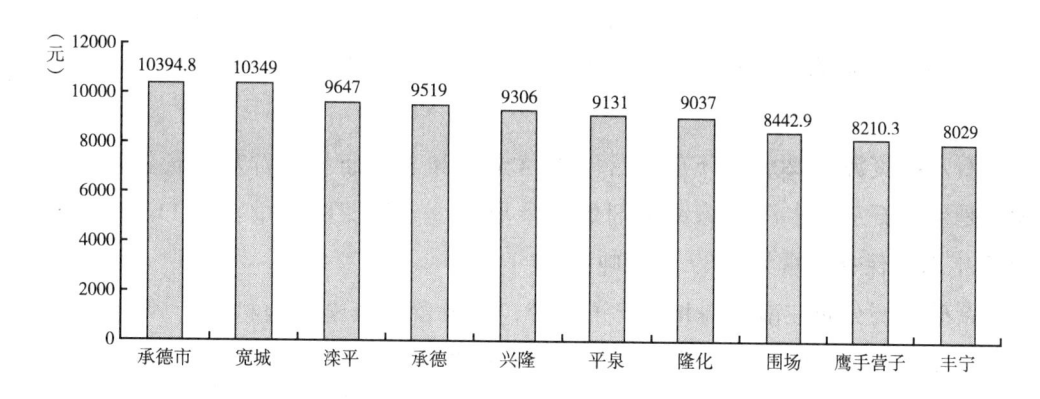

图 2-11　2007 年承德市各区县城镇居民人均可支配收入

表 2-1　鹰手营子矿区 2007 年煤炭和金属矿产资源储量

矿　种	累计探明储量	可采储量	采出储量	采出比例（%）	保有储量
煤矿/万吨	9976.8	8558	6433	75	3544
铁矿/万吨	2414	2414	2289	95	125
铜矿				97~95	
金属量/吨	160123	160123	155306		4817
矿石量/万吨	1675	1675	1585.1		89.9
钼矿				85~82	
金属量/吨	2203	2203	1863		340
矿石量/万吨	149	149	122		27

资料来源：数据为市储量库数据，由承德市国土资源局矿产资源储量科提供。

表 2-2　鹰手营子矿区 2007 年非金属矿产资源储量

单位：万吨

种　类	累计探明储量	2007 年末储量	种　类	累计探明储量	2007 年末储量
熔剂用灰岩	2775.60	1341.00	萤　石	24.25	20.25
水泥用灰岩	1435.40	1296.40	耐火黏土	9.64	9.14

资料来源：根据营子区国土资源局最新备案储量资料整理。

煤炭资源集中分布在汪家庄镇、营子镇和北马圈子镇等地，面积 24.5 平方千米，属于兴隆煤田。煤田共包含 11 层煤，有 7 个可采煤层，均为复合煤层。煤炭资源虽然埋藏浅、分布普遍，但灰分高、含硫量高、分布不集中，加大了开采难度。累计探明储量 9976.8 万吨，已开采 6433 万吨，2007 年末保有储量 3544 万吨。

金属矿藏主要有铜、铁、金、银、钨、钼等，集中分布在寿王坟一带，矿石品位高、易于开采。由于开采时间较长，各矿种目前的保有储量均已很低。例如，铁矿石累计探明储量 2414 万吨，已开采 2289 万吨，2007 年末的保有储量为 125 万吨；铜矿石累计探明储量 1675 万吨，已开采 1585.1 万吨，2007 年末的保有储量为 89.9 万吨；钼矿石累计探明储量 149 万吨，已开采 122 万吨，2007 年末的保有储量为 27 万吨。

石灰石资源主要集中分布在营子镇营子村和老爷庙村。石灰石含钙高、杂质少，是生产石灰、水泥和炼钢熔剂的上乘原料。累计探明储量在 4211 万吨以上，2007 年末的保有储量为 2637.4 万吨。

紫砂主要分布在南马圈和金扇子一带，以及营子镇喇嘛沟村。紫砂颜色纯正、质地优良、开采方便、易于造型，是生产日用和建筑陶瓷制品的上好原料，储量在 1.5 亿吨以上。

2. 资源开发历史

鹰手营子矿区的采矿业历史悠久，但大规模开发始于 20 世纪 50 年代。在新中国成立之初的国民经济恢复时期，毗邻京津的鹰手营子矿区是国家重要的能源基地和有色金属基地，为当时的经济建设、国防建设和社会发展作出了重要贡献；60 年代初，鹰手营子矿区的铜矿产量占到全国的 1/4；70 年代，全区原煤产量占河北省的 1/15。鹰手营子矿区的采矿业大致经历了大矿支撑时期（50~80 年代）、小矿蜂起时期（80 年代后期~90 年代中期）和资源整合时期（90 年代末以后）三个阶段。截至 2007 年底，累计开采煤矿 6433 万吨、铜矿 1585 万吨、铁矿 2289 万吨，累计上缴利税 15 亿元，对国家的价值贡献达 40 亿元。此外，自新中国成立以来，鹰手营子矿区还为全国的重点矿区建设输送了 2000 多名工程技术人员、企业管

人员和熟练技术工人。

（1）煤炭资源开发

兴隆煤田早在1897年就被发现并开采。新中国成立后，兴隆煤田于1953年被国家计委正式列为"一五"计划建设项目。经过1955～1956年的勘探会战和兴隆煤矿筹建，兴隆煤田于1956年5月开始大规模开发。1962年，兴隆矿务局的年生产能力为105万吨，从业人数达上万人。同时，归属地方国有的涝洼滩、东风煤矿投入生产，分别形成21万吨和15万吨的生产能力，两矿从业人数达到2000人。1968年，胜利煤矿成立，生产能力为3万吨，从业人数300人。矿区自1957年以来的煤炭产量如图2-12所示。

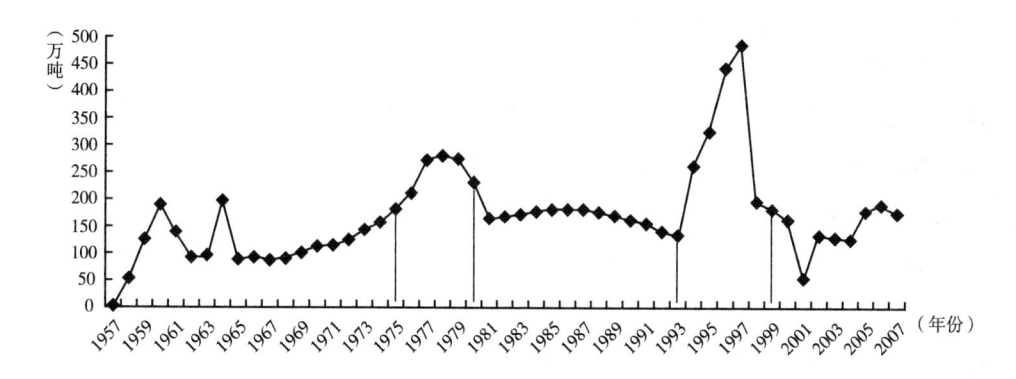

图2-12 鹰手营子矿区1957年以来的煤炭产量

资料来源：根据鹰手营子矿区发展改革局提供的相关资料绘制。

矿区煤炭资源的开发大体经历了5个时期，即稳步发展期、生产高峰期、调整期、衰退期和资源枯竭期。不同时期的原煤产量、平均年产量和从业人数如图2-13所示。

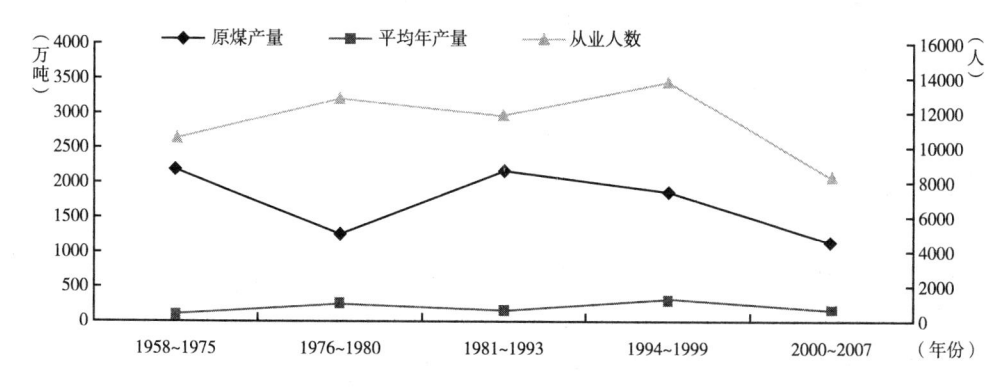

图2-13 鹰手营子矿区煤炭资源不同开发阶段的基本状况

资料来源：根据鹰手营子矿区发展改革局提供的相关资料绘制。

稳步发展期（20世纪50年代末期~70年代中期）：鹰手营子矿区是当时承德唯一的煤炭基地，也是京津地区比较重要的煤炭基地，其发展受到了承德和京津地区的足够重视。同时，由于国家对能源建设高度重视，这一时期虽然政治风云动荡，但矿区生产未受大的影响，煤矿企业按照国家计划定产、统销，生产平稳。这一时期的平均年产原煤约为125万吨，采煤业从业人数为10586人。

生产高峰期（20世纪70年代中末期）：1977~1979年，连续三年原煤产量在230万吨以上，全区平均年产煤炭257万吨，采煤业从业人数达到13000人。但是，由于盲目追求产量，重采掘而轻保护，使煤柱遭到严重破坏，造成煤炭资源的极度浪费，而且大大缩短了矿井的服务年限。

调整期（20世纪80年代初期~90年代初期）：由于盲目追求产量，超强度开采带来的危害以及资源萎缩的问题日渐显现，迫使企业必须在生产过程中进行必要的调整。另外，面对煤炭市场的放开，企业需要通过调整来适应由国家统销到自产自销的经营模式转变。因此，这一时期的原煤产量有所下降，国有煤矿原煤平均年产量保持在160万吨左右，采煤业的从业人数在12000人左右。

衰退期（20世纪90年代中期）：随着煤炭资源的逐渐减少，产量急剧下降，进入煤炭产业发展的衰退期。兴隆矿务局的4对主矿井（其中马圈子斜井和汪庄露天矿停产）产量逐年下降，只有汪庄矿竖井和营子矿一、二号井维持生产，产量在60万吨左右（表2-3）。涝洼滩矿和东风煤矿由于体制和管理等方面的原因，生产长期亏损。这一时期国有煤矿的煤炭平均年产量约80万吨，仅是生产高峰期的30%左右，从业人数下降到8750人。

表2-3 兴隆矿务局主矿井情况

单位：万吨/年

名 称	开工时间	投产时间	设计生产能力	核定生产能力	关闭时间	备 注
马圈子斜井	1958.7	1960.6	60		1994	水淹
营子矿一号井	1958.3	1960.1	30	15		
老爷庙（营子矿）二号井	1958.4	1959.11	30	5		
火神庙（汪庄）竖井	1957.4	1959.11	45	42		维持生产

尽管大型国有煤炭企业在这一时期走向衰退，区属和乡镇煤炭企业却异军突起，依靠灵活的机制和开采方式而迅速发展。1996年和1997年，全区煤炭产量分别为440万吨和484万吨，从业人数分别为14000人和16000人。而这时的小型煤矿有370个，产量达到近400万吨，占到全区原煤产量的80%以上。在小型煤炭企业发展的过程中，存在着与国有大矿争资源、无序开采、管理不规范、安全隐患多

等问题。为此,1993~1998年共关闭小煤矿140个,压缩产能149万吨。

资源枯竭期(20世纪90年代末期以来):资源趋于枯竭,只能靠复采、小井进行生产,产量维持在70万~80万吨之间,其中复采产量占40%以上,从业人数减少到5000人左右。兴隆矿务局的产量保持在60万吨左右,涝洼滩矿和东风煤矿由于亏损严重,分别于2000年和2001年被迫停产。

随着国家加大对小煤矿的整顿力度,小煤矿数量逐渐减少,产量趋于下降。经过2000年、2001年、2005年和2006年的四次关井压产,矿区累计关闭小煤矿194个,压缩生产能力465万吨。2007年底,全区共有有证小煤矿27个(不含巨丰源煤炭有限公司),生产能力仅剩百万吨,从业人员仅有1786人。

(2) 铜铁等金属矿产资源开发

两千多年前,鹰手营子矿区的寿王坟一带就有人采矿炼铜,这里还有唐代、清代的许多土法开采冶炼的遗址。1926~1931年,地质学家谭锡畴等人曾在寿王坟地区进行地质调查。新中国成立后,东北有色局根据1950年的"有较大富矿"的调查结论,于1953年开始正式勘察探矿,并组建寿王坟铜矿,隶属中央有色金属管理局领导。1955年,寿王坟铜矿被国家列为"一五"计划中的重点工程之一,开始大规模基本建设。矿区自1957年以来的铜含量和铁精粉产量如图2-14、图2-15所示。

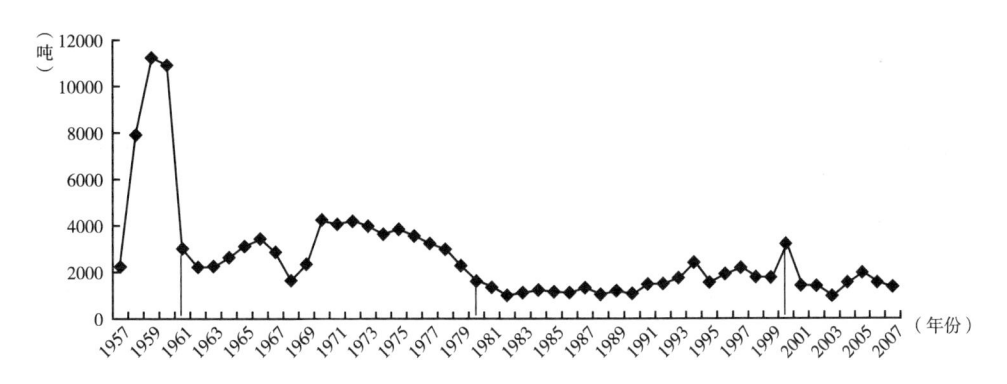

图2-14 鹰手营子矿区1957年以来的铜含量产量

高产高效期(20世纪50年代末期):矿区这一时期的铜产量占到全国的1/4。寿王坟铜矿在1957年投产时,日处理矿石量为2000吨,当年生产铜含量2336吨,铁精粉10.9万吨。1958年生产铜含量8000吨,铁精粉23.9万吨。1959年是开采铜含量最高的一年,达到11242吨,铁精粉也达到31万吨,当年实现利润3025万元,是建矿投资的114%。1960年,铜含量产量继续保持11000吨,铁精粉产量达到34.8万吨。

资源危机期(20世纪60~70年代):与煤炭资源的开采相比,铜矿更早进入

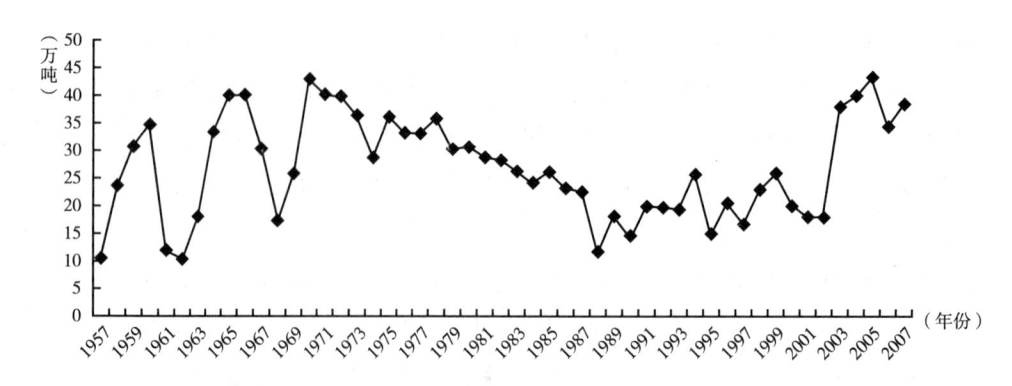

图 2-15　鹰手营子矿区 1957 年以来的铁精粉产量

资源危机期。到 20 世纪 60、70 年代，虽然企业的生产能力不断扩大，但产量始终较低。年均生产铜含量 3164 吨，铁精粉 31 万吨。

衰退期（20 世纪 80~90 年代）：随着矿石品位的不断下降，产量继续下滑，企业只能依靠深度探矿、回采、残矿回收等途径维持生存。年均生产铜含量 1000~2000 吨，铁粉 20 万吨左右。20 世纪 90 年代后期，虽然办了许多私营的小铜铁矿，但受资源本身的限制，总体产量依然不高。

枯竭期（2000 年以来）：进入 21 世纪，通过加大深层矿和低品位矿的开采力度，同时加大外围找矿的力度，再加上 2005 年后铁粉和铜粉价格大幅度上涨的因素，生产形势有所好转。但年产铜含量仍旧在 1500 吨左右，铁粉 20 万吨，没有多大起色。而且，通过加强对小铜铁矿业的整顿，2006 年全区共关闭小铜铁矿 33 个，压缩产量 48 万吨。目前的有证小铜铁矿仅 4 个，产能仅 8 万吨。

（3）石灰石资源开发

作为鹰手营子矿区重要的非金属资源，石灰石的开采始于 1971 年承钢在营子镇营子村建石灰石矿，用其作为炼钢熔剂。后由于运输成本较高，于 2000 年被迫停产。1971~2000 年的近 30 年间，累计开采石灰石 182 万吨，损失量为 4.25 万吨。目前的石灰石年产量在 100 万吨左右。

2.1.5　产业结构与产业组织

1. 产业结构

鹰手营子矿区 1996~2008 年的三大产业增加值变化以及三大产业结构变化如图 2-16 和图 2-17 所示。第一产业在地区生产总值中的比例一直在 10% 以下；第二产业是矿区的经济命脉，居主导地位；第三产业在 1996~2003 年期间的比例一直保持在 30%~35%，但是 2004 年以后下降至 20% 左右。

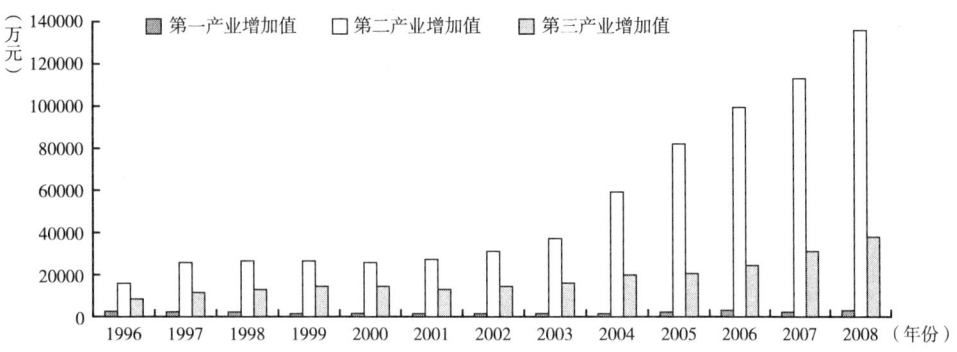

图 2-16　鹰手营子矿区 1996~2008 年的三大产业增加值

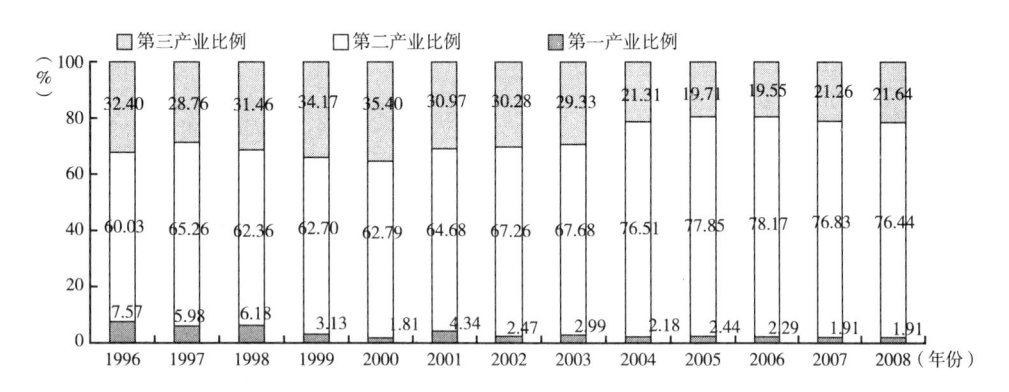

图 2-17　鹰手营子矿区 1996~2008 年的三大产业结构

注：由于四舍五入原因，总和可能超过或不足 100%。

农业：长期以采矿业为支柱产业的经济格局决定了农业不占主导地位，矿区 2008 年的农村人口仅占总人口的 27%。另外，由于矿区地形地貌复杂，山地多平地少，可用于农业生产的土地十分有限，农业资源总量较小也制约着农业的发展。如前图 2-2 所示，耕地和园地约占总土地面积的 12%，林地面积虽然比例较大，但宜林地的比例只有 13.8%。

在农业总产值中，畜牧业产值的比例较高，占 50%~60%。"十五"期间，矿区农业发展速度较快。与 2000 年相比，2002 年农林牧渔业总体增长 55.2%，粮食产量增长了 155.4%，蔬菜产量增加了 139.1%，肉类产量增加了 17.9%，禽蛋产量增加了 14.5%。2008 年，粮食和蔬菜的产量又比 2005 年分别增长了 41.5% 和 36.8%，而肉类产量则比 2005 年减少了 39.1%。

采矿业：矿区依托矿产资源的开发而兴起，因此，采矿业长期以来一枝独秀，经济结构单一。自矿区建立到 20 世纪 60、70 年代，采矿业及相关产业对当地的经济贡献率一直在 90% 以上；80 年代，全区经济总量的 80% 来自采矿业及相关产业。近年来，虽然随着资源枯竭和采矿业衰退，采矿业及相关产业对当地经济的贡献率逐年下降，但如表2-4所示，仍有半数的财政收入来自采矿业及相关产业。采掘业从业人数及其占工业职工总数的比例变化如图2-18所示，采掘业产值及其在工业总产值中的比例变化如表2-5所示。

表2-4 鹰手营子矿区2006~2008年的分行业税收情况

单位：万元，%

行业类型	2006年 完成金额	2006年 所占比例	2007年 完成金额	2007年 所占比例	2008年 完成金额	2008年 所占比例
煤炭生产及运销	3168	25.45	2789	19.56	2773	16.55
制造业	1000	8.03	1475	10.34	2416	14.42
有色采选	4583	36.82	4453	31.23	4710	28.11
建材业	1087	8.73	1788	12.54	1848	11.03
食品加工	684	5.50	650	4.56	930	5.55
建筑安装及房产	393	3.16	994	6.97	1340	8.00
运输业	132	1.06	439	3.08	148	0.88
其他	1400	11.25	1672	11.73	2593	15.47
合计	12447		14260		16758	

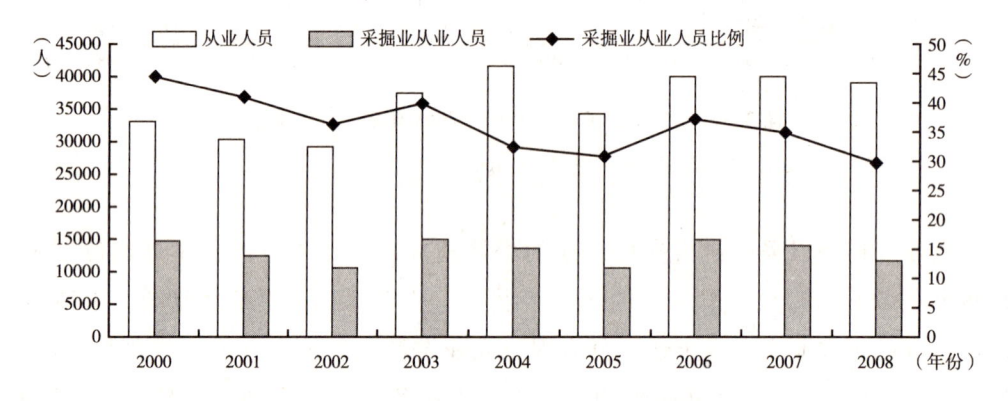

图2-18 鹰手营子矿区采掘业从业人数变化

表2-5 鹰手营子矿区采掘业总产值变化

年度	工业总产值（万元）	采掘业 总产值（万元）	采掘业 比例（%）
1996	79741	34289	43.0
2000	74761	28409	38.0
2004	167439	62131	37.1
2005	225129	107769.4	47.9
2006	261886.6	129971.6	49.6
2007	295370	133691.7	45.3
2008	385000	128400	33.4

建材业：依托石灰石资源，鹰手营子矿区成为承德市重要的建材基地，产品多供应京津和承德地区。重点企业有：承德弘基水泥有限公司、建龙水泥厂、安得水泥有限公司，高峰时全区水泥产量为150万吨以上。按照近三年的统计，建材业对财政收入的贡献在10%～15%之间。

机械加工业：鹰手营子矿区的机械加工业在承德及周边地区有一定的知名度。主要加工企业有：建龙机械厂、承德恒利机械有限公司、东利电控设备有限公司、承德燕鹰游艺机制造有限公司、福泰游艺机有限公司、京北游艺机制造有限公司、寿王坟铜矿机械厂等。主要产品有：游艺机、矿山机械、矿山配件、食品机械等。在20世纪70、80年代，矿区生产的压铸机、卫生筷子机和游艺机在全国都有非常高的知名度。随着近年来产业结构的调整，该产业对财政收入的贡献日益加大，2006～2008年的税收比例由8%增加到14%。

建筑业：矿山建设、矿工住宅建设和城市基础设施建设促进了建筑业的发展。主要建筑企业有：营子第一建筑公司、三合建筑安装有限公司等。近三年的数据显示，该产业的税收比例由2006年的3%左右增加到2008年的8%左右。

食品加工业：依托本区果品资源优势，食品加工业得到快速发展，逐步成为矿区的主导产业之一。通过"强龙头，壮龙身，带龙尾"的举措，矿区积极扶持龙头企业怡达集团做大做强，并围绕怡达集团加快发展中小型农产品加工企业，同时以农产品加工企业带动果品基地的建设。目前，已有国家级农业产业化龙头企业1家（怡达），省级农业产业化龙头企业1家（怡达），市级农业产业化龙头企业4家（怡达、宏运达、益佳福、燕山圣达）。2004～2007年，矿区规模以上食品加工业企业的产值占同类工业企业产值的比例分别是16.41%、12.97%、12.94%和12.51%。食品加工业的发展对于促进农民增收、提高农业现代化水平、加快城乡一体化进程都具有重要作用。

煤炭运销业：随着煤炭开采的繁荣而发展，也随着煤炭开采的衰退而日益萎缩。矿区有煤炭专用线5条，分别是：洞庙河—汪庄矿、洞庙河—涝洼滩、营子—东风煤矿、营子—营子矿、马圈矿。运煤车辆高峰时有3000余台（包括兴隆县）。除了地、市区两级煤炭公司在营子区设有分公司或运销站以外，矿区还设有燃料公司，后来还有私营运销企业和个体运销户等从事煤炭运销。近年来，受煤炭开采不景气的影响，全区煤炭运销企业由高峰时的30家减少到6家，煤炭运销车辆由高峰时的3000台减少到1000台。

商贸流通业：计划经济时期，鹰手营子矿区由于紧邻京津，而且是北京的能源基地，品种齐全的商品由北京供应。而且，矿区城镇人口集中，相对比较富裕，购买力较强，因而成为承德南部重要的商品集散地。改革开放之后，"营子大集"依然交易活跃。"十五"时期，通过调整所有制结构，强化市场建设和培育，进一步推动了矿区商贸流通业的发展。矿区2002~2008年的社会消费品零售总额如图2-19所示。2005年，社会消费品零售总额完成52700万元，比2000年增长33.9%，五年平均增长6%；[①] 2008年，社会消费品零售总额达到72208万元，比2005年又增长37%。

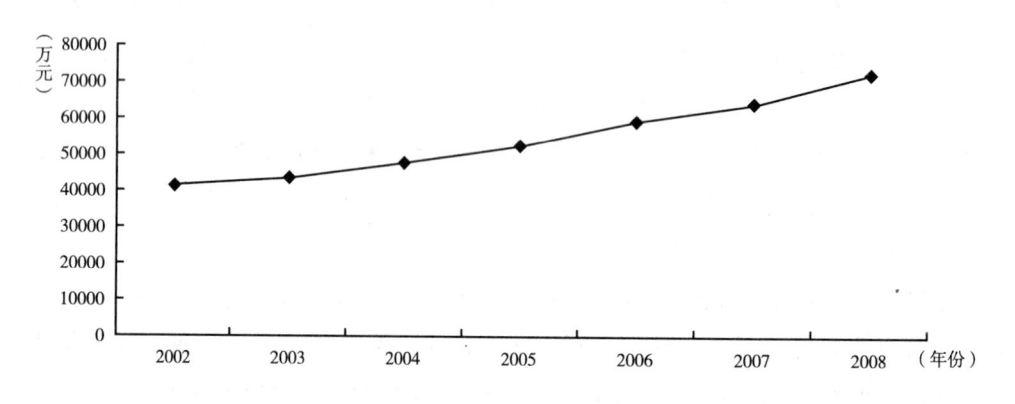

图 2-19 鹰手营子矿区社会消费品零售总额变化

2. 产业组织

鹰手营子矿区是在新中国成立初期为满足国家经济建设的需要因矿而立，因此，国有企业长期以来一统天下。改革开放后，矿区的乡镇企业、个体私营经济迅猛发展，势头强劲。近年来，随着企业体制转变的进展，出现了股份制及股份制合作企业，而且外商及港澳台商投资企业也逐步增加。其结果不但打破了单一的所有制结构，为逐步形成多元支撑的产业格局奠定基础，而且加速了产业结构的调整步伐，促进矿区经济的迅速发展。图2-20表示的是2003~2008年规模以上企业中不同类型企业的产值比例。

（1）国有企业

兴隆矿务局属于国家大二型企业，是原煤炭部的部属企业，于1998年下放河北省管理。由于煤炭资源日趋枯竭，矿井衰老，"九五"以来，矿务局一直把发展非煤产业放在突出位置，先后投资建设了综合利用热电厂、节能示范水泥厂等一批转产骨干项目，初步形成了发电7200万千瓦时/年，水泥26万吨/年，石灰石矿山50万吨/年，乳化剂、复合油相3000吨/年的非煤产业格局。企业2007年的主业构成如表2-6所示。

---

① 参见《承德市鹰手营子矿区国民经济和社会发展第十一个五年规划纲要》（草案）。

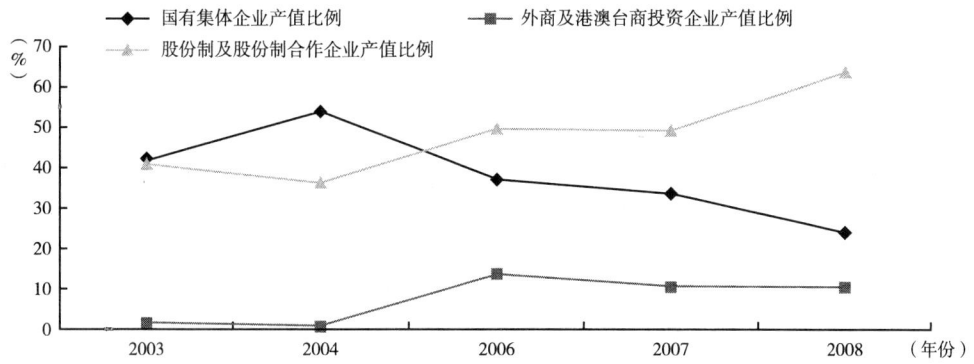

图 2-20　鹰手营子矿区规模以上企业中不同类型企业的产值比例

表 2-6　兴隆矿务局 2007 年的主业构成

分类内容		第一主业 煤炭	第二主业 电力	第三主业 非金属矿物制造业	其他 建筑安装机械
资产	资产总额(万元)	27641	2965	7529	2168
	比重(%)	68.58	7.36	18.68	5.38
收入	主营业务收入(万元)	6024	2315	4156	2110
	比重(%)	41.25	15.85	28.46	14.45
利润	利润总额(万元)	-59	121	26	67
	比重(%)	-38.06	78.06	16.77	43.23
人员	就业人员(人)	1762	302	382	371
	比重(%)	62.55	10.72	13.56	13.17

2008 年,由于资源枯竭,正式启动营子煤矿政策性关闭破产项目,计划 2009 年 6 月 30 日前完成,使新组建公司正式运行;2009 年 12 月底前将企业内部封闭运行的医保及所属供水、供电、供热等后勤服务设施和职能一并移交社会管理;2010 年 6 月 30 日前,完成矿务局的整体改制,进而与开滦集团联合重组。

寿王坟铜矿也属于国家大二型企业,是原冶金部的部属企业。2002 年,寿王坟铜矿破产重组,成立国有控股企业铜兴矿业有限公司。

涝洼滩煤矿原属河北省统配煤矿,归承德专署(地区)煤炭公司管理。1993 年,承德地、市合并后,涝洼滩煤矿归属承德市煤炭工业公司管理。由于长期亏损严重,2000 年被迫停产,2003 年破产改制,由私营企业承德旺源煤炭建材有限公司买断,组建私营煤矿巨丰源煤炭有限公司。原归承德市工业局管理的东风煤矿也因资源枯竭,于 2001 年停产。成立于 1968 年的市属胜利煤矿,规模较小,在 20 世纪 70 年代中末期产量就接近设计生产能力。1988 年 7 月正式撤销,由涝洼滩煤矿承包经营。

承钢石灰石矿成立于 1971 年,是承德钢铁集团有限公司石灰石原料的主要供应基地。由于运输成本较高,于 2000 年被迫停产。

近十几年来,随着资源的日渐枯竭和采矿业的衰落,矿区着力推进国有企业的改制工作。截止到 2008 年底,全区 15 家国有企业基本完成产权制度改革,1300 多名国有企业职工得到了妥善安置;区属 17 家集体企业中,仅 2 家企业正在实施破产,其他均完成了改制。同时,平稳接收了兴隆矿务局和寿王坟铜矿等驻区企业的社会职能,积极协助市有关部门抓好涝洼滩煤矿、国投水泥公司等驻区企业的改制工作,为全区经济发展和社会稳定奠定了坚实基础。①

(2)私营企业

改革开放后,矿区的乡镇企业、个体私营经济迅猛发展,不但打破了单一的所有制结构,为逐步形成多元支撑的产业格局奠定基础,而且加速了产业结构的调整步伐,促进矿区经济的迅速发展。

除了已经或者正在改制的国有矿山企业以外,弘基石灰石矿、安得水泥石灰石矿是目前矿区重点的非金属矿山企业,久隆冶金有限公司、万国有色金属有限公司则是矿区重点的金属矿山企业。但是,乡镇企业和个体私营经济分别是在 1986 年和 1994 年才开始介入煤炭和铜铁资源开发领域的,虽然发展势头强劲,但所占份额偏小。如表 2-7 所示,所属为市以下企业的煤炭产量比例仅为全区的 24.08%,而铜含量和铁精粉的产量比例只有全区的 5.05% 和 8.65%。

表 2-7 鹰手营子矿区主要资源开发主体的产量构成

煤炭	全区（万吨）	兴隆矿务局		涝洼滩煤矿		东风煤矿		市以下	
		产量（万吨）	比例（%）	产量（万吨）	比例（%）	产量（万吨）	比例（%）	产量（万吨）	比例（%）
	8639	5158	59.71	910	10.53	491	5.68	2080	24.08
铜含量	全区（万吨）	寿王坟铜矿						市以下	
		产量（万吨）	比例（%）					产量（万吨）	比例（%）
	13.5664	12.8808	94.95					0.6856	5.05
铁精粉	全区（万吨）	产量（万吨）	比例（%）					产量（万吨）	比例（%）
	1366.1	1248	91.35					118.1	8.65

在采矿业逐步萎缩、实施改制重组的同时,钢钒、食品加工等产业迅速发展,涌现出一些龙头企业。2001 年,唐山建龙实业有限公司买断原平安堡铁厂,组建

---

① 参见《承德市鹰手营子矿区国民经济和社会发展第十一个五年规划纲要》(草案)。

承德建龙钢铁有限公司。目前企业已形成年产铁100万吨、钒钛钢100万吨、棒材100万吨的综合生产能力，成为承德市五大支柱企业之一，同时也是河北省的优势企业、重点发展企业和百强工业企业。在国家把承德地区规划为国家钒钛基地的大好形势下，承德建龙将会有更好的发展前景。

怡达集团是承德市继露露集团之后的第二个被确认为农业产业化国家级龙头企业，主要生产以山楂为主要原料的蜜饯果脯系列产品，生产各类果脯1万吨。同时拥有现代化罐头生产线8条，其中：水果罐头生产线5条，生产能力为日产以桃、红果和杂果为主要原料的罐头70吨；肉罐头生产线3条，日产罐头30吨。怡达的发展不仅带动一批小果品加工企业迅速成长，形成果品加工产业集群，而且依托企业与基地、农户之间形成的形式多样的利益联结机制，为承德市周边贫困县的果品生产和农民致富作出了贡献。

3. 产业发展的特点

在过去的50年里，伴随着资源开发的进程，鹰手营子矿区首先依托资源形成了能源、冶金和建材三大传统产业，后来又在矿产资源日渐枯竭的形势下，发展了机械、食品和特钢炉料三大新兴产业。但是，目前的产业结构仍然存在诸多问题，不能有力地支撑矿区的经济发展，保障各类民生问题的解决，产业转型的任务十分艰巨。

鹰手营子矿区的产业发展主要呈现以下特点。

第一，三大产业为"二、三、一"结构，第二产业的比重有增无减。

"因矿而立、因矿而兴"的特殊性使得鹰手营子矿区的三大产业一直保持"二、三、一"的结构。虽然经过多年的开采，煤炭和冶金产业日渐衰退，但近年来在"立足工业强区"的战略指导下，大力推进产业结构调整，新兴产业的发展为第二产业增添了一定活力。因此，如图2-16和图2-17所示，无论是第二产业的增加值，还是第二产业占GDP的比例，在2004年以来均呈现增加的趋势。

第二，第一产业发展潜力有限，长期不占主导地位。

受土地面积、地势条件、区域发展定位以及采掘业对土地的破坏等因素的限制，第一产业的规模始终较小，发展不具潜力，因而在国民经济中不占主导地位。近年来，主要通过坚持用抓工业的理念抓农业，充分发挥自身农业资源优势，推进了农产品加工业的发展，进而推动了以牧、菜、果三业为支撑的规模养殖小区、规模种植小区和果品基地的建设。

第三，第二产业对资源的依赖性强，产品附加值低，产业经营体制单调。

尽管随着矿产资源的枯竭，采掘业对当地经济的贡献逐年下降，但其仍然占据"半壁江山"，揭示出第二产业仍然高度依赖资源的明显特点。由于鹰手营子矿区的矿产资源丰富多样，产业因资源而兴的特点又使得第二产业内部的不同行业之间缺乏紧密的关联度，难以形成较长的产业链。而且，第二产业的产品以初级产品和基础原材料为主，表现出粗放性特征。

此外，在计划经济体制下，国有经济长期占据主导地位。单调的所有制结构形成了封闭、半封闭的经济环境，束缚了产业发展的自主性，不仅加大了国有经济在市场经济体制下实现转型的难度，而且抑制了新型产业主体的出现，使区域缺乏活力。

第四，第三产业与采矿业关联度高，并且受多方因素制约，发展潜力有限。

一方面，鹰手营子矿区的第三产业与采矿业相伴而生，以煤炭运销业、商贸流通业为主，因而容易出现"一荣俱荣，一损俱损"的局面。近年来，采矿业的萎缩已经影响到第三产业的发展，这也是2004年以来第三产业占GDP的比例下降的主要原因之一。另一方面，受制于区域规模、人力资源条件、交通和通信现状、城市文化娱乐和休憩基础设施条件以及生活水平等因素，鹰手营子矿区还不具备发展以现代服务业为核心的第三产业的条件，因而第三产业的发展相对比较缓慢。

2.2 鹰手营子矿区资源枯竭状况与发展困境

2.2.1 主体资源基本枯竭

从1957年开始，经历了50多年的矿山开采和采掘工业的发展，鹰手营子矿区原有的煤炭、铁矿、铜矿等资源优势已经不复存在，矿山的大规模开采和曾经有过的辉煌已经成为历史，面临着资源严重枯竭和产业转型问题。

1. 主体矿产资源可采储量减少，开采成本越来越高

如前表2-1所示，截至2007年，全区煤炭保有储量3544万吨，铁矿保有储量125万吨，铜矿保有储量89.9万吨。煤炭、铁矿、铜矿、钼矿等主要矿产资源的采出量占可采量的比例已分别达到75%、95%、95%和82%，资源已经接近枯竭。虽然一些矿山从理论上说仍然可以开采若干年，但由于矿产资源开发具有成本递增的特点，即随着富矿资源的减少和采掘深度的延伸，使生产同样产量所付出的物质投入和劳动投入具有递增的趋势，因此，这些矿山事实上已经没有经济上开采的合理性。譬如寿王坟的铜矿石品位平均仅0.2%左右，较建矿之初的1.17%下降82.91%；铁矿石品位17%左右，较建矿之初下降32%。

2. 矿山企业数量减少，产量日益下降

各种矿山企业数量从20世纪90年代中期的200多家减少到2008年的44家。而且由于资源枯竭，只能靠复采、小井进行生产，产量日益下降。自2000年以后，国有重点煤矿兴隆矿务局的原煤产量维持在60万吨/年左右，仅是其原煤产量最高

年份（1978年）237万吨的25.3%；原国有大型企业寿王坟铜矿的铜含量维持在1500吨/年，仅是铜产量最高年份（1959年）11242吨的13.3%；铁精粉产量平均20万吨/年，仅是铁精粉产量最高年份（1970年）43万吨的46.5%。

3. 作为支柱产业的采掘业逐渐萎缩

支柱产业犹如区域发展中支撑整个经济大厦的栋梁，对于区域经济发展具有至关重要的作用，是经济发展中起着骨干性、支撑性作用的产业。支柱产业没有一个确切的定义，也难有一个准确的计量标准。一般而言，根据下列四个标准来判定：

- 在区域经济发展中有着举足轻重的地位；
- 增加值在GDP中占5%以上，对经济增长的贡献度大；
- 产业的关联度强，能够带动众多的相关产业发展；
- 吸纳了区域相当比重的劳动人口。

按照这些初步的标准，结合前图2-18的2000~2008年全体从业人员、采掘业从业人员及其比重，以及表2-5的采掘业总产值变化，可以认为，采掘业一直是鹰手营子矿区的支柱产业，在区域经济中占有举足轻重的地位。但是，由于资源枯竭，依托资源开发而形成的采掘业的支柱作用日渐减弱。主要表现在：2005年以来，无论是产值占全区工业产值的比重，还是从业人员数占全部工业从业人员数的比重，都呈明显下降趋势。

据统计，2005~2008年鹰手营子矿区采掘业（煤矿、铜矿、铁矿、石灰石矿等）工业产值分别是10.78亿元、13.0亿元、13.37亿元和12.84亿元，占全区工业总产值的比重分别为47.9%、49.6%、45.3%和33.4%；采掘业从业人员分别为10617人、14944人、14097人和11700人，占工业从业人员比重分别为31%、37%、35%和30%。

根据相关资料，采掘业对当地经济的贡献率在20世纪60、70年代超过90%，80年代降低到80%，90年代为75%，进入新世纪以来进一步降到50%。而且，由于支柱产业采掘业的萎缩，致使鹰手营子矿区综合经济实力明显下降。相关资料表明，因采掘业萎缩直接影响现价产值每年10亿元，影响GDP每年3.6亿元，影响财政收入1.4亿元。

2.2.2 产业发展障碍重重

伴随着资源枯竭，鹰手营子矿区面临着支柱产业的重新选择。而支柱产业从A到B的转换对于鹰手营子矿区而言是一个非常痛苦的过程，它将导致产业结构的重大变化和产业体系的重新构造，并伴随着资本、就业等在产业之间的转移。为此，鹰手营子矿区需要克服众多的障碍。

1. 产业转移引起大量沉没成本

由于采掘业大多属于资本密集型产业,从矿产勘探开始,经矿山建设到矿山生产,需要投入大量的资本,而且由于矿产勘察的探索性、矿业生产作业条件的不确定性、勘察与生产建设周期长、投资见效慢,使得矿业投资具有较高风险。资本占用多、回收慢成为采掘工业的一般特征。不仅如此,由于资产设备的专用性,资源枯竭以后矿山企业退出具有高额的沉没成本,即那些一旦投入并承诺了专用用途后就不能回收的投资成本。沉没成本主要来自于:

- 企业位置的专用性,它依托矿山而建,一旦厂址设定,就不可挪作他用,否则,厂址的生产价值就会下降;
- 物质资本专用性极强,矿山设备和机器的设计仅适用于矿山用途,在其他用途中会降低价值;
- 人力资本专用性,在人力资本方面具有特定目的的投资,当用非所学时,就会降低人力资本的价值。

鹰手营子矿区自20世纪50年代建设以来,经过60、70年代的辉煌以后,逐渐有一些矿井关闭,每一口矿井的关闭都伴随着大量的沉没成本发生。

2. 知识的专用性,对新产业的适应性差

由于产业体系长期以采掘业为主,使就业人员技能单一,难以在产业之间转移,从而使劳动力对新产业的适应性差。这主要表现在两个方面。

其一,就专业技术人员而言,由于所学专业固化在现有的行业中,知识的专用性使其不能适应新的产业。当某人所受的职业训练只能从事某一行业的特定工作时,其命运在很大程度上就与该行业的命运联系在一起。一旦所从事的行业出现衰退,这些专业技术人员就会选择离开该地区。从相关材料看,1995~2007年,鹰手营子矿区企业调出或辞职工程技术人员、管理人员多达500余人。其中,兴隆矿务局、寿王坟铜矿两个企业就调出200余人,这些人多是不可多得的技术骨干、业务尖子和管理人员。

其二,资源型企业的普遍特征是没有经过任何培养和训练的简单劳动力居多,他们文化程度普遍偏低,学习新知识和新技能的能力比较差,改行比较困难,产业的调整将会带来大量的失业人员。截至2007年底,鹰手营子矿区全区共有下岗职工8163人(含寿王坟铜矿、兴隆矿务局),区属企业下岗职工5600人。加上几年来新生劳动力2000人和未能就业的大中专毕业生600多人,就有高达1万多人失业或待业,占全区劳动力比重20%以上,就业压力异常沉重。近年来,通过企业开发接续项目、政府开发一些公益性岗位、劳动部门和商务部门与北京、天津、唐山等地进行衔接输出劳务等方式,在安置下岗职工方面取得了一定效果。但是,根据调查,尽管

原有的矿山劳动力劳动强度大、工作环境差，但单位时间所获得的报酬相对较高，仍有部分人员下岗以后宁愿在家中闲着，也不到其他相对收入较低的工作岗位上就业。

3. 缺乏新产业生成的环境

通常情况下，一个区域的产业发展是多种因素促成的，这些因素犹如生产函数当中的各个自变量，如劳动、资本、技术、土地资源以及企业家才能等。对于鹰手营子矿区来说，几乎每一个因素都制约新产业生成。

首先，就土地资源而言，鹰手营子矿区仅有148.12平方公里，而且多为山地，所谓"1个镇的面积，2个村的土地，4个镇的人口"。土地面积的制约，使在鹰手营子矿区几乎所有的经济活动都会跨越边界，延伸到周边的兴隆县境内，严重地制约了区域产业和经济的发展。

其次，资本短缺是鹰手营子矿区新产业生成面临的又一障碍。在调研中，几乎在所有的座谈会上，所有的企业、所有的基层政府都深深感觉到，"好的项目"并不缺乏，短缺的是资本。譬如，汪家庄镇提出了"南核桃，北栗子"的"大农业"发展思路，计划各发展1.5万亩的核桃和栗子，但终因资金问题而搁置起来。又如，承德铜兴矿业有限责任公司试图建设"矿山地质公园"，也作了尾矿综合利用，发展轻型墙体材料的前期调研和筹划，但终因资金短缺而不能实施。再如，地处鹰手营子矿区的兴隆矿务局由于矿井衰老，长期处于贫困的边缘，长时间企业运行困难，被认为是"河北省最困难的企业"。

再次，缺乏新产业形成的技术和人才。新产业的形成需要相关的技术和人才，需要把各种生产要素调集起来并承担市场风险的企业家。从目前的情况看，鹰手营子矿区的技术和人才主要集中在采矿、机械制造、电力维修等领域，承德建龙钢铁有限公司与唐山建龙实业有限公司实行一体化管理，还设有博士后流动站，但其他专业人才比较缺乏。根据相关资料，2007年鹰手营子矿区共有各类专业人员1011人，在各部门的分布状况为：教育708人，图书文化5人，广播2人，卫生287人，农业畜牧9人。

最后，缺乏新产业发展的思想基础。由于长期以来以矿业作为重要的支柱产业，当矿产资源枯竭以后，区域发展所考虑的接续产业通常也以矿业及其延伸产业为首选，总是在原有产业中"打转转"。这一点在调研中从各个方面都明显地显露出来，原本也无可厚非，因为这就像物理学中的惯性，即一旦进入某一路径就可能对这种路径产生依赖，走原来的路径所付出的成本更少，这是一种自我强化和锁定的效应。在这样的背景下，资源枯竭以后新产业的拓展仍然想在资源问题上做文章，没有放开思路，像有些发达地区发展新产业时常能够"小题大做"、"无中生有"，突破区域发展的资源制约。

2.2.3 生态环境恶化加剧

1. 地质灾害频发

鹰手营子矿区及其周边的兴隆县在清朝顺治年间被封为"后龙风水禁地",专有清兵管护森林,使这一地区森林植被得到了很好的保护。据史料记载,这里原本人烟稀少,古木参天,多为原始森林。经过50多年的大规模开采,鹰手营子矿区的生态环境严重恶化,昔日的皇家后花园已经风光不再。尤其是煤炭开采造成的地面沉陷、地裂缝、山体滑坡、泥石流、煤层自燃等地质灾害,使矿区变得千疮百孔(图2-21、图2-22、图2-23、图2-24),即使是在城区,到处都能看到"马赛克"斑痕。失去了植被覆盖的废弃矿区,严重破坏了整体景观,矿区的矿渣、矿灰又成为扬尘的主要来源之一,而且有害物质在雨季随降水下渗,污染地下水。

图2-21 鹰手营子矿区城区与地质灾害位置示意图

资料来源:图片由鹰手营子矿区发展改革局提供。

图2-22 鹰手营子矿区的山体滑坡

资料来源:图片由鹰手营子矿区发展改革局提供。

图 2-23 采煤出现的露天大坑

资料来源：图片由鹰手营子矿区发展改革局提供。

图 2-24 采煤沉陷带

据相关资料，区内目前废弃的矿井多达近500个，采掘坑、沉陷坑、沉陷带有100余个。表2-8是兴隆煤田采煤沉陷区的开采面积及沉陷区面积的统计，四个相对独立沉陷区的总面积达8.85平方公里，是煤炭开采面积的1.95倍，沉陷程度是全国平均值的1.2倍。沉陷不仅对建筑、道路、植被、耕地及地下水系造成破坏，严重影响矿区的生态环境，而且还会引发当地人口搬迁等诸多社会问题。

表2-8 兴隆煤田采煤沉陷区开采面积及沉陷区面积统计表

矿 名	开采面积（平方米）	沉陷区面积（平方米）	沉陷与开采面积比(%)	非稳定沉陷区面积(平方米)	非稳定占总沉陷区比例(%)
汪庄矿和营子矿二井	2559783	5575008	2.18	401806	7.21
营子矿一井	468817	1039613	2.22	236458	22.74
马圈子南井	238268	581672	2.44	—	0
马圈子北井	1261948	1654163	1.31	—	0
合　计	4528816	8850456	1.95	638264	7.21

资料来源：鹰手营子矿区发展改革局。

2. 水系破坏和地下水位下降

鹰手营子矿区长期的矿产资源开发，不仅使地下水位下降，水系遭到破坏，造成水源性缺水；而且由于矿山开采的工业污染，还使水体受到污染，造成水质性缺水，使原本缺水的矿区水资源更加紧张。

由于长时间、大规模的矿业开采而形成的大量废弃深井、坑道和采空区，容易造成地表水和地下水渗漏，使水源遭到严重破坏。鹰手营子区域内较低处柳河的平均海拔为470米，供本区生活和生产用水的原始水位高于390米，而目前鹰手营子矿区最大采深已达500米。在兴隆井田范围内，深度大于200米的采空区多达30余处，与之伴生的主巷道达60公里。大量的地下水、地表水渗漏入矿井和巷道，造成含水层水位下降，形成的地下水水位降落漏斗范围远远大于地表沉陷范围。目前，鹰手营子矿区的水资源总量（地下+地表）已由2000年以前的平水年1.72亿立方米下降到目前的3600万立方米，且有逐年下降的趋势，使1800户约6000名群众饮水困难。表2-9是鹰手营子矿区一些水源井的水位和供水量的调查结果，反映出水位下降、供水量锐减的现实。具体而言，位于兴隆煤田范围内的营子、北马圈和汪家庄三镇，生活和生产用水需求量约为日3万立方米，而现有水源井的总可供水量仅为日1.5万立方米，远远达不到正常供水的需求，居民只能定时、分时供水，早晚各一次，高层建筑用户只能夜间取水存储，白天使用。此外，汪庄矿5口自备水井已干枯报废，无水源可利用，只能引兴隆县苗营子、姚栅子的不符合国家饮用水标准的水，且供应严重不足，时有时无，天旱时只能买水喝；马圈矿3口自备水井和部分村民压水井也已报废。

由于水源严重不足，现有水源井被迫超负荷开采，造成水质浑浊，达不到饮用

水标准。而且地表水和地下水融合,使得水质污染加重。表 2-10 显示了 2006 年承德市环境监测站对鹰手营子矿区城建水源井和马圈水源井的水质检测结果,形势不容乐观。

表 2-9 营子镇域内水源井基本情况

单位：m，m³/h

序号	名 称	地 点	始建时间	井深	正常水位	现在水位	供水量	备 注
1	老泵房 1 号井	公司院内	1981	30	深 20	0		报 废
2	老泵房 2 号井	公司院内	1981	30	深 20	0		报 废
3	城建井	城建局院内	1988	89	深 70	深 35	50	水量锐减
4	金 1 号井	金扇子	1993	98	深 80	深 40	100	水量锐减
5	金 2 号井	金扇子	1993	105	深 80	深 50		报 废
6	董大口井	董家庄	1995		深 20	深 10	50	水量锐减

资料来源：鹰手营子矿区发展改革局。

表 2-10 鹰手营子矿区水源地地下水水质监测结果表

城建水源井							马圈水源井					
一般化学指标		毒理学指标		细菌学		一般化学指标		毒理学指标		细菌学	
名称	浓度 mg/L	名称	浓度 mg/L	名称	浓度	名称	浓度 mg/L	名称	浓度 mg/L	名称	浓度
色度	0	镉	<0.001	细菌总数	0 个/mL	色度	0	镉	<0.001	细菌总数	0 个/mL
浊度	2	铅	<0.01	大肠杆菌	0 个/L	浊度	2	铅	<0.01	大肠杆菌	0 个/L
pH	7.65	砷	<0.01			pH	7.74	砷	<0.01		
总硬度	562.00	硒	<0.0004			总硬度	505.5	硒	<0.0004		
硫酸度	94	汞	0.075			硫酸度	94	汞	0.075		
氯化物	138.25	氟化物	0.282			氯化物	116.15	氟化物	0.608		
溶解性总固体	511	氰化物	<0.002			溶解性总固体	511	氰化物	<0.002		
挥发酚	<0.001	六价铬	<0.004			挥发酚	<0.001	六价铬	<0.004		
阴离子合成洗涤剂	<0.05	硝酸盐	5.80			阴离子合成洗涤剂	<0.05	硝酸盐	5.80		
铁	0.186	亚硝酸盐	0.001			铁	0.224	亚硝酸盐	0.001		
锰	0.074					锰	0.009				
锌	<0.05					锌	<0.05				
铜	<0.02					铜	<0.02				
氨氮	0.02					氨氮	0.03				

资料来源：承德环境科学研究院：《河北鹰手营子矿区生态区建设规划》(2008.7),第 22 页。

因供水紧张而引发的政府与驻区企业之间、工农之间、居民之间的矛盾纠纷时有发生,给当地居民生产和生活造成极大不便,也给当地企业造成很大损失。2003～2005年,区内因用水问题而引发的矛盾纠纷达25起,当地企业因停水而造成的经济损失近1800万元。

3. 耕地毁坏

据相关资料,2001年区内煤矿征地567公顷,占全区总面积的3.8%,其中征用耕地466.7公顷,占全区耕地面积的58%。由于长期的矿产资源开发,矿区形成了大量的矸石山和尾矿库,面积共约3500亩,不仅占用了大量土地,还带来严重的环境问题和溃坝威胁。目前,矿区有10万吨以上的矸石山10个(图2-25),表2-11列出了部分矸石山的情况。寿王坟尾矿库坝长1200米,坝高83.5米,已堆存尾矿砂1435万立方米,约5000万吨,且以每年80万吨速度增加(图2-26、图2-27、图2-28)。尾矿库如同悬湖,时刻威胁下游人民群众的生命财产安全。2008年9月8日,山西省临汾市襄汾县发生的造成276人死亡的特别重大溃坝事故,就是尾矿溃坝引发的,教训惨痛。

图2-25 煤矿矸石山

表 2-11 鹰手营子矿区部分煤矿矸石山的情况

序号	名　　称	位　　置	占地面积(万 m²)	体积(万 m³)
1	兴隆矿务局汪庄煤矿矸石山	汪庄镇姚庄村	4.10	80
2	兴隆矿务局营子煤矿一号井矸石山	兴隆矿务局一号井	0.62	1.25
3	巨丰源煤炭有限公司矸石山	涝洼滩村	3.64	145.6
4	兴隆矿务局马圈子煤矿矸石山	兴隆矿务局马圈矿	6	100
	合　计		14.36	326.85

图 2-26 寿王坟铜矿的尾矿坝外观

4. 基础设施受损

随着大规模的煤炭开采，大量抽排地下水，形成大面积采空区，引起覆岩移动破坏，进而形成地表沉陷，以致地面工业场地、地面建筑、河流、土地等遭到严重的破坏。特别是民宅、学校、医院和道路、供电、供水、供暖、水渠等基础设施受损严重，对人民群众的生产、生活构成严重威胁（图 2-29、图 2-30、图 2-31、图 2-32）。

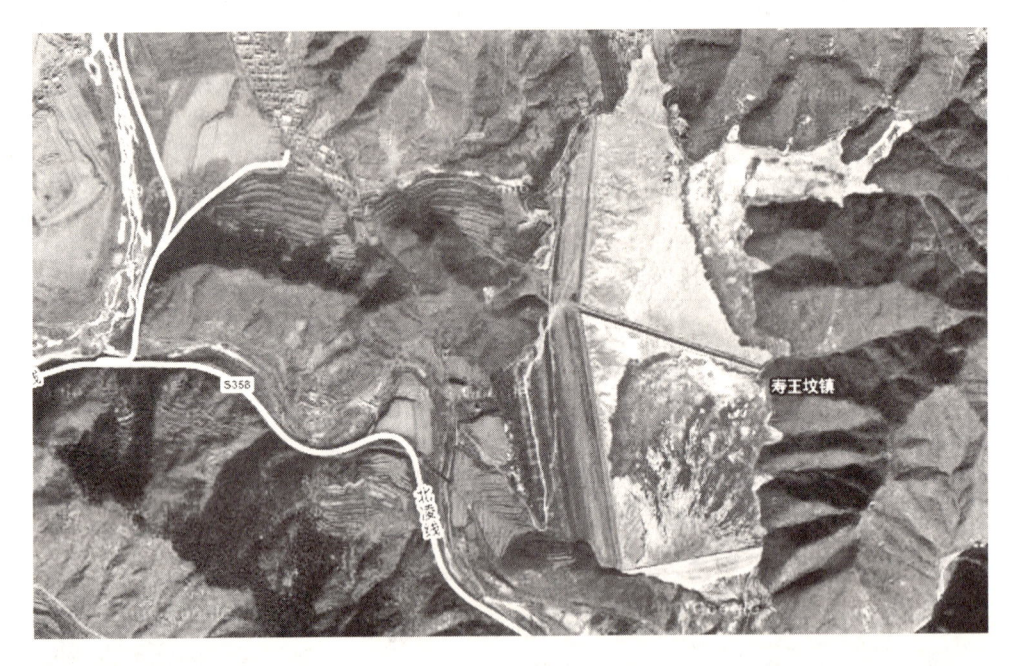

图 2-27 寿王坟铜矿的尾矿坝遥感影像

图 2-28 如"高峡出平湖"一般的寿王坟铜矿尾矿库

根据鹰手营子矿区发展改革局的资料，经调查和评估核定，兴隆矿务局总面积达 8.85 平方公里的沉陷区内，涉及城乡受灾居民共 4977 户、16399 人，建筑面积

图 2-29　采煤沉陷造成企业厂房受损

资料来源：图片由鹰手营子矿区发展改革局提供。

图 2-30　采煤沉陷受损道路（1）

资料来源：图片由鹰手营子矿区发展改革局提供。

29.27万平方米。其中，急需搬迁的受灾居民3116户、10330人，面积17.80万平方米；房屋需维修加固的受灾居民1861户、6069人，面积11.47万平方米。受损学校7所，建筑面积1.33万平方米，受灾学生1645人。受损医院和卫生所10所，建筑面积4234平方米。受损的企事业单位为54家，建筑面积6.72万平方米。受损商服网点17个，建筑面积2.04万平方米。受损道路43条（段）、48.4公里，

资源开发地区转型与可持续发展

2008年6月摄于汪庄镇"营涝路"

图 2-31 采煤沉陷受损道路（2）

资料来源：图片由鹰手营子矿区发展改革局提供。

2008年5月摄于姚庄

图 2-32 受损坝墙

资料来源：图片由鹰手营子矿区发展改革局提供。

面积 20.6 万平方米；铁路 3 条，4751 米；供电线路 29 条，1.86 万米；通信线路 49 条，7.13 万米；供水管路 12 条，4 万米；排水管路 17 条，1.3 万米；供暖管道 8 条，7864 米；自来水井 10 个；机电井 63 个；压水井 136 个；水渠 24 条，4.6

万米;公厕 44 个;大棚 34 个,2.26 万平方米。已经严重影响到群众的日常生产和生活。

2006 年后,鹰手营子矿区开始实施兴隆矿务局采煤沉陷区综合治理项目,但这只解决了矿务局所属煤田的采煤沉陷问题,而涝洼滩、东风煤矿、胜利煤矿及其他类型煤矿尚未列入日程。由于小型煤矿大多浅层开挖,生产作业方式粗放,据初步统计,其采煤沉陷造成的民宅受损与兴隆矿务局造成的损失数量相当,但受损程度更为严重。因此,沉陷区治理任重道远。

2.2.4 城市功能单调和高度城市化假象

1. 城市功能单调

城市的出现是人类走向成熟和文明的标志,也是人类群居生活的高级形式。作为人类文明的主要组成部分,城市也是伴随人类文明与进步发展起来的。

从发生学的角度看,城市主要因集市、因某种功能或是因综合以上二者而产生,形成集市型城市、功能型城市和综合型城市。

- 集市型城市,属于周边农民或手工业者商品交换的集聚地,商业主要由交易市场、商店和旅馆、饭店等配套服务设施所构成。
- 功能型城市,通过自然资源的开发和优势产业的集中,开始发展其特有的工业产业,从而使城市具有特定的、单调的功能。
- 综合型城市,一些地理位置优越和产业优势明显的城市具有综合性功能,金融、贸易、服务、文化、娱乐等产业得到发展,城市的集聚力日益增强,从而使城市的经济能级大大提高,成为区域性、全国性甚至国际性的经济中心和贸易中心。

城市在通常情况下存在功能分区,通过对其居住、工作、游憩、娱乐等功能,以及把这些功能联系起来的交通网络的合理布局,以保证居住、工作、游憩、娱乐等活动的正常进行。在现代城市布局中,工业向园区集中更有利于解决工业发展所造成的环境问题。由于鹰手营子矿区是在矿产资源开发基础上建立起来的,作为其主要产业的采掘工业从空间上看不可能集中,事实上也没有集中,而是分散在矿区的各个镇域内,由此带来的结果是生产分散而居住集中,城区内主要是居住、消费和商业聚集地。而且,"先有企业,后有城市"的发展模式也使得城市整体服务功能非常薄弱,城区内的消费和市场状况几乎完全取决于周边矿区的生产经营状况。当各个矿区生产经营状况良好时,政府的财政收入和个人的收入水平也都会相应提高,从而带动城区的第三产业发展;当矿区的经营状态不善时,政府的收入和个人的收入都会受到影响,进而就会明显影响城区内的各种活动。

2. 高度城市化假象

根据统计资料，鹰手营子矿区截至2007年的城镇化率已达到81%，远远高于国家45%的平均水平和河北省40.25%的平均水平。但是，高度的城市化与城市基础设施建设的严重滞后、社会保障的难以实现和人民生活的贫困等现实是不相符合的。

一是基础设施落实不到位，棚户区改造的任务艰巨。鹰手营子矿区至今没有休闲广场、科技馆、体育中心等公共设施，20世纪50、60年代遗留下来的26万多平方米棚户区（涉及近7432户、2.3万人）需要改造。棚户区是老矿区在建设过程中，受"先生产、后生活"方针影响而形成的特定历史产物（图2-33）。

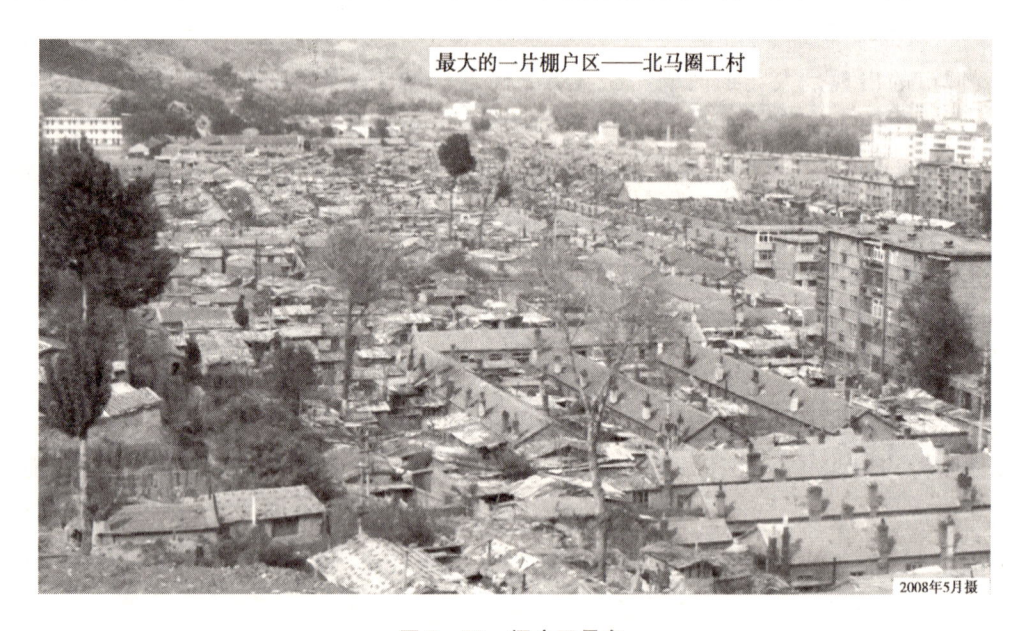

图2-33 棚户区景象

资料来源：图片由鹰手营子矿区发展改革局提供。

20世纪50年代末至60年末，兴隆矿务局、寿王坟铜矿、涝洼滩煤矿、东风煤矿和胜利煤矿等国有矿山企业，在建矿初期将从事矿山采掘的工人们安置住在矿山附近的简易平房里。这些平房结构简单，外墙为红砖灰泥勾缝，内墙为麦秸泥抹灰，顶部为红瓦铺顶或拱顶结构。之后，矿工的子女又在平房外搭建小屋，世代居住。由于这些房屋使用年限太久，缺乏维修，存在地基下沉、墙体风化和碱化严重、墙皮大面积脱落、部分墙体屋顶裂缝等问题。而且，室外地面普遍高于室内地面，致使屋内潮湿阴暗，通风采光差，门窗严重破损，无法关闭。屋顶木架结构也因年久腐朽而变形严重，造成防雨瓦破损，房顶塌落。

矿山企业效益好时，也为职工兴建和分配过新房，但仅仅解决了一小部分双职

工的住房。当矿产资源日渐枯竭，企业陷于生产亏损之后，已无力解决这些职工的居住问题，而棚户区的居民也因下岗失业等原因，无力从市场上购买商品住宅。因此，一片片缺乏水、电、路等配套市政设施的棚户区，就成为鹰手营子矿区环境条件最差、贫困人口聚居的地方。

此外，在北马圈子镇、汪家庄镇和营子镇的煤矿工村边缘，存在大量比棚户区的房屋条件还要差的无证简易房。房子多数是兴隆矿务局在20世纪60、70年代为了照顾单身矿工家属探亲，用石头、砖头、板皮、油毡等材料，依山就势搭建的临时房。由于当时兴隆矿务局矿工的待遇较高，而农村生活条件较差，家属探亲后不愿回乡，日久天长就此定居下来。后来得到矿务局和地方的默认，大部分家属得以农转非，依靠矿工一人的收入维持度日。20世纪90年代后，因企业生产亏损，矿工生活困难，这些家属想回家务农，但已无地可种。企业无力解决这部分矿工及家属的住房，他们只能自己对这些简易房修修补补，勉强居住。据统计，这样的简易房在马圈路北工村有720余户，营子一区和二区有450户，汪庄及涝洼滩矿有600余户。简易房一家挨一家，低矮潮湿，破旧不堪。

二是地方财政入不敷出，社会保障难以实现。由于资源枯竭，资源型行业提供的税收持续萎缩，导致矿区整体增收困难，财政入不敷出。表2-12反映了鹰手营子矿区2000年以来的财政收入变化，可以看出，鹰手营子矿区2007年全部财政收入14260万元，较2001年增长535.8%，年均递增36.1%；财政支出12893万元，较2001年增长339.0%，年均递增28%；一般预算收入3039万元，较2001年增长126.3%，年均仅递增14.6%，一般预算收入增长远远低于全部财政收入和财政支出增长。而且，从2003年至2008年，地方一般预算收入占财政支出的比重不断下降，分别为22.1%、20.6%、20.3%、16.0%、23.6%和11.3%；2008年的地方一般预算收入绝对数甚至比上年有所减少。

地方财力的严重不足使鹰手营子矿区的社会保障面临极大压力。矿区国有资源型企业累计拖欠养老保险费、失业保险费、工伤保险费超过1亿元。由于居民收入低，企业和职工参加社会保险的积极性不高，民营企业除了给职工上工伤保险之外，其他保险项目均不参加。目前职工医疗保险参保率为82%，居民医疗保险参保率只有57%，农村养老保险参保率仅为8%。对于尚未完成改制的国有资源型困难企业，破产清算需要支付经济补偿、失业保险、养老保险、伤残补助等改制成本，按照其经营现状和地方财政能力，根本无法承担这一巨额改制成本。

三是矿区职工生活极其困难。近年来，通过企业搞副业和政府促就业政策，尽管解决了几千下岗人员的重新就业问题，但工资待遇普遍较低。据统计，现矿区职工月收入约为1200元,家庭月人均生活消费支出不足400元,下岗职工生活则更为艰难。矿区有1.28万人依赖每月285元的低保金艰难度日,城市贫困面高达26%。总体上看,鹰手营子矿区内国有企业改制比较晚,未能充分享受国家政策性破产待遇,许多家庭夫妻双双下岗,贫困代际传递现象逐渐显现。

表2-12 2000~2008年鹰手营子矿区财政收支情况

年 度	全部财政收入		地方财政收入		一般预算收入		财政支出	
	绝对数(万元)	人均(元)	绝对数(万元)	人均(元)	绝对数(万元)	人均(元)	绝对数(万元)	人均(元)
2000	2312	320					1984	275
2001	2243	317	1343	190	1343	190	2937	416
2002	4014	571	980	139	980	139	3677	523
2003	4603	659	999	143	991	141	4485	642
2004	5937	862	1265	183	1265	183	6129	890
2005	11067	1620	1680	245	1680	245	8260	1209
2006	12447	1829	2117	311	2117	311	13226	1943
2007	14260	2098	3039	447	3039	447	12893	1897
2008	16758	2418	3038	438	3038	438	26991	3894

资料来源:本表数据来源于相关年份《承德市统计资料》。

2008年以来的经济危机,使鹰手营子矿区的企业面临着前所未有的困难,一些矿山企业已有的转型项目和计划受到重大挫折,延缓了转型的进程,从而进一步加剧了财政和职工的困难。

概括起来,鹰手营子矿区各种矛盾交织在一起,主要表现在:

- 主体资源基本枯竭;
- 开采规模严重萎缩;
- 产业结构矛盾突出;
- 社会负担日趋沉重;
- 地方财政入不敷出;
- 生态环境破坏严重;
- 行政区划狭窄,缺乏发展空间。

这些问题,有的是资源型城市普遍存在的问题,受特殊地域条件的限制,有的问题表现非常突出,甚至已经迫在眉睫,亟须尽快建立有利于经济、社会、环境、体制转型的推动机制,促进鹰手营子矿区经济社会持续健康协调发展。

2.3 鹰手营子矿区资源枯竭与转型机理分析

要对一个资源型城市或地区实施良好的转型，必须搞清楚它衰败的机理，然后才能进一步分析如何转型的问题。按照逻辑一致性原则，资源枯竭型地区或城市衰败与转型应该是基于相同的机理。资源型地区的衰败及其转型是个由来已久的国际性问题，在实证方面有"荷兰病"之说，在理论方面有"资源诅咒"命题。我们的分析强调两点：一是要一般化地看待地区或城市的衰落问题，也就是把资源性地区的衰败一般化看待，认为其他非资源性地区也普遍存在着衰败现象；二是要把资源枯竭型地区或城市的衰败与转型结合起来，衰败与转型应该是基于相同的机理。

2.3.1 资源枯竭的内在机理与特点分析

1. 资源相关利益主体及其相互作用关系

某一地区存在着的资源吸引了许多利益主体对资源的追逐，客观上形成不同利益主体集聚一地。主要利益相关者可以分为三种：政府、企业和社会，尤其是政府和企业，它们是最为重要的利益主体，共享一定区域的资源。集聚的根本是因为有收益增加的动力，这三大利益主体之所以能够形成集聚，原因在于区域范围存在着资源—共享资源所蕴涵着的收益（见图 2-34、图 2-35）。

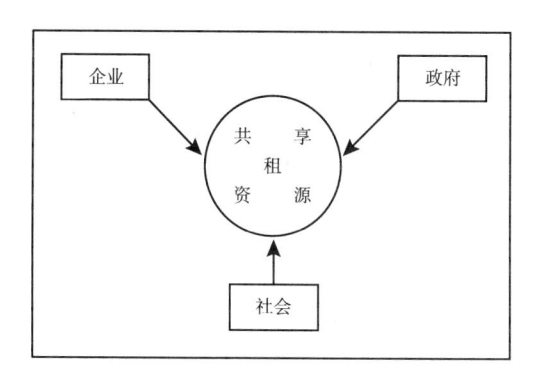

图 2-34 以资源共享为目的的经济集聚

就企业经济实体而言，随着市场力量的不断发展，市场经济的主体——企业，为更大范围的资源租金所吸引，集聚一地取得地理相邻性，引发了空间上的极化效应；随后，地理相邻性与组织（社会关系）相邻性交互作用，通过一系列有机整合与聚类整合，逐步形成分工合作的企业群、主导企业群和伴生企业群；随之而来的是企业间分工合作产生的共享资源，它们形成产业集群的基础；伴随着企业集群

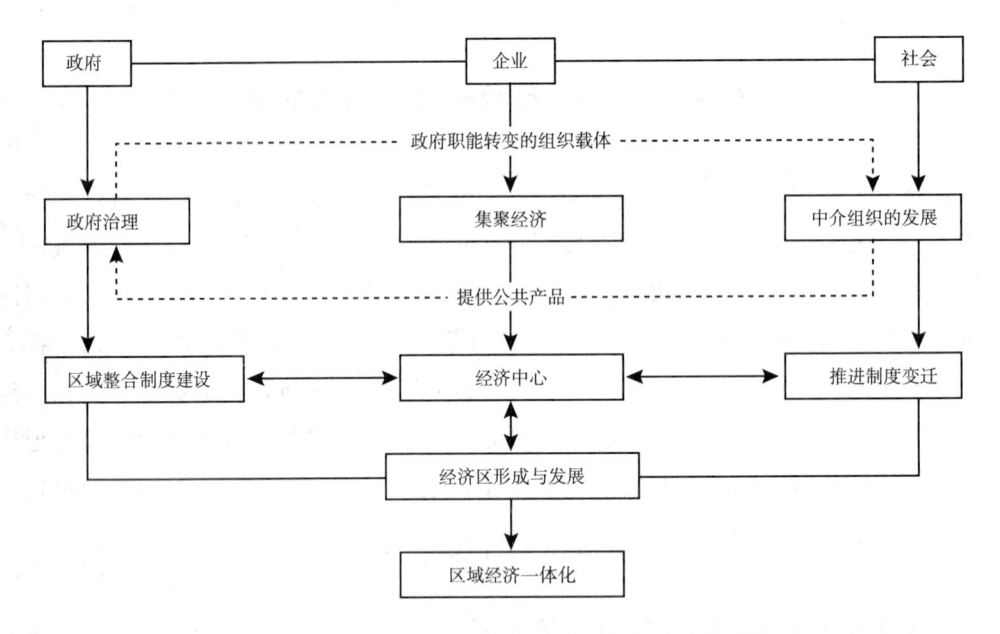

图 2-35 行政区经济向区域经济一体化演进机理图

进一步的极化，形成了经济中心，由于市场扩张和地域分工的需要，中心城市与其相邻地区的经济结构关系形成，区域经济集聚的都市圈层结构逐步形成。

就政府主体而言，在市场化进程中，一方面，中央政府与地方政府进行着权益关系调整，通过放权让利，地方利益逐步独立，地方经济利益驱动增强，其行为的企业化倾向明显，也在追逐获利较多的资源；另一方面，是政府与企业的权益关系调整，这在与外部地方政府竞争中体现出它是"扶住之手"还是"掠夺之手"的差异。由于其秉承计划经济而取得的对资源的天然控制地位，使其对资源租金具有相对垄断的权力，但是地方政府间的竞争会改变地方政府对企业的态度，因而出现"扶住之手"与"掠夺之手"的差别。有的地方政府通过政府治理，转变政府职能，加强区域整合的制度建设，顺利实现了从"设租、护租、寻租"到"合作创利"的转变，其中政府对基础设施等共享资源的投资作用突出。

就社会公众主体而言，他们是社会关系资源的拥有者，也是人力资本的所有者，以个体的形式存在，但更多的情况下是通过社会力量的培养，形成非政府中介组织。中小企业集群在发展过程中存在许多制约因素，需要公共支持体系的扶持，非政府组织在其中发挥着不可替代的作用，主要是中介组织，它们是共享关系的直接体现，本身就是共享资源的产物，同时为政府职能的转变提供组织载体。

结合鹰手营子矿区的情况，利益关系相对比较简单。由于鹰手营子矿区开发于20世纪50、60年代，当时的制度背景是计划经济体系，主要的利益主体是中央政府，直到改革开放的初期，其他如地方政府的利益主体及社会利益主体才参与到资

源开发之中,而这时因为资源而带来的利润已经大幅减少,可以说,鹰手营子矿区当初给国家作出了巨大的贡献,没有及早转型是中央政府基于收益分配的不公和以后市场化政策的变动,中央政府理当对于如今的转型予以大力支持帮助。

2. 资源利用及其组织方式

经济活动过程是物质与能量从资源形式向社会财富转换的过程。人们通过这一过程,使周围社会环境和自然环境中的客观事物转换为人类财富,这些财富是经济活动的结果,其"原料"是经济活动环境中以资源形式存在的客观事物。生产过程之所以能将自然资源转换为价值比原料高出许多的产品,说明生产过程所需原料不仅包括自然资源,还有其他类型的资源参与。因此,经济活动过程其实是资源综合集成被利用的过程,自然资源的利用显然离不开人文社会资源的参与。

对资源的有效利用取决于恰当的资源治理安排。这里重要的不是对资源类型的归纳,而是探究不同资源的组织结合方式,即资源被利用的生产组织形式,也就是自然资源与社会资源结合的具体方式。社会经济的发展过程实际上是人类掌握的社会经济资源作用于自然资源的过程。对此,恩格斯在《自然辩证法》中指出:"劳动与自然界一起才是财富的源泉;自然界为劳动提供材料,劳动把材料变成财富。"

资源的利用要采取生产组织的形式,这主要包括两个原因:一是资源相互依赖的内在特性,以及由此所决定着的资源"公共领域"所潜藏着的经济租金作用;二是不同利益主体合作之后产生的"合作剩余"作用。对此我们采用新近兴起的制度经济学原理进行分析说明(图2-36所示)。

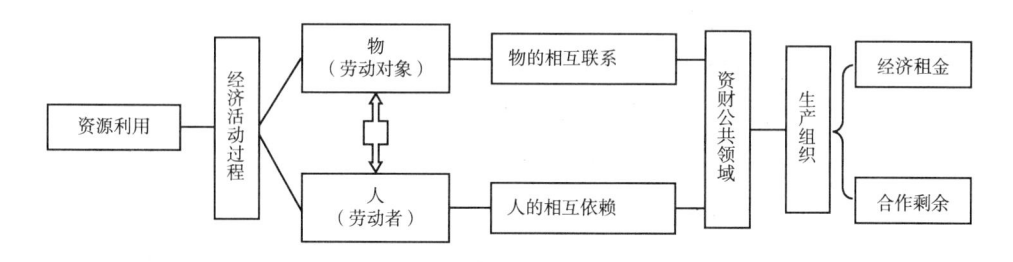

图2-36 资源"公共领域"与资源利用的经济组织

物品(资源)的内在特性是导致人类相互依赖性的固有根源。[①] 按照制度经济学家巴泽尔的分析,由于资产属性的多样化和信息的不完备,加之人们的有限理

---

① 在斯密德看来,物品的这些特性包括不相容程度、排他成本、为其他使用者提供产品的成本、生产额外物质单位的成本和各种各样的交易成本。参见〔美〕阿兰·斯密德《制度与行为经济学》,刘璨、吴水荣译,中国人民大学出版社,2004,第124页。

性，使得想要充分界定产权的成本相当高昂，于是没有被界定产权的那些财产就留在了公共领域，产权的公共领域就是指产权未被界定清楚的资产的属性，或者是未被明确定价的资产的属性。

资源是一类客观存在的综合物质系统，资源作为人类社会经济发展最根本的物质基础，是一个庞大的系统。[①] 因为资源具有"多维的""潜在有用性"，但由于度量资源的各种价值存在着信息成本，而且它的许多有用属性，并不是能够全部为人所认识且可以合理界定的，这样，没有界定的权利连同一部分有价值的资源就留在了"公共领域"。但这些有用属性的价值还是客观存在着的，形成留存在"公共领域"的"潜在经济租金"。只要资源还具有一定的经济价值，就有财富溢出公共领域，这就会引起人们的财富攫取行为（寻租）。因此，为了防止个人随意侵吞公共领域里的有用价值，就必须对每一项权利施加限制条件。巴泽尔说："为监督和维护这些限制条件的执行，就需要组织。"威廉姆森强调要找到一种契约规制结构，设计最优的契约结构来减少权利被攫取带来的损失。因此，尝试实验各式各样的组织形式，是为了充分利用存在于"公共领域"资产所提供的"经济租金"。这里我们强调的是资源的"共享性"，注重从依存于资源共享性的"经济租金"入手，说明组织产生的必要性。

另外，组织的形成及其变迁其实是人与人之间关系形态的变化，体现了人与人关系的不同侧面，而人与人之间也是一种相互依赖的关系，这是由分工的发展和人们社会化的存在要求决定着的。人与人之间借助组织的合作能够产生"合作剩余"，也就是我们从收益的角度看到的"$1+1>2$"的剩余收益。科斯提出的"交易费用"可以说是从外部揭示了组织存在的动因，而 A. 阿尔钦和 H. 登姆塞茨等人的"团队生产"则揭示出形成组织的内在动因。他们发现，"如果通过队生产（Z）所获得的产出大于 Z 的分生产之和加上组织约束队生产成员的成本，就会使用队生产（Team Production）"。[②] 可见，组织之所以存在，是因为通过专业化的协作能够提高生产率，组织其实是有效利用人们之间分工合作提供剩余的一种方式，而更为重要的是人与人之间也存在着"共享性"的关系资源，这是形成组织的基础。这里我们强调的是人与人之间社会关系及其社会资源的"共有性"，注重人们对借助合作关系所产生的"经济剩余"的追求，分析组织出现的必然性。

把上面两个方面结合起来，就会注意到组织的基础涉及人与人联合或合作的产

---

① 成升魁：《资源综合研究问题探讨》，《资源科学》2000 年第 1 期。
② 〔美〕A. 阿尔钦（Alchian）、H. 登姆塞茨（Demsetz）：《生产、信息费用与经济组织》，〔美〕R. 科斯、A. 阿尔钦、D. 诺斯等：《财产权利与制度变迁——产权学派与新制度学派译文集》，上海三联书店、上海人民出版社，1994 年。

权问题。一方面，哈耶克所揭示的知识的分散和产权的分立，要求人们之间要进行协作交易；另一方面，同一资产具有不同的属性，难以界定清楚，而不好或不能界定的一些权利属性就留存在"公共领域"，成为人们竞相利用索取的"租"。而组织主要是人们对这一公共领域产权及其资产充分利用的表现。产权不是人与物之间的关系，而是由于物的存在和使用而引起的人们之间一些被认可的行为关系，就是界定每个人在稀缺资源利用方面的地位的一组经济和社会关系。① 可见，对人与人相互之间围绕物所形成的关系的界定是产权的本质，一方面体现的是人与物的所有权关系，另一方面体现的是人与人的产权关系。②

3. 资源租金阻滞与资源型地区转型的困难

图 2-37 表示了以资源为基础的区域聚集因果关系。资源的地域性决定了资源被利用的范围，资源的共享性决定着资源被利用的组织方式。一定地域范围共享下的资源，内含丰富的"资源租金"，这是吸引相关利益主体竞相"寻租"集聚的动因，借助对"资源租金"的争夺，呈现出利益主体在一定地域范围内的集中。因此"资源租金"和利益主体的"寻租行为"才是以共享资源为基础的经济集聚的真正内在动因。但集聚的结果并不确定，既有可能通过企业集群而获得集聚效应，形成地区竞争优势，也有可能形成分利集团而出现利益分割，最后导致地区衰败塌陷。地域集聚没有从"企业扎堆"转变为"产业集群"，这就是"扎堆"与"集群"区分的关键所在。因此，重要的不是就自然资源来界定"资源性"地区，而是认识资源背后的共享特性决定着的"资源租金"作用，一个地方的兴盛或是衰落，主要是共享资源创生不够，从而导致了"公共地悲剧"及资源型地区衰落。因此，把握基于共享资源的区域集群优势形成是关键，一般的管理原则便是抑制分利集团而促进企业集群。

资源型城市的产业之所以断裂而难以有序转变，其原因在于"资源租金"的分配制度不合理，或者被政府垄断，或者被私人企业占有。与此同时，民间资本的

---

① 〔美〕E. G. 菲吕博腾、S. 配杰威奇：《产权与经济理论：近期文献的一个综述》，《经济社会体制比较》1992 年第 1 期。
② 这体现出产权与所有权的区别：所有权着重说明由财产所引起的人与物的关系，是对财产归属问题的权利规定，主要表明财产的终极归属权，它通常只考察财产所有者如何支配自己的财产，不分析该财产使用过程中对他人会产生什么后果；产权则着重说明由财产所引起的人与人之间的行为关系。它涉及的对象，除了财产所有权及其内含的各项权利外，还包括由该财产所派生的有形物品、无形物品及其作用的受益权和不受损权，主要反映财产的收益权或剩余索取权，它不仅考察财产所有者怎样对自己的财产行使权利，而且分析行使这种权利会给他人造成什么影响，是否有损于其他社会成员的利益，是否需要付出代价。因此，产权是一种以财产所有权为基础形成的社会性行为权利，外延比所有权宽得多，是以所有权为核心的若干权利的集合体。难怪英文中，所有权（ownership）常以单数形式出现，而产权（property rights）却总以复数形式出现。

资源开发地区转型与可持续发展

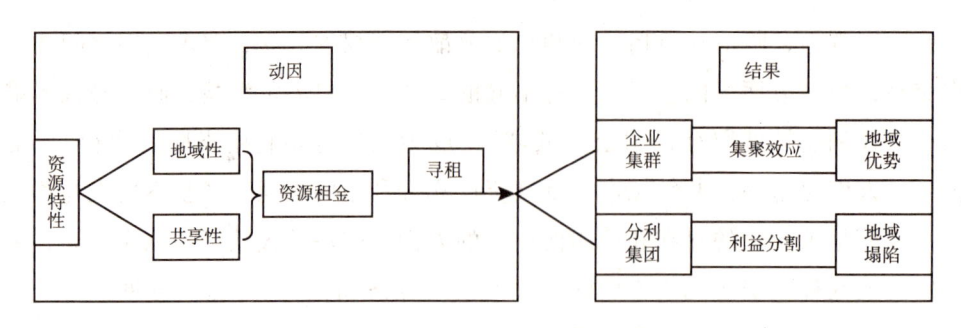

图 2-37 以资源为基础的区域聚集因果模型

创业合作活动受到很大的限制，从而抑制了共享资源的创生。在这方面，资源型城市陷入"资源劫难"就具有典型性，其根本原因就是没有适时进行由"资源租金"到"合作剩余"的共享资源基础转变。"资源诅咒"的实质是对"资源租金"的追逐抑制了产业内部合作共享资源的再生，滚滚而来的资源财富并没有转化为资本形成，并没有建立起可持续的资本形成能力和可递进的资本形成机制。

可见，资源丰富地区发展成效的差异主要在于资源租金分配的制度安排。资源租金的分配制度可以分为鼓励财富生产者的制度和鼓励财富攫取者的制度。在前一种制度下，生产活动与寻租活动是互补的；在后一种制度下，生产活动与寻租活动是竞争的。丰富资源带来的丰厚资源租金会将稀缺的企业家资源从生产活动吸引到非生产活动，对经济发展非常有害。首先，资源租金的分配及其制度影响到经济主体的行为；其次，资源租金分配方式在很大程度上决定资源租金是被积累、消费或以其他方式消耗掉（如依靠资源租金维持低效率），还是积累下来的资源租金作为财富用于增加国家的资本存量基础设施建设，特别是弥补资源开发补偿欠账，满足资源型城市可持续发展的资金需求。

资源的利用主要是收益的获得方式。共享资源潜藏着"租金"，这是吸引利益主体集聚的动因所在，但形成租金的共享资源是不断变化着的，于是组织合作的方式随着共享资源的变化而变化。资源型产业之所以最后走向"矿竭城衰"，是因为资源的利用方式不够恰当，进而导致资源型地区难以实现可持续的顺利转换。

资源地域分异是其初始条件，其核心是资源，主要包括自然条件（自然资源）、经济因素（经济资源，主要是资本等）、历史条件（包括文化资源、社会资本）、人力资源等。需要指出的是，不同阶段不同的资源发挥了不同的作用，一种资源不可能一靠到底，不同资源也不是均衡地发挥着作用。因此，某一地域集群优势的形成是多种资源的组合，一般可以看做自然资源与社会经济资源的有机结合，而更富有意义的是分辨出具有演进性阶段特征的共享资源作用。因为资源通过组织

化方式被利用,组织化利用以资源共享为核心。组织是综合化利用自然资源、社会关系资源、人力资源、专业化资源等各种资源的有机体。

2.3.2 转型发展的内在机理与特点分析

1. 资源型地区转型的内在机理分析

转型就其内在机理而言,是促进资源型城市摆脱资源型产业的束缚,真正走上可持续发展的道路。资源型城市之所以最后走向"矿竭城衰",是因为资源的利用方式不够恰当,进而导致资源型城市难以实现可持续的顺利转换。资源的利用主要是收益的获得方式,即要看取得的收益是通过资源租金还是合作剩余。"资源租金"是因为资源稀缺又难以被明晰产权而处在"公共领域"的那部分资产的价值,因此以"共享性"为基础,以区域性为依托。而"合作剩余"是人们合作后内生形成的"经济剩余",以专业化分工为基础,以企业组织为载体。一个地方拥有资源,其处于公共领域的"资源租金"会吸引人们集中于该地区开发资源,在开发生产过程中,人们也许会形成一种分工合作的关系,于是,实现由"资源租金"向"合作剩余"的转变。反之,一个地方(资源型地区)之所以出现资源枯竭,就是由于没有顺利实现从对"资源租金"的追逐到对"合作剩余"追求的顺利转变。

区域集聚以追求共享"资源租金"为动力,以市场化机制为条件。有了市场机制,商品一体化市场能够充分流动,生产要素也能够充分流转。在政府、企业、社会三大主体中,区域集聚根本上还是取决于企业主体对一定区域范围所蕴藏"资源租金"的判断。

图2-38表示的是产业转型与再造的内在机理。产业再造以产业集群为基础,而产业集群导源于企业集聚,是集中于一地的不同企业之间形成合作与分工的关系,进而形成产业集群。如果企业集聚仅仅是企业扎堆在一起,产业集群就难以形成。因此,如何促进企业扎堆向产业集群转变是问题的关键,也就是说,产业集群的形成是不确定的,资源型城市的产业转型往往受许多不确定因素的影响。

形成产业集群是区域经济可持续发展的关键。这意味着区域经济集聚的收益动力应由"寻租"转向"合作剩余",意味着要促进区域企业集群内部形成合作与分工关系。如果大家都为"寻租",而不愿创利,那么"资源租金"耗竭殆尽之时也就是这一地区衰落之时。因此,集聚的动力是为"寻租"还是为了在互利合作中创利就成为区域兴盛或是衰败的分水岭。而互利合作下的创利活动是以产业集群的形成为前提的,因此,产业集群的出现是区域经济可持续发展的关键,它的出现意味着集聚于一地的企业及其产业之间有了内在的联系,形成了一定的合作与分工关

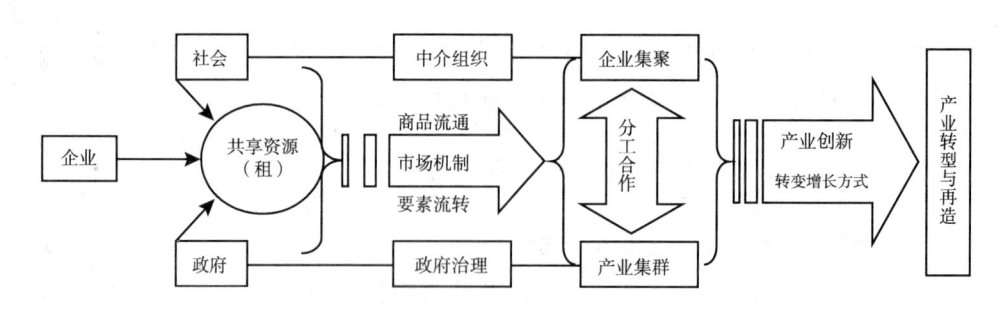

图 2-38 跨行政区产业空间再造的一般框架

系，更为主要的是形成了产业集群新的共享资源基础。

产业再造是产业创新在区域的结构表现。这意味着要走产业创新之路就必须立足于自主创新，在主导产业和主体生产技术方面作出新选择。必须突破资源、能源、环境、资本和技术的约束，努力占领新产业的制高点。共享资源提供是区域产业再造的根本。

对资源的利用有三个方面，即资源拓展、资源整合和资源创生。当因为区域限制而资源不足时，就会促使企业跨越一定区域而寻找新的资源，通过资源整合也能够提高资源的有效利用，重要的是企业集群之后还会产生新的资源，即资源创生体现出产业集群的不断演进。因此，要有效发挥资源拓展、资源整合和资源创生在产业转型进程中的作用。

2. 促进资源型地区转型的过程性分析

可以把区域集聚的形成发展看做企业集群的形成，它经历了这样一个过程：初始资源地域分异—企业开始集中—集中强化为集聚—企业集群形成和发展。自然条件是企业集群形成的重要原因，经济因素是企业集中于某地的关键因素，人力资源是集群形成必不可少的条件。比如，荷兰的交通运输集群得益于荷兰在欧洲的交通枢纽位置、广泛的水上运输网络以及阿姆斯特丹港的高效率、荷兰人在悠久的航海历史上积累下来的技能等；美国硅谷的成功因素之一就是其人力资本的先进性；印度软件业迅速发展的最关键因素也是因为有大量优秀的软件人才。

共享资源潜藏着"租金"，这是吸引利益主体集聚的动因所在，但形成"租金"的共享资源是不断变化着的，于是，组织合作的方式会随着共享资源的变化而变化。根据共享资源的变化，组织化利用以三个不同的合作阶段演进：以资源禀赋为基础的合作阶段、以社会资源为基础的合作阶段、以专业性相互依赖资源为基础的合作阶段。因此，要促进不同阶段共享资源的提供，否则就会陷入"资源诅咒"而中断经济发展的进程。

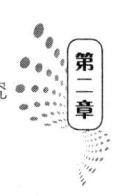

(1) 借助政府协调推动转型

资源型经济跌入"资源优势陷阱"的原因是资源收益的分配、使用和转化陷入了分利集团的纷争，缺失合理的社会分享机制、风险分摊机制、损益补偿机制和共享资源内生机制。而一旦制度锁定不能够创新，资源型经济衰落也就是必然的。因此，转型转到深处是机制，要坚持机制创新。考虑到"资源租金"与资源共享的内在联系，政府介入也是必然的。在资源型城市转型的过程中，政府的参与必不可少。从国内外的模式来看，不管是资本主义国家还是社会主义国家，政府的干预对资源型城市的转型都起着举足轻重的作用，只不过发挥作用的方式不同，国外主要是靠政府的资助和协助，我国主要是靠宏观调控和相应政策的推出与实施。

政府的介入主要在于两方面：一方面是构建合理的资源分配机制，另一方面是承担共享资源的提供，包括提供软件、硬件两个方面的共享资源。在经济转型中，政府的主要任务是政策引导，创造环境，建设基础设施，搞好协调服务，为经济转型提供必要条件，而具体项目的运作则必须依靠企业。要整顿和规范市场，加强诚信建设，为经济转型创造良好的社会环境。在投入机制上，要将国家投入、地方配套、个人集资和科技人员技术入股有机结合起来，形成多元投入机制。同时，对转型中所有的新上项目，要大力采用法人制、招投标制、监理制和合同制，真正形成全新的经营和管理机制。

(2) 借助科技创新促进转型

加快科技创新，加强人才培养，用科技和人才推动经济转型。科技是经济转型的重要支持和智力保障，只有高科技的才是最新、最好的。鉴于资源型经济具有对人力资源与创新的强大挤出效应，必须引入科技创新及人才培养，才能打破资源型地区发展对资源的惯性依赖。发展替代产业是促进转型的当然内容，但替代产业是与原资源产业不同类型的产业，通常也不大可能是新的资源产业，需要较高的技术、管理和人才积累。因此，要与国内外知名高等院校、科研机构建立密切合作关系，形成高等院校、科研单位、科技人员与转型项目的经济利益共同体，加快科技成果转化步伐。人才是推动经济转型的第一要素，要加强对经济转型有关人员的培训工作；建立转产企业和职业技术学校联合举办的职业培训机制，加大对下岗职工技能培训力度；稳定基础教育，巩固和加强城乡职业技术教育；充分发挥现有人才作用，广泛吸引外来人才，形成经济转型的良性人才引进和使用机制，为转型发展提供稳定的人才保障。

(3) 以市场经济运作方式实现转型

资源枯竭型城市的转型是在我国建立和完善社会主义市场经济体制的条件下进行的，因此，不能沿用计划经济的办法来运作，而必须按照市场经济的方式来运作。

首先，塑造经济转型的动力主体。民营经济是推动资源枯竭型城市转型的生力军，要充分发挥其在转型中的作用，要在民营经济大发展中实现转型。针对鹰手营子矿区传统国有企业占据优势的状况，按照新旧有别的办法，一方面要对传统企业的体制进行转型，另一方面要对新兴产业构建民营经济的经营机制，改造和新建健康的经济行为主体。

其次，要充分发挥市场在资源配置中的作用。资源枯竭型城市转型是在经济和社会发展陷入困境中起步的，缺资金、缺人才、缺技术是共性问题。解决上述问题不能关起门来搞转型，必须充分发挥市场在资源配置中的作用。要重视经济全球化、国内市场国际化的趋势，把转型置于国内、国际经济发展的大格局中，在国内、国际两个市场中寻求资金、技术和人才，通过实施大开放来解决转型中的共性难题，使鹰手营子矿区获得更大的生存和发展空间。

最后，要进一步转变政府职能，强化企业的市场主体地位。加快政企分开、政事分开的步伐，深化政府审批制度改革，减少政府对微观经济的直接干预。此外，要协调处理好中央政府与地方政府的分工协作关系。

3. 促进资源枯竭型地区转型的步骤分析

转型是不同产业发展的优势转换，必然要经历一个过程。转型并不是一劳永逸、一次性转变发展方式，直接从矿产资源性产业转变到可持续性发展的优势产业，而是要循序渐进，实现不同产业发展的过渡更替，进而实现地区发展的优势转换。从产业发展的过程来看，转型应当是"既有资源产业—接续产业—替代产业"依次兴起的进程（图2-39），在转型的不同阶段应当有不同的侧重点（表2-13）。

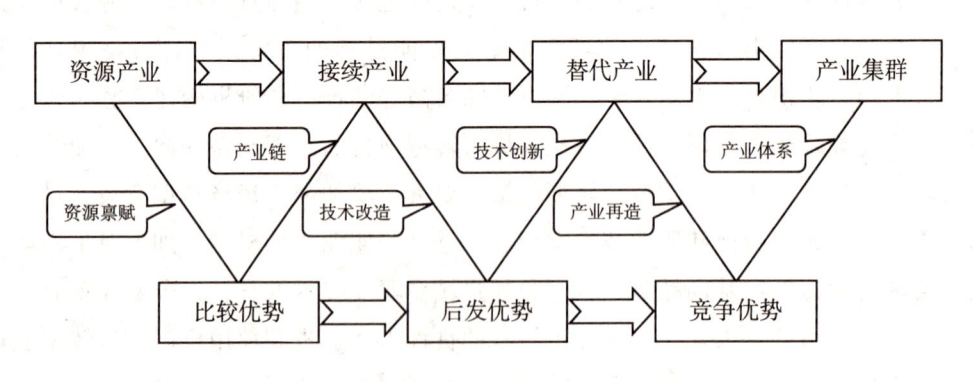

图2-39 优势转换与产业转型

与产业转型的阶段相对应，主要的资源基础和增长来源及其作用途径如表2-13所示。

表 2-13 转型阶段及其重点

转型阶段	资源基础	主导产业	增长来源	作用功能	途径关键
转型前期	矿产资源开发	资源产业	矿产品	传统经济作用	企业改制
转型初期	矿产资源高效循环利用	接续产业	深加工产品	产业链延伸	技术改造
转型中期（"小转型"）	资源综合利用新型再生资源开发	农业产业化新型产业培植高科技产业	新产品	经济领域拓展	经济组织创新
转型后期（"大转型"）	资源整合资源扩展	产业结构优化	产品经营资本运作	产业集群	园区经济构建

在产业转型初期，要从既有资源条件出发，将重心由资源开发转变为资源高效利用，侧重于发展接续产业，实现"小转型"。而当接续产业发展积累了一定的人才、技术、资金以及企业家精神和制度环境之后，再发展替代产业，促进接续产业与替代产业的互动转换，达到新兴产业对传统产业的替代，最终实现产业和城市的彻底转型，即"大转型"。

发展接续产业是在原有资源产业基础上，实现专业化生产、产业链延伸，争取范围经济和集聚经济，实施难度相对较小，但缺点是没有摆脱对既有资源的依赖。接续产业一般包括资源深加工、伴生资源开发、异地资源利用等内容。因此，要把握资源延续型产业的生命周期，与此同时还要注入循环经济理念，用集约型替代粗放型，用资源的高效、循环利用替代资源的低效利用，形成资源节约型的经济体系和消费体系及其新的接续产业形态，如对煤矸石、粉煤灰等工业废弃物进行开发利用来发展新型建材工业。

发展替代产业是发挥后发优势，通过本地特有的不可移动的生产要素，吸引短缺的外部优质要素流入，引进适用人才、先进技术和管理方法，实现资源有效配置，顺应产业发展趋势，培植新型产业。替代产业的特点是对本地资源尤其是不可再生的矿产资源的依赖减少，与外部资源要素及市场的互动加强。好处是能够摆脱自有资源的束缚，难点是具有发展潜力的优势产业选择以及与当地环境条件的对接困难，这里的关键是找到新型产业价值增值关键环节与城市独特价值的结合点。替代产业一般包括科技创新产业、生产性服务业和创意产业等。

2.4 鹰手营子矿区转型的内容

2.4.1 转型的探索与经验

如何加快资源枯竭型城市转型，鹰手营子人在思考、探索、摸索中艰难前进，在创新中寻求出路。跨入新世纪以后，鹰手营子矿区在调整经济结构和产业结构、加快经济转型方面做了艰辛的努力和大量工作。"十五"期间，全区完成了绝大部分国有集体企业的改制任务，大力支持民营经济发展，产业结构从地下开始向地上转移，多元支撑的产业格局初露端倪。

在《鹰手营子矿区国民经济和社会发展第十一个五年规划纲要》中，明确提出了"以科学发展观统领经济和社会发展全局，突出发展主题，以产业结构调整为主线，把培育壮大主导产业、提高城市化水平、改善生态环境质量、促进社会事业全面发展作为重点，更加注重转变经济增长方式，更加注重完善体制机制，更加注重人的全面发展"的总体思路，把产业结构调整尤其是大力发展接续产业和替代产业作为首要任务。

在"十一五"期间，鹰手营子矿区根据"立足工业强区"的战略和大力发展支柱产业的要求，巩固稳定采选业，不断壮大机械制造业，大力发展建材业，做大做强食品加工业，重点发展十家大企业，积极建设工业园区，加快制度创新和技术创新步伐，为支柱产业集群建设进行了不懈努力。

应该说，矿区的转型在进入新世纪以后就已经成为当地干部和职工非常关注的一项任务，自我摸索的转型活动已经开始。在2008年的《政府工作报告》中，鹰手营子矿区人民政府对当地经济社会的转型问题进行了更加深入的思考，明确提出了"建设新型工矿区"的发展定位和"打造工业强区、建设宜居城市、构建和谐矿区"的总体目标，强调要以产业结构调整为主线，以项目建设为抓手，以六个平台建设为载体，以"四园一区"发展为主战场，加快经济转型步伐，加快城市化进程，全面推进新农村建设，努力解决经济社会发展中的突出问题。这样，以经济转型为核心的城市转型任务就被首次提了出来。

2009年3月，鹰手营子矿区在被国务院批准为第二批国家级资源枯竭城市之后，把促进资源枯竭型城市转型与正在开展的深入学习实践科学发展观活动相结合，确定了"加快经济和城市转型，建设新型工矿区"的活动主题。围绕这一主题，进一步明确了今后全区的发展定位和思路，即"坚持一条道路、追求三个目标、抓住五项重点、实施六大工程"（简称为"1356"战略）。

- "一条道路"是指走以经济和产业结构调整为主线，以纵向产业延伸为突破口，以培育优势骨干企业为基础，以转变经济增长方式为重点，以民营和混合所有制为经济绝对主体，以地面产业取代地下产业为产业绝对主导的新型工业化道路。
- "三个目标"是指把鹰手营子建设成为工业强区、宜居城市、和谐矿区。
- "五项重点"是指主攻重点项目、培育大型企业、发展园区经济、延伸产业链条、打造支撑产业。

● "六大工程"是指工业建设工程、农业建设工程、城市建设工程、文教卫生建设工程、社会建设工程、社会管理工程。通过这六大工程的实施，要把区委、区政府的想法和思路落实到具体项目和实事上，为资源型城市的经济转型和可持续发展探索出一条新路。

鹰手营子矿区多年来的探索实践表明：

（1）城市转型是促进经济、社会可持续发展的必由之路，对于鹰手营子矿区而言已经是迫在眉睫的工作，耽误不得，必须积极主动地开展。

（2）转型之路错综复杂，首先要从根深蒂固的恋矿情结中走出来，从封闭的矿区意识中摆脱出来。仅有产业转型是不够的，必须要实现以经济、社会、生态、机制等全面转变为主要内容的整体转型。

（3）一个资源枯竭城市的转型，需要自己的积极行动，归根结底要靠自己的创新努力。但是单凭自己的力量是无法完成转型目标的，需要国家政策的扶持和上级政府的支持，需要社会各方的关心和援助。

虽然说鹰手营子矿区多年来的转型努力并没有彻底改变制约当地可持续发展的主要矛盾，但在此过程中取得的进展或遇到的问题，却为我们正确认识资源型城市的转型提供了宝贵经验。

第一，产业结构调整是资源枯竭型城市转型的重点。在这方面，必须要把淘汰落后产业、改造传统产业、发展接续替代产业有机结合。产业转型并不意味着要全部放弃传统资源产业，在主动退出那些污染严重、没有区域比较优势的产业的同时，对仍具竞争优势的传统资源产业要积极用先进技术对其进行改造，使其升级换代，提高市场竞争力。在资源产业基础上发展接续产业，也可以考虑对伴生资源、共生资源和废弃物的综合利用，拉长产业链条。

第二，资源枯竭型城市转型需要多方面协同推进。尽管城市作为经济发展的载体，具有重要的经济功能，但城市空间应该是经济空间、社会空间和生态空间的三维重合。如果在资源型城市转型的问题上，还像过去一样"重（先）生产、轻（后）生活"、"先污染、后治理"和"重增长、轻发展"，片面追求经济的高速发展，从而进一步恶化了原本脆弱的生态和原本恶劣的环境，基础设施建设仍然高度滞后，那么这样的转型就绝对不是成功的转型。

第三，产业组织建设既要抓大也要促小。在全球化竞争的当今时代，国际经济实践及新国际贸易理论、新产业区理论和新竞争理论都指向了区域产业的集群化发展，从而对资源型城市的转型提出了推进战略性区域产业集群的现实要求。在区域产业集群的形成中，大企业集团是培育地方经济成长的火车头，中小企业是增强区域经济活力的重要因素。因此，要在积极建立大企业集团和争取大型企业进驻的同时，大力发展本地中小企业，为大企业提供配套服务，才能形成产业聚集和庞大的企业网络，真正提高区域的竞争优势。

第四，科技进步是推动转型的重要条件。资源型城市转型必须走新型工业化道路，即必须紧紧依靠科技进步，用科技力量作为转型的动力，加快转型步伐。在此过程中，职工素质的提高是产业结构优化升级的关键因素之一，只有通过有效的职业培训，提高传统产业工人的素质和技能，才能为产业结构调整和新兴产业发展准备条件。同时，资源型城市转型必然会造成大量的结构性失业和职工下岗分流，增加社会不稳定性因素，这就要求多渠道分解转型压力，抓紧完善社会保障和社会救助制度，尽最大可能减轻转型的负面影响。

总之，经过多年努力，鹰手营子矿区在着力打造以钢钒、铜材、煤电、建材、食品、机电为多元支撑的产业新格局方面有所进展，在"四园一区"建设方面取得了初步成效。但是，经济总量小、结构不合理、发展方式粗放、接续产业不强的状况仍未根本改变，经济下行的压力在不断加大，基础设施建设依然比较落后，资源环境约束加剧，节能减排任务艰巨，涉及群众切身利益的问题还有许多没有妥善解决。事实表明，鹰手营子矿区的转型需要进一步全面深化。

2.4.2 转型的基本标志

国务院批准鹰手营子矿区为全国第二批资源型枯竭城市，使其在加快转型方面获得了良好的政策机遇，标志着鹰手营子矿区的转型已从自发的探索转变为自觉的行动。当前，如何突破转型难关，实现科学发展、和谐发展、可持续发展，成为全区最现实和最紧迫的中心任务。为使鹰手营子矿区转型的方向更加明确，目标更加清晰，也便于对当地的转型有一个直观的了解和客观的评价，我们必须围绕经济转型和城市转型的主要标志问题进行初步的研究和探讨。

"转型"从含义上讲，就是一种状态向另一种状态的转变，或者说是从目前状态向未来状态的转变。作为"以矿起家，靠矿建区"的采掘工业区，鹰手营子矿区目前的经济社会发展面临着六方面的突出问题，即：

- 矿产资源基本枯竭，后备资源不足，面临"矿竭城衰"的威胁。
- 支柱产业单一、序次低，城市对采矿业依赖性很大，递进速度慢，经济效益和经济稳定性差。
- 经济总量不足，地方财力薄弱，环境污染和地质灾害较为突出。
- 区位相对偏僻，地理环境闭塞，交通和通信、房屋建设等城市基础设施状况落后，竞争力不强。
- 城市负担过重，社会保险、社会保障工作滞后，社会就业压力很大，职工

收入水平和生活水平低。

● 在管理体制和利益机制上矛盾突出，政府和矿业企业之间的关系不顺，存在企业办社会、政府办企业的功能错位。

为了解决上述困境，鹰手营子矿区就需要进行全面转型。所谓"全面转型"，就是要以企业、产业、矿城为重点，以优化产业结构、提高经济效益为核心，推动经济社会协调发展和城市功能全面转型，使城市发展由传统的资源依赖型、单一经济结构发展模式向寻求新的经济增长点、多元化的发展模式转变。

为了实现经济持续发展、社会福利提高、生态环境优化、管理体制转变的诸多目标，鹰手营子矿区的转型应该紧紧围绕实施"经济转型、体制创新、设施提升、环境美化"四大战略，大力推动由资源型矿区向新型工业城市转变，由封闭型地区向开放型地区转变，由基础设施落后城市向市容市貌亮丽城市转变，最终把鹰手营子矿区发展成为"冀东地区承德南部的冶金机电产业基地和健康食品制造中心、京津唐经济圈功能配套区和宜居生态新城区"。

1. 产业结构由单一主导型变为多元支撑型

按照美国城市地理学家哈里斯的观点，把矿业总产值占工业总产值10%以上、矿业从业人员占全部从业人员15%以上的城市就看成是矿业城市（沈镭，1998）。作为矿业城市，鹰手营子矿区最大的缺陷就是产业单一化，以煤炭和铜铁矿的采掘为主，资源型相关产业所占的比重过高。迄今为止，尽管由于煤炭和铜铁矿资源已经枯竭，采掘业在鹰手营子矿区经济产值中的比重大为下降，但仍然占有地区工业一半以上的产值，采掘业就业人员占工业劳动力的比重仍达近七成。目前面临的转型问题，主要是因为传统的采掘业衰退而没有新的经济增长点导致。因此，通过发展接替产业（包括后续产业和替代产业），摆脱对原来不可再生的矿产资源的依赖，由原来的资源产业为主向非资源产业为主转变，实现单一产业向多元产业的过渡，就成为搞好鹰手营子矿区转型的工作重心。

鹰手营子矿区近年来以项目建设为中心，培育大型企业，发展园区经济，延伸产业链条，培育新的增长点，逐渐形成以煤电、钒钢为主导，以铜材、建材、机电、食品为补充的"2+4"产业格局，推动了从单一的矿业经济转化为矿产业与制造业并举的多元型产业结构。这是在原有资源产业的基础上，向前或向后延伸，拉长产业链，发展接续产业而进行的产业"小转型"。这种"小转型"是当前产业基础与未来产业方向之间的过渡阶段，在未来3~5年内还将是产业调整的主要做法。经过几年"小转型"的过渡后，未来产业的重点就是要发展与原有资源产业没有直接关联的产业，形成新的替代产业和新的经济增长点，实现产业的"大转型"。

鹰手营子矿区产业结构转型完成的标志，从定性的方面看，就是"传统产业新型化、新兴产业规模化、支柱产业多元化"；从定量的角度看，就是使鹰手营子矿区非采掘业占工业产值的比重达到80%以上，有4~5个新型支柱产业各自的比重提高到10%以上。在新的产业结构下，鹰手营子矿区就基本上避免了"矿竭城衰"的命运，即便离开了采掘业，城市也能够依靠新的支柱产业继续向前发展。

2. 增长方式由粗放型变为集约型

就是要把发展动力由资源依赖型转变到创新驱动型，把发展技术经济、生态经济、循环经济作为城市重现活力的基础，从根本上打破能源、资源和环境对经济发展的瓶颈制约，不断提高国民经济的素质，确保资源型城市经济运行进入良性循环的轨道，走出一条科技含量高、经济效益好、资源消耗低、环境污染少、人力资源优势得到充分发挥的新型工业化道路。

多年来，鹰手营子矿区立足建设"新型工矿区"的发展定位，强调走新型工业化道路，依靠技术进步和管理创新，以资源产业链拉长为主线，以推行资源循环利用为突破口，以培育优势骨干企业为基础，以转变经济增长方式为重点，在推进新兴工业化方面积累了一些经验。但是，从鹰手营子矿区当前的情况来看，单位GDP的能耗、水耗和资源消耗水平均比较高，经济增长尚未摆脱卖矿产、粗加工的状态，不仅增长的环境成本高、经济效益低，而且易受国家调控政策和国际原材料市场的冲击，增长的起伏波动大。因此，转变经济增长方式的任务还远远没有完成。

从路径上看，鹰手营子矿区需要通过多方面的调整来推进节能降耗和经济增长方式转变。

• 坚持不懈地推进科技创新，提高科技进步对经济增长的贡献率，依靠科技创新推动产业升级。

• 坚持不懈地加强环境保护，把环境容量作为发展经济的重要前提，把环境准入作为调节经济的重要手段，把环境评估作为考核经济发展成效的重要依据。

• 坚持不懈地发展循环经济，通过资源的"吃干榨尽"和企业的"清洁生产"，达到节能减排的要求。

从定量看，就是使鹰手营子矿区规模以上工业企业单位增加值的水耗、能耗和资金使用量，均能达到全国相关指标的平均值。只有这样，才能从根本上实现由依靠增加投入、追求数量的粗放型向增加科技含量、突出经济效益的集约型转变，由资源型城市向创新型城市转变。

3. 社会环境由半封闭型变为开放型

资源型城市区位相对偏僻，交通和通信比较落后，再加上国有企业长期垄断经

营的传统影响，大多形成了封闭、半封闭的经济环境。城市服务功能单一，只从一城一地、一产一业出发谋划城市发展战略是资源型城市长期存在的重要特点。在当前区域竞争、城市群竞争已成为新的竞争的大趋势下，资源型城市的转型必须首先从区域空间发展格局出发来谋划自身的城市竞争战略，必须从城市和区域的发展趋势来增强城市在区域内的集聚能力、辐射能力、流通能力；同时，还必须立足更大的区域发展空间，并主动接受更大区域中心城市的辐射，必须以自身优势为基础来参与区域内的产业分工和产业协作。

对于面积狭小、矿业城市特点显著的鹰手营子矿区，功能的单一和经济的畸形源于过去计划经济时期的制度安排。时至今日，其功能和经济的转型却要在市场经济环境下来完成。这种命运的安排与转换，决定了鹰手营子矿区的发展必须要有新的眼光和思路，发展途径要由过去的程式化和等靠要，向抓项目和重载体转变，资金投入由主要依赖国家投资向坚持国家、地方、银行和民间投资并举转变，开发方式由自我开发为主向借助外力求发展、全方位开放开发转变，环境建设由单纯提供优惠政策向注重改善基础设施、提高服务质量转变。

鹰手营子矿区虽然是承德市的一个区，但离承德中心市区很远，面积又很小，这就决定了其转型更离不开外界的支持和广泛合作。鹰手营子矿区要在抓项目、上项目上得到实效，取得进展，就要把扩大对内对外两个开放作为第一战略，通过开放促进改革，促进发展；通过开放促进新增项目，促进新增企业。从发展方向上看，就是要突破传统行政区划对生产要素流动组合的限制，通过制度创新和管理创新，把鹰手营子矿区的项目建设、产业塑造与周边地区的资源优势和发展重点耦合起来，把当地将要享受的转型优惠政策与区外生产要素组合起来，用缔结利益伙伴的方式建立自己新的发展平台。从定量的标准看，就是年均经济增长率和固定资产投资增长率均要达到河北省的平均水平以上。

4. 城市面貌由矿山型变为宜居型

经过半个多世纪的矿山开采，历史上山清水秀、鸟语花香的鹰手营子矿区的自然环境遭受了巨大的破坏。昔日的秀丽风光已经不再，身临其境，满眼呈现的是山裂地凹、矸石成堆、河道污染等典型矿区特色。煤炭高强度开采造成的山体滑坡、地面塌陷、道路龟裂、水土流失和水位下降等多种地质灾害，在鹰手营子矿区广泛存在。失去了植被覆盖的废弃矿区破坏了整体景观，吞噬了大片耕地；矿区的矿渣和废水污染了河流与地下水，矿灰成为扬尘的主要来源；矿区周围的大片棚户区，演变成了城市的疮疤和贫民窟。这些自然"景观"连同大量下岗失业人群，构成了鹰手营子矿区非常典型的"矿区病"，成为当地进行招商引资和引智、发展接续产业、建设"宜居城市"的巨大障碍。为此，改变城市面貌、完善城市功能就成为鹰手营子矿区城市转型的重要内容。

按照"以人为本"科学发展观的要求,建设"环境友好型社会"是区域经济社会良性发展的前提和基础。鹰手营子区委、区政府近年来明确提出建设"宜居城市"和"现代工矿区"的发展目标,就是贯彻落实科学发展观的具体体现。结合鹰手营子矿区的定位要求,需要加强生态环境修复,完善城市基础设施,改善群众生活环境,把传统矿山型城市变为生态宜居城市,让山变绿、天变蓝、水变清、路变平、居变亮,让人民群众的生活环境更好一些,生活质量更高一些,投资环境更有吸引力一些,进而改善广大干部和群众的精神状态,增强转型的力量源泉。

从内容上看,就是使鹰手营子矿区的城市面貌由破败型转变为现代型,城市发展从物质文明拓展到生态文明和精神文明。

从定量方面看,主要反映在四个指标上:

- 棚户区完全消失,居民住宅楼房化率达到95%以上。
- 森林覆盖率达到70%以上。
- 节能减排指标在完成"十一五"任务的基础上,"十二五"期间继续降低15%以上。
- 城市主要河流的水质标准达到国标三级。

5. 居民生活由困顿型变为小康型

改革开放以来,受"有水快流"思想和矿产经营权改革的影响,鹰手营子矿区居民贫富分化的趋势十分严重,少数人挖矿暴富,多数人因矿致贫,导致社会矛盾极为突出。无论是乱挖滥采带来的地质灾害和生态破坏,还是矿企改制带来的下岗失业,都严重影响了当地居民的生活质量。所以,强调经济公平发展、改变民生艰辛的困局,也应该是鹰手营子区政府必须面对的重点问题。

近年来,鹰手营子区政府在学习实践科学发展观的活动中,通过努力打造"六个平台",即工业"5+10工程"、城市建设"1030工程"、农业"八项工程"、文教卫"窗口工程"、社会建设"民心工程"和社会管理"平安工程",努力为群众办实事、办好事,积极造福于民。以建园区和抓项目促就业,以城市更新改造工程改善环境,以现代农业重点工程保障农民增收,以社会"窗口"项目建设方便民生,以抓好社会治安和安全生产维护稳定,为经济和社会发展提供和谐环境。在今后的转型中,要由偏重经济发展转变为经济社会全面协调、统筹兼顾的科学发展,要以增加就业、消除贫困、改善居住条件、健全社会保障体系、维护社会稳定为基本目标,重点在提高下岗失业人员的就业技能上下工夫;建立起完善的就业促进制度;切实抓好保险扩面工作,不断夯实社会保障体系,建立起比较牢固的社会减震器;坚持分类救助、定期定额救助、重大疾病医疗救助、低保检查等低保配套

制度，让广大弱势群体共享转型发展带来的阳光。

总体来说，要通过调整、改造产业结构加快产业转型，改变长期形成的以资源开采为主的单一经济结构，逐步实现以特色产业为主导的产业适度多元化；从社会事业发展滞后转向经济与社会事业协调发展；积极治理各类地质灾害，有效保护生态环境，实现资源型城市的可持续发展，这就是鹰手营子矿区转型所要达到的基本目标。最终衡量资源型城市转型成功有两项主要标准：一是使原来的突出矛盾和问题得到根本解决；二是使经济社会步入可持续发展的轨道。

2.4.3 转型的主要内容

2007年12月，国务院出台《关于促进资源型城市可持续发展的若干意见》（国发〔2007〕38号）提出了一大转型目标和五大转型任务。确定的一大目标是"促进资源型城市经济社会发展步入可持续发展轨道"，具体在2010年前，资源枯竭城市存在的突出矛盾和问题得到基本解决，大多数资源型城市基本建立资源开发补偿机制和衰退产业援助机制，经济社会可持续发展能力显著增强。2015年前，在全国范围内普遍建立健全资源开发补偿机制和衰退产业援助机制，使资源型城市经济社会步入可持续发展轨道。

五大转型任务包括：

- 建立健全资源型城市可持续发展长效机制；
- 培育壮大接续替代产业；
- 着力解决就业等社会问题；
- 加强环境整治和生态保护；
- 加强资源勘查和矿业权管理。

结合鹰手营子矿区的实际，我们认为目前影响鹰手营子矿区正常发展的主要矛盾体有四个：

- 城市发展严重依赖于矿产资源开采，经济基础已经"矿竭业衰"；
- 经济结构转变过程中引发的就业、社会保障等问题突出，压力巨大；
- 资源开采所产生的生态环境治理、城市综合改造任务繁重；
- 计划经济体制遗留，"飞地"孤立的体制问题明显。

因此，鹰手营子矿区转型的内容，应该包括接续替代产业发展、生态环境整治、城市功能完善和体制机制创新等四个方面。

1. 产业转型

产业是城市发展的重要载体，产业的发展状况决定着城市的兴衰。产业结构是城市经济结构的主体和发展的主要标志，也是衡量其经济发展水平的重要标准。鹰手营子矿区产业结构落后和不可持续性的主要表现是：

- 产业结构畸形，过度依赖采掘业。因此，矿产资源一旦枯竭，产业衰落必然导致经济萧条。
- 产业技术水平低，产业链处于附加值低的环节，产品结构表现为初级产品和基础原材料为主的粗放性特征。
- 产业组织的所有制结构单调，国有、全民所有制占有绝对的主导地位，体制限制了经济的活力。

从理论上讲，产业转型的目的是实现产业结构的优化，也就是实现资源配置合理，各产业协调发展，产业素质不断提高，产业之间的经济技术联系和数量比例关系适当，产业结构由低层次不断向高层次演进的过程。鉴于鹰手营子矿区产业结构畸形和层次较低的现状，产业转型应该强调以下几个方面。

第一，巩固和加强农业基础地位，加快传统农业向现代农业转变。按照科学发展观的要求，从统筹城乡协调发展的高度，重构新型城乡关系。要通过工业化、城市化、工业反哺农业、城市支持农村，从根本上解决"三农"问题。保护和提高农业综合生产力，调整农业内部结构，加强现代农业建设，发展高产、优质、高效、生态、安全农业，增加农民收入，改善农民生活。

第二，坚持走新型工业化道路。广泛应用高新技术和先进适用技术，改造提升制造业，加快从加工装配为主向自主研发制造延伸。要按照产业集群、产业配套、规模发展和扩大合作的要求，大力发展提升传统产业和高新技术产业，培育更多新的经济增长点。

第三，促进服务业的全面快速发展，提高服务业在产业构成中的比重。要顺应需求结构变化和产业结构调整的趋势，运用现代经营方式和信息技术改造提升传统服务业，加快物流、旅游、房地产以及金融保险等需求潜力大的现代服务业的发展，加快由矿山型、工业型城市向服务型、信息型城市转变。

第四，大力发展循环经济，加快建设资源节约型和环境友好型城市。按清洁生产方式组织生产，改进工艺，大力推广节能和环保技术，努力提高资源和能源的利用效率，积极推进工业废弃物的回收和再利用，实现资源利用的"减量化"、产品的"再使用"和废弃物的"资源化"再循环。

第五，做大做强民营经济。发展民营经济是增强经济活力和竞争力的有效途径，是运用市场的力量促进资源型城市转型的重要载体。鹰手营子矿区要大力支持具有地方特色、比较优势明显的民营企业加快发展。引导和帮助民营企业通过从事专业化生产或为大企业进行配套生产等方式不断成长壮大；建立以民营企业为主体的技术创新体系，大力推进关键技术创新和系统集成，使民营企业真正成为技术开

发、科技投入和推广应用的主体；帮助优势民营企业上市融资，解决其"融资难"问题。

迄今为止，对于资源型城市的产业转型，国家没有规定具体的量化指标。按照贯彻落实科学发展观的要求，根据《国务院关于促进资源型城市可持续发展的若干意见》精神，结合鹰手营子矿区实际，我们认为鹰手营子矿区为基本实现产业转型的任务，需要强调三个方面的努力标准。

● 经济实现稳定较快发展，从现在到"十二五"末期，经济增长幅度不低于河北省平均水平。

● 基本建立起多元产业共同支撑区域经济发展的格局，多种形式的加工制造业初步代替采掘业成为当地经济的支柱产业。

● 城乡人民收入居于全省中上水平。

这三个方面的要求是鹰手营子矿区确定产业转型指标的基础。按照这样的要求，鹰手营子矿区的产业转型既要体现发展的速度，更要体现发展的质量，具体由以下六项指标来衡量。

（1）非采掘业比重达到80%

非采掘业比重是衡量资源枯竭型城市转型成果的最主要标志性指标。鹰手营子矿区自建立到20世纪60、70年代，采矿业及相关产业对当地的经济贡献率一直在90%以上；80年代，全区经济总量的80%来自采矿业及相关产业。90年代以后，随着资源枯竭和采矿业衰退的加剧，采矿业及相关产业对当地经济的贡献率逐年下降，但目前仍有半数以上的工业产值和80%以上的财政收入来自采矿业及相关产业。自"九五"以来，鹰手营子矿区就提出了大力发展接续产业和替代产业，特别是近年来对资源枯竭型城市实现可持续发展的重要性和紧迫性有了更为深刻的认识，一直在全力以赴地发展接续产业，调整和优化产业结构。其结果是，鹰手营子矿区采掘业占工业总产值的比重从1996年的43%下降到2008年的33.4%；采掘业从业人员占全区从业人员的比例从2000年的45%下降到2008年的30%。今后一段时间，需要继续发展铜材、钒钢、机电、建材、食品等接续产业，壮大非采掘业的经济规模，把到2015年末非采掘业产值占工业总产值的比重达到80%作为考核产业转型的一个主要阶段性指标。

（2）保持两位数的经济增长速度

实现资源型城市转型说到底还是个发展问题，如果经济发展上不去，一切都无从谈起。尽管鹰手营子矿区从"十五"初期就开始加快培育多元支柱产业，制定了很多促进经济发展的政策措施，但由于受资源性、结构性、体制性矛盾等的严重制约，经济增长速度连续多年在承德市的后位徘徊。虽然GDP增幅在2007年是

17%，2008年达到17.5%，但经济效益却很不理想，体现在财政收入方面并没有同步提高。我们认为，应当将地区生产总值到2015年末超过两位数增长，并不低于河北省平均增长水平作为考核产业转型的一个重要指标。

（3）民营经济发展占地区生产总值的70%

非公有制经济是反映一个地区经济发展活力的指标。在市场经济条件下，只有非公有制经济得到充分发展，资源型城市才能保持发展活力。由于非公有制经济一般不具有垄断性，且具有草根性和创新性，因而对地方经济持续发展具有较强的支撑作用。

"十五"以来，鹰手营子矿区坚持引导与扶持并举，着力营造有利于民营经济发展的良好氛围。从近几年鹰手营子矿区的民营经济发展态势上看，民营经济初步实现了快速而健康的发展，但仍然存在很大问题。一方面，民营经济基础差，总量小，其经营单位数、营业收入、税金、固定资产等主要指标的绝对量在全省、全市各区县中仍处于后位。据统计，鹰手营子矿区的民营企业在2008年上半年仅有178家，民营经济的营业收入不到50亿元，实现税金9843万元。民营经济增加值占地区生产总值的比重为21%，分别比承德市和河北省的平均水平低35.4%和31.3%；民营经济实缴税金占全部财政收入的比重为71.2%，比承德市的平均水平低1.9个百分点，比河北省的平均水平高18个百分点；民营经济从业人员占全区二、三产业从业人员的比重为35.7%，分别比承德市和河北省的平均水平低5.4%和24.4%。也就是说，从民营经济的实力和发展水平来看，鹰手营子矿区都处在承德市和河北省的落后行列（表2-14）。

另一方面，民营经济依然过度依赖于采矿业，支撑结构单一的矛盾没有得到根本性转变。目前，采矿业收入占鹰手营子矿区民营经济总量的40%左右，采矿业税收占鹰手营子矿区民营经济总量的70%左右。区域经济增长主要是靠固定资产投入的拉动，而投入的重点是第二产业，更主要集中在采矿业。在国家近年来出台的产业和环境调控政策下，民营经济持续发展存在很大的不稳定性，产业发展面临较大压力，快速发展受到影响。有鉴于此，有必要将2015年末民营经济增加值占地区生产总值的比重达到70%作为考核鹰手营子矿区产业转型成功的一项重要指标。

（4）财政一般预算收入年均增幅不低于GDP增长水平

财政一般预算收入是否能够保持较快增长是检验资源枯竭型城市转型的重要标志之一，它直接反映产业转型的质量。近几年来，鹰手营子矿区的地方财力增加不稳定，2007年增长43.6%，但2008年基本没有增长。原因主要在于，前几年财政一般预算收入的增长（特别是市本级财政增长）主要还是得益于矿产品价格的上涨。

表 2-14　2008 年上半年河北省设区市、县（市）民营经济通报指标

单位：%

	民营经济增加值占 地区生产总值比重	民营经济实缴税金占 全部财政收入比重	民营经济从业人员占 二、三产业从业人员比重
全　　省	52.3	53.2	60.1
石家庄市	57.7	54.0	52.1
承 德 市	56.4	73.1	41.1
承 德 县	75.7	94.8	64.1
兴 隆 县	79.8	89.8	72.9
平 泉 县	72.0	90.0	60.4
滦 平 县	80.6	93.6	61.2
隆 化 县	73.6	89.2	47.5
丰 宁 县	79.2	88.1	80.6
宽 城 县	88.9	83.3	75.8
围 场 县	67.8	52.5	59.9
张家口市	49.6	45.2	56.9
秦皇岛市	56.6	54.7	52.2
唐 山 市	59.4	63.5	67.2
廊 坊 市	63.0	58.8	82.3
保 定 市	54.8	49.8	54.7
沧 州 市	59.7	38.3	61.1
衡 水 市	66.8	57.0	54.9
邢 台 市	68.4	56.7	53.6
邯 郸 市	63.0	46.1	66.0

资料来源：河北省统计局、河北省民营经济领导小组办公室、冀统办外经字〔2008〕75 号文件。

2006～2008 年间，鹰手营子矿区来自于采矿业（煤炭生产和有色金属采选两项）的税收占全区税收总额的比重分别是 62.27%、51.0% 和 44.66%。也就是说，尽管采矿业贡税比例在不断下降，但至今仍占全区总税额的近一半。由于今后的煤炭产量不可能保持稳定，粗铜产量增加的难度也很大，那么财政一般预算收入的增长就必然要依靠非采掘业的发展来实现。因此，为更好地反映产业转型的质量，很有必要将今后几年财政一般预算收入的年均增幅不低于 GDP 增长水平作为考核产业转型的一个重要指标。

（5）城乡居民收入达到承德市的平均水平

地区或城市的发展归根结底是要提高人民生活水平和质量，让广大人民群众享受发展成果，这也是资源型城市实现转型的根本归宿。

"十五"以来，鹰手营子矿区的居民收入和生活水平提高不快，城乡居民收入无论是在绝对值还是增长幅度方面，始终处于河北省和承德市的下游水平。2007

年，矿区城镇居民人均可支配收入达到8210元，同比增长7.3%，却分别比承德市的平均水平低2185元和15.3个百分点；农民人均纯收入达到3140元，同比增长8.3%，却分别比承德市的平均水平低145元和4.1个百分点。2008年，鹰手营子矿区城镇居民人均可支配收入达到8913元，增长8.6%，仍然分别比承德市的平均水平低3149元和7.5个百分点；农民人均纯收入达到3500元，仍然比承德市的平均水平低156元，增长率与承德市基本持平。因此，为了能够真正体现出产业转型实现的效果，有必要将鹰手营子矿区居民收入在2015年前后赶上或超过承德市的平均水平也作为转型后民生改善的一个衡量指标。

（6）高新技术产业产值占工业产值的比重达到50%

产业竞争力是指产业在参与国际和国内竞争中的生存和发展并由此获取收益的能力，提高产业竞争力是提高区域竞争力的基础和关键。实现鹰手营子矿区转型，首先必须是接续产业竞争力的提高，否则，产业转型的质量就难以得到保证。尽管鹰手营子矿区的接续产业发展初具成效，但总量规模小，有较高科技含量和较强竞争能力的产业和产品较少。作为资源枯竭型城市，目前鹰手营子矿区的高新技术产业产值占工业产值的比重还不到30%，工业生产还没有摆脱高投入、低产出的局面。2008年，兴隆矿务局的产值综合能耗为5.95吨标煤/万元，比河北省的平均水平高0.72吨标准煤，这说明科技对其工业生产的贡献率仍处于较低水平。因此，应该将2015年末高新技术产业产值占工业产值比重的50%作为考核产业转型的一个重要指标。

2. 城市转型

所谓城市转型，就是通过主导产业更新、城市基础设施完善、城市管理效率提高等多种途径，改变鹰手营子矿区城市功能不全、城市管理滞后、城市竞争力不强的问题，从而把传统矿业城市转变为结构合理、功能完善、特色明显、竞争力强的新型工矿城市，这是鹰手营子矿区城市转型的基本方向。

转型内容涉及四个主要方面：

（1）解决好民生问题，包括教育、医疗卫生以及柳河治理、生态保护等

鹰手营子矿区由于资源枯竭，正处于结构调整的转型时期，但可用财力严重不足，民生方面难以解决的问题较多。另外，随着国有企业相继政策性破产，破产改制企业遗留下来的养老、医疗和就业等问题，也成为制约区域经济发展的主要问题。

解决民生问题和历史欠账问题，是当前鹰手营子矿区面临的一项艰巨任务。

面对采煤沉陷区5000余户受损群众的生活困难，亟须改善他们的住房条件；面对占全区城镇总人口26%的低保人群每月仅靠260元的低保金艰难维持生计的

情况，需要多方筹措资金，提高他们的低保标准，帮助他们解决老人看病难、孩子上学难的问题；面对区内大片棚户区的老旧房屋，要积极利用市场运作的方法，加大改造的力度，加快旧房拆迁和居住小区建设的进度；面对部分群众的用水难、行路难问题，亟须加快市政基础设施的建设。

就业是民生之本。扩大就业规模、改善就业结构是实现资源型城市转型的关键环节。从国内外的经验来看，产业转型的最大难题就是人员的"转型"，这是因为采掘业的大多数从业人员受教育程度低，技能单一，适应能力差，转移到其他行业就业的难度很大。据不完全统计，到目前为止，鹰手营子矿区来自区属企业、寿王坟铜矿和兴隆矿务局的失业人员尚有8100多人，加上近年来新生劳动力2000人，大中专毕业生600多人，就有高达1万多人失业待业，占全区劳动力比重的20%以上，就业压力巨大。因此，必须大力加强培训，根据城市产业发展的需求和个人意愿，开展有针对性的职业技能培训。同时，通过提供创业支持和优惠政策，鼓励转型人员个人创业和自谋职业，形成良好的个人创业环境和氛围，这是鹰手营子矿区得以持续繁荣发展的根本动力。

健全社会保障体系是民生问题中的另一项重要任务。鹰手营子矿区的转型需要社会保障体系的支撑，但由于当地国有企业历史欠账多，地方财政又十分困难以及社会保障体系不健全以及社会保障的制度性断裂、转制中的断裂和实施中的断裂，这将直接影响转型的顺利进行。特别是随着转型的深入，这个矛盾显得非常突出。因此，鹰手营子矿区要从整合的角度，积极建立包含社会保障制度、社会福利政策与社会服务或社会工作系统的完整的社会福利体系，要在改革现存制度和创建新制度的基础上实现二者的对接和整合。建立和完善当地居民的社会保障体系，则要建立个人缴费制度和增长机制，实行一体化管理模式，实现规范化服务，突破行业区域的界限，实现社会统筹，同时还要完善养老保险金制度。

（2）加大基础设施建设力度，完善城市功能

长期以来，作为资源型城市，鹰手营子矿区的定位既是城市，又是矿业工业基地，既包含有一般城市经济社会的综合服务功能，又有发展工业的产业支柱功能，功能定位模糊不清。受资源型城市不合理的财政税收体系的影响，地方利益得不到保障，而地方税收提成比例的不合理使得城市的财力严重不足，导致城市基础设施建设、文化教育、医疗卫生等方面欠账太多，城市综合服务功能薄弱。

完善鹰手营子矿区的城市功能，首先要加强城市综合发展规划，推进矿城一体化。由于历史和体制方面的原因，矿城分割的局面在资源型城市中比较严重，城市转型要求尽快打破这种条块分割的局面，实行矿城联动的发展战略。打破矿山城市遗留下来的"大企业"与"小政府"的关系壁垒，建议把兴隆矿务局和寿王坟铜

矿继续下放到鹰手营子区，以促进矿城一体化转型。加快使国有企业经营市场化和社会化，并最终取消主管部门。鹰手营子矿区政府要充分发挥政府主导的作用，为矿山企业的生产经营和发展提供周到而有效的服务，切实帮助企业解决一些实际困难。而矿山企业应从城市发展的大局出发，支持地方政府的工作。尽快调整长期以来形成的区、矿之间在城市公用设施、文化教育、医疗卫生等方面各自为政的分割格局，加快重组与融合的步伐，使城市与矿山企业之间形成相互依存、相互促进、共同繁荣的新型矿城关系。

其次，要加快棚户区改造，更新城市风貌。鹰手营子矿区仍有26万多平方米破败不堪的棚户区建筑，涉及近7500户、2.3万人，表2-15是主要棚户区的情况。要在经济社会发展总体规划指导下，统筹考虑棚户区改造规划和城市规划、土地规划，把居民住房改造与矿区结构调整、基础设施建设、社会事业发展和生态环境保护结合起来，在拆迁总规模中优先满足棚户区拆迁的需要。积极发挥国家、地方、企业和个人的积极性，多渠道筹措改造资金，对具有商业开发价值的棚户区，要引导企业进行开发重建；对不具备商业开发价值的棚户区，政府应在政策与资金上给予必要的支持。对上级下放地方矿山的棚户区改造以及公用基础设施建设方面，要积极争取中央和河北省在资金上的支持。棚户区住房的拆迁安置要执行相对优惠的房改政策，在个人合理承担建设成本的同时，要考虑资源枯竭型城市低收入居民的实际困难，政府必须适当给予补助，保证棚户区群众能够买得起或租得起住房。

表2-15 鹰手营子矿区现有主要棚户区情况

序号	棚户区名称	户数(户)	人数(人)	建筑面积(m²)
1	营子镇	365	1278	29061
2	北马圈子镇	448	1476	17920
3	寿王坟镇	1785	5142	63200
4	汪家庄镇	394	199	3302.8
	合　计	2992	8095	113483.8

再次，要加大城中村治理，提高城市化质量。鹰手营子矿区有城中村5个，分别为营子镇的营子村、河北村、老厂子村，北马圈子镇的金扇子村和寿王坟镇的郑家庄村。5个村庄都有少量的农用地与城市建设用地相互咬合，多属于城乡结合部或近期建设将要影响的区域。这些城中村内的景观较差，新旧建筑混杂，以低矮建筑为主，没有经过统一规划，布局相对混乱，市政设施严重短缺。加大城中村治理，既是改善当地居民生活和居住环境的迫切要求，又是提高规模效益和促进安全生产的内在要求。引导城中村的城市化不单是规划建设问题，还涉及经济、人口、

土地等方面的配套政策与措施，城市应承担更多的经济、政策方面的义务，最终目的是同步实现城中村的城市化与城市经济发展。

最后，要加大城市基础设施建设，完善城市功能。按照"一主两辅"（"一主"即中心城区，"两辅"即汪家庄城区和寿王坟城区）分散组团式城市布局的规划，本着"重在改建、适当新建"的原则，不断改善现有地方道路状况，提高通行能力，加强城市道路交通与对外交通场站设施的衔接。加快改造供水管网和城市雨水排除系统，加大城市环卫工程建设速度，提高防洪工程建设质量，建设中心城区体育中心和商业、文化娱乐、医院等设施。在完善公共服务设施和基础设施的基础上，城区主要向西南发展，适度向东北发展，完善中心城区功能，提升品位，增强城市的凝聚力和服务、辐射带动能力。

（3）做好主导产业选择，提高城市的经济实力和产业竞争力

产业是城市发展的基础，推进资源型城市转型的核心是大力发展接续和替代产业，更新主导产业。资源枯竭型城市要实现可持续发展的转型战略目标，必须选择和发展接续产业，这是转型的核心和关键。鹰手营子矿区在选择和培育接续产业时，一方面应该跳出"靠矿"的思想束缚，从区域可持续发展的角度重新认识本地的比较优势，按照比较优势选择和引进项目；另一方面应该防止"坐飞船"的思想诱惑，切实从本地的条件出发，按照产业生长规律，分阶段、分步骤、循序渐进地推进。

鹰手营子矿区首先要对现有支柱产业进一步做精做强。通过贯彻"存量调强、增量调优"的方针，发挥比较优势，提高主导产业的核心竞争力，要结合矿区资源优势，大力发展循环经济，走可持续发展道路，加快资源延伸产业的发展，综合开发煤矸石、尾矿等废弃物资源，将煤炭运销、型材加工、尾矿利用产业做大做强，以新产品或新产业链的嵌入为突破口，促进原有资源产业附加值的提高，形成资源产业体系。在这方面重点要围绕矿业采选、机电制造、建材和食品加工四大支柱产业，重点做大做强以铜兴、福顺、怡达、久隆、建龙水泥、旺源等为主的10个产值超亿元企业，着力抓好铜兴扩能、福顺扩能、旺源扩能、久隆10万吨铁精粉扩能、建龙水泥旋窑改造、弘基10万吨扩建、北方耐火搬迁扩能改造、万国公司铜粉生产扩能等一大批项目建设，加快形成以矿业采选、机电制造、建材和食品加工四大产业为特色的产业集群。

其次，要大力发展符合国家产业政策的新兴产业。对有一定市场潜力、科技含量高、附加值高的中小企业加强引导，支持其技改扩能，在生产经营、融资、土地转让等方面予以大力支持和协调，使之不断扩规模、上水平和发展壮大，逐步形成优势产业。例如，承德恒力机械制造是国有控股有限责任公司，下设机械厂、蓄电

池厂、注塑厂三个生产厂，专为电动车制造动力电池，发展前景可观。承德市鹰手营子东利电控设备厂是知名的独资高新技术企业，专业从事高低压开关柜、电气传动、自动化控制、工业与民用照明等高新技术产品的开发与应用。这些企业都具有良好发展前景，需要政府给予大力支持。

最后，要积极培育能兼顾保护环境和经济增长两个目标的生态产业。鹰手营子矿区历来森林资源丰富，植被覆盖率高。随着对矿山废弃地的治理和土地复垦，鹰手营子矿区发展经济林木的条件会越来越好，板栗、核桃和山楂的栽种面积将越来越大，特色畜禽养殖的出路会越来越宽，无公害农产品的生产加工业会不断形成气候。同时，森林面积的扩大，森林覆盖率的提高，也会为发展休闲观光旅游业创造良好的条件。因此，从中长期来看，特色生态农业和旅游产业将会成为鹰手营子矿区的重要接续产业。对此，当地政府要及早筹划，精心设计和推动。

总之，鹰手营子矿区接续产业的发展，要遵循"产业创造"和"产业升级"两种途径，着力推动实施"产业转换＋产业延伸"的复合型模式，一方面，大力培育优势接续产业，努力将该产业发展成为区域经济新的主导产业；另一方面，大力发展原有资源类产业，延伸以资源为基础的深加工产业和旁侧产业，继续巩固原有的基础产业。只有通过这样的途径，才能逐渐把单一支柱的产业结构转变为多元稳固的产业结构。

（4）借助本地优势提高知名度，加大招商引资力度

吸引外部投资（包括国外投资和国内投资）是资源枯竭型城市弥补资金不足的一条捷径，外部投资的进入不仅能直接带来资金，而且随之而来的还有先进的技术、管理、观念和各种各样的人才，这对转型而言至关重要。而对投资者最具吸引力的因素已不再是过去的优惠政策，而是优良的发展环境。在硬环境方面，鹰手营子矿区本身的劣势是与生俱来的，面积狭小和平地较少所造成的投资空间不足，交通通信、信息服务、基础设施不完善等因素会加大投资成本。面对这些先天性的条件制约，更需要以优良和完善的软环境来弥补。因此，鹰手营子矿区既要"开出菜单"招商引资，更要"打扫门庭"优化政务环境，主要侧重点在以下四个方面：

一是营造公开透明的政策环境。全面推行政务公开，实行"阳光政务"。用市场经济的办法，用改革的思路破解发展中的难题，要对重点项目建设所需的土地、资金、人才等给予最大的支持和帮助。

二是营造简政放权的管理环境。要进一步转变政府职能，继续深化行政审批制度改革，减少审批事项，简化审批程序，规范政府行政行为，严格查处"吃、拿、卡、要"的人和事，做到墙内的事情企业办，墙外的事情政府办。

三是营造高效优质的服务环境。要加强对项目建设的指导，建立投资信息定期

发布制度。对项目实施过程中存在的困难和问题，要少说"不能做"，多想"怎么办"，要用改革的意识、创新的思维、超常的举措，及时有效地加以解决，努力营造"重商、亲商、安商、富商"的良好氛围和环境。

四是要有改善投资环境的创新意识。鹰手营子矿区面临转型重任，在改善投资环境中还要具有创新意识。创新是一个民族的灵魂，是一个国家兴旺发达的不竭动力，当然也是一个区域获得快速发展的不竭动力。目前，矿区应当以列入资源枯竭型城市为契机，积极筹划和上报促进经济社会全面转型的一些项目，譬如煤炭城市衰退产业和国有企业的退出、接续产业的培育、就业安置和职工培训等方面的项目，直接寻求国家的专项资金支持和优惠政策，直接吸引中央和河北省政府的财政投资，这也是吸引投资必不可少的一个方面。

3. 体制转型

资源枯竭型城市要实现转型，必须要改革和创新旧有的体制和机制。由于我国矿山城市多兴起于计划经济时期，城市的生存和发展一开始就依附于采矿企业，所以城市功能与企业功能混同。

一方面，产业结构的单一性必然造成城市功能的单一性。城市劳动力绝大部分就业在一个或几个矿产企业里，久而久之，便在这类城市形成两个对立的城市功能主体，即以市政地方社会经济为主体的功能圈和以矿区社会经济运行为主体的功能圈。"大企业、小政府"的模式既加重了企业负担，又弱化了城市服务功能。城市对外联系以矿业生产为运转轴心，功能也比较单一。随着资源产出量的减少，城市经济功能逐渐萎缩，生命力日趋弱化。

另一方面，城企功能混同还导致了城市管理方面的城企混同，以企业的方式管理城市和以城市的方式管理企业势必相互冲突。这突出地表现在很多矿山企业与城市政府之间的领导交流，很多企业领导调任城市部门担任领导，用管理企业的方式来管理城市；而同时又有部分城市管理者转向企业，用管理城市的方式去管理企业，两种方式都不能很好地适应城市和企业发展的需要。

国有经济在资源型城市所占的比重很大，鹰手营子矿区的国有经济至今仍占工业增加值的70%左右。少数国有大型或特大型企业形成了庞大的国有体系，而城市政府又投资办了许多企业，导致"企业政府化"和"政府企业化"现象，在管理体系上长期处于条块分割的状态。近几年，很多国有企业进行了公司制改革，但传统的模式没有根本改变，再加上中央政府近年来又把煤炭、有色冶金等一些严重衰退和亏损的矿山企业下放给地方，更增加了资源型城市转型的困难，同时也形成了"你甩包袱、我要钱"的怪圈。这实际上仍然是计划经济体制没有彻底改变的必然结果。

体制改革是资源枯竭型城市转型能否成功的关键。政府主导要受市场调节的约束，违背市场规律的政府主导就会事倍功半。在法国、德国等欧盟国家，以及近邻的日本，都强调政府对转型的主导作用，都有过不顾国内资源产品在国际上已丧失竞争力的基本事实，企图通过采取价格补贴、进口配额等措施来挽救衰退资源产业的经历，但结果多事与愿违且代价沉重。因此，为保证政府的正确主导和转型战略的成功实施，有必要通过体制改革来创造能够使市场机制充分发挥作用的宏观环境。从加快开放来讲，要通过深化对内和对外开放，充分利用全球化趋势下的国际和国内产业结构战略性调整、梯度转移的历史性机遇，既克服我国资源型城市由于生产要素和经济资源供给能力薄弱等导致的内生发展能力不强的问题，又为即将成形的接替主导产业提供开阔的外部市场空间。

为了推进转型，鹰手营子矿区必须加紧进行体制转型。

(1) 要建立资源开发补偿机制

在资源开采过程中，要遵循市场规律，采取法律、经济和必要的行政措施，引导和规范各类市场主体合理开发资源，承担资源补偿、生态环境保护与修复等方面的责任和义务，真正做到"谁开发、谁保护；谁受益、谁补偿；谁污染、谁治理；谁破坏、谁修复"。

(2) 要建立衰退产业援助机制

要统筹规划，加快产业结构调整和优化升级，大力发展接续替代产业，积极转移剩余生产能力，完善社会保障体系，加强各种职业培训，促进下岗失业人员实现再就业，解决资源型企业历史遗留问题，保障资源枯竭企业的平稳退出和社会的安定和谐。

(3) 要改革和完善行政管理体制

政府在产业转型中的主要任务是政策引导，创造环境，建设基础设施，搞好协调服务，为转型提供必要条件，而具体项目的运作必须依靠企业。当前，鹰手营子矿区随着资源型城市转型发展战略的实施，改革开放和现代化建设已进入了一个新的发展时期，这意味着对于矿区各级政府的自身建设提出了更高的要求。各级政府要敢于触及和打破"部门利益"，进一步加快职能转变，大力深化审批制度改革，着力整顿和规范市场秩序，不断优化经济发展环境。要改革完善干部管理体制，着力建立和健全体现科学发展观要求的干部考核评价体系。要重视抓好广大干部的学习培训，不断提高政府部门的管理和服务水平，大力推进廉政文化建设，着力建立创新型、服务型、廉洁型、效率型的政府。

(4) 要改革和完善国有资产管理体制

要取消国有企业的行政级别，对国有企业进行彻底的公司制改造；降低产业的

进入壁垒，打破资源经营垄断。

总之，资源枯竭型城市转型的本质在于创新。无论是摆脱经济发展对资源的过度依赖，还是从单一矿业经济型城市向综合型多功能城市转变，抑或是机制体制的完善，都离不开创新。创新的内涵极为丰富，包括观念创新、制度创新、技术创新以及政府的决策机制创新、施政机制创新等。资源型城市转型的过程，实质就是以创新为依托的各种生产要素、公共资源等的优化配置过程。所以，鹰手营子矿区要在紧抓机遇的基础上，大胆地试，大胆地创，形成自己独特的重生"涅槃"模式，顺利实现转型。

4. 环境转变

就是要通过加大环境治理力度，解决长期以来矿产资源开发利用所造成的生态破坏和环境污染问题。资源枯竭型城市由于其发展的特殊性，不可避免地对生态环境造成一定的损害，导致一系列资源枯竭型城市特有的环境问题。如前所述，资源型城市存在的共性环境问题在鹰手营子矿区表现得十分突出，尤其是大规模煤炭开采造成的大面积地表塌陷，以及大量的矸石山和尾矿库。

（1）治理沉陷区是鹰手营子矿区生态环境修复的第一任务

首先，要对沉陷区治理工程所需费用进行认真的调研，摸清工程底数，充分考虑居民的经济承受能力，通过减免配套费用，合理选择搬迁新址；其次，按照国家相关鉴定标准，对沉陷区内的住宅、学校和医院等设施作出破坏性等级鉴定，再根据其结果进行易地搬迁、维修加固或就地翻造，确保人民群众生命和财产的安全；最后，依据"谁破坏、谁复垦"和"谁复垦、谁受益"的原则，鼓励企业和事业单位、个人乃至外商采取承包、拍卖等多种形式，加强对采煤沉陷区的开发和复垦。

（2）减少固体废弃物、废水和废气排放

首先，对煤炭产业生产过程中"三废"排放所造成的各类污染进行综合治理，这是改善矿区环境的关键。目前，鹰手营子矿区原煤入洗率只有18%左右，远远低于全国的平均水平，不能适应清洁生产和可持续发展的需要，今后应逐步向100%的入洗率过渡。要通过加速推进矸石电厂烟尘脱硫技改项目、兴隆矿务局锅炉改造项目、安得水泥公司回转窑节能降耗项目、益友耐火材料公司隧道窑节能降耗项目，大大降低二氧化碳（CO_2）和二氧化硫（SO_2）等气体的排放量。

其次，加强对矿业副产品和废弃物的综合利用。在鹰手营子矿区转型过程中，要坚持资源优化配置和有效利用的原则，重视现有企业设备的技术改造，建立循环经济的产业产品模式，扩大对废渣、废料、废水的二次开发利用，尽量做到对矿产资源的"吃干榨尽"，从源头上减少废弃物的数量以及带来的环境污染。

最后，在衰老报废矿区关闭后，必须进行地形、地貌、土层、水系等的恢复，用于种树和种草，保护土地和水资源，并为城市的发展提供后备空间。

（3）加大对生活垃圾、大气污染和河水污染的治理力度

通过新建污水处理厂来增强城市污水日处理能力，增加铺设污水管道和拦河坝来提高污水集中处理程度，上马点源废水控制工程来治理点源废水污染。加快实施生活垃圾分类和集中清运制度，新建城市生活垃圾卫生填埋场，提高生活垃圾的无害化处理能力。

2.4.4 转型面临的问题和困难

以制定产业转型和可持续发展规划为标志，鹰手营子矿区的转型战略已经进入全面实施的阶段。但从目前的情况看，制约转型的因素还很多。

1. 人文环境的制约

鹰手营子矿区曾经有过光辉灿烂的历史，早在旧石器时代晚期这里就有人类居住活动；战国和秦汉时期，人们就在这里开始炼铜、制作工具和武器。上层建筑的形成取决于经济基础，有什么样的产业和什么样的经济基础，就会形成什么样的文化。由于鹰手营子矿区长期以来靠资源立市，产业结构主要依赖煤炭和铜铁资源的开采，逐步形成以矿冶文化为核心的人文环境。从现实的角度看，这样的人文环境对于转型战略的实施和科学发展观的贯彻具有一定的负面效应，主要表现为：

（1）存在急功近利的浮躁心态

这应该是资源文化或者矿冶文化的一个突出特征，恨不得一锹挖出个金娃娃、一夜拉来个扭转乾坤的大项目。这种心态对矿区干部队伍的影响，就是不愿做艰苦细致的基础性工作，喜欢做表面文章，工作中存在比较普遍的短期行为。这种心态不仅影响干部作风，也影响新兴产业的催生和发展。譬如，鹰手营子矿区在20世纪90年代就已经资源枯竭了，在那时民间资本十分雄厚的条件下，却迟迟没有矿老板去投资制造业，原因就在于办制造业企业不如矿山开采来得快；又如，鹰手营子矿区的农村有畜牧养殖的传统，但到现在也没有形成一家有影响力的龙头企业，原因在于当地的老板大多不愿意投资农业，即使投资也没有去认真经营，除了经验不足之外，更重要的就是感觉来钱慢。急功近利的浮躁心态对于转型可能产生的影响，就是希望转型工作能够在短期内见效，指望能够通过争取几个大项目把GDP和税收拉上去，而对转型的全面性、彻底性和艰巨性认识不足。

（2）存在因循守旧的思维惯性

鹰手营子矿区作为长期以采矿为主的资源型城市，矿业长期处于计划经济和卖方市场，致使资源优势和盲目的心理优势在矿区得以同时强化。产业的资源依赖性和干部群众思想的封闭保守性相互作用，又使得企业经营者以及当地居民的竞争意

识不强,创新能力不足。矿区企业在市场经济的大潮中历练较少,竞争性产业没有大的发展和突破。在当前资源枯竭、经济困难的形势下,依然按照惯性思维考虑转型问题,就势必产生要么在所剩无几的资源上和缺乏优势的传统产业上做文章,要么就萌生"等、靠、要"的依赖思想,而不是开拓性地从当地的改革深化和素质提高等方面寻找出路。其结果必然会影响转型的创新力度,制约转型的深度与效果。

(3) 存在狭隘的资源观和发展观

思路决定出路,有新思路才会有新出路,有新观念才能有新作为。鹰手营子矿区是一个"先有矿产后有经济、先有厂房后有城市"的地方,在过去的经济发展过程中,人们过分依赖自然资源,习惯于靠山吃山、有水快流。因此,矿区讲发展必讲资源,把资源看做经济发展的决定因素,把自然资源优势等同于产业优势和经济优势;而且,讲资源必讲矿产,认识不到以人才、知识、科技、管理、基础设施为主的硬环境,以及以政策、法制、办事效率和精神文明为主的软环境是比矿产资源更为重要的资源,是对经济发展具有更强大、更持久的支撑力量。这种落后的资源观和发展观,必然会成为鹰手营子矿区经济结构调整、城市转型的瓶颈,成为经济可持续发展的巨大障碍。

2. 发展空间的狭小

发展空间狭小是制约鹰手营子矿区全面转型的最大因素。根据经济学的原理,城市发展在很大程度上取决于其自身的市场腹地大小。鹰手营子矿区面积狭小,因而导致市场腹地有限,有效需求不足,交易成本偏大,无法在更大的范围内组织配置生产要素。

鹰手营子矿区的空间不足主要表现在两个方面。

(1) 地域面积太小

鹰手营子矿区的总面积为 148 平方千米,人口不到 7 万人,只相当于一般县内的一个中等镇的规模。而且,如此小的面积还被分割为两块,两块之间往来还要借道兴隆县。这样的格局当然是计划经济时期国家开发矿资源的需要,它实际上是国家当时在兴隆县境内开辟的一个"特区"。但从经济地理的角度看,这样狭小的区域面积和处于燕山腹地的区位条件,对于区域经济的发展制约很大,在矿产资源枯竭的条件下,产业转型的回旋余地很小,实现规模经济效益和发展县域经济的能力也很弱。

(2) 平地太少

鹰手营子矿区地处冀北山地,属燕山山脉沉降带的过渡地带,境内山峦起伏,地形地貌复杂,山地多,平地少。据调查,超过 1000 亩的连片平地只有为数不多的几块。地形地貌条件不仅严重限制非采掘业工业的发展，也限制了设施农业的发展。更为重要的是，它还制约鹰手营子矿区的园区建设。实践证明，一个城市如果没有现代化的工业园区，就没有较强的特色产业集聚，就难以形成专业化分工下的规模经济，这个城市也就只能是个空城。当前各地在抓经济、搞项目时，首先都是建园区、抓平台建设。鹰手营子矿区政府近年来也着力建设"四园一区"（建龙钢钒工业园、铜兴铜材工业园、怡达食品工业园、营南机电工业园、冶金机电产业聚集区），但苦于难以解决用地问题。

3. 生产要素的缺乏

生产要素包括人才、市场、管理、土地、资本等很多方面，生产要素具有自然性、内生性和市场性等特点。一个地方的发展趋势和发展潜力取决于其生产要素的配置。鹰手营子矿区面积狭小，行政级别较低，内部自成封闭体系，主要对外经济联系形式比较单一，方向也比较固定，因而缺乏在区域层面上与周边城市有效的分工协作，开放的多元经济发展格局尚未形成，生产要素比较缺乏。主要表现为：

（1）缺乏企业家

鹰手营子矿区的有钱人很多，大多是20世纪80、90年代靠采煤发家的煤老板。企业家是能够把资本、技术、劳动等各种生产要素调集起来，组织生产和经营，并在此过程中承担无法保证的风险的主体。依此标准，鹰手营子矿区的真正的企业家很少，具备转型意识的创业者就更少。

（2）缺乏资本

区域发展与其储蓄有很大关联，因为储蓄是可以转化为投资的。在鹰手营子矿区，民间资本的存量比较大，但从严格意义上讲，那是资金、是存款、是潜在的资本，要转化为资本还需要一个过程。只有把它与生产过程所需的人才、技术、市场等其他要素结合起来，真正进入生产过程，才成为现实的资本。

（3）人才比较匮乏

鹰手营子矿区人才匮乏既有主观的原因，又有客观的原因。由于长期以来产业发展比较单一，使得有技能的产业技术人员主要集中于某一个或几个领域，而其他领域的人才比较缺乏。劳动力很多，而掌握技能的熟练工人很少的问题对于发展接续替代产业具有严重制约。

（4）交通基础设施滞后

鹰手营子矿区位于京、津、唐、承城市圈内，靠近首都北京和直辖市天津，具有独特的区位优势。但交通基础设施一直比较落后，使得这种区位优势难以彰显出来。从现实看，鹰手营子矿区的交通状况是典型的内聚不够、外联不畅。目前主要的进出通道只有与承德市相联系的京承铁路、112国道和358省道，致使对外交易成本很高；内部的交通网络尚未形成，虽然有几条路，但没有一条高等级的道路，很难保证货流其畅。矿区在地理上的可进入性和经济上的可进入性都很差，降低了其对外部投资的吸引力，反过来又限制了外部生产要素的流入。

（5）周边大城市的吸附力过强

鹰手营子矿区周边都是有着优越地理区位和投资环境的大城市，在其过强的吸附力作用下，鹰手营子矿区面临着"大树底下不长草"的境况。在消费投资方面，人们常常愿意投在鹰手营子矿区周边的大城市，譬如在承德市购房等；即使是购买一些比较时髦的消费品，也会选择在周边的大城市，而不是矿区。投资和消费的外流是鹰手营子矿区不得不面对的困境。

4. 资源型城市病症重

资源型城市往往有很多"通病"，当城市发展到一定时期，这些"病症"必然显露无遗，而且大都与科学发展观和可持续发展战略不相符。鹰手营子矿区资源接近枯竭，错过了及时转型的机会和条件，因而治疗"病症"显得更为艰难。

（1）产业结构调整难

依托特定的自然资源而发展起来的资源型城市，具有一定的共性，即"孤岛性"。由于鹰手营子矿区的发展主要依托矿产资源的煤炭和铜铁，已经形成了对其的依赖，而对其他自然资源的利用尚处于低层次水平，城镇之间的要素流动不频繁，导致其他相关产业的乘数效应较弱。

当前，鹰手营子矿区的传统支柱产业仍未摆脱困境，对资源的依赖太强，特别是煤炭、冶金产业的上游层次太低，时刻面临着被国家政策调控和整顿的危机，压力很大。产业结构调整需要催生新兴产业，而新兴产业的培育需要一个艰苦长期的过程，有些项目即使是龙头项目，投产了、见效了，也不是立刻就能发挥较好的辐射带动作用，还需要不断的扶持与呵护。

（2）生态治理、环境改善难

因长期的粗放式开发，鹰手营子矿区的生态环境遭到破坏，污染严重。矿区内的塌陷区、炮震区、尾矿库数目之多、隐患之大，都是令人触目惊心的，但受财力所限，无法在短期内进行治理，政府承受的压力重大。环境问题是影响城市形象提升、阻碍城市可持续发展的一个制约因素。近几年来矿区政府重拳整治，关停了很多"五小"企业，但问题并没有得到根本解决。生态环境和经济效益之间的博弈，往往让许多领导干部难以取舍，长效管理机制难以建立，其结果是生态治理和修复效果不佳，"五小"企业"死灰复燃"现象依然严重。

（3）就业保障压力缓解难

近年来，鹰手营子矿区的失业人数不断增加，失业人数超过劳动力总数的

20%。同时，教育、卫生、文化等社会事业需要解决的问题在转型过程中也表现得特别明显，社会保障体系还不够健全，人民群众生活水平和质量还很差。在金融危机下，大量的返乡农民工和失业下岗工人，又给矿区的就业安置和社会保障带来了严峻的挑战。

（4）城市基础设施完善难

资源型城市一直以来都受国家宏观调控的影响。随着资源的廉价流出，经济效益长期被转移，资源型城市自身积累有限，财力薄弱，更加剧了自身体系的封闭性。鹰手营子矿区在棚户区改造和城市基础设施建设方面历史欠账较多，资金严重短缺。而基础设施的薄弱又使得矿区常常在招商引资中处于劣势地位，难以获得改善基础设施的必要投资。尽管当地政府采取了不少的措施，也取得了一定的效果，但由于资源型城市的特点，注定了解决这些问题是项系统工程，需要付出更多的努力，支付更大的成本。然而，对于年财政收入只有3000多万元的矿区而言，承担和消化这个成本是有很大困难的。

2.5 转型的基本思路和目标定位

资源枯竭型地区的衰败和转型应该放在传统工业化增长方式的背景趋势下来审视。可以发现转型不只是找到新的产业以解决当地就业和经济社会发展的问题，而是如何转变传统经济发展方式的问题。与此同时，与传统工业化增长方式相联系的高碳生产消费模式受到全球范围的广泛关注，而资源枯竭型地区是传统工业化增长方式的典型代表，作为传统工业化方式的源头，也是传统工业化增长方式的重灾区，因此，我们认为总体上要按照低碳经济的发展思路制定资源枯竭型地区或城市的转型方案。

2.5.1 基本思路

资源型城市的转型是经济发展方式的根本转变。不只是资源依托的改变，不只是既有产业的延伸，也不只是对现有产业的嫁接改造，而是地方经济发展战略的重新定位，既是产业发展的方向选择，也是发展机制的创新塑造。虽然涉及的面很广，但根本是区域发展战略的转变，从思路上说，要变"资源决定论"为"市场决定论"，从实践上说，要对产业发展进行重新定位与选择。

转型思路的确定，要综合考虑相关的各种因素，既要区别对待不同资源，还要促进过渡更替，更要把握关键。因此，需要从不同角度对鹰手营子矿区的转型进行透视。

- 转型是对产业发展的资源依托进行转换，促进区域经济增长和发展。要由对先天的、与生俱来的、不可再生的矿产资源依赖，转变为对技术、人才等后天资源的依赖。
- 转型是企业经营机制的有效转换。企业是市场经济活动的主体，没有企业主体的转变，也就不会有产业的转型，因此要对企业体制进行彻底改革。
- 转型是对产业体系和产业发展格局的转变，要变"一业独大"的产业结构为合理优化、各业都获得蓬勃发展的产业结构。
- 转型是在一定产业格局基础上，形成具有分工合作内在联系的产业集群，以实现集约发展为目的。
- 转型是充分利用外部资源，实现与外部产业转移的有效对接，以便融入区域经济，在优势互补中促进区域经济的一体化发展。

因此，鹰手营子矿区的经济转型与可持续发展要从资源利用和产业转型两个层次出发，要将鹰手营子矿区置身于首都区范围内，顺应河北省发展"北厢经济增长极"的战略趋势，在全面分析自身的资源生态基础和地理区位条件的基础上，以产业转型为主线，逐步确立鹰手营子矿区在环京津产业转移中的起承转合功能地位，打造鹰手营子矿区的产业聚集园区，并从区域生态系统的特点着手，构建有利于可持续发展的生态宜居城区。

综上，可以把鹰手营子矿区转型的基本思路概括为：

加大勘探寻找新资源，依靠科技延长产业链，依托冶金发展制造业，错位发展壮大工业园，对接京津融入首都区，修复生态构建宜居城，循序渐进实现大转型，以经济转型为根本，机制转型为动力，全面带动社会、生态转型。

2.5.2 目标定位

综合各方面的因素，鹰手营子矿区转型的目标定位主要包括三个方面：

- 产业发展方向的目标选择。其内涵是如何定位主导产业，在此基础上，进一步构建支柱产业、关联产业和基础产业的经济结构体系。
- 区域发展的功能定位。在当今社会经济的发展过程中，区域之间的关系日益加强的环境下，鹰手营子矿区在区域范围内扮演一个怎样的角色，发挥怎样的功能。矿区的发展不能仅就自身条件考虑，还要从所在的区域出发借势而为。
- 地域形象的选择。资源枯竭型城市的转型内含城市形象的转变，鹰手营子矿区需要考虑自身究竟应当在人们心目中树立一个怎样的形象，这是城市转型的标志，也是最具代表性的形象定位。

综合起来，就是要把鹰手营子矿区建成冀东地区承德南部的冶金机电产业基地和健康食品制造中心、京津唐经济圈功能配套区和宜居生态新城区。

1. 产业定位

产业定位：以冶金煤电和机电制造为核心的多元产业结构体系。

经过50多年大规模的资源开采，鹰手营子矿区的产业现状是煤炭、铜铁等矿产资源接近枯竭，但是，兴隆矿务局与开滦集团的联合重组、承德铜兴公司的深化改制和承德建龙特钢公司的扩建，都为推动冶金煤电产业的发展提供了契机。机电制造业以原有煤矿生产辅助产业的机械加工业为基础，延伸发展成为矿山机械加工、游艺机制造等加工制造系列，并逐步用自动化、智能化设备改造传统机械制造行业，呈现较好的发展势头；建材工业具有得天独厚的发展条件，产业基础较好；食品加工业发展很迅速，果品转化能力达到5万吨，怡达集团生产的山楂果脯系列产品在全国名列前茅，市级以上农业产业化龙头企业发展到4家。这样，一个以钢钒、铜材、煤电、机电、建材、食品为支撑的产业格局正在矿区逐渐形成。此外，矿区悠久的物流业传统，邻近京津唐的区位优势，迅速改善的交通网络，为发展物流业提供了有利条件；优良的生态环境和特有的旅游资源（四方洞古人类遗址、矿山地质公园、防空洞体验园等），为旅游业的快速起步提供了可能。

因此，应该将构建以冶金煤电和机电制造为核心，以新型建材和健康食品加工为辅助，以现代物流和休闲旅游为补充的协调合理的多元产业结构体系作为鹰手营子矿区转型的产业定位。冶金煤电和新型建材既是对当地现有资源的进一步利用，又是现有产业做大的拓展延伸。机电制造和健康食品加工是对鹰手营子矿区产业结构的提升，既可减轻对不可再生资源的依赖，又能兼顾富民和强区的双重目标。现代物流和休闲旅游是鹰手营子矿区最具发展前景的产业，有利于促进鹰手营子矿区在区域经济中充分发挥自身作用。

2. 区域定位

区域定位：环京津生态休闲区和承接京津产业转移的重要节点。

鹰手营子矿区地处河北省"两群三带一环"城区空间布局结构图中的"一环"（环京津卫星城市带）上。河北省《关于加快壮大中心城市促进城市群快速发展的意见》（冀政〔2009〕115号）中明确指出，构筑环京津卫星城市带，使其成为京津冀城市群的重要组成部分，要推进环京津卫星城市带与京津全面对接，推进规划和基础设施对接，主动承接京津的产业梯度转移和服务京津。其中，鹰手营子矿区毗邻的兴隆县被列为环京津卫星城，主要功能是强化与京津的基础设施对接，增强承接京津产业梯度转移的能力。

此外，承德市还被列为环京津四大休闲旅游城市。鹰手营子矿区处于京、津、唐之腹地，随着京承、津承、承唐等高速公路以及京沈高速铁路的开通，将处于三

城市的1小时经济圈内。兴隆县已借同样的区位优势，联手周边1小时旅游圈内的北京平谷区和密云县、天津蓟县、河北遵化市，本着"资源共享、优势互补、产业对接、互利共赢"的原则，谋划区域旅游合作，制订出五区县旅游战略合作框架协议，共同打造"京津冀金三角旅游"区域旅游品牌。

作为与兴隆县相邻的鹰手营子矿区，在区域定位上完全可以顺势而为，采取"链接兴隆、对接京津"的办法，一方面，抓住京津传统产业向外转移的机遇，充分发挥地缘、人缘和长期合作的优势，以自身的土地和劳动力资源优势以及优质服务和优惠政策，吸引京津的产业资本转移，并借助京津人才和技术密集的优势，推动一些科研成果在本地实现商品化和产业化，以高新技术改造传统产业，逐步打造成为承接京津产业转移的重要节点。另一方面，利用地处京津上游水源涵养地和交通便利的条件，打造成为冀东环京津休闲旅游和物流业的一部分。这就要求鹰手营子矿区与其紧邻的京津新城进行规划上的拼接。同时，创造条件抓好交通和通信等基础设施的对接，畅通鹰手营子矿区与京津之间的人流、物流、信息流联系，为承接京津功能转移和城市辐射奠定基础。

3. 形象定位

形象定位：宜居生态新城区。

鹰手营子矿区连同毗邻的兴隆县，是京津两市重要的水源涵养地，境内有多条河流汇入密云水库和潘家口水库。同时，这一地区还是"京津风沙源治理"、"21世纪首都水资源可持续利用"和"退耕还林"等国家级生态项目实施地区。就自然环境条件而言，这一地区有两个显著的特点：一是水的特色突出，境内有滦河一级支流柳河经过，做好水的文章显得十分重要；二是生态环境优越，境内山峦起伏，森林覆盖率达到54%，是京津的生态屏障。据此，鹰手营子矿区在形象定位上应确立为山清水秀的"生态宜居新城区"。

2.5.3 转型的目标

1. 总体目标

鹰手营子矿区属工矿业城市，因矿而得城，工业化程度很高，但城镇体系不完善，城市功能滞后，是一种"嵌入式"发展地区。目前又面临"矿竭城衰"的境地，产业面临转型，社会包袱沉重，资源生态修复任务艰巨。鹰手营子矿区转型的任务繁重，如何协调好资源环境、产业发展、城市建设与社会生活的相互关系，顺利平稳地实现矿区经济转型，建设现代生态宜居新城区，是矿区政府和民众面临的一个重大挑战。

由此，鹰手营子矿区转型的总体目标应该是：

树立经济、社会、资源、环境协调发展的战略目标,以产业转型为先导,以经济结构优化为根本,以城镇体系建设为基础,推动生态修复和社会进步,形成产业多元化发展与社会和谐进步的新格局。

- 产业发展方面,构建以建龙钢钒工业园、铜兴铜材工业园、怡达食品工业园、营南机电工业园等4个园区为载体的冶金机电产业聚集区。
- 资源和环境方面,以生态条件为依托,注重矿区生态修复,把鹰手营子矿区打造成生态宜居城区。
- 社会管理方面,以体制创新为突破口,着力转变政府职能,将鹰手营子矿区建成承德市的首善城区。
- 科技发展方面,以先进制造业创新为主导,对接京津,构建鹰手营子矿区先进制造业创新体系。

通过产业转型和城市转型,全面增强鹰手营子矿区的综合竞争能力,使其成为承德南部的冶金机电产业基地和健康食品制造中心、京津唐经济圈功能配套区和宜居生态新城区。

2. 实施步骤

从时间过程上来说,可以将鹰手营子矿区推进经济转型、实现可持续发展时期定为12年,分三个阶段实施。前2年着力转理念、变思路、定规划、建机制,并加紧解决社会民生方面的欠账问题;中间5年做精具有现实基础的优势产业,用拉长产业链的办法发展接续产业,大力改善基础设施条件,提高城市经济实力和综合竞争能力,实现"小转型";后5年根据变化的条件和可能获得的机遇,着力培育和发展替代产业,逐步减轻经济发展对矿产资源的依赖,摆脱可持续发展的资源"瓶颈",使产业结构逐渐合理化、高级化,就业供需基本平衡,城市形象明显改善,完成"大转型"。

第一阶段:2009~2010年,制定转型规划,清偿历史欠账。

这一阶段要按照国家有关资源枯竭型城市转型的规定,做好全面启动实施工作。主要开展如下四方面的工作:

- 健全组织机构,成立城市转型领导小组,下设转型办公室。
- 转变观念,动员社会公众参与经济转型活动。
- 科学规划,制定鹰手营子矿区产业转型及可持续发展总体规划,以可持续发展的科学发展观规划、建设、发展鹰手营子矿区。
- 抓好已确定的重点项目和财力性转移支付资金的落实。主要目标为转型规划获国家发改委批准,矿区历史欠账和突出的民生问题基本得到解决。

本阶段的主要预期目标是:地区生产总值保持年均增长10%以上,地区生产总值达到 21.6 亿元；全社会固定资产投资年均增长 24% 以上，达到 8.5 亿元；财政收入年均增长 20% 以上，全部财政收入达到 3 亿元；万元生产总值综合能耗年均下降 4.5%，化学需氧量和二氧化硫排放总量年均分别削减 6.8% 和 6.0%；森林覆盖率达到 60% 以上；城镇登记失业率控制在 4.6% 以内；城镇居民人均可支配收入年均增长 13% 左右，达到 11380 元；农民人均纯收入年均增长 12% 左右，达到 4400 元。

第二阶段：2011~2015 年，接续产业发展壮大并主导矿区经济（"小转型"）。

在稳定和扩大采选业产能的基础上，着重推动现有支柱产业的链条延伸和重点企业的业务拓展，使产业结构得到优化，存量资源和新资源得到高效利用，经济增长方式走向集约化，产业结构由采选业为主向采选业和加工业并重转变，区域经济步入快速发展期。主要侧重开展如下的工作：

- 产业发展格局上，主抓冶金、机电、建材、食品等几个产业，形成冶金业和新型建材业两个大的基地，并尝试构建融合一、二、三产的产业循环模式。
- 建立城乡一体化的社会保障体系，统筹城乡，做到城区基本社会保障和农村新型合作医疗全覆盖。
- 实施就业培训工程，做到矿工转化为城区职工的无缝对接。
- "环保问责制"确立，绿色生态招商引资新标准执行，招商引资取得明显进展。
- 完成矿区生态恢复，生态环境恶化状态得到遏制。
- 加大土地整理工作力度，城市基础设施建设全面展开。
- 链接兴隆县及承德市，为旅游业及新型产业的发展奠定基础。
- 基本建立资源开发补偿机制和衰退产业援助机制，经济社会可持续发展能力显著增强，使资源型城市经济社会步入可持续发展轨道。

本阶段的预期目标为：主要经济指标达到承德市平均水平，争取将鹰手营子矿区建设为国家经济转型示范区。地区生产总值保持年均增长 13.5% 以上，地区生产总值达到 40 亿元；全社会固定资产投资年均增长 22% 以上，达到 23 亿元；财政收入年均增长 20% 以上，全部财政收入达到 7.5 亿元；城镇登记失业率控制在 4.5% 以内；万元生产总值综合能耗下降 20%，化学需氧量和二氧化硫排放总量削减 15%；森林覆盖率达到 65% 以上；城镇居民人均可支配收入年均增长 15% 左右，达到 22800 元；农民人均纯收入年均增长 14% 左右，达到 8500 元。

第三阶段：2016~2020 年，建成为承德南部冶金机电产业基地和健康食品制造中心（"大转型"）。

全面实现资源型城市转型的各项预期目标，支柱产业形成多个产业集群，主要经济指标达到全面建设小康社会的要求。全面增强城区自主创新能力，使营子区真正成为与京津发展相匹配的制造业产业聚集区和宜居生态休闲区。重点开展以下方面的工作：

- 重点发展机电制造业、健康食品两大产业，加快产业集聚，形成产业集群，形成具有区域特色的循环经济发展模式。
- 生态城区主体框架初步形成，城市化水平、人口素质、居民收入、人居环境、社会事业均达到中等现代化水平。
- 建成经济发达、政治民主、文化繁荣、环境优美、功能完善、社会和谐、居民幸福的首善城区，成为承德市的一个新形象和新品牌。

本阶段的目标是内部形成循环经济与节约型发展模式，外部形成服务京津的功能节点，主要经济社会指标达到全面建设小康社会的要求，居民收入和生活水平超过河北省平均水平。

2.6 转型的可能途径与重点任务

在经济发展中，决定城市竞争能力和城市自身持续发展能力的主导优势总是处于不断变化之中。不同阶段的城市发展主导优势不同，处于潜在状态的区域优势转化为现实优势，需要导入本地短缺的优势要素，激活本地既有资源优势，以便提升本地优势要素的质量，改变资源要素组成的系统结构，优化优势要素的有效配置。因此，在不同阶段，需要引入恰当的转换因素，探索适宜的转型路径。

2.6.1 转型的可能途径

1. 依托现有资源，延伸产业链构建循环经济体系

提高资源利用率，变资源简单采掘为资源高效开发利用，以原有资源型产业为基础，改进技术和装备，从纵向延伸和横向衍生两方面发展下游加工型产业，以"减量化、再利用、资源化"为原则，高效循环地利用资源，"吃干榨尽"现有矿业资源。同时培育新的经济增长点，培养接续产业，加强增值环节，形成产业链优势，把利润转移到关联行业和其他产业，建立起资源深度加工和利用的产业循环链。这种模式充分利用了资源型产业前向关联效应大的特点，充分发挥既有资源优势，实施转型的难度较小。

鹰手营子矿区资源型产业多为采掘业或初级加工业，产品附加值低，而下游加工产业在价值链上处于资源采掘业和初级加工的后端，增值潜力大，竞争优势强。随着产业链的延伸，下游企业和配套服务业不断发展壮大，最后会形成对资源循环

利用的产业集群。这一路径适合于矿产资源优势突出、工矿技术基础较好的资源型产业。结合鹰手营子矿区的实际，要在区分不同资源类型的基础上采取不同的转型途径。比如，对煤炭产业和铜矿产业，主要发展以尾矿和废弃物（煤矸石和铜矿砂）综合利用为主的建材等接续产业；而对铁矿产业，则可借助特种铁矿资源的优势，提高技术装备，延伸发展特种钢材产业。

鹰手营子矿区可以在以下几个方面进行重点扶持：

- 提升资源产业（铁矿生产铬镍铁）
- 发展非煤产业（发电、机电制造）
- 新型建材产业（尾矿综合利用）
- 改造铜矿产业

2. 挖掘可再生资源优势，将产业重点转移到其他产业

除矿产资源之外，在区域范围内挖掘新的资源优势，主要是挖掘可再生的生物性绿色资源，这是一种内生型转型方式。由于矿区在发展初期过分强调了矿产资源生产基地的功能，在后来的发展过程中逐渐形成对矿产资源的依赖，而忽视了挖掘其他的资源优势。

鹰手营子矿区在红果及其食品加工产业方面已有很好的基础，为较好实现转型提供了新的产业发展方向，要通过对这些产业的扶持，使其尽早成为主导产业，达到经济转型的目的。一方面要注重专业分工的产业集群发展，另一方面要注入健康产业的内涵，进一步扩展以食品加工为基础的健康生态产业发展空间。此外，对于鹰手营子矿区而言，有资源条件但没有产业基础的是旅游产业，这是矿区未来产业转型的又一个方向。旅游业的发展不仅需要充分挖掘自身历史文化及废弃矿井等资源，还要与承德市和兴隆县紧密结合，借势而兴。

鹰手营子矿区在转型的更高阶段，可以重点推进以下产业和项目：

- 农业产业化
- 矿山地质公园
- 立足生态修复的产业

3. 摆脱自有资源基础，发挥承接转换作用服务整个区域

资源型经济的典型特点是注重自身既有不可再生资源的开发，生产加工技术相对低下，产业结构单一，市场销售外化，与本地经济需求及经济循环相对脱离，属典型的"嵌入型"经济。因此，资源型城市要成功实现转型，就必须摆脱自有资源的限制，恰当利用外部资源，探索一种融入外部区域经济的发展方式，这是一种外生型转型方式。发展不依赖于原有资源的新型产业，对接外部产业，变"资源决定论"为"市场决定论"，并借助外力直接在资源型城市植入。这种产业的选择相对比较困难，一般要遵循产业区域空间构成和产业阶梯性转移的要求，退出传统的资源型产业。一方面，进入与相邻地区产业相关性高的行业，比如物流和生产性服务业等；另一方面，需要瞄准相邻地区的产业转移，创造条件引进需要转移的产业。实现外生型转型重要的是要把握好自身定位，并对相邻地区相关产业进行深入研究，打好基础，做好招商。

因此，鹰手营子矿区应将自己纳入区域范畴，充分考虑周边城市和所在省份的产业发展格局和趋势，依据服从区域产业分工，利用产业群体优势的原则，进行城市的产业转型。在京津地区进入产业转移发展阶段和河北省唐山市重点发展钢铁、机械等产业的区域大环境下，考虑到自身已经形成一定的市场规模和较为完善的产品体系，鹰手营子矿区应将冶金煤电和机电制造产业作为以后的支柱产业加以重点扶持。

4. 发挥后发优势，培植新型产业

资源型城市的经济发展水平相对落后，所拥有的是自然资源、非熟练劳动力以及低层次的工业制造体系等，要在现有的资源禀赋与比较成本基础上建立竞争优势，就需要将依赖自然资源和非熟练劳动力的劳动密集型产业逐步培育成资本密集型、技术密集型产业，实现产品结构向低成本、高附加值和高技术含量方向发展，从而使比较优势逐渐得到提升，使之成为支持区域经济发展的竞争优势。在这个过程中，需要资源型城市建立起与自己的比较优势相匹配的、竞争优势强的产业，后发优势在其中将起到重要的衔接作用。

发挥后发优势的主要途径是技术和管理经验的引进和模仿。资源型城市的产业结构以劳动密集型产业为主，产业技术基本处于全国的中下等水平，技术装备趋于老化，产品结构表现为以初级产品和基础原材料为主的粗放型特征，产品技术含量低、附加值低。要延伸产业链、构造产业聚集优势和企业的竞争优势，就势必需要先进的技术、知识和管理经验，如果这些要素完全由企业自身完成，企业将面临巨大的成本和风险。利用后发优势引进当前国际、国内较为前沿的技术和管理经验，可以为企业的发展提供一个助力。

引进技术和管理经验的模式可以有以下几个方面：

• 与先进企业合资、合作，在生产中学习先进的技术、知识和管理理念。

• 通过招商引资引入符合当地产业发展的企业，利用这类企业在参与当地产业链的分工和合作的过程中产生的技术外溢效应，带动前向联系和后向联系企业的技术进步。

• 通过员工培训的形式，派出技术、管理人员学习相关行业的先进经验，为我所用。

应该指出的是，技术和管理经验的引进和模仿只是促进资源型城市产业发展的初始动力，用以避免经济发展陷入低水平的恶性循环，而要真正构造竞争优势，还必须在此基础上培育区域的自主创新能力，这样才能形成企业的核心竞争力和依托于当地独特环境、技术优势的产业集群，从而塑造城市的持续经济优势。

5. 外引内联进行资源整合，以园区为载体实现产业集群式发展

这是一种较高层级的产业转型方式。一方面，既有的资源及其产业化经营都具备一定基础；另一方面，政府和企业的运作能力比较强。资源型城市的一个显著特征是地方小企业和国家大型资源企业两者互相封闭，政府和矿区相对独立，形成了明显的二元结构，资源管理难，企业沟通少。因此，政府应该鼓励集约化经营开发，通过规划产业园区，对企业实施改组、改制、改造，整合形成大企业集团或者产业集群。这一转型方式主要有两个关键：一是创建产业园区，二是优化产业结构。主要在两个层面操作：一是实施资源整合，二是促成产业集群。在产业配套、管理、科技创新、人才、就业培训和开放等方面，加快产业结构的调整和升级，为实现产业转型创造有利条件。鹰手营子矿区可以利用自身的区域定位，借力京津的人才和技术密集优势，外引内联，抓住京津传统产业向外转移的机遇，重点做好产业集聚区的规划和建设。

2.6.2 转型的主要任务

1. 经济转型

经济转型思路是：以科学发展观统领全局，以资源节约、环境友好、循环发展为指针，以园区为平台，以项目为载体，以技术升级、产品创新为手段，以纵向产业延伸为突破口，走"科技含量高、经济效益好、资源消耗低、环境污染小、人力资源优势得到充分发挥"的新型工业化道路。

近期主要任务是实施"12456"工程，即建设一个产业集聚区，构建两个产业基地，壮大四大龙头企业，拉伸五条产业链，培育六大接续替代产业。

（1）建设一个产业集聚区

即市重点产业集聚区、省重点培育区——经济转型产业聚集区（营子冶金机电产业集聚区）。该聚集区规划面积8平方千米，已建成面积5.13平方千米，分为四个工业园。其中：

- 钢钒工业园，位于北马圈子镇南马圈子村和北马圈子村，规划面积2.82平方千米，依托承德地区丰富的钒钛资源发展优质含钒钢材、钒化工产品和水泥制品。
- 新型材料工业园，位于寿王坟镇，规划面积2.78平方千米，以矿产资源开发为主，以资源综合利用和铜材发展为产业方向。

- 煤电机工业园，位于营子主城区南部，规划面积1.11平方千米，利用本地及周边地区的煤资源，发展煤矸石综合利用，同时利用游艺机的人才、技术优势及雄厚的机电加工能力，大力发展机电一体化和游艺机制造。
- 食品工业园，位于北马圈子镇金扇子村，规划面积1.29平方千米，以加工生产山楂食品为主，开发和生产健康和功能性食品为产业导向。

（2）构建两个产业基地

- 山楂产业基地，依托承德地区丰富的山楂资源，以河北怡达食品集团有限公司为龙头，建设集生产、储藏、研发、加工、出口、交易、展销为一体的全国最大的山楂产业基地。
- 建材产业基地，依托丰富的石灰石、紫砂、陶土、钢渣、水渣、煤矸石、粉煤灰、尾矿资源，建设以干法水泥、耐火材料、水泥制品、砌块、加气板材、新型保温材料为主要产品的承德以至京东地区新型建材生产基地。

（3）壮大四大龙头企业

- 特钢龙头企业——承德燕北冶金材料有限公司。继续在用地、资金、拆迁等方面予以支持，支持企业围绕建龙200万吨含钒特钢扩建，实施好配套的含钒铁、烧结、球团、熔剂白灰、氧气站、五氧化二钒等项目建设，使企业实力不断壮大。用3~5年时间，将企业发展成为销售收入超50亿元的大型冶金企业。
- 煤电龙头企业——开滦集团（兴隆）矿业有限公司。以联合重组为契机，以开滦集团发展战略为导向，积极争取开滦集团在发展规划、人才、技术、资金等方面的支持，按照现代企业制度要求，建立法人治理结构和精干高效的管理体制。尽快调整经营思路，拓展发展空间，抓好项目建设，促进新公司的可持续发展。以煤电热为主业，以建材建筑安装和机械化工为两翼，迅速调整产业、产品结构，把企业做大做强。用3~5年时间，将企业发展成为销售收入超10亿元的大型煤电企业。
- 有色冶金龙头企业——承德铜兴矿业有限公司。尽快制订二次改制方案，通过整体出售、参股等方式改制重组，实现"国退民进"。采用新技术、新工艺改造铜铁采选、粗铜冶炼等生产项目。积极寻求合作发展铜材加工，延长铜产业链条。采用消失膜工艺、连铸工艺，开发铸件产品。搞好尾矿、冶炼铜渣的资源综合利用，生产新型建材。用3~5年时间，将企业发展成为销售收入超10亿元的大型综合性企业集团。
- 食品制造龙头企业——河北怡达食品集团有限公司。加强与大专院校科研单位合作，组建企业技术中心、产品研发中心，开发新产品实现产品升级换代。加大与东南沿海知名食品制造企业合作力度，建立灌装、加工基地。用2~3年时间

完成企业上市；用3~5年时间，将企业发展成为加工能力20万吨，安置4000人就业，销售收入超5亿元的大型农业产业化龙头企业。

同时，要培育一批产值超亿元的骨干企业。

(4) 拉长五条产业链

● **特钢产业链**：以特钢为核心，上游重点发展与特钢产能衔接配套的氧化球团、烧结矿、熔剂白灰、氧气、焦化等项目，下游重点发展齿轮、轴承、闸箱、汽车配件、机床配件等钢延产品，进而发展技术含量高、附加值高的机械产品。

● **煤电产业链**：以煤转电、热电联网为主攻方向，重点发展煤矸石、劣质煤发电。同时，加大黏土、页岩、草炭、粉煤灰等伴生资源开发利用力度，生产耐火材料、新型建材、生物化肥等产品。积极探索煤化工项目。

● **铜产业链**：以矿山铜采选为起点，以铜材加工为核心，向下延伸产业链条。首先以先进技术提升粗铜冶炼水平，扩大冶炼生产能力，大力发展尾矿资源综合利用，生产新型建材产品。之后重点发展铜棒材及电解铜、硫酸铜等中间产品。然后逐渐向铜管、铜板、铜带、铜箔、铜线、铜基仿金材料、高性能铜基合金材料等中高端产品拓展。

● **建材产业链**：以石灰石资源为依托，重点发展熔剂石灰、干法水泥和其他新型建材产品，同时积极开发超细碳酸钙、多孔质球状碳酸钙等高端新产品。

● **食品产业链**：以林果基地、养殖基地等原料生产为起点，以食品生产为核心，大力发展储藏业、物流业和包装物生产，建设产品研发基地、交易服务平台。

(5) 培育六大接续替代产业

实现资源枯竭城市经济转型，关键在培育壮大接续替代产业。鹰手营子矿区要在创新发展理念的基础上，把培育发展多元支柱产业作为转型根本，以市场为导向，以园区为平台，按照"大项目—产业链—产业集群—产业基地"的模式，重点发展含钒特钢、有色冶金、矸石热电、新型建材、机械制造、健康食品等六大工业产业，积极发展以城郊型农业为重点的第一产业和以现代物流、工矿文化旅游为主的第三产业，推进经济发展从粗放型、资源依赖型向集约型、创新型转变（图2-40）。用3~5年时间，六大产业的产值达到110亿元，上缴税金6亿元，经济总量占到全区的80%。

● **含钒特钢产业**

发展方向：依托周边钒铁矿资源优势，以承德燕北冶金材料有限公司为龙头，围绕承德建龙特殊钢有限公司特钢扩能实施配套的烧结系统改造、高炉技改、氧化球团、氧气站扩建、熔剂白灰、焦化等项目，同时重点发展钒渣提钒及钒化工等生产项目，打造中国北方最大的含钒特钢生产基地。同时，利用承德建龙特钢发展齿

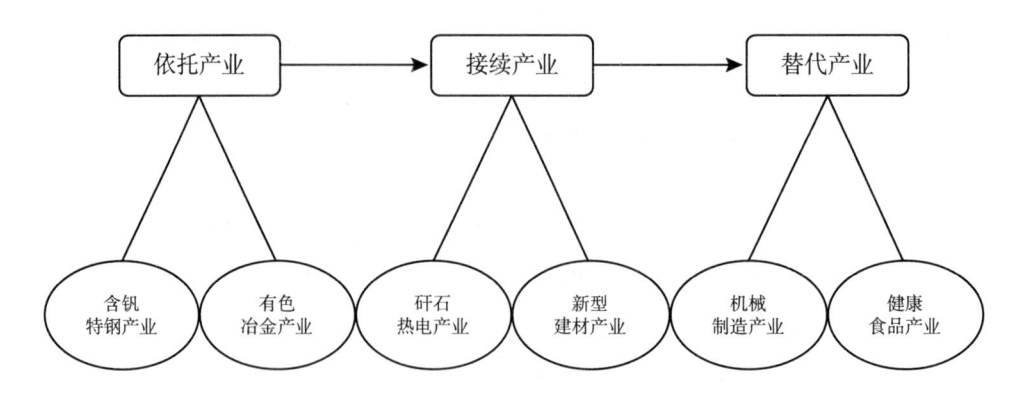

```
         依托产业  ────▶  接续产业  ────▶  替代产业
        ╱      ╲         ╱      ╲         ╱      ╲
    含钒      有色     矸石      新型     机械      健康
   特钢产业  冶金产业  热电产业  建材产业  制造产业  食品产业
```

图 2-40　接续替代产业之间的相互关系

轮散件、齿轮箱、轴承无缝管、油井管和高压锅炉管、锻件等钢延及深加工项目。中长期目标是钒钢产业逐渐向钒碳、钒氮合金产品和钒电池等新领域发展。

空间布局：产业集中在鹰手营子矿区北马圈子镇钢钒工业园内。

引导原则：引导企业应用先进技术改造传统工艺，淘汰落后生产工艺和落后产能，加强技术改造，提高自主创新能力，打造精品钒钢品牌，提高产品的竞争力和附加值，提高企业竞争力和抗风险能力；对余压、余热、废渣进行综合利用发展循环经济；对废气、废水进行治理，保护环境。

产业发展政策：目前，钒钢的应用范围逐渐扩大，已经被广泛应用于工程机械、汽车、锅炉、海洋结构、管线、铁道、造船、航空、建筑等多个领域。对钒的使用程度，已经成为衡量一国钢铁业发展水平的重要指标。国务院公布的《钢铁产业调整和振兴规划》，明确提出"鼓励四川攀西、河北承德地区钒钛资源综合利用"。承德市制定了《承德钒钛制品基地总体发展规划》，主要构想是整合当地钒钛资源，建成北方最大的钒钛制品基地。

鹰手营子矿区规划了 2.82 平方千米的钢钒工业园，对入园企业除享受市级产业集聚区优惠政策外，对符合国家产业政策的重点项目在贷款贴息、用地上予以优先安排，对资源综合利用项目在税收上予以减免。

- 有色冶金产业

发展方向：加快铜产业发展，积极实施三大战略。一是铜矿资源增加战略。一方面，支持铜兴公司多方筹资，加大探矿找矿力度，对寿王坟铜矿外围具有探矿前景的靶区，尽快实施合作探矿，实施承德铜兴公司后备资源基地建设项目；另一方面，力争国家支持，在河北、内蒙古等周边地区建立新的有色金属矿点，储备接续资源。二是产业技术提升战略。运用吹氧造锍多金属捕集等高新技术和先进适用技术，改造铜兴公司现有技术设备，提升有色金属冶炼加工能力，加大尾矿综合利

用，加快发展铜加工项目，实现有色金属采选、冶炼、加工一体化。三是产业延伸战略。依托铜兴公司的改制改造，积极引进国内外战略投资者，争取国家重大项目布局，实现铜基产业及新材料产业的集群发展。产品向铜棒材、铜线、铜管、铜板、铜带、铜箔、铜基仿金材料、高性能铜基合金材料等中高端产品拓展。

空间布局：该产业集中在鹰手营子矿区寿王坟镇新型材料工业园内。

引导原则：鼓励企业加大地质勘探投入力度，延长矿山服务年限，实现矿业经济可持续发展；推进资源综合利用，发展循环经济；加大资源整合力度，淘汰落后生产工艺和产能；鼓励企业通过招商引资等方式实现改制重组，运用高新技术和先进适用技术延长产业链条，开发高端产品。

产业发展政策：国务院《有色金属产业调整和振兴规划》中指出：积极采用先进适用技术，加快技术改造，提高工艺装备水平和产品质量，增加产品品种，降低资源和能源消耗；加大国内短缺的有色金属资源地质勘探力度，增加资源储量及矿产地储备；鼓励大型有色金属企业投资矿山勘探与开发，提高资源自给率；支持采用先进适用工艺技术，开发利用铜、铅、锌低品位矿、共伴生矿、难选冶矿、尾矿和熔炼渣等，提高资源综合利用水平。《产业结构调整指导目录》（2005年）中明确鼓励高精铜板、带、箔、管材生产及技术开发。

鹰手营子矿区规划了 2.78 平方千米的新型材料工业园，对入园企业除享受市级产业集聚区优惠政策外，对符合国家产业政策的重点项目在贷款贴息、用地上予以优先安排，对资源综合利用项目在税收上予以减免。

- 矸石热电产业

发展方向：利用兴隆矿务局与开滦集团联合重组的契机，实施"走出去"和"引进来"战略，加快产业结构调整步伐，把煤炭采选业转化为煤电热一体化产业。一是筹资对兴隆煤田外围及深部内含矿带进行探矿、开采，积极寻求新的煤炭资源；二是整合承德市煤炭资源，实施兼并、重组、托管小煤矿，并对现有矿井设备进行更新改造；三是统筹承德市、开滦集团煤矸石和次质煤资源，新建 2×300 兆瓦发电机组，实施煤矸石综合利用项目，扩大"煤转电"能力和热电联网范围；四是积极利用粉煤灰、炉渣生产新型建材产品，搞好综合利用；五是探索煤化工项目。

空间布局：该产业原煤探矿开采分布在鹰手营子矿区的营子镇和汪家庄镇的兴隆煤田范围内；煤矸石综合利用电厂项目规划建在鹰手营子矿区营子镇煤电机工业园内，主要是利用兴隆矿务局煤矸石电厂及周边预留建设场地和闲置厂房，规划主厂区面积 22 公顷。

引导原则：鼓励企业筹资对兴隆煤田外围及深部内含矿带进行探矿、开采；引导企业加强对职工的安全生产培训和矿井安全生产条件进行改善,严厉打击非法小煤窑私挖滥采行为;鼓励热电联网,取缔中心城区内所有供热锅炉,实现区域集中取暖供热。

产业发展政策:煤矸石发电是资源综合利用项目,热电联供也是提高人民生活质量的公益性基础设施,符合我国能源产业可持续发展的基本战略方针,是国家鼓励项目。国家发改委《产业结构调整指导目录(2005年)》中指出:"单机20万千瓦及以上采用流化床锅炉并利用煤矸石或劣质煤发电"为国家鼓励类项目;国家发改委《关于燃煤电站项目规划和建设有关要求的通知》(发改能源〔2004〕864号)强调循环流化床锅炉的煤矸石电厂,是国家鼓励建设项目。国家发改委、建设部于2007年1月17日联合下发了《热电联产和煤矸石综合利用发电项目建设管理暂行规定》(发改能源〔2007〕141号)文件,第6条规定:"煤矸石综合利用发电项目,应优先在大型煤炭矿区内或紧邻大型煤炭洗选设施规划建设,具备集中供热条件的,应考虑热电联产";第7条规定:"煤矸石综合利用发电项目的设备选型应根据燃料特性确定,按照集约化、规模化和就近消化的原则,优先安排建设大中型循环流化床发电机组";第13条规定:"鼓励建设单机20万千瓦及以上的大型高效供热机组。"

鹰手营子矿区规划了1.11平方千米煤电机工业园,对入园企业除享受市级产业集聚区优惠政策外,对符合国家产业政策的重点项目在贷款贴息、用地上予以优先安排,对资源综合利用项目在税收上予以减免。

- 新型建材产业

发展方向:一是做强水泥产业。利用境内和周边丰富的石灰石、原煤等自然资源,整合区内水泥企业,淘汰落后产能。重点支持承德安得矿业水泥有限责任公司与北京金隅集团合作,新建日产4000吨新型干法水泥熟料生产线项目。二是综合利用尾矿、矿渣、粉煤灰、煤矸石资源。支持铜兴公司利用尾矿资源生产节能型建筑制品。三是支持承德亚通塑胶有限公司、承德益友耐火材料有限公司扩能改造,做大做强塑料管材管件、耐火材料等新型建材产业。

空间布局:依托资源布局项目,主要分布在北马圈子镇、营子镇老爷庙村、汪庄镇、寿王坟镇一线。

引导原则:关闭淘汰落后产能,引导企业新上符合国家产业政策和环保要求的新型建筑材料项目,提高工业"三废"在产品生产中的利用率,鼓励企业提高新产品的研发能力,提高企业竞争力。

产业发展政策:《产业结构调整指导目录(2005年)》中鼓励日产4000吨及以上(西部地区日产2000吨及以上)熟料新型干法水泥生产及装备和配套材料开

发、新型管材（含管件）技术开发制造、尾矿废渣等资源综合利用。

鹰手营子矿区将按照有关规定，对淘汰落后产能关闭的企业予以补贴，对新建符合国家产业政策的重点项目在贷款贴息、用地上予以优先安排，对资源综合利用项目在税收上予以减免。

- 机械制造产业

发展方向：利用现有的机械制造业基础，引进大公司、大集团，推动机械制造产业发展壮大；加强与大专院校、科研单位合作，引进技术，开发新产品，推动产业升级；提高基础机械的数控化率，用自动化、智能化设备改造传统机械装备，提高产品质量；整合游艺机资源，组建集团，建设北方游艺机生产基地；大力开发机电一体化产品，重点发展游艺机新产品、大型铸件、矿山配件、机电产品，同时开发简易多功能的工程机械、农业机械等产品，实现产品结构调整。

空间布局：该产业主要集中在鹰手营子矿区营子镇煤电机工业园内，园区规划总面积1.11平方千米。

引导原则：坚持招商引资和传统机械制造业提升改造相结合，鼓励区内其他机械制造企业向园区集聚，引进培育建设一批新型机械制造企业，开发一批市场需求量比较大的中高端新产品；支持企业与大专院校和科研院所的技术对接，提高关键产品的自主设计、集成制造能力，支撑产业建设和发展。

产业发展政策：国家发改委《产业结构调整指导目录（2005年）》鼓励机械类"大型、精密、专用铸锻件技术开发及设备制造"。2009年国务院《装备制造业产业振兴规划》提出，"要提升大型铸锻件、基础部件、加工辅具、特种原材料等配套产品的技术水平，夯实产业发展基础"。

鹰手营子矿区规划了1.11平方千米煤电机工业园，对入园企业除享受市级产业集聚区优惠政策外，对符合国家产业政策的重点项目在贷款贴息、用地上予以优先安排。

- 健康食品产业

发展方向：支持河北怡达集团扩能改造，巩固其国家级农业产业化龙头企业地位，同时培育东鑫、宏运达、燕山圣达、正阳红、亿佳福等食品加工企业，壮大产业集群；组建食品研发中心，加强与大专院校、科研单位的合作，加大食品行业的新产品开发力度，大力发展营养型、功能型、高附加值的绿色保健食品和饮料；加快果品种植基地和肉牛等畜类养殖基地的建设，为食品加工企业提供原材料；创立和发展具有自主知识产权的知名品牌，"怡达"商标争取认定为中国驰名商标；建设集产品研发、果品生产、储藏、加工、交易、展销为一体的全国最大的山楂产业基地。

空间布局：该产业集中在鹰手营子矿区北马圈子镇食品工业园内。

引导原则：引导支持河北怡达食品集团建立现代企业制度，尽快上市，争创驰名商标，打造自主品牌；以怡达为龙头，带动其他企业实现集群发展；支持果品生产、储藏、运销、包装等相关行业的发展；以怡达集团为主组建食品研发中心，开展以农副产品为主要原料的食品深加工技术研究，加大食品行业的新产品开发力度；做好食品原材料采购、加工、贮藏和运输等环节的管理，切实保证食品安全；推广"公司+基地+农户"的发展模式，更好发挥龙头企业的带动作用，稳定提高农民收入。

产业发展政策：《中华人民共和国国民经济和社会发展第十一个五年规划纲要》指出：延长农业产业链条，使农民在农业功能拓展中获得更多收益。发展农产品加工、保鲜、储运和其他服务。支持发展农业产业化经营，培育带动力强的龙头企业，健全企业与农户利益共享、风险共担的机制。扩大种植、养殖、园艺等劳动密集型产品和绿色食品生产。

鹰手营子矿区规划了 1.29 平方千米的食品工业园，对入园企业除享受市级产业集聚区优惠政策外，对符合国家产业政策的重点项目在贷款贴息、用地上予以优先安排。按有关政策对龙头企业、仓储、物流、种养业予以更大的支持。

(6) 打造"一区四园"产业框架空间布局

总体布局框架：经济转型产业聚集区结合区域原工业布局形态，依据自然地形环境，在鹰手营子矿区全区总体功能布局框架下，与全区各功能区协调互动，形成城市居住、商贸、物流、矿产资源开发与工业协调发展的空间形态。以"打造工业强区、建设宜居城市、构建和谐矿区"为目标，推进社会经济及自然环境的和谐发展，根据"功能明确，相互依托"的原则，围绕"两河三路"，以"一区四园"为基础，建设鹰手营子矿区经济转型产业聚集区，含钒特钢、有色冶金、矸石热电、新型建材、装备制造、健康食品等六大工业产业大部分集中在经济转型产业聚集区的四个工业园区内。其中，含钒特钢产业集中在北马圈子镇钢钒工业园内；有色冶金产业集中在寿王坟镇新型材料工业园内；矸石热电产业集中在营子镇煤电机工业园内；新型建材产业主要分布在北马圈子镇钢钒工业园和寿王坟镇新型材料工业园内；装备制造产业集中在营子镇煤电机工业园内；健康食品产业集中在北马圈子镇食品工业园内。

"一区四园"产业空间布局："一区"为经济转型产业聚集区；"四园"为产业聚集区的四个子功能园区：钢钒工业园、食品工业园、煤电机工业园、新型材料工业园。通过聚集区"一区四园"建设，积极发展以城郊型农业为重点的第一产业和以现代物流、工矿文化旅游为主的第三产业，推进经济发展从粗放型、资源依赖

型向集约型、创新型转变，使聚集区产业向规模化和集群化发展。

（7）大力发展循环经济

发展循环经济是创建资源节约型、环境友好型社会的重要举措，是改造提升传统产业、延长产业链条、推进城市转型的必然选择。加快实施节能工程和重点领域资源综合利用，实现资源共享和副产品互换的产业共生组合，开展清洁生产，加快淘汰落后产能，逐步实现零排放，把鹰手营子矿区建设成为国家循环经济示范区。

- 全面实施节能改造，促进节能降耗

按照循环经济减量化原则，突出抓好燃煤工业锅炉（炉窑）改造、电机系统节能、绿色照明、能量系统优化、余热余压利用、节能建材等六大工程，加强建筑、交通、商用、民用、农村、政府机构等社会各个领域的节能工作。

- 狠抓循环经济项目，促进资源综合利用

在有色金属、煤炭、钢铁、建材、电力等重点行业，狠抓循环经济项目建设，促进粉煤灰、煤矸石、化工废渣、采选废渣等大宗工业废弃物综合利用。到2015年，培育3户全省资源综合利用示范企业，重点实施钢冶炼渣利用、发电锅炉脱硫除尘、废水回收利用、粉煤灰制砖、废水废气减排、水泥厂余热发电等项目。

- 加快淘汰落后产能，大力推行清洁生产

在冶炼、建材、煤炭等行业，实施强制性清洁生产审核，在实现兴隆矿务局、铜兴公司、承德建龙、怡达集团等清洁生产的基础上，加快淘汰落后产能，支持建设清洁生产示范企业，关闭淘汰落后产能企业，大力推行清洁生产。

2. 社会保障和民生建设

由于长期受"先生产、后生活"方针的影响，资源型城市的问题之一就是社会建设相对滞后，资源枯竭后逐渐导致民生的艰难。为此，鹰手营子矿区在城市转型的过程中，必须坚持把改善民生作为转型的落脚点，围绕人民群众最关心、最直接、最现实的利益问题，着力解决好就业、就医、就学、收入、保障、住房等民生"六件事"，努力使全体居民学有所教、劳有所得、病有所医、老有所养、住有所居，实现安居乐业的和谐局面。

（1）实施就业再就业工程

大力开展全民创业活动，完善支持自主创业、自谋职业政策体系，建立健全政策扶持、创业服务、创业培训三位一体的工作机制。实施积极的就业政策，把就业再就业作为解决民生问题的关键点，运用国家转型政策和就业再就业扶持政策，落实职业介绍和职业培训补贴经费，为全区8000多名下岗失业职工提供社会保险补贴，支持下岗失业人员再就业。建立区级就业服务中心1个、挂靠承德市就业服务基地3个，积极开展就业技能培训和创业能力培训，每年争取培训1000人，使更多劳动者成为创业者。加快发展有利于扩大就业的新行业、新产业，鼓励支持引导非公有制经济发展，推进小城镇建设和区域经济发展。完善面向困难群众的就业援助制度，每年争取开发公益性岗位100个，解决"困难家庭"的就业问题。加快和完善全区人力资源市场建设，尽快实现与京津唐就业信息网的连通，健全覆盖城乡的就业服务体系。到2012年，总计培训城乡劳动力5000人次以上，城镇稳定就业人数达到4万人，劳务输出4000人，实际失业率由20%下降到5%以内。

（2）提高医疗保障水平

加快建立基本医疗卫生制度，建立覆盖城乡居民的公共卫生服务体系、医疗服务体系、医疗保障体系、药品供应保障体系，切实解决群众看病难、就医难和因病致贫的问题。

一是加强医疗卫生服务体系建设。加快区、镇、村三级医疗服务平台建设；增加对第六医院基础设施建设的投入力度，使之成为综合性的、设施设备较为完善、有较高医疗水平、有良好社会形象的医院；对铜城医院进行全面改造；加大区内医院医生的业务技能培训，加强主要医院重点科室建设；用国家专项转移资金清偿医疗投入历史欠账，改善就医条件，提高医疗水平。

二是加大公共卫生服务体系建设投入。实施区镇卫生监督业务用房建设项目，对鹰手营子矿区妇幼保健站进行改造和扩建，建设鹰手营子矿区精神卫生中心。

三是加强社区卫生服务体系建设。积极配合棚户区改造，新建2家社区卫生服务中心；改制、理顺建设2家社区卫生服务站，为社区居民提供预防保健、基本医疗等各项服务。

四是加强环境和食品卫生安全整治。建设鹰手营子矿区职业病防治中心，为接触有毒有害作业者进行有效诊治，逐步控制职业病发病率不断上升的趋势。建设鹰手营子矿区生活饮用水水质检测站，提高生活饮用水水质监测水平，提高预警能力，保障城镇及农村居民生活饮用水卫生安全。建设鹰手营子矿区熟食品定点加工基地，提高全区食品卫生安全监督管理水平。

五是加强计划生育基础设施建设。建设鹰手营子矿区人口和计划生育技术服务中心，建设4个镇级服务所，充分发挥区级服务站的龙头作用，逐步形成集宣传教育、技术服务、药具发放、人员培训、信息咨询、优生指导、随访服务、生殖保健为一体的计生工作网络。

（3）加快发展职业技术教育

大力提高教育质量，推动教育均衡发展，加大对弱势群体的技能培训，提高就业创业能力。

一是加大职业教育支持力度。以承德民族师范高等专科学校和承德职业技术学

院为依托，以高技能人才培养、劳动力转移培训为重点，联系并合作建设5个专业实训基地，加强在职人员和待业青年的培训，争取每年向上述学校输送学员100人，年培训劳动力达到500人以上。

二是加强全区教育基础设施建设。改造2所学校的基础设施，新改扩建校舍1万平方米，消除危房2万平方米，使生均校舍面积基本达到国家标准，教学设施配套得到显著改善。连通市级教育网络中心，建设和更新普通中小学计算机教室5座，为全区中心小学、初级中学、完全中学建设校园网。

三是落实经济困难学生和城市低保家庭中等职业教育和义务教育阶段的资助政策。加大资金扶持力度，对享受低保家庭的学生进行资助，扶持他们学习新知识，掌握新技能，提高就业创业能力。

（4）多渠道增加城乡居民收入

积极争取国家支持，减轻企业历史欠账，提高企业效益，增加企业职工收入。充分扩大就业，提高下岗失业人员收入。既要大力发展农村经济，又要发展劳务经济，多渠道增加农民收入。逐步提高扶贫标准和最低工资标准，完善企业工资正常增长和支付保障机制，建立农民工工资保证金制度。建立帮困救助机制，帮助低收入群众解决住房、医疗、子女就学等问题，努力消除贫困代际传递现象。到2010年，城镇人均可支配收入达到1.138万元，年均增长13.5%；农民人均纯收入达到4400元，年均增长12%以上；全区贫困面由目前的26%下降到20%。到2015年，城镇人均可支配收入达到2.28万元，年均增长15%；农民人均纯收入达到8500元，年均增长14%；全区贫困面下降到10%之内。到2020年，城镇人均可支配收入达到3.2万元，年均增长10%；农民人均纯收入达到12000元，年均增长8.5%；全区贫困面下降到5%。

（5）建立健全社会保障体系

高度关注困难群体的基本生活，把社会保障作为改善民生的关键点，全面落实社会救助、社会福利、低保制度、慈善事业、优抚安置、老龄工作、减灾防灾等各项社会保障措施。

努力提高社会救助水平。对符合条件的城镇困难群众和失地农民，尽可能纳入低保范畴。全面实施农村低保制度，努力把农村特困群众全部纳入最低生活保障。积极推进城乡医疗救助制度建设，及时有效地解决困难群众看病难的问题。推进廉租房和经济适用住房建设，加快解决城市低收入家庭住房困难。加大对城乡低保边缘困难群体的救助力度，平均每年实施生活救助1.3万人，实施医疗救助1.5万人。

搞好农村五保供养工作，切实做到按标施保，确保供养资金落实。城乡低保、五保供养等社会救助标准实行自然增长机制，到2012年，城乡绝对贫困人口全部纳入最低生活保障体系。进一步完善灾害应急救援体系，解决受灾群众生活困难问题。

强化社会保险基金征缴和监管，积极争取中央和河北省转移支付资金，着力解决困难企业社会保险费历史拖欠问题，到2010年落实8000多名下岗失业职工社会保险补贴，确保各种社会保险按时足额发放。以民营企业、农民工、个体工商户为重点，扩大社会保险覆盖面。积极推行农村养老保险制度，提高新农合政府补贴水平。到2015年，全区养老保险、医疗保险、失业保险、工伤保险、生育保险覆盖率达95%以上。

(6) 加大棚户区改造力度

把棚户区改造作为头号民生工程，坚持统一规划、分步解决、政府主导、市场运作原则，统筹考虑城乡发展规划、城市建设规划与棚户区改造规划，把小城镇建设与棚户区改造有机结合起来，采取"政府补一点、政策免一点、企业筹一点、个人掏一点、市场挣一点、银行贷一点"等办法，对有商业价值的棚户区土地，采取招标、拍卖、挂牌等出让方式，多方筹集改造资金。区镇两级政府作为组织主体，负责制定政策、编制规划、指挥协调和培训人员，各产权单位作为投资主体，承担拆迁组织、工程建设和回迁安置任务。从2009年开始，利用3年时间彻底解决棚户区问题，建设安置用房24万平方米，解决7432户、2.3万人口的住房难问题。

3. 生态修复和环境整治

面对长期矿产开采所造成的生态环境危机，鹰手营子矿区还要重视环境整治和生态恢复，为矿区整体转型提供良好自然环境。为此，要以构建区域生态圈为目标，以林业重点工程建设为载体，以城乡大环境绿化为重点，加快环保基础设施建设，加强污染防治与生态修复，实现人与自然和谐相处，建设生态宜居城区。

(1) 加大实施"四大民心工程"

- 抓好大气环境治理工程

加快实施区内"三废"治理及综合利用，推进水泥厂灰尘治理，全面完成燃煤电厂脱硫工程。全力争取兴隆矿务局2×30万千瓦热电联产项目，加快推进集中供热，扩大集中供热覆盖面，逐步淘汰矿区几十台污染严重的小锅炉，逐年削减二氧化硫和粉尘排放，确保鹰手营子矿区空气质量得到明显改观，让人民群众呼吸上新鲜空气。

- 抓好城乡安全饮用水工程

进一步扩大建设鹰手营子矿区生活水源工程，改善矿区供水条件，解决区内居民用水供应严重不足的问题。继续实施城乡安全饮水工程，解决好群众饮水质量不高的问题，提高农村自来水入户普及率。到2012年，解决全部人口的饮水安全问

题，让广大居民喝上洁净水。

- 抓好城乡清洁能源工程

加紧规划天然气站建设，加快城区天然气入户和利用工程进度，到2015年，城区天然气普及率达到98%。多渠道筹措地方配套资金，大力发展农村沼气，积极开发利用太阳能资源，改变农村能源结构。2015年，建成10个大型沼气发酵池及发电配套设施，农村沼气用户达到3000户，让人民群众用上清洁能源。

- 抓好城市人居环境工程

大力实施城市建设"1030工程"，即每年滚动抓好10个投资500万元以上的重点城建、交通项目和30个左右城市整治项目，加强城市基础设施建设，完善城市功能，美化城市环境，实现城乡面貌"一年一大步，三年大变样"，让广大居民在良好的环境中工作生活。到2010年，矿区城镇总人口达到5.5万人，建成区面积达到6平方千米，街区道路硬化率达到90%，污水集中处理率达到80%，城区集中供热面积达到80万平方米。

（2）加大矿山环境治理

加快转变矿业发展方式，大力推广先进适用技术，严格保护矿山地质环境，坚持"谁开发、谁保护；谁破坏、谁修复"的原则，建立健全资源开发、环境保护和生态恢复补偿机制，制定矿山保护与治理规划，着力加强矿山生态环境建设。加快实施沉陷区综合治理，加大汪家庄镇、北马圈子镇、营子镇的矿区塌陷区土地复垦，对南北山体断裂带加固修补。到2012年，全区因矿产资源开发利用造成的生态环境突出问题得到初步解决。

（3）加强林业生态建设

按照天然林区林业、灌溉农区林业、干旱山区林业、绿色通道林业、城市村镇林业"五位一体"的林业建设总体布局，以及"北御风沙、南保水土、中建柳河绿洲"的发展思路，重点实施退耕还林、"三北"防护林体系建设、天然林资源保护、国家重点公益林生态效益补偿制度建设、大环境绿化及风沙源综合治理生态造林、城乡村镇绿化一体化、名优特新林果产业基地及产品加工龙头企业建设、森林旅游观光产业体系建设等系列工程，突出抓好优化矿区生态环境的各项绿化工程，以实施"绿色通道"工程为抓手，加强国道、省道和铁路沿线造林绿化，积极建设柳河两岸林带。深入开展农村环境综合整治，加强农村生态环境保护。到2012年，森林覆盖率提高到60%以上，水土流失和风沙危害等主要生态环境问题得到完全控制。到2020年，森林覆盖率达到并稳定在70%以上，生态面貌全面改善。

（4）实施水土保持综合治理

以断裂山体修复为重点，以小流域综合治理为主线，以淤地坝建设为突破口，以减轻水土流失危害、改善生态环境、加快区域经济社会发展为目标，重点实施营子矿区水土保持生态环境建设、柳河流域综合治理工程、天然林保护与水源涵养工程等三个项目，使鹰手营子矿区水土流失的问题基本得到解决，促进全区生态环境出现明显改善。

（5）加快柳河水清岸绿工程

柳河是鹰手营子矿区的生命河、景观河，其清洁美观程度对鹰手营子矿区经济社会发展、生态环境评价、城市形象定位，具有举足轻重的作用。实现柳河水清岸绿工程，一是要尽快建设日处理能力2万吨以上的污水处理厂，并铺设污水管网8000延米，对矿区的生活污水进行集中处理；二是在鹰手营子主城区柳河上修建3条橡胶坝，共计350延米；三是对河道进行综合治理，南北两岸形成绿色长廊，并在主城区岸边建设一座滨河公园。

2.6.3 转型的重点项目

鹰手营子矿区的转型从根本上要靠项目的带动。针对矿区的转型基本思路和主要任务，重点从产业转型、基础设施建设、民生工程和社会保障、生态修复和环境治理四个方面来考虑转型项目的安排。

1. 产业转型项目

鹰手营子矿区经过多年的发展，逐步形成了采矿、特钢炉料、冶金、机械、食品等支柱产业，产品有煤炭、铁粉、球团、生铁、铜粉、钼粉、耐火材料、水泥、石灰、塑料建材、果脯系列产品、罐头、游艺机、矿山机械、铸造机械、矿山配件等近百种。近年来，在探索产业转型过程中实施的一些项目取得了一定的效果。今后，还要积极推进资源型产业链条延伸类项目、资源综合利用类项目、循环经济类项目、新型产业类项目的建设（具体项目略）。

2. 基础设施建设项目

鹰手营子矿区基础设施条件相对滞后，市政建设水平较差。针对矿区整体转型，需要重点从市政设施建设（包括道路、广场、景观带、自来水管网、信息网络等）、城区热电联网改造、城区环境卫生综合整治等方面安排项目，实现基础设施的全面改善（具体项目略）。

3. 民生工程和社会保障项目

近几年在这方面取得一定进展，今后仍然要从社会保障体系建设、医疗卫生、就业培训、宜居工程（棚户区改造、城中村改造、住宅小区建设、公园建设等）、文体活动场所建设等方面设置项目（具体项目略）。

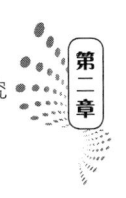

4. 生态修复和环境治理项目

针对转型需要,主要考虑从天然林和水源涵养林的保护、水资源和耕地资源保护、采煤沉陷区综合治理和生态修复、河道综合整治、环境污染治理、农田水利建设、雨水积蓄等方面安排项目(具体项目略)。

2.7 鹰手营子矿区转型的主要对策

2.7.1 深化改革,建立长效机制,实现机制转型

1. 深化改革

(1) 建立资源开发补偿机制

坚持"谁开发、谁保护;谁受益、谁补偿;谁污染、谁治理;谁破坏、谁修复"的原则,落实企业在资源开发中保护、补偿、治理、修复的主体责任。全面落实矿山环境治理恢复保障金制度,完善社会保障体系,保障资源枯竭企业平稳退出和社会安定。

(2) 深化企业改革

鼓励国有企业引进国内外战略投资者,根据自身发展情况吸纳国有资本、集体资本和非公有资本参资入股,改制为股份制企业,实现投资主体多元化。推进开放式改革,以国有存量资产为基础,积极引进境内外技术、管理和资金实力强并且有市场、信誉高的战略投资者,通过招商引资、嫁接改造,实现产权多元化。

(3) 推进农村土地流转制度改革

在坚持农村基本经营制度的情况下,按照依法、自愿、有偿原则,健全土地承包经营权流转市场,依法采取转包、出租、互换、转让、股份合作或者其他方式流转,发展多种形式的适度规模经营。创新农村土地经营方式,不断提高农民组织化水平,加速实现家庭联产承包责任制与现代农业的顺利对接,实现农业产业结构调整和增加农民收入。

(4) 行政服务体制改革

以建立服务型政府为目标,从创新工作模式、提高审批效率、促进政务公开、转变机关作风、强化廉洁从政等方面着手,不断深化行政服务体制改革,把改善投资环境的重点从以优惠政策为主转向改善综合环境为主,从改善投资硬环境为主转向改善投资软环境为主。

(5) 完善三项制度

即完善重大生产性项目奖励、镇级财政激励、科级班子和科级干部考核制度,

调动方方面面力量，加速推进转型。

2. 着力改善民生

全面提升社会保障能力，全力打造立体式民生保障体系，坚持"五个围绕"，着力改善民生，促进社会和谐。

- 围绕"学有所教"，着力提升基础教育水平；
- 围绕"劳有所得"，着力提升城乡居民收入水平；
- 围绕"住有所居"，着力提升住房保障水平；
- 围绕"老有所养"，着力提升困难群体救助水平；
- 围绕"病有所医"，着力提升城乡居民医疗水平。

3. 优化发展环境

着力打造四个平台，优化发展环境。

（1）融资平台

加强监管、监测，支持、规范小额贷款公司，组建中小企业贷款担保公司，扶持这些公司在规范和创新中按照市场原则运作和发展。建立起政府部门职能清晰、分工明确，以城市资产和资本为融资载体，以城市建投公司为操作平台的"政府主导、产业化发展、市场化运作、企业化经营、法制化管理"的新型城市建设投融资体制。

（2）人才平台

牢固确立"发展经济，人才先行"的理念，加强与大专院校及科研院所的联系合作，坚持招才引智互动，千方百计引进高层次人才。进一步完善引进人才的优惠政策，运用更灵活的政策吸纳人才、留住人才。同时，本着"不求所有，但求所用"的原则，开展人才"柔性"引进，积极推进人才共享。

（3）信息平台

整合网络资源，以政府门户网站为主体，连通乡友网、招商网等部门网站，形成政府部门、中介机构、区内企业共同参与的信息平台。对政府门户网站改版升级，开设企业专栏，搭建在线办事平台，以信息化促进和带动工业化，运用现代化信息网络技术，实现互联互通、资源共享，提高政府经济职能履行能力，为建设速度型、效益型、和谐型、阳光型矿区提供信息保障。

（4）政策平台

进一步完善健全项目建设、招商引资、外来投资企业保护、财政贴息等政策，并将这些政策执行情况作为部门及个人考核奖惩的重要内容。

2.7.2 建立政策和制度保障体系

促进鹰手营子矿区转型，要不断地探索和实践，在观念上要敢于突破，在政策

上要勇于创新，在方法上要能够实行，不断总结，逐步建立一套转型的政策和制度保障体系。

1. 建立强有力的领导机构，为转型提供组织保障

转型是一项系统工程，牵涉面广，工程量大，协调性强。要按照《国务院关于促进资源型城市可持续发展的若干意见》（国发〔2007〕38号）的指导精神，深化对转型工作的认识和理解，完善工作思路，加强组织领导体系建设。

要建立强有力的领导机构。在河北省委、省政府和承德市委、市政府的领导下，成立鹰手营子矿区转型工作领导小组。由区委书记、区长担任领导小组组长，常务副区长和主要企业领导为副组长，各相关单位一把手为成员。领导小组的职责是负责与国家、省、市的沟通协调，研究制定转型规划，落实相应的政策和措施，组织规划的有效实施与监督指导，及时掌握动态，密切配合，形成合力，扎实推进转型和可持续发展各项工作。

要建立协调推进的工作机制。推进转型，政府是主导，企业是主体，干部是关键，群众是基础。必须要在领导小组的统一领导下，建立转型工作例会制度，定期召开联席会议，听取转型工作汇报，讨论研究转型重点项目建设和有关政策措施，落实、协调和检查各部门年度任务完成情况。各职能部门要认真做好协调沟通、衔接配合工作；各企业要增强工作主动性，在争取项目、资金和政策等方面充分发挥主体作用。

要建立完备有效的监督机制。区委、区政府要把转型和可持续发展工作列入年度目标考核，进行专项工作督查。人大、政协以及各民主党派、公众和社会团体等要为推进转型献计献策。发挥对转型与可持续发展工作的监督作用，保证转型规划目标的顺利完成。

要成立转型决策管理信息中心。全面、系统、及时地收集和分析全国各地资源枯竭型城市的转型进展信息，建立可持续发展数据库，为各级政府和管理部门制定相关政策提供服务。

2. 注重制度化建设，为转型提供制度支撑

强化转型实践创新体系建设，实现制度化和规范化管理。在政府的综合计划、规划以及行业专业计划、规划中，要充分体现转型与可持续发展的思想，遵从人口、资源、环境与经济社会协调发展的原则，充分体现转型及可持续发展总体规划的内容和要求。

要强化转型工作目标责任制。各职能部门、大企业和有关单位要把转型与可持续发展战略目标分解为具体的年度目标，实行目标责任制和领导负责制。建设项目涉及的部门和人员要同转型工作领导小组签订目标责任书，做到定任务、定责任、定进度、定标准，严格按照规划要求组织实施。

要健全转型工作专家咨询制度。吸收具有可持续发展意识、转型基础理论和实践经验、一定的协调组织能力的专家进入咨询机构，针对当地实际，开展跨学科、跨领域、跨部门的综合研究。并在政府的重大决策、中长期发展规划的制定和重点工程项目的建设等方面提供智力支持，保证决策的科学化和民主化，保证各项决策符合转型的要求。

要建立转型示范项目管理体系。加强对转型规划项目的科学管理，对转型重大示范项目实行"开放、竞争、协作"的招投标制度；积极扶持中介评估机构独立开展工作，以推进转型及可持续发展示范区项目管理工作的科学化、制度化。建立建设项目评价奖惩制度，奖优罚劣。

要完善健全各项配套政策。进一步贯彻落实《国务院关于促进资源型城市可持续发展的若干意见》（国发〔2007〕38号），加快制定和落实符合转型与可持续发展要求的决策、规划、配套政策，并综合利用经济手段和市场手段，不断调整和完善各项经济政策。

3. 形成多元化投资机制，为转型提供物质基础

要利用好中央财力性转移支付资金。根据国发〔2007〕38号文件精神，合理安排中央财力性转移支付资金，重点用在接替产业项目贷款贴息、完善社会保障、科教文卫事业发展、环境保护、公共基础设施建设等方面。

要安排好中央各项专项扶助资金。一是落实好城市棚户区改造资金，将其作为民生工程的一项重要内容，真正体现以人为本、改善民生的转型宗旨。二是彰显接续替代产业专项资金在吸纳就业、资源综合利用中的作用。三是积极争取国家开发银行设立的资源型城市可持续发展专项贷款。四是积极呼吁河北省和承德市建立资源型城市可持续发展准备金制度，多方筹措资金，用于鹰手营子矿区环境问题的解决及接续替代产业的发展。

要大力拓展对口帮扶渠道。在国家政策支持和相关部门的协调下，积极联系国家部委、中央企业、区域中心城市或资源丰裕的城市，从区域经济一体化发展的角度，探索多种形式的合作方式，实现优势互补，帮扶鹰手营子矿区实现转型。

要吸引社会资金向相关产业项目倾斜。开辟多条集资渠道，解决转型及可持续发展规划项目建设中资金投入不足的问题。积极争取将转型重大项目纳入国家、河北省和承德市的优先项目计划，列入承德市国民经济发展规划和有关职能部门的行业中长期发展规划，以取得一定的资金支持。

要拓宽国际合作渠道，争取国际援助和外资。一方面，在深化改革的基础上，

制订相关措施，不断优化投资环境，加大招商引资力度；另一方面，利用河北省和承德市政府有关部门的对外交流渠道，积极开展合作与交流，争取有关国际援助，吸引国外政府、大财团和工商界的资金支持。

4. 加强自主创新，为转型提供技术和人才支持

实现转型，项目是载体，创新是灵魂，人才是关键。加快建立以企业为主体、市场为导向、产学研相结合的技术创新体系，引导和支持创新要素向企业集中，鼓励企业组建产品研发中心，自主开发高科技产品，提高核心竞争力。

要依靠技术创新推进经济社会发展方式的转变。加强转型及可持续发展相关技术的研究、推广和应用，大力实施科技计划和科技示范项目，推进科技成果转化。在资源合理开发利用、生态环境建设、环境污染治理、清洁生产、节能减排、城市建设、防灾减灾、医疗卫生、社会服务与社会管理等领域，加强技术创新和重大社会公益性技术研究。加强科普队伍、阵地和活动平台的建设，建立市级以上科普教育基地、区级科普教育基地和科普示范基地。

要加强知识产权工作力度。营造知识产权保护氛围，积极落实技术要素参与收益分配的政策，保障科技人员的正当权益，激发科技人员的创新热情。

要引进国内外高素质人才。采取切实措施，营造良好的生活环境和公平、宽松的工作环境，鼓励与吸引国内外优秀人才以决策咨询、专题研究、创新创业、成果推广等多种形式，为矿区转型和可持续发展服务。

要立足矿区实际培养人才。一方面，积极支持有条件的企业与相关科研院所加强人才培养合作，探索培养人才的新思路和新渠道，使高新技术人才在对外联系合作实践中快速成长。另一方面，通过综合性、先导性重大项目的实施，加强实用型人才的储备，为下一步经济发展做好铺垫。

5. 深化改革，为经济转型提供体制保障

改革是发展的原动力，体制是转型的加速器。要把改革作为一种发展理念和一种工作常态，贯穿于转型的全过程。

要构建促进转型的体制机制。以产权制度改革为核心，引进战略投资者，在组建大企业、大集团上取得突破。积极争取国家有关政策，着力解决好厂办大集体、企业办社会等历史遗留问题。大力发展民营经济，建立和完善支持民营经济发展的政策体系、服务体系和信用担保体系，引进一批域外民营企业参与转型。建立资源开发补偿机制，引导和规范各类市场主体合理开发资源，承担资源补偿、生态环境保护与修复等方面的责任和义务。建立衰退产业援助机制，统筹规划，加快产业结构调整和优化升级，大力发展接续替代产业。

要完善城镇社会保障体系。依法扩大城镇企业职工基本养老保险覆盖范围，强化养老保险基金征缴；巩固社会化发放成果，确保企业离退休人员养老金按时足额发放；积极探索和争取集体企业下岗职工的失业保障，确保他们的生活出路；加强和完善城市居民最低生活保障制度，坚持国家保障与社会帮扶相结合、鼓励劳动自救的方针，搞好"低保"扩面工作；健全临时救济、政策扶持、社会互助和家庭保障配套措施；加强各种职业培训，促进下岗失业人员实现再就业，解决资源型企业历史遗留问题，保障资源枯竭型企业平稳退出和社会安定。

要转变政府职能。积极推进政企分开、政事分开、政府与市场中介组织分开，建立职能明确、权责清晰、运转协调、务实高效的工作体制。尽快实现政府职能由管理经济向服务经济转变，在诸如城市管理、环境保护、服务企业、园区发展、群体性突发事件应急管理等方面做好服务工作，提高办事效率。规范行政审批制度，建立科学合理的绩效考评办法。

6. 全民动员，提高公众参与转型的积极性

转型是一项牵涉各方利益的庞大社会系统工程，不仅需要各个部门协调联动，还需要公众的积极参与。公众既是转型的实践者，也是受益者，要切实将转型由"政府战略"转变为"公众战略"。

民生改善是吸引公众参与的根本。在推进资源型城市转型中，必须着眼于解决民生问题，改善生存环境，提高创业能力，建立长效机制。要以动员广大群众参与和支持城市转型为目标，以营造良好的创业发展环境为重点，实施"民心工程"。

加强政策引导，鼓励社会参与。一是建立转型与可持续发展信息公开报告制度、经济和环境决策公众参与制度，健全环保投诉机制，鼓励公众参与管理和监督。二是制定实施有效的激励政策，加大对生态环境建设与环境保护、资源节约利用、清洁生产及循环经济等方面的扶持力度。

要加强转型与可持续发展的宣传教育。将转型和可持续发展的有关知识列入干部培训学习的重要内容；充分发挥媒体作用，对转型进行专题报道；通过科普长廊和科普橱窗，面向公众开展经常性的转型宣传教育；编制转型和可持续发展理论知识的学习手册和画报；开展系列的学习宣传活动，使公众对转型的认识不断加深，增强其对转型工作的理解和支持。

要建立社会团体和公众参与转型决策与管理的机制。建立转型决策与管理信息公布制度，鼓励公众个人和社会团体通过政府网站对转型与可持续发展的决策和管理提出意见，进行监督。加强企业工会组织建设，发挥工人在技术创新、污染控制、节能降耗等方面的作用。加强对农民的科普知识宣传和科学技术教育，开展"绿色证书"培训，引导农民重视生态平衡，使用新技术、新品种、新材料，生产"绿色产品"。

参考资料

1. 《国务院关于促进资源型城市可持续发展的若干意见》（国发〔2007〕38号）。
2. 《国家发展改革委办公厅关于编制资源枯竭城市转型规划的指导意见》（发改办东北〔2009〕2173号）。
3. 《河北省城镇体系规划文本（2006~2020年）》。
4. 《承德市城市总体规划（2008~2020年）》。
5. 《鹰手营子区城市总体规划（2000~2015年）》。
6. 承德市环境科学研究院：《河北鹰手营子矿区生态区建设规划》，2008年7月。
7. 《承环管关于转发河北省环境保护局冀环评〔2008〕750号文件的通知》。
8. 承德市环境保护局：《关于转发省环保局〈建设项目环保管理若干问题的暂行规定〉的通知》（承环办发〔2007〕22号）。
9. 河北省承德市鹰手营子矿区发展改革局、鹰手营子矿区资源枯竭问题课题调查组：《鹰手营子矿区资源枯竭及相关问题的调查报告》（内部资料），2008年6月。
10. 《鹰手营子矿区城市总体规划纲要（2008~2020年）》（内部资料）。
11. 《承德市鹰手营子矿区国民经济和社会发展第十一个五年规划纲要》。
12. 《2009~2012年河北煤炭行业深度分析及战略咨询报告》，中商情报网：http://www.askci.com。
13. 《山西省人民政府关于促进资源型城市可持续发展的实施意见》。
14. 《陕西省人民政府关于促进资源型城市可持续发展的实施意见》。
15. 中共白银市委、白银市人民政府：《关于加快资源型城市转型努力推动白银新一轮发展的指导意见》（2009年10月9日中共白银市委常委会议通过）。
16. 文振富：《应对经济危机以科学发展观为指导推进资源型城市可持续发展》，在"国家发展改革委召开全国资源型城市可持续发展工作会议"上的讲话。
17. 鹰手营子矿区人民政府办：《鹰手营子矿区人民政府工作报告》（2007，2008，2009）。
18. 《承德市产业发展规划》，承德市发展改革局提供。
19. 《全区煤炭开发对耕地破坏的基本情况》，鹰手营子矿区发改局提供。
20. 《鹰手营子矿区资源枯竭型矿区相关资料》，包括：一、鹰手营子矿区现有矿产资源保有储量、累计探明储量表；二、鹰手营子矿区矿产资源大规模开采年限；三、全区历年主要矿产品产量；四、2000~2007年河北省承德市鹰手营子矿区从业人数、采掘业从业人数统计表；五、2000~2007年鹰手营子矿区历年财政收支情况。鹰手营子矿区发展改革局提供。
21. 《河北省环京津休闲旅游产业带发展规划（2008~2020年）》、《河北省承德市"十一五"期间旅游业发展总体规划（2006~2010年）》，承德市旅游局提供。
22. 《承德市人民政府关于加快休闲旅游产业发展的意见》（2008年12月8日）。
23. 《潘家口（含大黑汀）水库上游承德市水土保持规划》，承德市水务局提供。
24. 《营子冶金机电产业集聚区规划（草案）》，鹰手营子矿区工促局提供。
25. 《承德市鹰手营子矿区全区国民经济和社会发展统计公报（2002~2008年）》，鹰手营子矿区统计局提供。
26. 《全部工业企业及个体经营户总产值和增加值》，鹰手营子矿区统计局提供。
27. 承德铜兴矿业有限责任公司：《承德铜兴矿业有限责任公司情况介绍》。
28. 中共北马圈子镇委、北马圈子镇人民政府：《园区工作汇报材料》（2009年8月3日）。

29. 兴隆矿务局:《兴隆矿务局"十一五"后两年及"十二五"发展战略与规划》(2009年1月)。
30. 兴隆县统计局:《关于2008年国民经济和社会发展的统计公报》。
31. 兴隆县旅游局:《兴隆县环京津休闲旅游产业发展规划(2009~2020年)》(讨论稿)。
32. 齐建珍等:《资源型城市转型学》,人民出版社,2004。
33. 朱明峰:《循环经济与资源型城市发展研究》,中国大地出版社,2005。
34. 张米尔:《市场化进程中的资源型城市产业转型》,机械工业出版社,2005。
35. 张赋兴:《资源型城市经济转型的三大目标》,2009年3月16日《科学时报》。
36. 沈镭:《论矿业城市可持续发展的优势转换战略》,《中国矿业》1998年第3期。
37. 《重视资源枯竭城市的产业接续问题》,中城经视点,http://www.cuew.com/2009-03-19。
38. 路世昌:《耗竭性资源城市经济发展战略研究》,《中国软科学》2003年第8期。
39. 宋冬林、汤吉军:《资源枯竭型地区发展接续产业研究》,《学习与探索》2005年第4期。
40. 周民良:《煤炭产业区产业结构调整的基本思路》,《经济研究参考》2002年第11期。
41. 沈镭:《国内外资源型城市转型与可持续发展的经验与政策建议》,全国资源枯竭型城市经济转型与可持续发展研讨会,2004。
42. 赵谦、黄溶冰:《资源型城市经济转型的产业政策分析》,《学术交流》2009年第3期。
43. 张复明、景普秋:《资源型经济的形成:自强机制与个案研究》,《中国社会科学》2008年第5期。
44. 张复明:《工业化视野下的资源型经济:解释模型和分析框架》,《经济学动态》2008年第8期。
45. 王玉海、刘学敏:《区域经济集聚的资源视角分析》,《经济地理》2009年第4期。

第三章

河南省灵宝市转型与可持续发展研究

【题记】

　　资源枯竭型城市的转型是一个世界性难题，近年来这个问题也开始引起我国政府和人民的关注。在新中国工业化建设中，我国一些地区的不少城市，在形成之初就是以资源型城市来定位的，其赖以生存的基础就是不可再生的矿产资源，凭借这些资源也曾在共和国经济史上留下了它们可圈可点的贡献业绩。然而，经过几十年毫无节制的开采后，这些城市已经逐渐"山穷水尽"了，不得不面临发展新兴行业、实现经济和城市转型的难题。解决这个难题，不仅具有重大的经济发展意义，而且还有重大的政治和社会意义。

　　2007年，中共十七大政治报告中明确提出"帮助资源枯竭地区实现经济转型"。为了落实会议精神，促进资源型城市尤其是资源枯竭城市的可持续发展，就成为党中央、国务院从推动科学发展、促进社会和谐大局出发做出的重大战略决策。2007年12月，国务院发布了《关于促进资源型城市可持续发展的若干意见》（国发〔2007〕38号）。2008年3月17日，国务院公布首批12个资源枯竭城市名单。2009年3月，再次公布第二批

32个资源枯竭城市，灵宝市名列其中。于是，44个资源枯竭城市的经济和城市转型任务，就非常紧迫地摆在了全国人民面前。

为解决灵宝市社会、经济、环境面临的突出问题，推动灵宝市资源枯竭城市经济转型和实现可持续发展，根据《国务院关于促进资源型城市可持续发展的若干意见》，按照《国家发展改革委办公厅关于编制资源枯竭城市转型规划的指导意见》（发改办东北〔2009〕2173号）等要求，2009年3月，河南省灵宝市人民政府和北京师范大学资源经济与政策研究中心共同成立"灵宝市资源枯竭型城市经济转型和城市可持续发展研究"课题组，刘学敏教授担任组长，主要任务是编制《灵宝市资源枯竭城市转型规划（2009~2020年）》（以下简称《转型规划》）。灵宝市发改委牵头，成立转型办公室，配合课题组的工作。

围绕《转型规划》编制任务，课题组进行了认真细致的调查研究工作。其工作主要经历了以下阶段：

1. 前期准备和调研阶段（2009年3~6月）。2009年3月，灵宝市被确定为全国第二批资源枯竭城市。为进一步推动经济转型工作，灵宝市委、市政府成立了专门组织，对资源枯竭城市转型工作的重大问题进行了研究和部署，审定、印发了规划编制工作方案；对规划工作进行动员部署，分解落实调研任务。同时，课题组专家前后3次赴灵宝市调研，针对灵宝市矿产资源开发现状、产业转型和实现可持续发展的制约因素、城市转型的基本思路及主要内容等重要课题，开展广泛的调查研究，收集整理基础资料。一方面，召开多次座谈会，分别邀请灵宝市的主要职能部门如发改委、工业局、农业局、商业局、国土局、矿务局、财政局、统计局、劳动局、社保局、民政局、科技局、卫生局、林业局和旅游局等参加研讨，了解收集面上资料；另一方面，在灵宝市内走访了多家重点企业，考察了几个典型乡镇，观察了矿山堆渣区和生态环境，与当地企业家、居民进行了座谈，了解突出问题。同时，对先期开展转型工作的其他资源枯竭城市，例如甘肃白银市、河北承德鹰手营子矿区进行了交流调研，以便学习转型经验。经过几个月的调研，我们拟定专题任务，认真分析材料，讨论交流问题，分工合作写成了综合性的研究报告。

2.《转型规划》编制阶段（2009年7~12月）。在广泛调查、初步

研究的基础上，课题组提出了灵宝市转型的总体思路、目标任务、工作重点和对策措施，从2009年7月起，开始规划的整体编制工作。9月份完成《转型规划》初稿。之后，课题组多次召开规划研讨会，广泛征求社会各界意见，并听取了人大代表、政协委员和社会各界的意见和建议，对《转型规划》进行修改和补充。

3.《转型规划》完善阶段（2010年1~5月）。课题组按照《国家发展改革委办公厅关于编制资源枯竭城市转型规划的指导意见》要求，结合国家、省市产业振兴规划、地区崛起规划等，对《转型规划》再次作了修改和完善。随后，课题组又将《转型规划》（修订本）发送到各有关市直部门、重点企事业单位及省市发改、国土、财政等部门，征求意见和建议，进一步修改完善，最终形成《转型规划》文本。

《转型规划》通过科学梳理，深入分析了灵宝市存在的困难和问题，具体提出了实现经济转型的指导思想和目标，全面规划了城市转型的主要内容，通篇体现出可持续发展的目标和要求，从而使其具有客观性、战略性、可操作性。该规划提出：灵宝城市的转型，必须坚持以科学发展观为指导，大力实施"科技兴市、工业强市、农业稳市、三产活市"发展战略，以结构调整和项目带动为抓手，以资源集约利用、培育接替产业、切实改善民生为主题，以新型工业化带动城镇化、农业现代化和第三产业发展，更加注重节能减排和生态环境保护，更加注重社会事业全面发展，加快城市由资源依赖型向加工创新型转变，实现经济社会又好又快发展，力求把灵宝建设成为中原经济区工业新型化、农业现代化、环境生态化的示范城市。灵宝市的转型发展的产业定位，是以打造全国新型有色金属冶炼与加工、绿色果食品生产与加工两个基地为核心，利用开发具有地域特色的优美山水和"道家渊源"资源，形成协调合理的多元产业结构体系。

《转型规划》编制完成后，2010年9月28日国家发改委东北司组织专家进行评审，刘学敏代表课题组作了总体汇报，程连升进行了补充说明，最后顺利通过专家组的评审。本书中的内容是为完成《转型规划》而形成的前期研究报告，刘学敏、王玉海、程连升、李强、陈桂生、曹斐、敖华、张彬、王双、王珊珊、谷潇磊参加了研究和写作。

灵宝市是全国闻名的黄金产地，有"中国金城"之美誉。自20世纪70年代以来，灵宝累计向国家交售黄金740多万两，实现利税超过140亿元，黄金产业产值一度占全市工业生产总值的75%，从业人员占全市从业人员的一半以上，发展成为一座以黄金生产为主的资源型城市。进入新世纪以后，灵宝金矿储量基本枯竭，大部分矿井关闭停产，下岗及转岗职工多达几万人，单一的经济结构链条趋于断裂，历史积淀的环境生态问题越来越突出。2009年3月，灵宝市被国务院确定为第二批资源枯竭城市，迎来了经济全面转型的政策机遇。于是，如何实现经济转型和可持续发展，就成为当地干部群众目前最为关心的问题。

3.1 灵宝市的资源开发和产业演进

3.1.1 基本情况

1. 地理位置与自然条件

灵宝市位于豫晋陕三省交界的河南省西部，是三门峡下辖县级市，总面积3011平方千米。地理范围为东经110°21′至111°11′，北纬34°44′至34°71′，分别与陕西省洛南县、潼关县，山西省芮城县、平陆县，河南省陕县、洛宁县、卢氏县接壤（图3-1）。

图3-1 灵宝市的地理位置

灵宝市地处豫西丘陵山区，南依秦岭，北濒黄河。地势南高北低，海拔由北向南自308米逐渐升至2413.8米，相对高差为2105.8米。以弘农涧河为界，西南部的小秦

岭山势挺拔峻峭，主要山峰有女郎山和亚武山等，主峰老鸦岔海拔2413.8米，是河南省第一高峰；东南部的崤山起伏平缓，山峰以燕子山和岘山较有名气。地貌类型复杂多样，其中山地面积1481平方千米，丘陵面积1208平方千米，平原面积322平方千米，分别占其土地总面积的49.2%、40.1%和10.7%，呈现"七山二塬一分川"的特征。

灵宝市属暖温带大陆性季风型半干旱气候，四季分明，年平均气温13.8℃，多年平均降水量为619.5毫米。气候特点表现为：春短干旱大风多，夏季湿热多暴雨，秋季晴和日照长，冬长寒冷雨雪少。

灵宝市境内共有大小溪流6300多条，常年有水的天然地表河流1401条。其中的好阳河、弘农涧河、沙河、阳平河、枣乡河、十二里河、双桥河等7条河流属于黄河一级支流，由南向北注入黄河，流域面积达3000多平方千米（图3-2）。灵宝的水资源总量为6.7066亿立方米，平均地表水资源总量为4.8460亿立方米，地下水资源总量为1.82亿立方米。

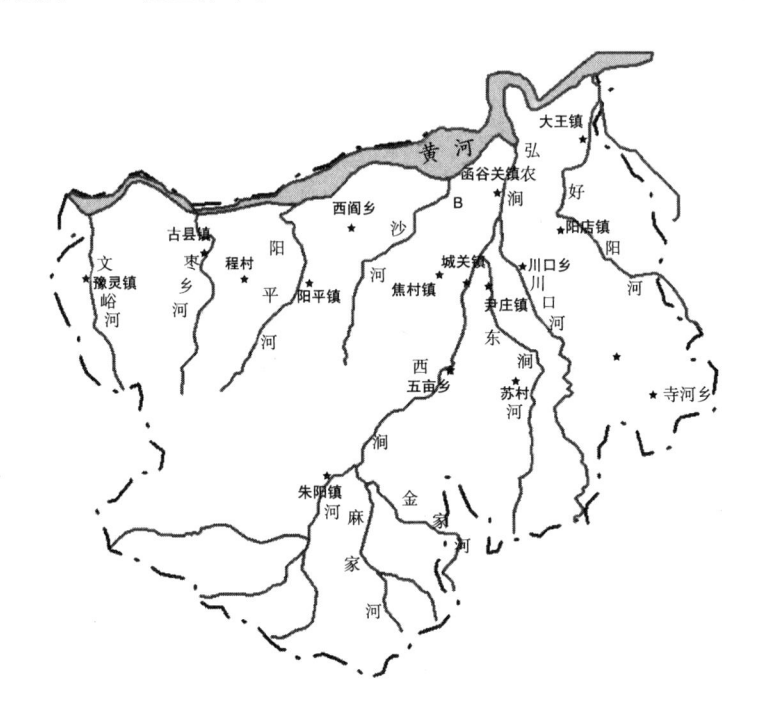

图3-2 灵宝市主要河流分布图

在灵宝市的土地总面积中，耕地面积为647平方千米（97万亩），林地（含果园）面积为1607平方千米（241万亩），滩涂和荒山荒坡面积为730平方千米（110万亩），森林覆盖率达到20.8%。

2. 基础设施

灵宝市区位优势突出，自古以来就是通秦连晋、承东启西，沟通中原、东南与西北的重要咽喉。灵宝市城区距河南省省会郑州市 300 千米，距陕西省省会西安市 210 千米，距三门峡市 53 千米，距洛阳市 155 千米，距运城市 70 千米，距渭南市 112 千米（图 3-3）。

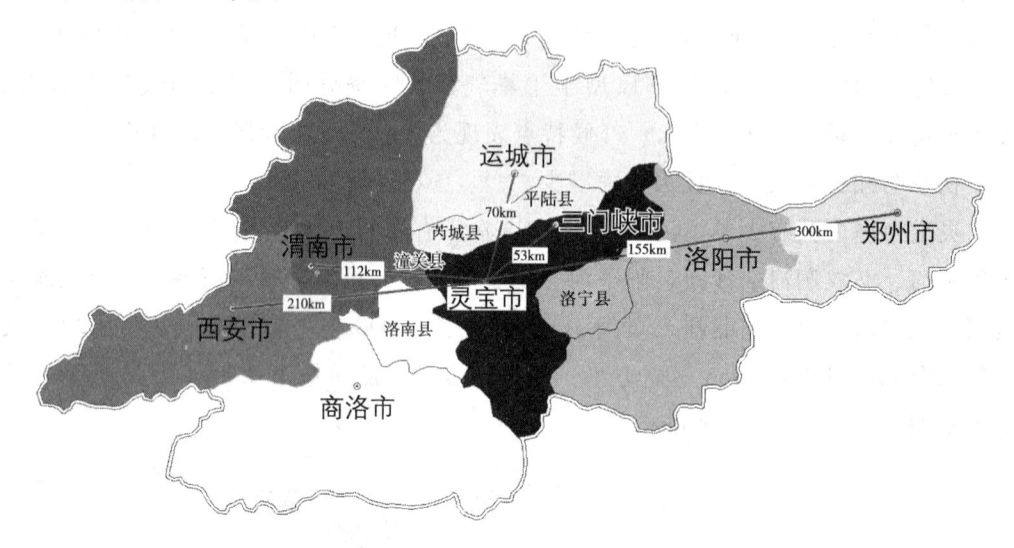

图 3-3 灵宝市区位条件

灵宝市交通网络纵横交错，境内铁路、公路、水路兼备（图 3-4）。为满足经济社会发展的需要，近年来积极推进道路基础设施的建设，已形成纵横交错、四通八达的交通网络：连霍高速公路、310 国道、郑西高速铁路、陇海铁路横贯东西，209 国道纵穿南北，沿黄河一线有 10 处渡口。此外，西有咸阳机场、北有运城机场、东有洛阳机场可以利用。经过多年的大力投入和不懈努力，2006 年实现了全市行政村"村村通油路"，县乡公路通车里程 2008 年达到 2370 千米，为灵宝的经济建设和社会事业发展提供了重要保障。

通信进入光缆传输时代，2007 年全市移动电话用户达 35 万多户，移动电话普及率为 48.2 部/百人，计算机互联网用户达 1.97 万户，计算机互联网用户普及率为 2.7 台/百人。供水和电力基础设施完善，能够满足国民经济发展和人民生活的基本需要。

在城镇建设方面，城关镇建成了涧东新区，改造了涧西老区和城北区，城市面貌焕然一新。就全市而言，围绕工业园区和功能区建设，重点规划建设了豫灵、阳平、朱阳、故县、大王等一批不同功能、各具特色的小城镇，成为最具活力的经济增长点。

3. 经济社会

灵宝市辖 10 镇 5 乡，2008 年的总人口为 74.3 万人，其中农业人口 62.1 万人，非农业人口 12.2 万人，人口密度为 247 人/平方千米。

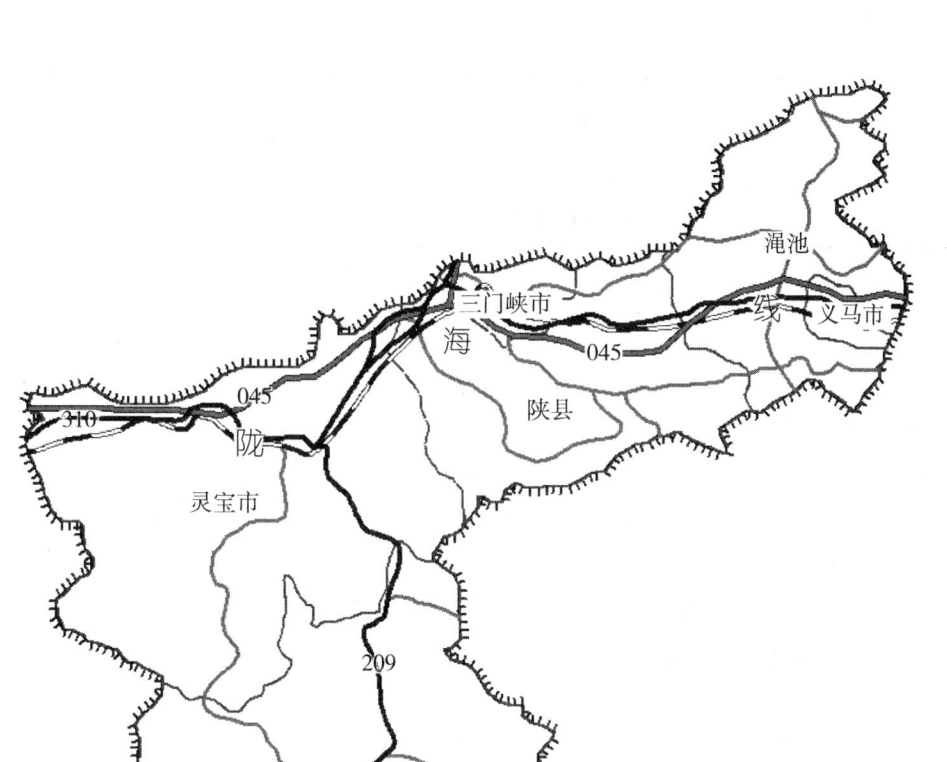

图 3-4　灵宝市的交通状况

改革开放以前，由于当地资源没有得到有效的开发利用，灵宝经济总量小，而且增长缓慢，运行不稳定，长期以农业为主，农村经济落后，工业基础薄弱。1978年党的十一届三中全会以后，灵宝立足县情实际，积极探索振兴灵宝之路，力争把资源优势变为经济优势。经过 30 年的不懈努力，在各方面都取得了巨大成绩。综合经济实力显著增强，产业结构不断优化，核心竞争力持续提升，社会事业得到发展，人民生活走向富裕。地区生产总值由 1978 年的 1.23 亿元增加到 2008 年的 233.06 亿元；人均地区生产总值由 1978 年的 214 元增加到 2008 年的 31670 元；地方财政收入从 1978 年的 923 万元增加到 2008 年的 107494 万元；社会消费品零售总额由 1978 年的 0.52 亿元增加到 2008 年的 53.34 亿元；城镇居民人均可支配收入和农民人均纯收入分别从 1978 年的 175 元和 113 元增加到 2008 年的 12268 元和 5452 元（表 3-1）。

表 3-1 灵宝市主要经济指标对比

指 标	1978 年	2008 年	指 标	1978 年	2008 年
地区生产总值/亿元	1.23	233.06	社会消费品零售总额/亿元	0.52	53.34
人均地区生产总值/元	214	31670	城镇居民人均可支配收入/元	175	12268
地方财政收入/万元	923	107494	农民人均纯收入/元	113	5452
全社会固定资产投资/亿元	0.25	104.72	城乡居民储蓄存款余额/亿元	0.12	86.97

以 1978 年的生产总值为基础，1985 年实现了第一个翻番，1989 年实现了第二个翻番，2007 年实现了第五个翻番。在全国第八届县域经济基本竞争力评价中，曾位居第 167 位，名列中部百强县市的第 17 位。2004~2008 年的地区生产总值和地方财政收入如图 3-5 所示。

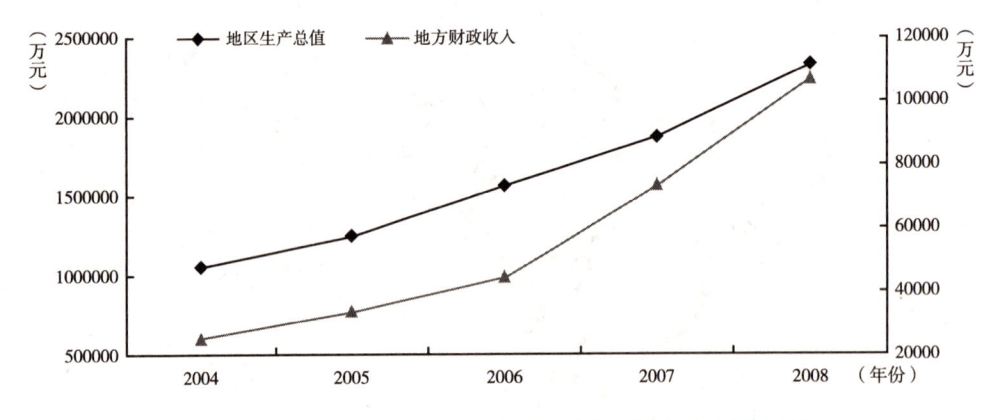

图 3-5 灵宝市 2004~2008 年的地区生产总值和地方财政收入

大规模固定资产投资是改善基础设施和支撑经济增长的重要保障。1978 年，灵宝市的全社会固定资产投资仅有 0.25 亿元，进入 20 世纪 90 年代，投资规模逐年加大，1995 年超过 10 亿元，2005 年超过 30 亿元，2008 年达到 104.72 亿元，比 1978 年增长了 400 多倍。

随着经济全面而迅速的发展，商品供应能力大大提高，居民收入也快速增加，消费能力大大增强，消费市场日趋繁荣。2008 年，灵宝市实现社会消费品零售总额 53.34 亿元，比 1978 年的 0.52 亿元增长 100 倍。同时，城乡居民生活也发生了明显变化。2008 年的城镇居民人均可支配收入为 12268 元，比 1978 年的 175 元增长了 69 倍；农民人均纯收入为 5452 元，比 1978 年的 113 元增长了 47 倍。在城乡

居民收入增加的同时，城乡居民储蓄存款不断上升，2008年的城乡居民储蓄存款余额为86.97亿元，比1978年的0.12亿元增长约724倍。

从河南全省来看，2008年地区生产总值排位，灵宝市在108个县（市）中处于第13名；人均GDP31670元，排在全省第11位，远远高于全省19593元的平均值；城镇居民人均可支配收入比全省13231元的平均值低7.3%，农村居民人均纯收入比全省平均值4454元的平均值高22.4%。而在三门峡市内，灵宝市2008年的地区生产总值为233.06亿元，位居首位，占到全市36%的比例；城镇居民人均可支配收入排名第二，略低于全市12391.76元的平均水平；农民人均纯收入排名第二，高于全市4680.46元的平均水平（图3-6）。

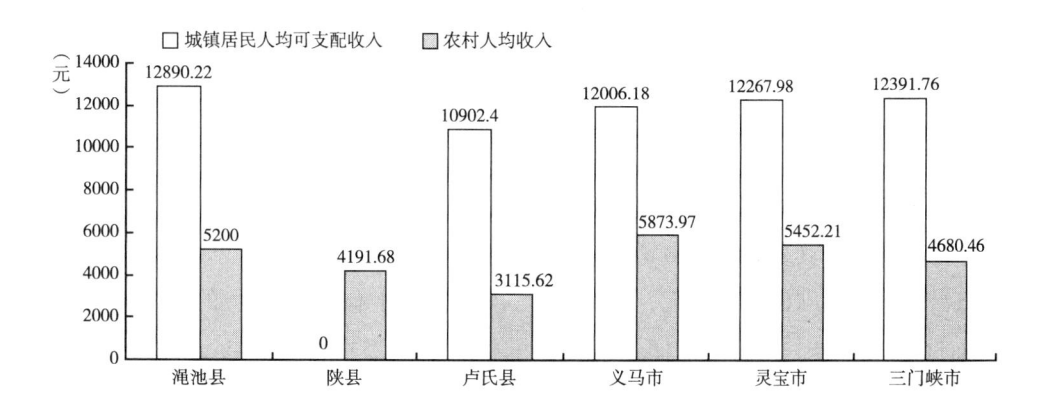

图3-6 2008年三门峡市各县市的城镇和农村人均收入情况

注：2008年陕县城镇居民人均可支配收入缺统计数据。

随着经济发展和财政能力增强，灵宝市不断加大对科教文卫等社会事业的整体投入，社会事业有了长足进步。2008年，灵宝市的广播综合人口覆盖率为98%，电视综合人口覆盖率为96%。在卫生事业方面，2008年全市共有卫生机构62个（不含村诊所），病床床位1623张，卫生技术人员2060人，新型农村合作医疗制度扩大到所有乡村，参合率达到98.4%。

3.1.2 资源状况与开发

灵宝市资源丰富，物产富饶。地下蕴藏着丰富的金、银、铜、铅、锌、钼、硫铁等矿产资源，是国家确定的黄金生产基地、中原最大的铅和硫铁矿资源基地；地上盛产果、林、粮等农副产品，还有自然景观和文物古迹构成多样的旅游资源。

1. 矿产资源

灵宝市地处华北地台南缘，构造活动强烈，岩浆岩发育，为多类矿产尤其是内生矿产的形成和富集提供了良好的成矿地质条件。自1956年开始，国家和地方进行了大量的地质勘查工作，现已探明有金、银、铜、铅、锌、钼、钨、铁、煤、磷、硫铁矿、含钾岩石、水晶、石墨、蛭石、水泥灰岩、花岗岩、大理石、硅石、白云岩等34种矿产资源，占河南省发现矿种的26%；探明储量的矿产有30种，占全省探明储量矿种的39.2%，主要优势矿产有金矿（伴生银、铅、铜等）、硫铁矿、石墨矿、白云岩、钼矿、铁矿等，其中，金、硫铁、石墨、白云岩矿产探明储量位居河南省第一位，钼、铁矿产探明储量位居河南省前列。

据《灵宝市矿产资源规划（2001~2010）》，灵宝矿产资源总的特点为：金矿、硫铁矿资源丰富，分布相对集中，大中型矿产地占有比例较大，勘查程度较高，有利于形成开发基地；能源和大宗矿产资源短缺，需要依靠市外资源调剂；含钾岩石、钾长石、水泥灰岩、白云岩、蛭石、石墨、饰面花岗石、大理石、地热、矿泉水等，具有较好的开发潜力。

灵宝市已探明矿产资源潜在价值共计217.2亿元，其中，上储量表的主要矿产的潜在价值为138.9亿元，占64.0%；已上储量表的共、伴矿产潜在价值为11.09亿元，占5.1%；其他未上表矿产的潜在价值67.21亿元，占30.9%。最主要的金矿资源潜在价值为100.46亿元，占46.3%。全市已上储量表矿产的保有储量潜在价值为56.97亿元，其他未上储量表矿产的保有储量潜在价值为41.13亿元，保有储量潜在价值总计为98.1亿元。

金矿主要分布于小秦岭金矿田，已累计探明黄金资源量429吨，矿石量5836.8万吨，保有金金属资源量125.86吨，矿石量2094.6万吨，平均品位6.01克/吨，共伴生有银、铜、铅等矿产，可综合回收利用。

硫铁矿主要分布于朱阳镇境内银家沟硫铁矿区及小秦岭含金石英脉中伴生的硫资源，已探明工业储量6064万吨。

钼矿主要赋存于小秦岭含金石英脉和钾长花岗斑岩体中，在银家沟硫铁多金属矿区，初步查明共（伴）生钼金属储量6137吨，平均品位0.096%；在小秦岭北矿带，已探明共（伴）生钼金属量8085.59吨，平均品位0.09%。

铁矿主要分布在朱阳镇银家沟、蒲陈沟以及和尚洼矿区外围金矿区、程村藏马峪—涣池峪—故县枣乡峪一带。目前累计探明的磁铁矿约300万吨，平均品位37.5%；褐铁矿604万吨，菱铁矿6.5万吨。

石墨矿主要分布在故县镇泉家峪—阳平镇荆山峪一带。已探明工业储量989.8万吨，保有储量为756.68万吨，品位4.1%，且具有石墨片体大、晶质好的特点。

白云岩主要分布在朱阳、五亩、苏村、故县一带，面积达100平方千米以上，已查明的资源量6857万吨，品位在19%~21%之间，远景资源量达1亿吨以上，

具有质量好、厚度大的特点，完全符合提取金属镁的工业要求，潜在经济价值巨大。同时，白云岩作为非金属矿产，用途极为广泛。

硅石矿已查明的资源量1043.68万吨，预测的远景资源量可在2800万吨以上。

2. 生物资源

在灵宝市的土地总面积中，耕地面积为97万亩，林地（含果园）面积为241万亩，滩涂和荒山荒坡面积为110万亩。另外，灵宝市的丘陵和河谷平原地带具有海拔适中、光照充足、雨量充沛、昼夜温差大、土层深厚、土质肥沃等得天独厚的自然条件，特别适合苹果和大枣等果品以及多种中药材的生长。

苹果和大枣是灵宝市的两大"宝"，灵宝市是闻名全国的苹果之乡。灵宝早在1923年就从青岛、烟台等地引进栽培苹果。1956年，灵宝市在海拔1300米的寺河山建起300亩国营园艺场，被誉为"亚洲第一高山果园"。1985年以后，果品生产得到迅速发展，栽培面积进一步扩大到110余万亩，品种增至120余个，成为国家的优质苹果生产基地和外销基地。

此外，灵宝的暖温带大陆性季风气候也非常适宜多种中药材的生长，历史上素有"天然药库"之称。现有中药材资源1000余种，批量生产的中药材主要有丹参、柴胡、连翘、苍术、黄芩等16种。近年来，灵宝人工种植（含封山培育）中药材发展迅速，2008年底的面积达到10.1万亩，产值3亿元以上，成为促进经济发展和农民致富的重要门路。

3. 旅游资源

灵宝市自然景观多样，文物古迹众多，是全国旅游热线黄河游的重要组成部分。主要的旅游景区包括：我国建置最早的雄关要塞秦函谷关；道教始祖老子著"万经之王"《道德经》的太初宫；黄帝铸鼎和骑龙升天处的荆山黄帝铸鼎原；以雄、奇、险、秀、野而闻名的国家级森林公园亚武山；人造高山湖的窄口水库龙湖；"黄河第一荡、豫西白洋淀"的鼎湖湾；市郊公园的娘娘山，以及花艳果香的寺河山等。

随着经济持续快速发展、城乡居民收入增加以及消费环境日趋完善，灵宝市旅游资源的开发得到了重视，旅游业得到快速发展。2008年，全年共接待境内游客163万人次，接待境外游客1.23万人次，旅游总收入达2.3亿元。

4. 矿产资源开发历史

灵宝的金矿开采历史最久，可以追溯到宋代，明代达到鼎盛。在故县镇金硐岔矿区留有"景泰二年六月二十日开硐三百余眼"的碑刻，多处有先人采矿和炼金的遗址。

20世纪60年代，国家集中力量在小秦岭地区进行黄金地质找矿，相继发现和探明了一批金矿资源，并在灵宝建起了秦岭、文峪两大中央直属金矿，进行金矿开采。秦岭金矿始建于1966年，1975年正式投产，当年产黄金219.53千克。经过近40年的生产建设，企业已发展成为集采矿、选矿、冶炼、氰化、运输、矿山机械制造等为一体的现代化国有矿山。矿山现有三个矿区，设计采矿能力800吨/日，现有生产能力1000吨/日和500吨/日的选矿厂两座，年处理矿石能力可达30万吨。累计已生产黄金28吨，上缴利税1.5亿元以上。文峪金矿始建于20世纪70年代中期，1981年投产，是一家采、选、冶一体化的骨干黄金企业。1976年，枪马金矿的开工建设拉开了灵宝地方黄金工业发展的序幕，灵宝黄金生产开始步入规模开采的快车道。

金矿的开采同时也带动了其他矿产资源的综合利用。2008年，全市共有矿业权77个。其中，探矿权32个，面积为347.34平方千米；采矿权45个，面积为290.74平方千米。2008年度实际开发利用的矿产有黄金、硫铁矿、铁矿、矿泉水、地热、白云岩、水泥用灰岩、建筑用石料、建筑用安山岩、建筑用砂等10种。矿业增加值占到全市规模以上工业增加值的84%，矿业经济在全市经济中占有主导地位。

金矿：金矿是灵宝市主要支柱产业，2005年、2006年、2007年矿山实际生产规模分别为144.78万吨、148.75万吨、144.80万吨。2008年有矿山企业16个，设计生产规模共计176.05万吨/年，实际采选规模10240吨/日，冶炼规模1000吨/日。

硫铁矿：有矿山企业1个，设计生产规模10万吨/年，2005~2008年矿山实际生产规模分别为15万吨、10万吨、11.05万吨、25万吨。形成了7条硫酸生产线，年生产工业硫酸规模60万吨。

钼矿：尚未单独设立钼矿矿业权。目前已进行钼矿资源开发的矿区仅有一处——大湖金矿区。灵宝市金源矿业公司在对该矿区金矿资源开发的同时，积极对其共（伴）生的银、铜、钼、铅、硫等元素的综合回收利用进行研究，现已建成投产的有日处理1000吨的多金属综合回收工艺流程一套，年可精选加工矿石38万吨，生产黄金185公斤、白银238公斤、钼精粉856吨、铅精粉4290吨、铜矿精粉2100吨。

铁矿：设计生产规模1.7万吨/年。2005年、2006年、2007年矿山实际生产规模分别为1.1万吨、1.1万吨、1.0万吨，呈平稳开发形势。矿山企业2个，全市铁矿选矿规模2700吨/日，产品主要为铁精粉，年产量16万吨，平均品位63%。

石墨矿：有矿山企业1个，即金源矿业公司石墨矿。该矿年设计采选能力10万吨，但由于受技术、资金、市场等因素约束，多年来一直未能进行较好开发利用。

白云岩：有矿山企业2个，2008年实际生产能力0.46万立方米。

3.1.3 产业结构和产业基础

1. 产业结构的演变

30 年来，灵宝市在实现经济发展的同时，不断调整经济结构，逐步形成了比较合理的产业结构体系。1978 年的三大产业结构为 31.0∶42.5∶26.5，呈现"二、一、三"整体比较均衡的特征。2008 年，全市国内生产总值 233 亿元，比上年增长 15.0%。其中，第一产业增加值 22.5 亿元，增长 6.5%；第二产业增加值 153.2 亿元，增长 16.7%；第三产业增加值 57.4 亿元，增长 14.1%。人均生产总值 31670 元，增长 14.0%。与 1978 年相比，第一产业比重大幅度下降，第二产业占据国民经济的主导地位，第三产业变幅相对较小。1978 年以来的三大产业结构变化如图 3-7 所示，2000 年以来的三大产业增加值变化如图 3-8 所示。

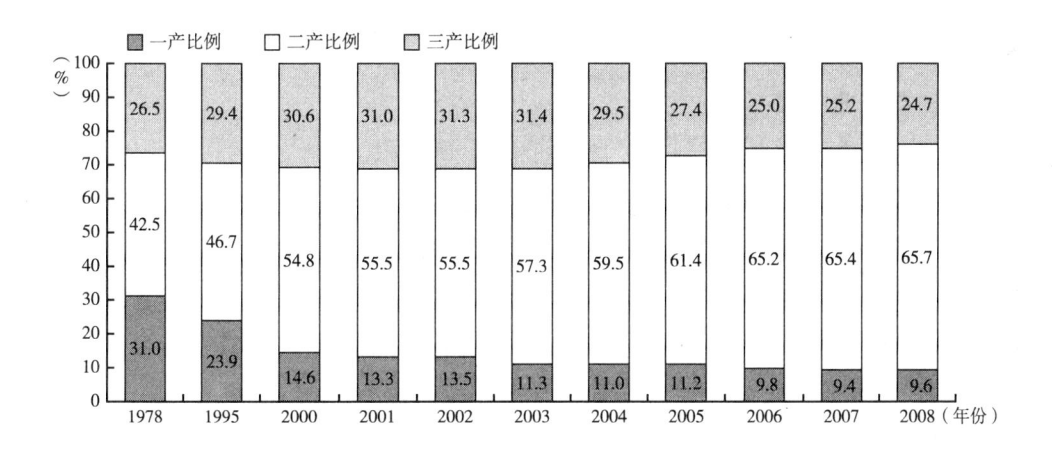

图 3-7 灵宝市三大产业结构的变化

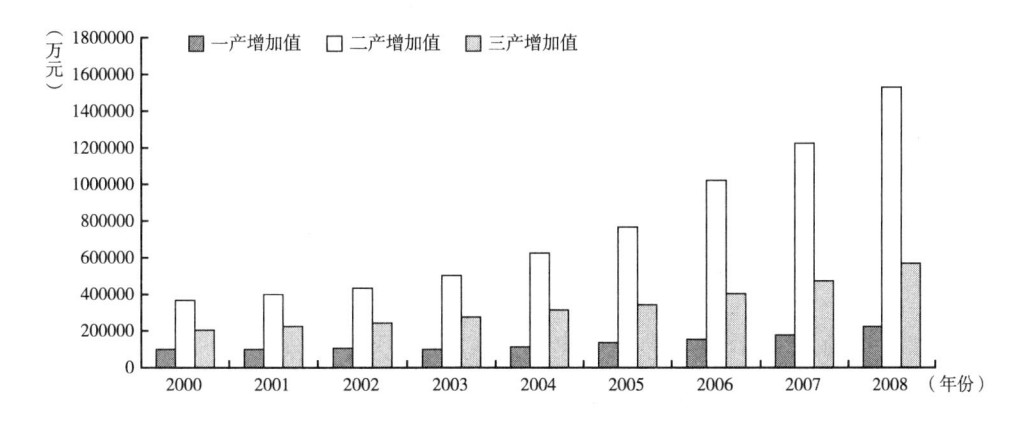

图 3-8 灵宝市 2000~2008 年三大产业增加值

可以看出，自1978年以来，第一产业在地区生产总值中的比例大致呈递减的趋势，从1978年的31.0%降到2008年的9.6%。第二产业是全市的经济命脉，一直居灵宝经济发展的主导地位，其比重也持续上升。自2004年以来，第二产业增加值大多保持在60%~65%之间，年增长率均在17%左右。第三产业的比例一直维持在25%~30%的水平，整体上呈现先上升后下降的趋势，到2008年下降至24.7%。

依托矿产资源优势，灵宝市的工业逐步发展成为主导产业。2008年，全市工业增加值为149.5亿元，比1978年增长82倍，年均增长15.9%；工业增加值占生产总值的比重，从1978年的27.0%上升到2008年的64.1%；并基本形成了冶金、化工、食品、医药、建材等五大支柱产业和输变电、机械电子、服装、印刷、包装等多个行业。2007年和2008年，在规模以上工业39个大类中，有色金属矿采选业的增加值分别为68亿元和90.9亿元，位居第一；有色金属冶炼及压延加工业的增加值分别是12.4亿元和10.2亿元，排名第二，两者的增长率均保持在20%~25%。

2. 主要产业状况

（1）农业生产

灵宝地处豫西丘陵山区，地貌复杂，大体是"七山二塬一分川"，农业生产用地十分有限，制约着农业的发展。但是，由于属暖温带大陆性季风型半干旱气候，光照充分，富含有机质、全氮、速效磷和速效钾等养分的棕壤土、褐土、潮土，特别是隐灰化棕壤面积大，适宜果树的培育和生长，因而被誉为"亚洲第一生长区域"。

改革开放以后，灵宝不断深化以种植业为主的单一农业结构调整，加快农业产业化、区域化、规模化的步伐，实现了农产品由短缺到供求基本平衡、丰年有余的历史性转变，形成以苹果、大枣和小杂水果、速生杨、烟叶、蔬菜、芦笋和食用菌等为主的特色产业，尤以苹果的产业优势更为突出。2008年，全市实现农业增加值22.5亿元，比1978年增长8倍，年均增长6.9%。

"十五"以来，灵宝农村经济发展活力迅速增强，经济结构日益优化，农业也得到了较快发展，巩固了果、林、菌、烟、牧、菜、药、草等八大特色农业优势产业。2008年与2003年相比，农林牧业总体增长，粮食产量增长了34.5%，果品产量增加了112%，烤烟产量增加了85.5%。2008年，蔬菜和肉类的产量又比2005年分别增长了26.8%和106.8%。到2008年，全市栽种果品面积110万亩，其中苹果80万亩、小杂水果20万亩、大枣10万亩，产量达到10亿公斤，成为全国果品种植面积第一大市（县）。灵宝基本形成了东南浅山区优质商品果、川塬和沿黄乡镇加工果的生产格局，果业产值为15亿多元，在农业产值中占到60%以上。目

前，全市 72 万人口中有约 30 万果农，2008 年果业人均收入 2100 元，占果农年纯收入的 30%。

此外，到 2008 年，灵宝市共栽培各类食用菌 3572 万袋，培植壮大了灵仙菌业有限公司、林瑞菌类有限责任公司等一批集生产、加工、销售于一体的龙头企业骨干群体。产品供不应求，全市菌品销售收入达 1.98 亿元，产业综合效益突破 2.4 亿元。

（2）工矿业生产

依托矿产资源优势，灵宝市的工业逐步发展成为主导产业，并基本形成了冶金、化工、食品、医药、建材等五大支柱产业和输变电、机械电子、服装、印刷、包装等多个行业。2008 年，全市工业增加值为 149.5 亿元，比 1978 年增长 82 倍，年均增长 15.9%；工业增加值占生产总值的比重，从 1978 年的 27.0% 上升到 2008 年的 64.1%。

- 黄金产业

依托得天独厚的资源优势，灵宝黄金生产从 1976 年起步，迅速步入了规模开采的快车道。1980 年，全市黄金生产首次突破 1 万两。30 多年来，累计生产黄金 740 万两，连续 24 年稳居全国县（市）级产金第二位。黄金产业作为灵宝最具比较优势也最具特色和竞争力的支柱产业，在灵宝市经济发展中具有举足轻重的地位。近年来，面对日益激烈的区域经济竞争态势，灵宝市委、市政府始终坚持把黄金产业提质增效作为发展特色工业、建设工业强市的重要突破口来抓，进一步整合资源，创新机制，将全市 13 家国有黄金企业整合为三大区域性集团公司，企业规模效益更加明显；积极推进区外开发，加快开展区外联营、合作，初步实现了合作共赢；紧紧盯住深部探矿这一生命工程，多管齐下，加大投入，探矿增储取得了新的成效；加紧股票上市运作，黄金股份公司上市工作进展顺利，并于 2005 年在境外上市；同时，继正式成为上海黄金交易所会员以后，进一步拉长产业链条，拓宽加工、流通渠道，产品附加值有了新的提升。在产业链上，灵宝市已经形成了集地质探矿、采选、冶炼、深加工、网上交易于一体的黄金产业格局，目前，灵宝黄金产业选矿能力达 10000 吨/日，冶炼能力达 1000 吨/日，黄金产能 40 万两/年，精炼黄金能力达 50 吨/年，精炼白银能力达 11 吨/年。按照规划，到 2010 年全市黄金采选综合规模将达到 16000 吨/日，冶炼能力达到 1200 吨/日，全市矿产黄金量达到 80 万两/年。

- 铅产业

铅业生产是伴随黄金产业而兴起的。近十多年来，在市委、市政府的领导下，在国家产业政策的指导下，铅业生产发展势头迅猛，变化巨大，逐步形成以铅冶炼为主，集开采、选矿、粗铅冶炼、精铅电解及附属产品综合回收的完整生产体系，成为经济发展新的增长点。以新凌铅业、鑫华铅业、志成铅业、智慎铅业为代表的企业集群已初步形成气候。这些企业技术优良，均采用国际先进的氧气底吹熔炼—鼓风炉还原冶炼工艺技术，烟气二氧化硫经制酸后可以达标排放，总设计生产能力达40万吨/年（电解铅）。

- 铜产业

灵宝市的铜业生产也是伴随黄金生产而发展起来的。从铜冶炼来看，目前专门从事铜冶炼的企业只有豫赣多金属回收有限公司1家，其余电解铜产品均为其他有色金属冶炼企业的副产品。主要生产电解铜的有色金属冶炼企业包括：灵宝黄金股份有限公司，2006年生产电解铜8991吨；金源矿业公司晨光化工公司，设计生产电解铜1221吨；开源矿业公司设计生产电解铜1200吨；博源矿业公司设计生产电解铜10000吨。总体而言，灵宝市本地铜金属产量可以为本地铜加工企业提供部分铜加工原料。从铜加工来看，灵宝市主要有华鑫铜箔有限责任公司，该公司2001年4月由原灵宝市黄金冶炼厂、河南省棉麻公司等4家股东共同出资组建，注册资本3000万元，占地80余亩，总资产1.8亿元，设备300余套。主要产品为18微米、35微米、70微米的电解铜箔。2007年，公司5万吨铜杆项目上马，总投资2亿元，力争在2~3年内达到5万吨的设计生产能力。

由上可见，经过几年的发展，灵宝市的有色金属产业已经逐步形成。到2009年底，该市建成有色金属冶炼加工企业40家，年产黄金114万两，培育了金中皇首饰加工、桐辉金银精冶、华鑫铜箔等深加工企业8家，年加工金、银饰品能力达11吨，并形成了年产铅锌40万吨、电解铜5.4万吨、高档铜箔1.3万吨、铁精粉30万吨。

- 硫铁化工产业（含化肥）

丰富的硫铁矿资源为灵宝市发展硫铁化工产业提供了充足的原料保障，使得硫铁化工产业成为灵宝市的支柱产业之一。灵宝市的硫铁化工产业以金源矿业有限责任公司晨光化工公司、鑫农化工有限公司为主体。晨光化工公司的硫铁化工综合利用项目是集采矿、选矿、制酸、化肥生产、废渣加工、废热发电、铁球团、多金属回收为一体的循环经济产业项目。灵宝市的硫酸企业还有黄金股份、金源矿业、开元矿业、博源矿业、鑫华铅业、志成铅业、智慎铅业等公司。2007年和2008年，在灵宝的主要工业产品总产量中，以硫铁矿为化学原料的硫酸总产量分别为21.9吨和28.4吨，增长率分别为18.0%和29.8%。到2008年底，全市硫酸生产能力达到90万吨。

- 食品加工业

经过多年的发展，果食品加工业企业个数增加，企业实力增强，技术水平整体提高，产品链条进一步拉长，产业规模明显扩大。截至2008年，依托当地100万亩优质商品果、反季商品果、加工原料果的三大生产带，灵宝市先后建起了鑫源、绿源、远村等41家果蔬加工企业，基本形成了与农业优势产业相适应的食品加工业，年产果蔬系列产品能力达40万吨，其中浓缩果汁24万吨，消化果蔬鲜品180万吨，形成了果汁、果饮、果酒、果酱、罐头等十大系列29个品种，产品出口美国、日本、加拿大等20多个国家和地区，带动果农年增收3亿余元，使灵宝跻身全国果菜加工十强县（市）。

果品加工业还带动了相关产业的蓬勃兴起。灵宝市建成了技术推广、苗木繁育、农资供应、果品包装、销售市场、运输、贮藏、加工等八大体系，基本形成了农工贸相连续、产加销相配套、链条完整的产业化体系，使得果品—果汁—果醋—果酒—果汁饮料—包装—印刷的产业链进一步拉长。目前，灵宝有农资经营企业4家；纸袋加工企业6家，年生产能力8亿只；包装企业16家，包括：年加工能力为290万套的纸箱加工企业4家，年加工能力为12.8亿只的发泡网加工企业8家，年加工能力为730万条的保鲜袋加工企业4家；还有果汁包装桶生产企业1家，年生产铁桶15万个；以及果胶生产企业1家和饲料生产企业1家。灵宝市每年投入果品运输的车辆达4万辆车次。拥有苹果贮藏库（窖）15万座，其中机械冷库84座，年贮量30万吨。建成果品销售市场15个，年吸引外地客商2000多名。组建果品经营企业、果农协会等各类果品经营组织201个，果农加入人数为5500人。

（3）服务业

• 旅游业

作为"工业强市，农业富民，文化旅游名城"发展战略的重要一环，灵宝市的旅游业依托境内丰富的旅游资源，近年来在逐步发展壮大（表3-2）。通过稳步整合函谷关、亚武山、铸鼎原等骨干景区资源，整体包装，联合促销，将特色城市和特色旅游紧密结合，达到相互促进的效果。还通过成功举办老子诞辰纪念和黄帝公祭等活动，增强了灵宝市对外界的影响力和吸引力。

表3-2 灵宝市近年来的旅游业发展

旅 游 业	2004年	2005年	2006年	2007年	2008年
接待游客（万人次）	130	137.9	150	174.7	163
旅游总收入（亿元）	0.078	1.12	1.7	2.352	2.3

• 商贸流通业

随着改革开放的逐步深入，灵宝市的城乡商贸流通活力迅速增强。特别是在

"十五"时期，通过调整所有制结构，强化市场建设和培育，进一步推动了商贸流通业的发展。灵宝市2004~2008年的社会消费品零售总额以及利用外资和外贸情况如图3-9所示。2008年，社会消费品零售总额达到53.4亿元，比2005年增长65.5%。

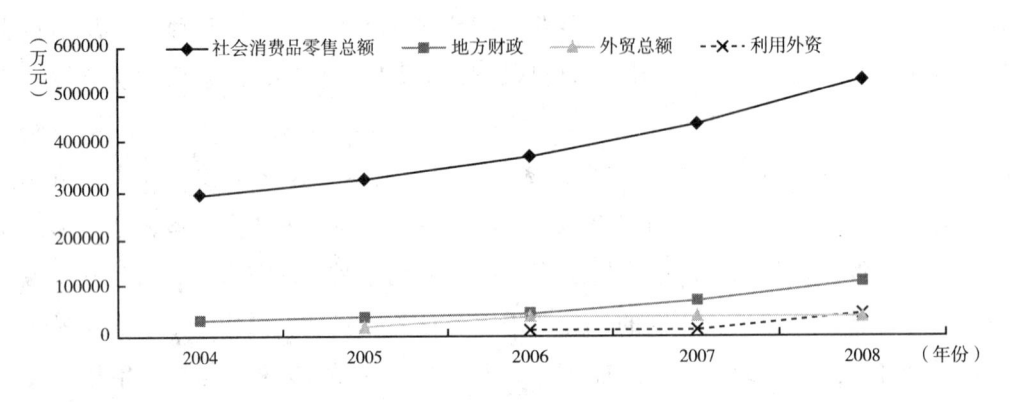

图3-9 2004~2008年灵宝商贸流通业相关指标*

* 原始统计数据中外贸总额和利用外资是以美元为统计口径的，本图制作时是按当年最后一日中国银行外汇牌价基准价换算得出。

3.1.4 产业发展特点

1. 第一产业的演变路径和趋势

首先，受土地自身条件和重视资源开采等因素的限制，第一产业的规模近年来大致维持在10%的水平，在国民经济中不占主导地位。从趋势上看，第一产业的增加值在国民生产总值中的比重整体上呈降低趋势（图3-7）。

其次，农业内部的结构不断调整优化。随着灵宝加速培育和壮大牧、果、林、烟、菜、菌、药、草等八大支柱产业及其基地建设，种植业的比重呈上升趋势，而且生产水平日益提高；畜牧业的比重相对小幅逐渐提高；林业则日渐从单纯提供林产品资源转向注重环境生态功能、保持和提高森林覆盖率的方面转变。

最后，农业结构存在进一步优化的条件，农村经济具有较大的发展潜力。随着农民市场意识的增强、科技兴农水平的普遍提高，在当地政府坚持用抓工业的理念抓农业的政策指导下，灵宝可以充分发挥其农业资源优势，拉长农业产业链条，使农业综合效益得以继续提高。

2. 第二产业的演变路径和趋势

第一，第二产业对矿产资源的依赖性强，产品附加值低，产业经营体制单调。尽管矿产资源在不断减少，但有色金属产业凭借其较大的增加值而有着较高的经济贡献率，仍然呈现高度依赖矿产资源的特点。而且，第二产业的产品以初级产品和基础原材料为主，表现出粗放性特征。譬如灵宝黄金产业主要集中在采选和冶炼等生产制造价值环节（产品主要为国标1#标准金），而对黄金产业链条中具有较高附加值的黄金饰品加工等生产制造价值环节以及研发和市场营销等上下游价值环节涉及较少。

第二，第二产业是灵宝的主导产业，且在国民经济中的比例呈扩大趋势。随着矿产资源的开采和开发，灵宝的三大产业转变为"二、三、一"的结构。虽然经过多年的开采，有色金属和硫铁化工产业后劲不足，但近年来在"工业强市"的战略指导下，灵宝大力推进产业结构调整，铜、锌、铁、镁等新兴产业的发展为第二产业增添了活力。统计数字表明，灵宝第二产业的增加值总量及其占GDP的比重都是逐年上升的。2004~2008年，灵宝工业占全市地区生产总值的比例约为60%，对国民经济的贡献率大致维持在75%~80%，有效拉动了县域经济增长。

第三，工业内部结构面临着从重化工业向高度加工化工业的转型过程。资本品生产和重化工业一直是灵宝国民经济发展的主导产业，缺少高端的工业技术，工业增加值相对较低，装备工业也比较落后。按照发达国家的产业演进路径，灵宝目前仅处于工业化中期阶段，因此面临着重化工业如何转化的问题。从发展的角度看，灵宝未来的工业生产必须面向高加工度化、技术密集化和资源节约化，拉长原材料的加工链条，增加零部件等中间产品在工业总产值中的比重，使深加工业、加工组装业成为灵宝工业内部最重要的产业。

第四，所有制结构逐步多元化。在原有计划经济体制下，灵宝国有经济长期占据主导地位，单调的所有制结构形成了封闭半封闭的经济环境，束缚了产业发展的自主性，加大了国有经济在市场经济体制下实现转型的难度。随着近年来灵宝国有企业改革和股份制进程的加快，国有企业增加值逐步降低，而私营经济特别是集体企业的经济增加值增长迅速，多元化的新型产业主体的出现，会大大增强县域经济发展活力。

第五，产业集群效应初步显现。经过多年的整合、重组和发展，灵宝市的黄金采选业目前已经产生了明显的集群效应，黄金集团股份公司和金源矿业集团有限责任公司已经成为区域产业集群的领袖企业。在政府大力支持和企业自身不断发展的条件下，两家龙头企业在2007年共实现销售收入105.4亿元，实现利税7.31亿元，其中销售收入是2000年灵宝市黄金采选全行业销售收入的1.6倍。2003年以来，随着新凌铅业、华宝铅业、志成铅业等一批具备相当规模的炼铅企业相继建成投产，灵宝市的铅业逐渐成为支柱产业之一，产业集聚逐渐显现。在果品加工业领域，2005年以来，鑫源、海升等五家中型规模的果汁企业相继建成投产，再加上较早建成的阿姆斯果汁加工龙头企业,果汁加工业的集聚效应也非常明显,形成了产业集群的雏形。

3. 第三产业的演变路径和趋势

首先,第三产业的增加值占国民生产总值的比重、就业人数占全部劳动力的比重都呈下降趋势,但第三产业的总量不断扩张,发展潜力可以进一步挖掘。"十五"末的第三产业增加值要比"九五"末的第三产业增加值增长61.1%(按可比价格计算,下同),年均递增10.0%。"十五"时期的第三产业对全市国民经济的贡献率为31.9%,拉动经济增长3.2个百分点。2008年,灵宝第三产业增加值达到57.35亿元,又比"九五"末的19.60亿元增加了37.75亿元,年均增加4.72亿元。

其次,劳动生产率逐步提高。在2001~2005年的"十五"期间,灵宝第三产业的劳动生产率分别为42384元/人、46831元/人、49565元/人、54320元/人、53545元/人,基本上呈现稳步上升的趋势。2005年的第三产业劳动生产率与"九五"末的41429元/人相比,提高了12116元/人。

再次,行业结构优化升级。运输、邮电、仓储等基础行业,批发、零售、餐饮等传统行业,及其他行业呈现三足鼎立的发展态势,三者之间的构成比由"九五"末的36.0∶27.0∶37.0变化为"十五"末的35.9∶26.8∶37.3。其他行业中的房地产业、计算机服务和软件业从无到有,迅速发展,租赁和商务服务业、金融保险业、居民服务业、娱乐业则由小到大,不断壮大。

最后,发展相对滞后,内部结构简单,层次偏低,附加值不高。统计公报的数据显示,国家、河南省、三门峡市的第三产业增加值占GDP的比重分别为40.3%、29.9%和29.8%,均高于灵宝市的27.4%。而且,灵宝第三产业在"十五"期间的增速低于GDP的年均增长和第二产业的年均增长,增速的滞后严重制约了第三产业的规模扩大和比重提升。此外,灵宝还缺乏附加值高的金融、中介、商贸、物流、信息、法律、广告等现代服务业。

3.2 主体资源枯竭和城市转型要求

3.2.1 转型的背景

灵宝市是依托黄金开采业发展起来的。境内黄金开采最早可以追溯到唐宋时期,大规模开采始于20世纪70年代。40多年来,累计向国家交售黄金740多万两,实现利税超过140亿元,财政收入以每年平均35%的速度递增,城市建设和群众生活都得到了巨大改善。但是,经过多年高强度开采后,黄金资源已经进入枯

竭期，由此带来日趋突出的经济社会问题。

1. 资源枯竭导致企业经营难以为继

截至 2007 年底，灵宝市境内累计探明金金属量 429 吨，累计开采量 312.4 吨，保有金金属储量仅有 116.6 吨，占累计探明金金属量的 27.2%。依据 2007 年度的黄金产量 19.47 吨，以及近三年来平均消耗储量与产金量 1.3∶1 的比例概算，全市金矿平均可服务年限仅为 4.6 年。按照国土资源部危机矿山类型的划分标准（保有可开采储量的服务年限不足 5 年的，属严重危机矿区；不足 10 年的，属中度危机矿区；不足 15 年的，属轻度危机矿区），灵宝市的黄金矿山显然属于严重危机之列。矿区浅表层资源逐渐枯竭，1 吨矿石含金量由过去的二三十克降到目前的两三克，企业生产成本上升，效益严重下降，纷纷陷入半停产和停产状态。从 2004 年起，已有藏珠、义寺山、涣池、樊岔、市矿、豫灵、秦山、安底等多家黄金矿山企业宣告破产。

同时，由于灵宝市黄金工业在创建伊始国家就没有拨付投资建厂的资金，企业在地质探矿、基本建设、生产经营、改扩建等方面所需的巨额资金，基本来自向银行的贷款，导致企业债务负担沉重。随着 2000 年后国家以债权形式回收在"七五"和"八五"期间向黄金企业发放的"黄金地质勘探基金"和"黄金生产发展基金"（两金），使得企业的发展资金更加匮乏，许多黄金企业债台高筑，亏损经营，正常生产难以为继。

2. 主导产业危机影响地方财力

依托矿产资源的开发，工业逐步发展成为主导产业，形成了以资源开采和加工为主导的经济结构。2008 年，有色金属采选冶炼加工业增加值达 101.1 亿元，占规模以上工业增加值的 83.8%；实现利润 59.6 亿元，占规模以上工业企业利润总额的 92.3%；有色金属产业各类从业人员 9 万余人，占全市从业人员的比例为 61.5%。由于灵宝市的工业和经济社会发展长期无法摆脱依赖黄金产业的单一模式，黄金产业的兴衰状况直接影响到围绕黄金、服务黄金而兴办的化工、轻工、机械等下游开发工业企业，以及糖酒、五金、餐饮等配套的商贸服务企业。不仅如此，近年来黄金产业的衰退致使灵宝市在河南省经济综合排序中的位次由最高时的全省第 5 位，直线下降到 2005 年的第 14 位，2007 年的第 20 位。

随着黄金资源保有量的减少，财政收入必然受到影响。而且，黄金等有色金属价格的波动，使得财政收入增长呈现不稳定的特点，地方财力远远不能满足经济社会发展的需要。2008 年，灵宝市财政一般预算收入为 7.0 亿元，支出 13.9 亿元，缺口为 6.9 亿元。而且，由于所属黄金工矿企业的 10 所学校和 5 所医院等社会服务性机构全部转到地方，伴随而来的工矿职工住房、社保、就医、子女上学等问题均需要由地方负责，地方政府承担的支出压力越来越大。

3. 社会民生改善难以实现

尽管灵宝市的城镇居民人均可支配收入由2005年的8352元增长到2008年的12268元，但比河南省同期的8664元和13231元分别少了312元和963元，更比全国同期的10493元和15781元分别少2141元和3513元，可支配收入的距离在逐渐拉大。而且，资金缺乏使得关系民生的社保事业难以推进。2008年，灵宝市低保人数已达2.8万人，占全市城镇人口的10.65%，共发放低保金约2140万元。据估算，目前灵宝市每年需要低保金3000万元左右，资金缺口达2000万元。灵宝市城镇参加医疗保险的职工人数为8万人左右，配套资金缺口约1000万元。

随着黄金产业的不断下滑和采掘技术水平的全面提升，城镇失业率不断增高，达到5%左右。2008年底，灵宝市有7万多人处于失业和半失业状态，占城镇总人口的18.8%，其中黄金企业下岗失业人数占全部失业人员的比重达60%以上，而且灵宝市每年还有近6000个新增城镇劳动力需要就业。灵宝市每年需要安置就业和下岗失业人员再就业1.8万人左右，培训城乡劳动力2万余人，需要补贴资金615万元，缺口达300万元。

4. 生态环境破坏严重

长期以来重矿产资源开发、轻环境保护和治理的做法，使灵宝市生态环境遭受严重破坏。主要表现在水污染、土壤污染、大气污染、地质灾害等方面，给当地人民的生命和财产安全和经济社会发展带来严重威胁。

（1）水污染

由于过去黄金生产企业配套的环保设施不健全，黄金"三小"管理不完善等原因，地表水受到严重污染。据灵宝市监测站多年的监测，境内的弘农涧河、阳平河、双桥河、枣乡河等四条主要河流的出境水质均超过地表水功能区划标准的要求，基本丧失了使用功能，主要的污染因子为铅、镉等重金属离子及硫化物和悬浮物。

黄金开采还使流经灵宝的弘农涧河、黄河等河流受到严重污染，有一些地方的河流甚至已经成为污水河、臭水沟和毒河（图3-10）。同时，大量矿石被采空后的构造带形成废弃坑道，使得地下水的赋存条件发生变化，造成地下水流向改变，减少了对下游地下水的补给。不仅如此，构造带的过滤作用被严重削弱，容易造成水质恶化，使得地下水基本上都受到或轻或重的污染。关于水污染，《中国青年报》曾经这样报道过："豫陕交界的小秦岭矿区，长期大面积非法开采金矿，造成资源的巨大浪费和环境严重污染。淘金产生的废水，一口水可以毒死一头牛……"

灵宝市的黄金矿和硫铁矿中伴生有大量的砷、汞、铅等有害重金属，这些物质可以通过尾矿库的排水、土壤渗漏等途径扩散到周围土壤中，对土壤造成污染。富

图 3-10 资源开发导致的水污染

集在土壤中的有毒有害元素极易通过食物链进入人体，对呼吸道、肾脏和神经系统造成严重危害。

特别是三门峡市区的地下水，受到中原黄金冶炼厂等企业的废水、废渣的严重威胁。中原黄金冶炼厂地处三门峡市区青龙河南岸，每天产生的废水、废渣通过高压泵输送到南山的一条黄土沟里，很远就能闻到呛人的气味。中原黄金冶炼厂的废水、废渣含有剧毒的氰化物，自然状态下很难分解。

除了水污染，黄金资源开发对当地水资源的影响还表现在：

- 水资源总量越来越少。
- 地下水位下降。以弘农涧河流域为例，地下水位下降面积为 1090 平方千米，平均下降幅度为 4~9 米。
- 水患严重，大雨则河水暴涨、沙石俱下；无雨则河床干涸、大风扬沙。

（2）大气污染

自 20 世纪 80 年代灵宝开始大规模生产黄金以来，汞板提金工艺被广泛采用。飘浮在空气中的汞蒸气可以通过呼吸道进入人体，对人体危害极大。

除此之外，二氧化硫的排放也不容忽视，其主要危害是引起人体呼吸系统的疾病，造成人群死亡率增加。二氧化硫年平均浓度二级标准值为 0.06 毫克/立方米，是人群在环境中长期暴露不受危害的基本要求；日平均浓度三级标准值为 0.25 毫克/立方米，是人群在环境中短期暴露不受急性健康损害的最低要求。灵宝市的二氧化硫年平均浓度超过国家二级标准，日平均浓度超过国家三级标准。

（3）土壤污染

大型金矿床较少、中小型金矿床居多、金矿出品率普遍较低是我国金矿资源的主要特征。按照国家规定，能够进行工业化生产的金矿品位应该在 3 克/吨以上。为使出品率较低的金矿床能够达到这个标准，可以实施开采，需要在选矿阶段经过"堆浸"的程序，即用万分之五浓度的氢化钠溶液喷在矿石堆上，把其中的金提炼并聚集起来。"堆浸"过程是造成氢化钠污染的主要根源。

由于灵宝的金矿多为伴生矿，其中含有砷、汞、锑等元素，开采黄金时，这些元素会与矿石一起被开采出来，然后随选厂尾渣排入尾砂库。如果尾砂坝建筑质量不达标，或者遇到洪水及其他意外因素时，尾砂坝被冲垮或者发生泄漏，就会使含有很高浓度的重金属和其他有害元素的污水蔓延出来，对下游上百公里的河道以及河道旁的田地造成污染。水体和土壤环境中的汞等有毒有害元素极易通过食物链富集在动植物体内，对人体的呼吸道、肾脏和神经系统造成严重危害。

（4）尾矿

尾矿是指矿山选矿后，在当时条件下不宜再分选回收的矿山固体废弃物，其粒度大多介于 0.17~0.07 毫米之间。在小秦岭金矿区的大西峪、枣乡峪、大湖峪、杨砦峪等 9 条沟谷内，集中分布着 30 多家矿山企业，沟内坑口密布，废石尾矿堆积量巨大（图 3-11、图 3-12）。

图 3-11　堆积在沟谷中的尾矿

图 3-12 尾矿堆外貌

据统计，灵宝目前有大小规模的尾矿库上百座，主要矿区堆积的废石废渣达4500万立方米，开采矿山固体物存放量累计已达4566万吨，包括废石存放量1878.9万吨，尾矿存放量2687.1万吨。灵宝的尾矿综合利用率仅有8.3%左右，尾矿大多储存在尾矿库或就近排入河道、沟谷、低地，对环境造成严重污染。灵宝因矿山占用和破坏的土地有1.34平方千米，其中尾矿库占用土地1.0477平方千米，采矿塌陷破坏土地0.2909平方千米。

由于山体采空、地面及边坡开挖导致地面开裂、崩塌和滑坡等地质灾害事件屡有发生。据《灵宝市地质灾害防治规划（2005~2015）》的资料，灵宝市境内共有9条中等易发的泥石流沟，以及滑坡、崩塌、地面塌陷等地质灾害隐患点126处，纳入全市群测群防网络的重点地质灾害隐患点有55处，受地质灾害威胁人员达2.9万余人，是河南省地质灾害的重点防治区。在弘农涧河流域，泥石流破坏面积为0.235平方千米，滑坡面积为0.008平方千米。

据调查统计，当地生态环境破坏造成的经济损失占生产总值的10%，累计已达到50亿元。根据生态恢复治理规划，灵宝市的基础生态恢复工程预计需要投资7亿元左右，按照5年分期分批推进计算，每年平均需要资金1.5亿元左右，而灵宝市2008年的地方财政一般预算收入只有7亿元，难以拿出巨大的资金用于环境改善。

综上所述，由于黄金矿藏的基本枯竭，灵宝市原来以黄金开采业为主的产业发展道路已经走到了尽头，以黄金开采来支撑财政增长和城市建设的发展模式遇到了困难。这说明，为了灵宝市的可持续发展，必须要求转变经济发展思路，寻求新的支柱产业，实现资源型城市的转型。

3.2.2 转型的条件分析

1. 转型的有利条件

（1）资源型城市转型得到国家的高度重视和大力支持

资源型城市为我国经济社会发展作出了突出贡献，但由于缺乏统筹规划和资源衰减等原因，这些城市在发展过程中积累了很多问题与矛盾。2001年，国务院把阜新确定为全国第一个资源型城市经济转型试点市，开始系统探索这类城市的问题和出路。这些年来，国家对资源型城市转型问题日益重视，相关政策接连出台，有力推动了转型工作的良性发展。党的十六大报告明确提出支持以资源开采为主的城市和地区发展接续产业；《中共中央国务院关于实施东北地区等老工业基地振兴战略的若干意见》把资源型城市经济转型作为老工业基地调整改造的重点和难点，要求研究制定支持资源型城市经济转型的政策措施；党的十七大报告再次强调要加大对矿产资源开发等地区的转移支付，"建立健全资源开发有偿使用制度和补偿机制，对资源衰退和枯竭的困难地区经济转型实行扶持措施"；国务院数年政府工作报告、《国民经济和社会发展第十一个五年规划纲要》也都要求支持资源型城市实现经济转型和可持续发展。

2007年12月发布的《国务院关于促进资源型城市可持续发展的若干意见》，是新中国成立以来第一次专门针对资源型城市可持续发展问题制定出台的综合性政策文件。文件中提出了五大任务和六大政策措施。五大任务是：建立健全资源型城市可持续发展的长效机制；大力发展接续替代产业；促进就业，消除贫困，维护社会稳定；加强环境整治和生态保护；加强资源勘查和矿业权管理。六大政策措施是：设立针对资源枯竭城市的财力性转移支付；改革资源税制度，增加资源开采地的财政收入；尽快建立资源型企业可持续发展准备金制度；鼓励金融机构设立促进资源型城市可持续发展专项贷款；安排部分国债资金和中央预算内建设资金集中扶持东北地区资源型城市可持续发展专项；财政部门加大支持力度帮助解决东北地区和中西部地区资源枯竭城市厂办大集体等历史遗留问题。这些政策措施具有很强的可操作性。其中最主要的是文件提出建立健全资源开发补偿机制和衰退产业援助机制，要求在今后的资源开采中，要按照"谁开发、谁保护；谁受益、谁补偿；谁污染、谁治理；谁破坏、谁修复"的原则，明确企业是资源补偿、生态环境保护与修复的责任主体。此外，资源型城市要统筹规划，加快产业结构调整和优化升级，大力发展接续替代产业，完善社会保障体系，促进下岗失业人员实现再就业，

解决资源型企业历史遗留问题，保障资源枯竭企业平稳退出和社会安定，确保资源型城市能够实现可持续发展。

2008年国务院机构改革，原国务院振兴东北地区等老工业基地领导小组办公室的职责划入国家发展改革委，成立了东北振兴司，并设立了资源型城市发展处，专门推动全国的资源型城市可持续发展工作。这在国家机关机构设置中是第一次，体现了国家对此项工作的重视达到了前所未有的程度。接着，国务院先后两批确定了44个资源枯竭城市，着力对这些城市给予大量的政策与资金扶持。

2009年9月，国务院通过《促进中部地区崛起规划》以后，河南省委、省政府也开始大力推进"中原经济区"建设的论证设想，作为对已有中原崛起战略的延伸和深化，并积极争取上升为国家级发展战略。中原经济区的主体是河南省，同时涵盖晋东南、冀南、鲁西北、皖西北、鄂北、苏北等周边地区。灵宝市所在的三门峡市，正属于中原经济区域板块的西大门。因此，无论是中部地区崛起规划的实施，还是中原经济区建设战略的面世，都能为灵宝市经济社会的借力发展带来机遇，有助于灵宝市的转型发展。

（2）在解决黄金资源瓶颈方面初步走出了一条新路

经过40余年的资源开发与产业发展，灵宝市拥有黄金股份有限公司、金源矿业、桐沟金矿、大湖金矿等一批骨干企业。黄金产业在长期发展中形成的技术、人才和管理优势，在地探、采矿、选矿、冶炼、深加工等领域形成的雄厚实力，不仅有利于开展对外合作，进行区外资源开发，而且有利于开展深部探矿和周边地区资源调查，以延长矿山服务年限。近年来，灵宝市在我国新疆、青海、甘肃、内蒙古、江西以及吉尔吉斯斯坦、老挝等地建立了探采基地，建设开发项目60余个。2006年的境外黄金产量突破20万两，2007年达到30余万两，2008年突破40万两，基本实现了在黄金产量上"再造一个灵宝"的目标。同时，灵宝市通过运用经济手段使资源、资产、技术向优势骨干企业聚集，把13家市属国有黄金企业改组为3家企业集团，改变了黄金生产布局分散、规模弱小、消耗严重、采富弃贫的现状，提高了资源利用效率。在经济效益逐步提高的条件下，矿山企业投入探矿资金10多亿元，实施探矿工程75万米，增加金金属储量142.7吨。这样，通过"区内整合，区外开发"的资源保护战略，大大缓解了灵宝黄金企业生产中的资源瓶颈。

同时，灵宝市黄金企业在资源回收利用、拉长资源产业链方面取得了重大进展。灵宝市的矿产资源多为共伴生矿种，除主矿种外，还含有银、铅、铜、钼等其他元素。因此，在巩固黄金采选业的同时，以多金属综合利用为方向，以科技创新为手段，以建设新型有色金属冶炼和加工基地为目标，按照循环经济模式，不断扩大有色金属冶炼加工利用规模，使金、银、铜、钼、硫铁等各种有色金属得到充分回收利用,实现了资源的综合利用和链式开发。目前,灵宝市金精矿冶炼能力达1000吨/日,金回收率达到99.5%,银回收率达到75%,低品位矿石得到充分回收利用,铜、银、硫等多种元素实现了综合回收,实现了由单一黄金生产向多金属综合回收的转变,初步建成了有色金属采选、冶炼、加工企业40家,形成了黄金、铅、铜、硫铁化工四大产业链条。

(3) 在产业结构调整方面已迈出了坚实步伐

与黄金一起并列为灵宝"三宝"的还有苹果和大枣。得天独厚的资源优势为灵宝经济向非金产业转型提供了重要的支撑。从2007年起,灵宝市财政按每亩补贴50元的标准,累计拿出1000余万元,引导果农新种植苹果树29万亩,大枣树4.5万亩,使果品面积达到104万亩,其中苹果树面积74万亩,年产量达10亿公斤。依托丰富的果品资源,建成了12家规模以上的果品加工厂,使果蔬年加工能力达到40万吨,其中浓缩果汁24万吨,年消化果蔬180万吨,并形成了以景源、鑫源为主的果汁、果酱、果奶业,以嘉百利、固泰华企为主的果酒业,以远村、九九宝为主的果饮业。面对国际金融危机的冲击,灵宝市启动了年产10万吨大枣加工项目、10万吨果沙饮品项目和4万吨果酱加工项目,引导企业在巩固浓缩果汁主导产品的同时,开发饮料、果酒、果醋等高附加值产品,积极开拓国内消费市场,增强企业竞争力。新型果品生产和加工不仅让农民走向富裕,而且还成为灵宝市继黄金之后的第二大支柱产业。如今,灵宝市已成为全国果蔬加工十强县市。

此外,为了加快培育接续产业,灵宝市近年来实施"双轮驱动、多点支撑"的发展战略,瞄准医药生产制造、化工产业及机械、服装、电子等现代制造业、高新技术产业等领域,不断壮大产业集群优势。2009年,新上、续建投资3000万元以上工业项目达到39个,总投资80.2亿元,形成了一批新的经济增长点。这样,以新型工业化为主导,以新型城镇化为支撑,以农业现代化为基础,以新型工业化带动城镇化、农业现代化和第三产业快速发展,带动灵宝社会经济事业不断进步的局面正在形成。

2. 制约转型的不利因素

(1) 传统的资源观和发展观根深蒂固

灵宝市是"因金而立、因金而兴"的城市,以往经济社会的发展过分依赖黄金资源,习惯于靠山吃山、有水快流。因此,在对资源和发展的认识上存在很大的局限性和片面性。谈发展必先讲资源条件,而且把资源看做经济发展的决定因素,把自然资源优势等同于产业优势和经济优势;讲资源必先讲矿产,相对缺乏对人才、知识、科技、管理、基础设施为主的硬环境和政策、法制、办事效率和精神文明为主的软环境的建设。在对经济转型的认识上,往往局限于把寻找新资源理解为

寻找新的矿藏，把经济转型视为经济扩张，把发展理解为上马新项目，寄希望于短、平、快的大项目把 GDP 和税收拉上去，使经济转型工作能够在较短时间内迅速见效，缺乏对经济转型艰巨性和长期性的认识。尽管科学发展观提出好几年了，认识到了经济转型工作的必要性，但国家对官员的考核体制至今没有大的转变，仍然都是以 GDP 为标准来考核，GDP 关系到一个地方的地位，关系到一个个官员的仕途，这导致现在还是一味地强调发展是硬道理。这样的资源观和发展观阻碍着资源枯竭城市的转型，灵宝市的情况也不例外。

（2）经济社会发展阶段的制约

从全球工业化国家资源开发的规律看，大都是在工业化完成以后出现了因资源衰竭引发的经济、社会和环境问题。由于工业化国家在资源开采和环境保护方面多具有较为严格的法律法规，因此其生态与环境的破坏程度相对来讲比较小。这些国家为促进资源型城市经济转型出台了大量政策，涉及法律法规、财税、金融、生产力布局、劳动保障、环境治理、人才培养等各个方面。但是，我国是在工业化进入中后期就出现这些问题，国家一方面面临着继续推进工业化的历史任务，另一方面又要应对过早出现的这类问题。特别是作为一个发展中国家和前计划经济国家，长期以来我国对资源型城市可持续发展问题研究不够，更缺乏既有利于资源开发又能够减少生态环境遭到破坏的法律和制度保障。促进资源型城市可持续发展是一项复杂的系统工程，涉及经济结构调整、国有企业改革、区域经济发展、劳动就业和社会保障、生态环境治理、资源勘查开发、资源税费改革等许多领域，不论是理论研究还是实践操作层面难度都很大。具体到灵宝市，更是地处我国区域经济"洼地"板块的中部地区，经济社会发展水平还比较低，实现工业化和加快城市化的任务还很重，加快发展依然是当地干部群众最为关心的问题，这就必然会助长粗放型经济增长模式的延续，不利于从根本上推动经济结构的转型，不利于以可持续发展的要求来规划城市发展的未来。

（3）财税体制和行政管理不顺

从历史上说，我国不合理的财政税收体系使资源型城市的地方利益受到很大损害，地方税收提成比例的不合理使得这类城市的财力严重不足，从而导致资源型城市基础设施建设、环境保护、文教卫生等方面欠账很多。就灵宝来说，不仅上述窘境存在，而且还另有一层难言的苦衷。从 1985 年划归三门峡市以来，灵宝的资源大量向三门峡市集中，形成了严重的"市刮县"现象。20 世纪 80 年代，桐沟金矿是灵宝效益最好、对地方财政贡献最大的骨干企业，1987 年三门峡市便把桐沟金矿品位最高的核心矿区"小桐沟"划出去，成立了三门峡市营金渠金矿；1992 年，属于灵宝的河西林场，由于发现了金矿，也被三门峡市收走；1995 年，三门峡火电厂不顾灵宝群众的强烈反对，大量抽取灵宝函谷关镇、大王镇的地下水，导致地下水位大幅度下降，大批机井报废，而水资源费却全部由三门峡市收取；近年来，三门峡市又大量调用灵宝沟水坡水库、窄口水库的水资源，使当地一些水田又成了旱田；还有随意追加的财政上缴任务和三门峡市各部门的摊派，使灵宝背负沉重负担，举步维艰。20世纪90年代综合经济实力一度位居河南省第五的灵宝，到2009年排名已下降到第20位以后！从我们的调研中了解到：灵宝当地的干部和群众，对"市管县"体制怨气很大，但又敢怒不敢言。目前，黄金资源枯竭后，灵宝财政吃紧，甚至要依靠中央转移支付才能维持行政运转。在这种局面下，尽快建立合理的地方资源税制度，摆脱三门峡地级市的行政束缚，是灵宝人民的强烈呼声，也是提升灵宝市经济可持续发展能力的重要因素。

3.2.3 转型的主要任务

迄今为止，对于资源枯竭型城市的转型，国家没有规定出具体明确的量化标准。按照国内外城市转型的实践理解，转型包含三层含义：一是资源型产业的改造提升及潜在资源的深入开发与利用；二是接续产业的培育发展，着力推进经济结构和发展方式的转变，降低对资源的依赖度，增强发展后劲；三是推动社会、文化、生态等全方位转型，提高自身可持续发展能力。按照贯彻落实科学发展观的要求，根据国务院关于促进资源型城市可持续发展的若干意见精神，结合灵宝市实际，我们认为灵宝要基本实现城市转型，需要抓住以下几大任务。

1. 经济结构从单一主导型向多元主导型转变

灵宝市因矿而建、缘金而兴，是以金矿开发为主的矿产资源型城市。近几年来，灵宝的三次产业大致维持在10∶65∶25的比例，表现为"二、三、一"的结构，在资源开采日渐困难的制约下，难以支撑矿区的经济持续发展，需要加速完成产业转型的任务。2008年，矿业增加值占到全市规模以上工业增加值的84%，矿业经济在全市经济中占有主导地位。但是，长期依靠金矿的"一元"经济产业结构，严重制约了灵宝城市的转型和经济的可持续发展。

资源型城市的经济转型本质是经济发展模式的转型，是在有效保护环境的前提下合理利用自然资源和环境容量，实现经济活动的生态化转向。近年来，随着金矿资源的日益枯竭，灵宝市上下已形成了这样的迫切共识，即一定要将传统经济"资源—产品—污染排放"的高开采、低利用、高排放模式，转变为"资源—产品—再生资源"的反馈式流程。在产业发展上，立足资源型产业由初级产品向复合加工延伸、优势产业由中端向上下游延伸、主导产业由单一资源型向多元化拓展。

但是，灵宝市的经济转型有其特殊的背景，有别于其他资源枯竭型城市如辽宁阜新、河南焦作和甘肃白银等地的转型内容。首先，由于灵宝市资源枯竭的特点是黄金资源的枯竭，是探明资源的枯竭，是小秦岭浅表层资源的枯竭，其他矿产资源的开发潜力仍然巨大，矿业经济发展潜力仍然巨大。从调查来看，灵宝境内已发现的矿产资源有金、银、铜、铅、锌、钼、钨、铁、磷、硫铁矿、含钾岩石、水晶、石墨、蛭石、水泥灰岩、花岗岩、大理石、硅石、冶镁白云岩等34种，探明资源量的有30种。2008年度实际开发利用的仅有黄金、硫铁矿、铁矿、矿泉水、地热、白云岩、水泥用灰岩、建筑用石料、建筑用安山岩、建筑用砂等10种，仅占已发现矿种的29.4%；在全市6种优势矿产资源金矿（伴生银、铅、铜等）、硫铁矿、石墨矿、钼矿、铁矿、白云岩中，除金及其伴生的银、铜、铅和硫铁矿以外，其他4种矿产开发程度均较低。

其次，金矿是灵宝市主要支柱产业，已经形成了集地质探矿、采选、冶炼、深加工、网上交易于一体的黄金产业链条。2008年矿山企业有16个，实际采选规模10240吨/日，冶炼规模1000吨/日，黄金产能40万两/年，精炼黄金能力达50吨/年，精炼白银能力达11吨/年。按照规划，到2010年全市黄金采选综合规模将达到16000吨/日，冶炼能力达到1200吨/日，全市矿产黄金量达到80万两/年。考虑到小秦岭金矿田中深部找矿潜力巨大，再加上近几年推行"走出去"找资源的区外扩张战略实施比较成功，基本达到了"堤内损失堤外补"的效果，因此可以断定的是：在今后五年内黄金产业仍将继续保持其支柱产业的地位不动摇。

实现经济从"一元"到"多元"的转变，关键是产业结构的调整、优化与升级。近年来，灵宝市依托矿产、果品两大资源优势，实施"工业强市"发展战略，全力建设新型有色金属综合回收和冶炼加工基地、新型果品生产和加工基地，培植催生了硫铁化工、铅业、林板纸加工、中药材生产及加工基地，推进了工业化进程；通过农业结构的不断优化，培育形成了果、林、牧、菌、烟、菜、药、草八大农业产业为主导的特色农业体系，推进了农业产业化进程。灵宝这个地处豫西地区的"中国金城"，通过做大做强黄金主导产业，培育壮大有色金属冶炼等接续产业，加快发展果品加工业、建筑及建材业、旅游业、商贸流通业等替代产业，已初步形成了有色金属冶炼与加工、果品加工、旅游业和服务业综合发展的产业格局。种种迹象表明，灵宝的经济发展正在实现由"一元"到"多元"的跨越。

灵宝市经济发展转型完成的标志，从定性的方面看，就是"资源产业精细化、加工产业规模化、支柱产业多元化"；从定量的角度看，就是使采选业占工业增加值的比重下降到50%以下，且有4～5个新型加工制造业的产值占地区经济的比重提高到10%以上。有了这样的经济生态，灵宝市就基本上避免了"金竭城衰"的命运，即便离开了金矿，城市也能依靠新的产业持续稳定发展。当然，要达到这种目标，并不是短期内就能完成的，而是需要至少10年的努力。

2. 发展方式从粗放型到集约型转变

资源型城市实现经济转型，不仅要达到产业结构的均衡化，更为重要的是达到发展方式的科技化。也就是要把发展的动力由资源依赖型转变到科技驱动型，把发展技术经济、生态经济、循环经济作为提升城市经济活力的依靠，从根本上打破能源、资源和环境对经济发展的瓶颈制约，确保资源型城市经济运行进入良性循环的轨道，走出一条科技含量高、经济效益好、资源消耗低、环境污染少、人力资源优势得到充分发挥的新型工业化道路。

在这方面，灵宝市近年来强调走新型工业化道路，依靠技术进步和管理创新，以资源产业链拉长为主线，以推行资源循环利用为突破口，以培育优势骨干企业为基础，以转变经济增长方式为重点，大力进行经济结构调整，取得了不少的成绩。但是，当地经济增长尚未摆脱拼资源、卖原料、粗加工的状态，不仅增长的环境成本高、经济效益低，而且易受国家调控政策和国际原材料市场的冲击，增长的起伏波动大。统计资料表明，2008年灵宝市高技术产业占工业增加值的比重是2.7%，不仅远远低于全国9.5%的平均水平，而且低于河南省3.6%的平均水平，甚至低于平顶山市2.9%的水平。目前灵宝市单位GDP的能耗、水耗和资源消耗水平也明显高于全国和全省的平均水平。因此，从总体上看，灵宝市转变经济增长方式还任重道远。

从矿产采选业与矿产冶炼及压延加工业结构的比例上，也可以看出灵宝市经济增长方式的粗放。2005年全市矿产采选业与矿产冶炼及压延加工业比值为1:0.15；2006年比值为1:0.10；2007年比值为1:0.18；2008年比值为1:0.11（见表3-3）。有关数据表明，2008年河南省矿产采选业与矿产冶炼及压延加工业比值为1:2.5，而发展中国家比值为1:3.5，欧美矿业发达国家一般比值在1:8，有的甚至高达1:10以上。不难看出，灵宝市采选业与加工业比例失调，矿产冶炼及压延加工业严重滞后。如果换个角度看，这也说明灵宝市经济增长对资源的严重依赖。

表3-3　2005~2008年全市规模以上工业及矿业增加值一览表

年份	全市规模以上工业增加值（万元）	全市矿业增加值（万元）	矿产采选业增加值（万元）	矿产冶炼及压延加工业增加值（万元）	采选业与冶炼及压延业的比值
2005	517492	405976	353664	52312	1:0.15
2006	748541	672191	611174	61017	1:0.10
2007	935711	804096	680286	123810	1:0.18
2008	1207133	1011372	909002	102370	1:0.11

资料来源：灵宝市地矿局报告，《灵宝矿业经济转型分析与探讨》。

为了实现经济增长方式的重大转变，灵宝市需要通过多方面的调整来推进节能降耗和提高生产效率。一是坚持不懈地推进科技创新，提高科技进步对经济增长的贡献率，依靠科技创新推动产业升级。二是坚持不懈地加强环境保护，把环境容量作为发展经济的重要前提，把环境准入作为调节经济的重要手段，把环境评估作为考核经济发展成效的重要依据。三是坚持不懈地发展循环经济，通过资源的"吃干榨尽"和企业的"清洁生产"达到节能减排的要求。只有这样，才能不断减轻经济增长对资源环境的压力。

从定量指标看，能够反映灵宝市完成经济转型的技术标准主要有两条：一是灵宝市规模以上工业企业单位增加值的水耗、能耗和资金使用量都能达到全国相关指标的平均值；二是高技术产业占工业增加值的比重达到10%以上。只有达到了这两个标准，才能从根本上实现由依靠增加投入、追求数量的粗放型向增加科技含量、突出经济效益的集约型的转变，由资源型城市向创新型城市的转变。

3. 社会状态从失调型向和谐型转变

从前些年的发展形势看，灵宝市的社会生态是有些"失调"的。一是受"有水快流"思想和矿产经营权改革的影响，灵宝市居民贫富分化的趋势十分严重，少数人挖矿暴富，多数人因矿致贫，沦落为生态难民，导致社会矛盾极为突出。二是随着黄金资源的减少，围绕矿床争夺的社会刑事案件也时时出现，社会治安形势恶化。三是矿井关闭和矿企改制带来数量庞大的下岗失业人员。失地农民、生态灾民和失业矿工大批涌现，地区差距、行业差距和阶层差距迅速扩大，都严重影响了当地居民的生活质量。因此，强调经济公平发展，实现经济发展成果由全体居民共享，改变贫富两极分化所带来的社会矛盾，解决部分居民生活长期艰辛的困难，也就必然是资源枯竭型城市转型的标志之一。

事实上，由于黄金采选业的不断下滑和企业的关停，灵宝市的社会民生问题压力空前。截至2007年底，灵宝市有3万多名黄金行业职工下岗或转岗，涉及赡养人群近10万人；全市有7万多人处于失业或半失业状态，接近城镇总人口的两成，其中黄金企业下岗失业人数占全部失业人员比重达60%以上；全市低保人数已达2.8万人，占全市城镇人口的一成多。由于存在财政资金的困难，灵宝地方政府无力承担这些人所需的再就业资金、养老保险金和矿区困难居民的低保支出，未能做到"应保尽保"。这种情况，说明了灵宝市在黄金资源枯竭后存在着社会民生上的不和谐。

要改变社会生态上的失调，必须贯彻落实科学发展观，坚持"以人为本"，做到"利为民所享"。在灵宝市的转型中，要由偏重经济发展转变为经济社会全面协调统筹兼顾的科学发展，要以增加就业、消除贫困、改善居住条件、健全社会保障体系、维护社会稳定为基本目标，重点在提高下岗失业人员的就业技能上下工夫，建立起完善的就业促进制度；切实抓好保险扩面工作，不断夯实社会保障体系，建立起比较牢固的社会减震器；坚持分类救助、定期定额救助、重大疾病医疗救助、低保检查等低保配套制度，让广大弱势群体共享转型发展带来的阳光。灵宝市经济转型是否实现，在社会生态上可以用两个指标来衡量：一是金矿开采所造成的生态难民问题是否得到妥善解决；二是城乡居民的社会保障体系是否完善。

4. 城市环境从污染型向生态型转变

40多年来，金矿开采在为地方财政和国家经济建设作出巨大贡献的同时，也付出了资源锐减和生态环境恶化的沉重代价。20世纪80年代中期以后，在"有水快流"政策的带动下，村集体、个人等都参与进来，金矿资源得到大规模无序开采，环境污染和生态问题日渐突出，生态环境呈现不断恶化的趋势，"山体千疮百孔，空中充满异味，地上流淌黑水"成为灵宝市生态破坏的真实写照。

日益恶化的生态环境，给灵宝市的经济和社会带来了极度的危害，严重影响着可持续发展。面对严峻形势，灵宝市委、市政府从2003年起加大了对矿山生态的恢复和治理工作，先后制定了灵宝市生态环境治理和矿山生态恢复的基本政策，开展了渣堆综合整治、矿区河道清理疏通、尾矿库综合治理和固体废弃物资源化综合利用、矿区绿化植被恢复、地质灾害防治、土地复垦等一系列工程项目。同时，组织地矿、黄金、环保、公安等部门联手对矿区的生态环境进行治理整顿，采取强硬措施，加大执法力度，坚决取缔污染严重的黄金"三小"企业，使得矿区的生态环境有所改善。

由于灵宝市矿山开发历史较长，造成的生态环境破坏较为严重，恢复和重建的任务重、难度大。根据2006年制定的全市生态恢复治理规划，要清除全市矿区累计废渣存放量2580万吨，修复矿区地质灾害隐患点24处，工程预计需投资7亿元左右，如果分5年进行分期分批治理，平均每年用于恢复治理的资金为1.4亿元。近年来，随着黄金资源的日益枯竭，现存的黄金企业多半处于半正常生产状态，规定由企业自筹治理资金3.5亿（约占总投资的50%）无法落实，从而使生态恢复治理规划任务难以完成。但不管困难有多大，灵宝市要实现经济增长和发展，必须要以环境友好为前提，人与自然的关系必须要从过去破坏攫取状态转变为保护建设状态，这是灵宝市经济转型的基本要求和标志。

总体来说，要通过调整、改造产业结构加快产业转型，改变长期形成的以资源开采为主的单一经济结构，逐步实现以特色产业为主导的产业适度多元化；从社会事业发展滞后转向经济与社会事业协调发展；积极治理生态灾害，有效保护生态环境，实现资源型城市的可持续发展，这就是灵宝市完成转型的基本任务。

3.2.4 转型定位与战略步骤

1. 转型定位

灵宝市资源枯竭型城市的转型要站在中原经济区建设的大局中谋划，坚持以科学发展观为指导，大力实施"科技兴市、工业强市、农业稳市、三产活市"的发展思路，以产业调整和项目带动为抓手，以资源集约利用、接替产业培育、民生切实改善为主题，以新型工业化建设带动城镇化和农业现代化，加快城市由资源依赖型向技术创新型转变，更加注重节能减排和生态环境保护，更加注重社会事业全面发展，力争把灵宝建设成为中原经济区内发展方式转型的示范城市和豫晋陕黄河金三角区域的中心城市。

灵宝市的转型定位，重点要突出三个方面。

一是在产业方面，要充分利用政策优势、产业优势和资源优势，通过深入实施项目和品牌带动战略，建成全国著名的黄金生产加工中心、有色金属冶炼加工基地和新型果品生产加工基地。

二是在区域功能方面，灵宝市作为河南省城镇化建设重点县（市）和县域经济发展扩权县（市），能够依托紧临连霍高速公路、陇海铁路和黄河的交通口岸优势，实现与山西风陵渡开发区和陕西潼关黄河物流园的紧密对接，成为中原经济区西端的次级物流集散地。

三是在形象塑造方面，要充分利用当地黄金生产的历史，发挥当地山水兼具和风景优美的优势，深入挖掘道家起源传播的文化遗迹，把灵宝打造成为具有地域特色的"中国金城"和"道家渊源"的旅游城市。通过实施经济、社会、资源、环境协调发展战略，使灵宝最终成为经济发达、文化繁荣、环境优美、社会和谐、人民富裕的现代化中型城市。

2. 转型的战略步骤

从国际经验来看，资源城市转型也是一个动态的、不断调整和适应的经济和社会的变迁过程，不可能一蹴而就。推进灵宝资源枯竭型城市转型，实现可持续发展的目标需要一个较长的时期，可以分为三个步骤实施。

第一阶段：2009～2010年。

这两年是城市转型的准备阶段，主要工作是转理念、变思路、定规划、建机制、清欠账。通过建立资源开发拓宽机制和衰退产业援助机制，着力解决历史遗留问题，体制性、结构性矛盾得到基本缓解，多元产业共同支撑经济发展的方向基本明确，生态环境突出问题得到治理，社会保障体系初步完善，人民生活稳步提高，经济社会协调发展的机制体制基本确立。

第二阶段：2011～2015年。

这个时期的重点任务是实现工业的率先突破。一是在稳定黄金产值的基础上，着重推动由单一的黄金生产向多金属综合回收利用的转变，加快有色金属产业链条的构建，形成黄金、铅、铜、硫铁化工四大产业链条；二是大力提高果品加工的技术含量和产品质量，实现"种植果品—新型果品深加工"的转变，使经济增长方式初步走向集约化。在产业结构转换取得显著进步的同时，区域技术创新能力、环境承载能力明显增强，城乡生态环境和社会保障体系明显改善，城市服务功能全面优化，城乡居民收入大幅度提高，经济社会步入可持续发展的良好轨道。到2015年，地区生产总值达到450亿元，年均增长11%以上；工业增加值达到290亿元以上，年均增长12%以上；固定资产投资达到480亿元，年均增长20%以上；地方财政收入达到14.5亿元，年均增长11%以上；城镇人均可支配收入达到22045元以上，年均增长8%以上；农民人均纯收入达到10000元以上，年均增长8%以上；城镇化水平达到40%以上；城乡社会保障基本实现全覆盖，各级各类教育均衡发展特别是职业教育有较大发展，城乡医疗卫生水平显著提高，文化体育设施明显改善。

第三阶段：2016～2020年。

这一时期的主要任务是达到经济转型"多点支撑"的局面，并全面实现城市转型的各项预期目标。传统产业通过资本嫁接和技术改造，实现产业链条进一步延伸，形成黄金、有色金属、果食品三大产业集群。接续产业拥有明显的"高、精、尖、新"优势，并形成医药、化工、机械、电子、旅游等多个次级产业，成为经济发展的新支撑，彻底摆脱可持续发展的资源"瓶颈"。在区域自主创新能力大幅提高的基础上，综合经济实力显著增强，主要经济指标达到全面建设小康社会要求，社会事业全面发展，民生问题得到较好解决，生态环境有全面改善，城市品位得到全面提升，城市化水平、人口素质、居民收入、人居环境、社会事业均达到全国中上水平，成为中部崛起城市群中的重要一员。

3. 转型的方式

围绕上述三方面的功能定位，灵宝市资源枯竭城市转型主要通过以下三种方式来推进。

（1）借助科技创新促进转型

加快科技创新，加强人才培养，用科技和人才推动经济转型。科技是经济转型的重要支持和智力保障，只有高科技的才是最新最好的。鉴于资源型经济具有对人力资源与创新的强大挤出效应，必须进行科技创新及人才培养才能打破资源型地区发展对资源的惯性依赖。发展替代产业是促进转型的当然内容，但替代产业是与原资源产业不同类型的产业，通常也不大可能是新的资源产业，需要较高的技术、管理和人才积累。因此，要与国内外知名高等院校、科研机构建立密切合作关系，形成高等院校、科研单位、科技人员与转型项目的经济利益共同体，加快科技成果转化步伐。人才是推动经济转型的第一要素，要加强对经济转型有关人员的培训工作，加大对下岗职工技能培训力度。稳定基础教育，巩固和加强城乡职业教育。充分发挥现有人才作用，广泛吸引外来人才，形成经济转型的良性人才引进和使用机制。加强人力资源的培育和开发，大力发展职业技术教育，建立转产企业和职业技术学校联合举办的职业培训机制，加大各类人才的培训力度，为转型发展提供坚强的人才保障。

（2）借助政府协调推动转型

资源型经济跌入"资源优势陷阱"的原因是资源收益的分配、使用和转化陷入分利集团的纷争，缺失合理的社会分享机制、风险分摊机制、损益补偿机制和共享资源内生机制，而一旦制度锁定不能够创新，资源型经济枯竭衰落也就是必然的了。因此，转型转到深处是机制，要坚持做到机制创新。考虑到资源租金与资源共享的内在联系，政府介入也就是必然的。在资源型城市转型的过程中，政府的参与必不可少。从国内外的模式分析来看，政府干预对资源型城市的转型都起着举足轻重的作用。只不过发挥作用的方式不同，国外主要是靠政府的资助和协助，我国主要是靠宏观调控和相应政策的推出与实施。

政府的介入主要在于两方面，一方面是构建合理的资源分配机制，另一方面是承担共享资源的提供，共享资源的提供包括软、硬两个方面，在经济转型中，政府的主要任务是政策引导、创造环境、建设基础设施、搞好协调服务，为经济转型提供必要条件，而具体项目的运作则必须依靠企业。要整顿和规范市场，加强诚信建设，为经济转型创造良好的社会环境。其中在投入机制上，要将国家投入、地方配套、个人集资和科技人员技术入股有机结合起来，形成多元投入机制。同时对转型中所有新上项目，要大力采用法人制、招投标制、监理制和合同制，真正形成全新的经营和管理机制。

（3）以市场经济运作方式实现转型

资源枯竭型城市的经济转型是在我国建立和完善社会主义市场经济体制的条件下进行的，不能沿用计划经济的办法运作转型，必须按照市场经济的方式来运作。

首先，塑造经济转型的动力主体。要充分发挥民营经济在转型中的作用，民营经济是推动资源枯竭型城市经济转型的生力军，必须在民营经济大发展中转型。针对灵宝市传统国有企业占据优势的状况，按照新旧有别的办法，一方面对传统企业体制进行转型，另一方面对新兴产业构建民营经济的经营机制，改造和新建健康的经济行为主体。

其次，要充分发挥市场在资源配置中的作用。资源枯竭型城市的经济转型是在经济和社会发展陷入困境中起步的，缺资金、缺人才、缺技术是共性问题。解决上述问题不能关起门来搞转型，必须充分发挥市场在资源配置中的作用。要着眼于经济全球化、国内市场国际化，把转型置于国际、国内经济发展的大格局中，在国际、国内两个市场中寻求资金、技术和人才，通过实施大开放来解决转型中的共性难题，使灵宝市获得更大的生存和发展空间。

最后，要进一步转变政府职能，强化企业的市场主体地位。加快政企分开、政事分开的步伐，深化政府审批制度改革，减少政府对微观经济的直接干预。此外要协调处理好中央政府与地方政府的分工协作关系。

3.3 接替产业培育和经济转型

3.3.1 主导产业发展存在的问题

1. 有色金属产业（含黄金）

灵宝市有色金属产业发展的制约因素主要有以下几个方面。

（1）矿产资源危机显现，原料供应成为制约发展的主要因素

就铅锌产业来看，目前灵宝市电解铅设计生产能力达40万吨/年，四家主要铅冶炼企业资源的30%~60%需从境外进口，原料短缺和市场波动问题凸显。以新凌铅业为例，2007年4~5月，该企业因原材料供应问题而停产达两个多月。其他冶炼企业也没有稳定的原料供应保证，企业所需原料大部分从国外采购，经营风险进一步增加，产能不断扩张，原料竞争不断加剧，原料供应已经成为企业发展的瓶颈。正因为如此，铅冶炼企业之间很难形成共识，体现在：矿山和冶炼厂在精矿价格的制定和利益分配中总是一边倒，不利于双方共存共荣；在进口原料中，基本通过中间商进口，没有直接与国外矿山签长期合同，因此在进口原料的加工费谈判中难以形成统一价格，造成"鹬蚌相争，渔翁得利"的后果，出口贸易也以现货为主；由于企业力量分散，无力进行资本经营，加上体制复杂，资本流动不畅，企业购并难，全行业分散的状况短期内难以改变。

灵宝市的铜矿主要为伴生矿，矿藏规模较小，不能为铜产业的大规模发展提供足够的原料保障。目前，灵宝专门的铜冶炼企业仅1家，其余电解铜产品均为其他有色金属冶炼企业的副产品；规划期内灵宝电解铜产量为32000吨/年左右，不能完全满足本地进一步发展铜深加工业的原料需求。

随着灵宝市黄金冶炼业的发展，金矿资源日益减少。浅部矿、易处理矿等矿藏资源储量减少，金矿品位下降，而由于现有的技术和资金等原因，深度金矿勘探技术尚无实质性突破。目前，灵宝境内有中央及中央控股黄金企业3家、三门峡市属（控股）黄金企业2家、灵宝地方管理的黄金企业19家，这导致金矿资源开发的无序争夺，有效整合境内黄金生产能力的难度更大。近年来，灵宝黄金企业冶炼能力迅速增长，原材料供应不足矛盾日益突出。如2007年，全市开采金矿矿石200万吨，生产金精粉16万吨，距离全市冶炼能力还存在20多万吨的原料供应缺口，需大量向市外采购金精粉，这在一定程度上增加了黄金冶炼企业的生产成本。

（2）产品品种单一，产业链条较短

目前，灵宝市4家铅冶炼企业仅以提取金、银、铅、硫酸、锌为主，而与铅伴生的铜、锑、铋、钯等多种有价金属仍不能提取，影响企业效益最大化的发挥。在国家鼓励的再生铅开发利用方面，尽管志成铅业有限责任公司、新陵铅业有限责任公司已建设了再生铅项目，但由于技术仍不成熟，无法形成规模效益。

灵宝市铜加工企业仅华鑫铜箔有限责任公司一家，该公司产品主要为12微米、18微米、35微米、70微米电解铜箔，其产品主要作为原料销往江苏、浙江、广东等地区的覆铜板生产企业，公司对具有较高附加值的铜加工产品的开发力度不够。

灵宝黄金产业主要集中在采选、冶炼等生产制造价值环节（产品主要为国标1#标准金），黄金产业链条中具有较高附加值的生产制造价值环节（如黄金饰品加工）和研发、市场营销等上下游价值环节涉及较少，影响灵宝黄金产业的进一步发展。

（3）中高级专业技术人才缺乏，管理水平较低

目前，灵宝市尚缺乏铅锌生产方面的中高级专业技术人才，技术力量较薄弱。以志成铅业为例，目前该公司共有员工500多人，其中管理人员80人，但大专以上专业技术人才不到10人，其余多为未严格受过正规专业培训的产业工人，严重制约企业新技术运用和新产品开发。铜产业尤其是铜加工业的技术力量薄弱，以华鑫铜箔有限责任公司为例，目前该公司铜加工主要依靠从外地引进技术人才（建厂初从陕西引进技术人才，2003年开始引进韩国LG公司的技术，聘请韩国技术人员），全公司95名技术人员中自己培养的技术人员很少，对外依赖性很强。

2. 硫铁化工产业（含化肥）

（1）销售渠道受限

硫酸的自然属性决定了灵宝市硫酸的销售市场主要集中在300公里半径的周边地区，而在灵宝周边地区现存大量的硫酸生产企业，预计随着灵宝有色金属冶炼和加工产业的进一步发展，硫酸生产能力和产量将继续增加，硫酸市场竞争将更加激

烈。而目前灵宝本地企业硫酸消化量较小，如何尽可能多地就地消化硫酸产品，将是灵宝市硫铁化工产业发展所面临的一个突出问题。

就灵宝市鑫农化工有限责任公司而言，由于该公司以前由中国农资集团租赁生产，销售渠道由中农集团负责，主要销售市场为广东等沿海地区，随着企业改制，其原有的销售渠道必将面临问题；而公司产品品牌的本地认同度不高，本地市场占有率低，销售渠道受到较大限制。

（2）企业融资困难

以金源矿业有限责任公司的全资子公司——灵宝市鑫农化工有限责任公司为例，该公司是创建于20世纪60年代的国有中小企业，设备老化问题十分突出。目前公司为了保证正常运行，需要5000万～6000万资金用于现有生产线的技术改造。尽管金源公司正在进行上市前的准备工作，但正式上市仍需一段时间。融资瓶颈和资金短缺仍是该公司面临的现实问题之一。

（3）化肥领域中高级技术人员缺乏

灵宝市化肥领域技术力量较薄弱，尤其是中高级工程技术人员缺乏。以灵宝市鑫农化工有限责任公司为例，目前该公司共有员工800多人，其中管理人员107人，但大专以上只有10多人，工程师3人，其余多为在实践中成长起来的技术工人。这成为公司进一步发展、开拓新产品的重大障碍。

3. 果品产业

（1）良种苗木繁育体系不健全

采用良种苗木可以增加苹果早期产量20%以上，能明显提高苹果生产效益。目前，发达国家苹果生产已普遍采用无病毒健康良种苗木，而灵宝的无病毒良种苗木繁育体系还不完善，缺乏有效管理和从事苗木生产的龙头企业。另外，良种选育、引进和区域适应性试验工作相对滞后，跟不上果品生产发展所需的对苗木品种、质量、数量上的要求。

（2）果园管理水平低、技术含量低

由于生产规模小、分散经营和果农素质低等原因，缺乏规范化管理和集约化经营，使灵宝目前苹果的生产管理和经营停留在传统经验的基础上，新技术难以迅速推广，规范、科学的生产管理方法难以实施，苹果生产标准化难以实现，从而影响了苹果的产量、品质和竞争力，表现主要为：低档果品多，优质果品少；普通果品多，高科技、高附加值的果品少。果树综合管理水平的区域发展不平衡，2万亩示范工程果园明显优于普通管理果园，山区果园优于平川果园。同一区域内管理水平也存在很大差异：焦村镇铁路以南果园优于铁路以北果园，阳平公路沿线果园优于其他果园，导致果园经济效益悬殊。

(3) 采后处理环节薄弱,产品商品化处理比率小

多年来,灵宝果树生产一直注重面积与产量的发展,对产后处理、贮运等环节重视力度不够。虽然目前果品的采后处理得到了一些改善,但设施有限,水平较低。绝大多数果品不得不在采收期集中上市、低价销售或经过短期的简易贮藏便匆匆抛售,往往导致价格低,给果农造成极大的经济损失;也使大量贮藏、加工增值利润流失,制约了果品产前、产中的生产发展和果品质量的提高。

果品商品化率低。目前灵宝全市仅有3条选果生产线,年处理苹果1000吨,占全市苹果总产量的1.5%。98.5%的苹果均是经过人工分级、网套包装后进入市场,规避风险能力很差,降低了产品的竞争力。此外,灵宝全市苹果除了少部分机械冷藏外,冷链流通(包括运输、贮藏、销售)基本为零。

(4) 果品加工企业原料风险加剧

2006年,灵宝苹果产量为63.75万吨,浓缩苹果汁加工能力7万吨,按加工1吨浓缩汁需7吨苹果计算,共需苹果49万吨。2007年,灵宝果汁加工能力将达22万吨/年(鑫源果业10万吨/年、绿源果汁7万吨/年、海升集团5万吨/年),苹果需求量将达150万吨以上;灵宝果品行业每年还要生产一定规模的苹果酱、苹果罐头、苹果醋、苹果酒等,也要消耗一定量的苹果;而果品中鲜食消费也占据了相当分量。果汁企业加工果主要以残次果、等外果为主,其供给就更加有限。目前,灵宝市苹果主栽品种基本上均属鲜食品种,适合于加工的品种基本未形成规模,由于绝大多数加工企业没有建立自己的原料基地,加工企业无稳定的优质原料供应来源。

(5) 苹果加工品种单一,产业链短

灵宝市主要是生产苹果浓缩汁进行初级产品的出口,深加工不足。苹果鲜榨汁、苹果汁饮料、苹果酒、苹果醋、苹果酱、苹果脯等其他加工品尚未形成较大规模,新鲜的密封即时苹果、脱水苹果粉尚未开发。苹果干、苹果脆片等干制苹果品,需要研究开发适合消费者口味的产品。

(6) 果品营销的市场信息体系不健全,缺乏专业的销售人员

灵宝果品销售仍以个体、分散、小批量的直销为主。各地虽建有中小型果品蔬菜批发市场,但多属单家独户经营和一般中介交易,缺乏良好的贮藏、运输及市场信息服务等配套条件,市场信息体系不健全。信息主要来源是客户,不能对产品销路和市场变化作出及时调整;交易市场设施简单,交易方式落后,交易产品多数包装简陋;政府虽在积极参与果品市场和运销体系建设,但力度不够,投入不足;对营销龙头企业、中介机构的扶持力度不够,果品销售完全依靠销售大户。由于销售

大户注册为企业后，各职能部门（工商、税务、公安、卫生、质检等）多头管理和收取各种税费，销售大户尽管每年收购果品的量很大，但也不愿去注册为企业。

从浓缩苹果汁行业来看，生产企业缺乏既懂国际贸易实践又懂浓缩苹果汁加工工艺技术的专业人才，各个加工企业在浓缩苹果汁的出口价格、市场调研及对外联络等各方面都存在诸多问题和困难。因此，浓缩苹果汁的销售主要是依靠专业外贸公司进行，自营出口有限。随着浓缩苹果汁产量的快速增长及生产与贸易企业的增加，浓缩苹果汁的生产、销售的利润也越来越少。一些专业外贸公司已退出了浓缩苹果汁的出口销售工作，这势必会冲击这些企业的出口贸易。

3.3.2 产业转型的思路和途径

1. 产业转型的基本思路

资源枯竭型城市转型的关键是产业转型，产业实现成功转型，就能为城市转型奠定良好的经济基础。但是，资源型城市产业转型的成功目前并没有一个明确的衡量标准，一般的看法是：如果三大产业比例比较合理，也就是第三产业大于第二产业，第二产业大于第一产业，没有严重的就业问题，就应该认为转型彻底完成了。

综观全国，我国资源型城市产业转型迄今出现了三种模式。

第一种是"退二进三"型，即退出传统的资源性产业，进入以生态、信息、电子、服务等产业为主的第三产业，如甘肃的白银以及河南的焦作、平顶山就注重发展高新技术产业和生态旅游产业。

第二种是"退二进一"型，如辽宁阜新市就把发展的方向转向了现代农业。

第三种是保持传统的资源性产业，但设法延长产业链，继续做大做强，如大庆市就坚持发展了一系列以石油资源为基础的替代性产业。

在解决失业人员就业的问题上，不仅要依赖当地接续产业的发展，而且也可以让当地企业完全走出去，购买国内外资产，把富余的人员带出去。

根据灵宝市的产业基础和资源条件，产业转型的思路在于"喜新不厌旧"。一方面，经济转型并不意味着要放弃传统产业，而是要通过对传统产业的技术改造、产业延伸和清洁化、集约化经营，增加加工深度和产品附加值，努力使资源得到更好的开发和利用。另一方面，通过整合资源和发现新资源，发展面向未来的接续产业，着力调优第一产业，调强第二产业，发展第三产业，总方向是由资源产业独立支撑转向多元产业共同支撑。

第一，坚持走新型工业化道路。立足现有基础，发挥比较优势，以支柱产业多元化和精细化为主攻方向，改造提升传统主导产业，培育发展接续替代产业，大力实施"124"发展战略（即一个龙头——黄金产业，两个支柱——有色金属冶炼加

工和果品生产加工,四大潜力产业——化工、建材、机械制造、制药),做大做强工业经济,提高产业核心竞争力。

第二,扶持发展现代农业。认真贯彻落实国家支持"三农"的各项优惠政策,进一步强化农业发展的政策支持、资金投入、科技扶持、设施改进和实用人才培养,全力设施项目带动战略,加快发展现代农业,提高农业综合生产能力。稳定粮食生产,调整优化产业产品结构,扩大高产、优质、高效、生态、安全的农产品生产,力促农业的增值增效和农民的持续增收。

第三,积极发展现代服务业。工业化、城镇化进程的加快,为发展现代服务业创造了有利条件。服务业的快速发展,不仅能提高人民生活质量,促进工业化良性发展,而且能够增强对外信息交流和城市的品牌度,起到"旺市"的效果。实现灵宝市资源枯竭型城市的转型,离不开现代服务业的大发展。

第四,大力推动循环经济模式。紧密结合灵宝产业发展现状,按照区域集中、特色突出、功能完善、用地节约的原则,合理规划产业发展空间,建设特色工业园区,推进特色产业集聚区建设,促进生产力元素合理流动,发展循环经济模式,推动产业集聚发展,资源节约利用。

2. 产业转型的途径

在任何一个地方的经济发展中,决定其竞争能力和自身持续发展能力的主导优势总是处于不断变化之中。不同阶段的主导优势不同,处于潜在状态的区域优势转化为现实优势,需要导入本地短缺的优势要素,激活本地既有资源优势,以便提升本地优势要素的质量,改变资源要素组成的系统结构,优化优势要素的有效配置。因此,在不同阶段,需要引入恰当的转换因素,探索适宜的转型路径。就灵宝市的基础和现状而言,产业转型的可行途径主要有以下几条。

(1)进行资源调查,深度探矿区外拓展,引导多元化矿业发展,优化矿业经济结构

这是一种以资源利用为导向的矿业产业持续发展模式。主要的工作是对现有资源进行详细的调查摸底,多元化开发资源,变单一矿业经济为多元矿业发展,好处是相对比较容易,缺点是仍然局限于矿产资源,依然存在着资源枯竭和环境受损的危险。

- 实施危机矿山接替资源找矿计划,开展重点探矿工程

小秦岭金矿田中深部及外围金矿资源找矿潜力巨大。以矿业企业为基本单位,加大危机矿山接替资源找矿力度,有效缓解矿业企业尤其是原国有大中型矿业企业的资源危机,提高矿产资源保障能力。

- 深化黄金资源整合,实施整装勘查战略

坚持市场运作和政府调控相结合，继续深化金矿资源整合，完善市场化配置机制，推动优势矿产资源向生产规模大、技术水平高、资源利用率高、经济效益好的优势骨干企业集中，提高产业集中度和规模化生产能力。鼓励和引导矿业企业、资源深加工企业以资源为纽带进行联合、重组和兼并，并积极整合周边矿山企业及矿业权，提高资源开发的集约化水平。在重点成矿区带进行统一规划勘查和工作部署，利用现代综合找矿方法，整合使用国家勘查资金、省级勘查资金、地方及社会勘查资金，加大勘查投入，加快勘查进度。

- 开发新矿种，发展新矿业

首先，要开展非金矿种调查与评价。小秦岭金矿田中，除金矿外，与金矿共（伴）生的银、铜、铅、硫、钨、钼等元素极其丰富，要对金矿、硫铁矿、钼矿等已探明保有储量中共伴生矿产重新进行综合勘查和评价，摸清资源家底，对具有利用价值的共伴生矿产，要估算其储量，制定综合利用方案，认真组织实施。

其次，要大力引导多元化开发。除金矿、硫铁矿资源外，其他如钼、铁、石墨、白云岩等矿产也具有较好的勘查开发前景。因此要引导企业加快非金矿种开发，推进新产业发展，促进资源的多元化开发。

（2）依托现有资源，延伸产业链，构建循环经济体系

以有色金属加工基地为载体，推进综合利用，拉长产业链条，发展循环经济，提高资源利用附加值。提高资源利用率，变资源简单采掘为资源开发高效利用，以原有资源型产业为基础，改进技术和装备，从纵向延伸和横向衍生两方面发展下游加工型产业，以"减量化、再利用、资源化"为原则，高效循环地利用资源，"吃干榨尽"现有矿业资源，提高资源节约和综合利用水平。同时培育新的经济增长点，培养接续产业，加强增值环节，形成产业链优势，把利润转移到关联行业和其他产业，建立起资源深度加工和利用的产业循环链。

这是一种外延扩展的转型模式。这种模式利用了资源型产业前向关联效应大的特点，充分发挥既有资源优势，实施转型的难度较小。灵宝市资源型产业多为采掘业或初级加工业，产品附加值低，而下游加工产业在价值链上处于资源采掘业和初级加工的后端，增值潜力大，竞争优势强。随着产业链的延伸，下游企业和配套服务业不断发展壮大，最后形成对资源循环利用的产业集群。这一路径适合于矿产资源优势突出、工矿技术基础较好的资源型产业。

结合灵宝市，要组织各优势企业搜集整理产业链发展技术信息，筛选一批精深加工项目，深入开展可行性论证，选准产业发展方向，逐年减少初级矿产品的销售比例，大力发展高附加值后续产业，不断提高资源开发的增值效益，推进矿业循环经济发展，减轻资源供给压力。要限制初级产品的开发和销售，引导企业发展多元

化、高精深加工产业，拉长产业链条，提高产品附加值。要区分不同资源类型，分别采取转型措施，发展延伸产业链。

（3）重新挖掘新的可再生资源优势，将产业重点转移到本地现有的其他产业（如农业、旅游业等）

在矿产资源之外，就区域范围挖掘新的资源优势，主要是挖掘可再生的生物性绿色资源。这是一种内生型转型方式，由于发展初期过分强调城市的矿产资源生产基地功能，在后来的发展中逐渐形成对矿产资源的依赖而忽视了挖掘其他资源和优势。

打造灵宝市林果业及其食品加工基地。灵宝市在林果业及其食品加工产业方面已有很好的基础，这为实现转型提供了新型产业发展方向，要通过对这些产业的扶持，使其早日成为主导产业，达到经济转型的目的。在农业产品深加工方面，一方面要注重专业分工的产业集群发展，另一方面要注入健康产业内涵，进一步扩展以食品加工为基础的健康生态产业发展空间。

利用历史文化积淀和地质矿藏条件大力发展特色旅游业。灵宝旅游资源丰富，文化底蕴深厚，自然山水风光优美。境内的函谷关是我国古代建置最早的雄关要塞之一，也是古代著名的思想家、哲学家老子著述《道德经》之地；黄帝铸鼎原是炎黄子孙寻根祭祖圣地，周围的西坡遗址被列为中华文明探源工程六大遗址之一。以此为核心的古战争文化、老子文化、黄帝文化闻名于世。地质科普旅游与风景名胜旅游相结合，构成灵宝市珍稀地质遗迹、文物古迹、风景名胜三位一体的旅游环境。对于灵宝市而言，利用好这些优良资源，并借邻近地区之势大力发展旅游产业，这是灵宝市未来产业转型的又一个方向。

（4）根据在区域经济中的区位及功能，摆脱自有资源基础，发挥物流枢纽作用，服务整个地区

资源型经济的典型特点是注重自身既有不可再生资源的开发，生产加工技术相对低下，产业结构单一，市场销售外化，与本地经济需求及经济循环相对脱离，属典型的"嵌入型"飞地经济。因此，资源型地区要成功实现转型，就必须摆脱自有资源的限制，恰当利用外部资源，探索一种融入外部区域经济的发展方式。这是一种外生型转型方式，即发展不依赖于原有资源的新型产业，对接外部产业，变"资源决定论"为"市场决定论"，并借助外力直接在资源型城市植入新型产业。这种产业的选择相对比较困难，一般要遵循产业区域空间构成和产业阶梯性转移的要求，退出传统的资源性产业，一方面进入与相邻地区产业相关性高的行业，如物流和生产性服务业；另一方面瞄准相邻地区的产业转移，创造条件引进其他地区需要转移的产业。与此同时，与本地产业对接方面，往往存在

"水土不服"的问题。重要的是要做好定位，并对相邻地区相关产业进行深入研究，打好基础，做好招商工作。灵宝市应将自己纳入区域范畴，充分考虑周边城市和所在省份的产业配套情况，依据服从区域产业分工，利用产业群体优势的原则进行城市的产业转型。

近年来，无论是国务院讨论并原则通过的《促进中部地区崛起规划》，还是河南省积极推动的"中原经济区"建设规划，都潜藏着许多推动区域经济发展的政策先机。对身在其中的灵宝市而言，应充分利用周边地区的矿业、果品、电力等资源优势，以科技进步和制度创新为动力，以冶金加工产业链和果品综合开发利用产业链的延伸为主要内容，以培植核心产业环节为重点，以物流服务为新功能定位，谋取未来中原西部地区的竞争位势。

（5）发挥后发优势，通过学习和模仿，实现生产技术、管理水平、组织结构、要素禀赋上的提档升级，培植新型产业

发挥后发优势的主要途径是技术和管理经验的引进和模仿。资源型城市的产业结构以劳动密集型产业为主，产业技术基本处于全国的中下等水平，技术装备趋于老化，产品结构表现出以初级产品和基础原材料为主的粗放型特征，产品技术含量低、附加值低。要延伸产业链构造产业聚集优势和企业的竞争优势，势必需要先进的技术、知识和管理经验，如果这些要素完全由企业自身完成，企业将面临巨大的成本和风险。利用后发优势引进当前国际、国内较为前沿的技术和管理经验，可以为企业的发展提供助力。

按照"调结构、上水平、促改革"的要求，把培育高新技术产业和加工制造业作为转型发展的核心。培育新的工业经济支撑点和增长极，带动全市工业技术结构、产品结构升级，形成整体竞争优势，走新型工业化发展之路，努力把灵宝建设成以优势产业为支撑、高新技术产业为先导、传统产业和基础产业为依托的先进制造业基地。技术和管理经验引进的模式可以通过以下几个方面：与先进企业合资、合作，通过引进省地调一队等一批技术合作伙伴，签订战略合作框架协议，利用先进的理论和技术，提高找矿成功率；大力进行冶炼技术改造；通过招商引资引入符合当地产业发展的企业，利用这类企业在参与当地产业链的分工和合作的过程中产生的技术外溢效应，带动前向联系和后向联系企业的技术进步；加强员工培训，通过派出技术、管理人员学习相关行业的先进经验，为我所用；注重自身科技创新能力的培养，例如，通过成立黄金股份矿业技术开发中心和金源矿业博士后科研工作站，开展成矿规律、采选工艺、低品位矿石冶炼、多金属综合回收等方面的研究，为提高资源利用效率、发展循环经济提供技术支持，使黄金尾矿等资源得到充分利用。

应该指出的是，技术和管理经验的引进和模仿只是促动资源型城市产业发展的初始动力，用以避免经济发展陷入低水平的恶性循环，而要真正构造竞争优势必须在此基础上培育区域的自主创新能力，这样才能形成企业的核心竞争力和依托于当地独特环境、技术优势的产业集群，从而塑造城市的持续经济优势。

（6）外引内联进行资源整合，以产业园区为载体实现产业集群式发展

这是一种较高层级的产业转型方式。一方面，既有的资源及其产业化经营都具备一定基础；另一方面，政府和企业的运作能力比较强。资源型城市的一个显著特征是地方小企业和国家大型资源企业两者互相封闭，政府和矿区相对独立，形成了明显的二元结构，资源管理难，企业沟通少。因此，政府应该鼓励集约化经营开发，通过规划产业园区，改组改制改造企业，整合形成大企业集团或者产业集群。这一转型方式主要有两个关键：一是创建产业园区，二是优化产业结构。主要在两个层面操作：一是实施资源整合，二是促成产业集群。在产业配套、管理、科技创新、人才、就业培训和开放等方面，加快产业结构的调整和升级，为实现产业转型创造有利条件。

3.3.3　大力推进经济转型

把培育发展多元化支撑产业作为经济转型的重点，把加快发展非矿替代产业作为经济转型的根本途径，优先发展新型工业，以工业化、城镇化带动农业产业化和三大产业现代化，形成"富民强市"、城乡协调的产业格局，推动城市由资源依赖型、单一的经济结构向多元化、复合型经济结构转变。

1. 继续做强支柱产业

从目前形势看，黄金产业、有色金属加工、果品加工既是灵宝市的三项支柱产业，也是今后一段时期内的接续产业。为此，要依靠技术创新，提高对自然资源的利用效益，着力发展精深加工，调整优化产品结构，大力提升产业竞争力。

（1）调整提升黄金产业，着力发展深加工

黄金产业作为灵宝市传统的优势支柱产业，已经形成了集地质探矿、采选、冶炼、深加工、网上交易于一体的黄金产业格局，采选、冶炼技术达到国际领先水平。2009年，黄金工业产值仍占全市工业产值的80%左右。由于灵宝市资源枯竭的特点是黄金探明资源的枯竭，即小秦岭浅表层资源的枯竭，不同于其他类型的资源枯竭型城市。从实际来看，如果勘探力度和采选技术跟上，当地矿产资源开发的潜力仍然巨大，黄金产业发展的空间依然广阔。一是小秦岭金矿田中深部找矿潜力巨大，二是黄金矿产资源的境外开发成果巨大，三是黄金深加工发展空间巨大，四是通过申报黄金矿山公园，发展特色旅游业的前景巨大。因此，从历史、现实和未

来的有机结合上，灵宝市的城市转型，在近期和中期还都离不开黄金产业的巩固发展。

当然，从长期的发展趋势看，灵宝黄金产业需要完成从粗放型向集约型、从原料型向加工型、从生产型向经营型转变。为此，必须积极实施"区内整合、区外开发、精深发展"的战略，在继续扩大黄金产能的基础上，重点向做强黄金产业链的方向努力。

第一，继续挖掘和开拓资源供给渠道。一方面，依托黄金股份公司、金源矿业公司等企业，积极争取国家地探专项资金和国债资金，加大灵宝境内深部探矿力度，推广应用国内外采选、冶炼、环保等先进技术，重点对难选矿、低品位矿和尾矿进行综合开发利用，提高资源利用效率。另一方面，灵宝黄金企业应积极发挥其现有的技术、人才和管理优势，做好境外资源开发与开采。鼓励企业在区外（尤其是中西部地区）建立黄金探采基地，积极参与境外的矿产资源开发，以确保黄金冶炼原料供给。

第二，盘活黄金饰品加工企业，塑造灵宝黄金首饰品牌形象。以灵宝旅游产业为依托，盘活现有的黄金饰品加工企业（金中皇珠宝股份有限公司），塑造灵宝黄金首饰品牌形象。未来灵宝黄金饰品品牌建设可以考虑分两步走：第一步，以金中皇珠宝股份有限公司为依托，与国内外知名珠宝首饰品牌商合作，通过代工和贴牌等方式进行生产，或以金中皇珠宝股份有限公司现有资产与国内外知名珠宝首饰品牌企业进行合资等方式来发展深加工业；第二步，待时机成熟之后，再进行灵宝首饰的自主品牌开发。

第三，打造中国中西部最大的黄金交易集散中心。市政府应积极争取国家批准在灵宝建立黄金交易中心，该中心以黄金投资为主要业务，业务包括实盘代理黄金交易、现货延期交收交易、金条交易（销售与回购）、金银章交易、0.1克金网络交易、黄金旧料和黄金制品回购、金银产品批发和零售等。

第四，建立特色黄金产业园区和黄金饰品基地。一方面，要积极盘活金中皇珠宝股份有限公司，努力吸引国外及港台知名首饰生产商，促进黄金深加工企业快速发展，带动高档黄金工艺品、旅游纪念品等的大规模生产，努力建设灵宝市黄金饰品加工基地。另一方面，努力在黄金工业应用上取得实质性进展。近期可以考虑发展金盐、银盐、磁光电开关、各种黄金及贵金属合金丝等，努力打造黄金工业产品基地。进一步加强与高等院校、科研院所等的合作，及时跟踪宇航、电子、医药和建筑装饰等领域工业用金的研究和应用信息，争取在工业用金方面不断取得新的突破。

第五，进一步延伸灵宝"中国金城"的品牌效应。一方面，依托灵宝黄金产

业发展的悠久历史，可以考虑将黄金历史文化、黄金探险、黄金采掘、冶炼过程等融入旅游项目中，大力发展黄金旅游业。另一方面，通过举办灵宝黄金节、黄金珠宝首饰展销会、中国国际黄金贵金属年会、黄金产业学术研讨会等活动，打造灵宝市"金城"的城市品牌，把灵宝建成中国乃至世界的黄金名城。

第六，加快大项目建设。灵宝黄金产业建设的主要项目有：黄金股份公司区外3000吨/日选厂项目和300吨/日金精矿冶炼项目；100万吨/年低品位矿项目，1000吨/日的选矿扩建项目，投资1亿元的小秦岭深部探矿项目。金源矿业公司投资8.7亿元的中深部探矿项目，投资1.6亿元的黄金矿山探、建结合（改建300吨碳浆厂）项目，投资5.3亿元的金银精炼生产线改建项目；博源矿业公司投资5.5亿元的100千克金、银/日处理项目（二期）。通过加快这些项目建设，力争到2015年，全市黄金采选综合规模达到18000吨/日、冶炼能力达到1400吨/日，矿产黄金量达到70万两/年，精炼黄金达100吨/年，市内加工消化黄金达到30万两/年，使灵宝成为全国重要的黄金工业生产、管理技术输出和精深加工基地。

（2）大力发展有色金属冶炼加工业

在打造全市新的支柱产业的进程中，有色金属综合加工利用有着不可替代的作用。灵宝市要利用现有产业基础，扩大招商引资，重视技术改造，尽快做大做强有色金属综合加工利用产业，为县域经济的可持续发展提供新的支撑点。要狠抓循环经济的技术支撑体系，突破有色金属压延加工高端产品，形成完整配套的有色金属工产业链，着力打造以铅、锌、铜为主的新型有色金属加工基地。

打造灵宝铅锌产业，需要从以下几个方面去发展。

第一，提高铅资源的安全保障度。本着立足国内资源、重视国外资源供应的基本原则，实施铅锌资源和原料的安全供应战略。近期必须做好资源开发的合理规划，强化对资源的宏观调控和监管力度，杜绝无序开采和乱采滥挖，保护和节约资源；市政府应出资支持，加大地质勘探力度，使现有矿山企业提高自身的生存和发展能力；整合铅锌产业，提高矿山企业规模集中度；铅锌冶炼企业应通过资本运作，参控、控股国内外铅锌资源企业、矿山勘探，大胆尝试与西方矿山直接签订长期合同，鼓励有实力的企业走出国门，通过买断、控股国外矿山或者进行境外风险勘探，开发利用境外矿产资源。

第二，政府引导组建灵宝市铅锌行业协会。该行业协会的主要职责是：负责制定并组织实施行业发展规划，协调冶炼、加工能力总量平衡和企业关系；提供市场价格信息、技术动态、国家产业政策等服务；在进口原材料价格谈判中形成统一价格；行业协会及成员应积极参与全国行业协会的各种活动，了解、掌握行业的发展动向，为企业的经营决策提供信息。

第三，制定电解铅企业准入标准，坚决淘汰落后生产技术。结合灵宝市实际，确定市场准入条件为：粗铅生产能力达到10万吨/年以上，电解铅生产能力达到10万吨/年以上，坚决取缔关闭生产能力在10万吨/年以下、粉尘回收未达到国家标准、硫回收低于90%的企业；抓紧现有铅冶炼项目的建设，使其尽快投产运行，原则上不再审批新的铅冶炼项目，现有企业必须采用先进的富氧底吹氧化—鼓风炉还原熔炼工艺和采用非定态二氧化硫转化技术，回收铅冶炼生产过程中产生的低浓度二氧化硫；铅锌冶炼行业节能技术未来的发展必须改变传统的冶炼工艺，转变为铅锌联合冶炼循环经济产业模式，建立铅锌联合冶炼整体化工工艺流程。

第四，加快产品开发和优质项目建设。再生铅项目是在铅产业链上游矿石资源短缺的情况下国内许多大型铅生产企业拓宽资源来源的重要渠道，也符合铅产业发展的潮流。灵宝应尽快实施再生铅项目建设，及早抢占再生铅市场。积极开发汽车、电动自行车和摩托车用铅酸蓄电池等下游产品。可考虑给予优惠政策实施项目招商、引进现有电池生产企业在灵宝办厂、现有冶炼企业对产品进行延伸、寻求现有电池商与汽车制造商和灵宝铅生产企业联合建厂等多种方式，加快新产品的开发。在未开发下游产品前，可考虑对现产品（精铅）进一步深加工为铅合金销售，以扩大企业利润空间。为了实现新产品开发，灵宝市铅锌产业重点建设项目主要有：40万吨/年铅冶炼项目；15万吨/年再生铅项目（分期建设）；10万吨/年锌冶炼项目（分期建设）；20万只/年铅酸电池项目；4000吨/年纳米氧化锌项目；5万吨/年电解锌项目；4个3万~5万吨/年铅合金项目。

第五，加大人才培养和引进力度。以灵宝铅锌行业协会为依托，建立专业人才培训中心，积极发展职业教育，培养各类专业人才；实行各类人才柔性化、开放性流动政策，引进一批铅锌产业急需的高水平技术研发人才以及精通经济、管理、国际贸易的高级经营、管理人才。

在做大做精铜加工业领域，灵宝市需要抓好以下几方面的工作。

第一，提高本地铜冶炼能力。以目前铜行业的高价位运行为契机，利用国内外有关采选、冶炼和环保等先进技术，重点加强对灵宝现有伴生矿、难选矿、低品位矿和尾矿的综合开发利用，提高铜冶炼企业资源回收利用效率；积极利用再生铜资源以降低原料成本，确保铜加工原料供给。

第二，以华鑫铜箔有限责任公司为载体，积极开发高档铜箔及下游产品。进一步提高技术水平，以现有生产为基础，积极开发12微米以下高档铜箔产品及覆铜板、印刷电路板等深加工产品，不断延伸铜加工产业链。重点开发铜板材、铜带、铜线缆、铜箔、铜棒等产品。

第三，抓紧新项目的建设投产。为了增强灵宝市铜产业的实力，当前和今后几

年需要抓紧建设的项目主要有：5万吨/年电解铜项目；1万吨/年高档铜箔项目；240万张/年覆铜板项目；5万吨/年高精度超薄铜板项目；2万吨/年电子铜带项目；5000吨/年铜引线框架；1000公斤/年键合用金丝材料生产线项目；10吨/年无氰金盐项目。

（3）加快发展新型果品加工业

2009年，灵宝市果树栽培面积达到110万亩，果蔬年加工能力已达到40万吨，浓缩果汁产量达到3.8万吨，已成为全国果菜加工十强县市之一。果品业在灵宝市的富民强县大业中具有基础性的地位。但是，从整个产业的发展前景来看，灵宝果品业仍然存在着优质原料不足、加工品种单一和产业链短、专业技术人才缺乏等制约因素。为了进一步壮大果品生产和加工业的竞争力，需要实施以下发展方针。

第一，以效益为中心，突出灵宝苹果种植区域优势，调整布局，优化结构，推广新技术，发展新品种。市政府应利用每年发展20万亩苹果的机遇，积极引导和鼓励果农加大加工用苹果品种（高酸苹果）的种植比例，逐步建设果汁加工专用果种植基地，为加工企业提供充足的原料。

第二，在稳固发展浓缩苹果汁生产的同时，努力实施产品多元化战略。在优化产品结构方面，要抓住国家扩大内需、消费升级机遇，引导企业在巩固浓缩果汁主导产品的同时，积极开发罐头、饮料、果酒、果醋等高附加值产品，扩大浓缩梨汁和浓缩枣汁、桃汁等品种的生产规模，加紧推出适销的蔬菜汁等新产品，积极开拓国内消费市场，推动生产经营重心的战略性转移。在产品精深加工方面，鼓励企业通过技术改造，加强对苹果渣、果核等资源的综合开发与利用，将果渣加工成饲料，将果胶加工成食品添加剂，实现资源循环利用和环境的"零"污染，打造完整的产业链条，提高行业产品附加值。

第三，进一步实施项目带动战略，充分发挥产业集聚和规模生产效应。一方面，继续壮大龙头企业，有计划地通过兼并和其他合作形式，扩大龙头企业规模和实力，扩大在国内的原材料市场占有率和市场渗透度，提高产品知名度；另一方面，抓紧建设促进技术改造和产业升级的新项目。近期投资的项目是：70平方千米果蔬种植基地项目、10万吨/年的果品加工生产线项目、6万吨/年的大枣制品项目、10万吨/年的大枣汁饮料项目、1万吨/年的朝鲜蓟罐头项目、10万吨/年的浓缩梨汁项目、2万吨/年的葡萄汁饮料项目、10万吨/年石榴产品精深加工项目、10万吨/年浓缩橙汁项目、5万吨/年饲料及果胶项目、投资1.1亿元的果品农药残留脱除改造项目、投资9000万元的国家级果蔬综合加工工程技术中心项目等。中期建设项目主要有：投资2.8亿元的年产10万的果沙饮料项目，投资2.5亿元的年交易10万吨的大型果蔬冷链物流集散中心项目，投资4200万元的年产3000吨双孢菇罐头项目，投资4500万元的年产3万吨果茶项目，投资4500万元的果蔬汁中砷脱除技术改造项目。

2. 积极培育替代产业

以机械制造、医药、建材、化工等新兴产业为突破口，加快技术创新，扩大增量规模，实现增量突破，促进未来替代产业快速成长，实现产业的多元化发展。

（1）大力扶持机械制造业

大力实施"结构优化、技术升级、专业配套、产业集群"的整体战略，培育一批在国内领先的龙头企业，着力引进战略投资者，提高自主创新能力和重大装备集成能力，发展高效可靠、节能环保、替代进口的产品；提高本地配套水平，引导企业集聚发展，重点发展精密铸造、汽车零部件、矿山机械、农用机械等，通过新技术的改造，提高产品的附加值，大力发展利用高新技术，全面提升机械制造产业结构和市场竞争力。

围绕国家确定的关键领域，立足灵宝的比较优势，按照"有所为有所不为"的原则，根据确定的产业发展方向，积极参与重大技术装备产品的开发、生产和配套，进一步提高具有相对优势的精密铸造、农用机械等设计、制造及集成能力。围绕河南省装备制造业中的成套产品配套发展相关基础件和通用件，如新型液压、气动元器件、精密轴承、精密模具、特种泵阀、新型密封件等。通过提高基础材质和工艺水平，提升产品档次和质量水平，扶持一批机械制造业重点企业和产品。

加快现有企业提质扩能，依托华鑫铜箔、豫西轴承、黄金机械、灵帅钢球、阳平紧固套加工、电力设备制造等企业，加快拓展轴承、紧固套、钢球、衬板、铸钢品种，扩大产能，提高技术水平。积极引进国内外知名企业与境内现有企业联合，重点向矿产机械、发电设备、医药食品机械、高档铜质零部件方向发展。加快推进3000台/年大型设备的精密机械制造项目、1000套/年的医药食品机械项目、50万套/年的精锻差速齿轮项目、650万套/年的豫西轴承扩建续建项目、324台套/年（16000吨/年）的金尧电站设备制造项目，坚持成套设备与零部件升级并举，实施多品种、多渠道发展。到2015年，初步建成河南省重要的精密机械及相关产业研发、生产基地，力争各种成套设备产量达到1万台。

（2）发展壮大硫铁化工产业

灵宝市具有丰富的硫铁矿资源，被誉为"硫铁王国"。截至2007年底，全市累计探明的硫铁矿资源量6090万吨，保有资源量为4666万吨，占累计探明硫铁矿工业储量的77%。境内除有河南省乃至中国北方迄今为止发现的规模最大的硫铁矿床——银家沟矿外，还有小秦岭金矿中伴生的硫铁矿产地九处，开发价值估算为

130亿元。若按年开采50万吨计算，境内硫铁矿资源可开采120年以上，这为灵宝市发展硫铁化工产业提供了充足的原料保障。

立足于硫铁矿综合利用和就地消化的考虑，把硫铁化工及相关产业建成灵宝市又一新兴的持续发展的支柱产业，必须要有新的发展思路。

第一，要加大硫铁矿的综合利用。灵宝硫铁矿含有褐铁矿、磁铁矿和金、银、铜、铅、锌等资源，经济价值很大，因此，要以金源公司为依托，立足本地现有资源，按照循环经济发展模式，对其品位、冶炼技术、成本等进行系统分析，采用先进技术加大硫铁矿的综合开发利用，有效回收多种有价金属，提升行业利润空间。

第二，对化肥生产进行大力整合。可考虑对尿素生产线进行转产，把鑫农公司现有尿素生产线与晨光化工磷复肥生产线进行资源整合，扩大磷复肥生产规模，把磷复肥做大做强。为此，应加强对现有四川雷波的磷矿基地的建设，做好资源开发的合理规划和储备，强化对资源的宏观调控和监管力度，杜绝无序开采和乱采滥挖，保护和节约资源；鼓励重点骨干企业通过买断、控股等方式开发利用国内外矿山资源，为磷肥产业发展提供原料保障。

第三，延伸硫铁化工及相关产业链条。要充分发挥硫铁化工资源优势，积极开发己内酰胺等化工产品，延伸硫铁化工及相关产业链条。建议利用本地合成氨和硫酸生产优势加快己内酰胺项目的建设。己内酰胺项目实行分期建设，一期争取在5年内投产，再用1～2年时间对生产技术等进行消化吸收，在此基础上进行二期项目建设，并积极发展化纤、轮胎帘子布等下游产业。在生产工艺上，可考虑选择以苯为原料，采用DSM技术，其产业可与现有合成氨、硫酸产业关联起来，其副产物硫酸铵可作为磷复肥的原料，形成行业发展的循环经济模式。随着产业的发展和技术的积累，将来再向多种化工产品的开发迈进。

第四，加快实施综合利用项目建设。重点建设20万吨/年己内酰胺项目、50万吨/年硫铁矿项目、40万吨/年硫酸项目、30万吨/年磷矿项目、30万吨/年磷复肥项目、30万吨/年铁精粉项目、20万吨/年合成氨项目、18万吨/年磷酸二氢铵项目、12万吨/年磷酸一铵项目、10万吨/年硫酸钾项目、15万吨/年硫酸铁项目、1万吨/年颗粒硫酸锌项目，2000吨/日钼矿采选项目。力争到2015年全市硫酸产量达到120万吨/年规模，硫铁化工产业实现销售收入超过50亿元，利税18亿元，将灵宝建设成为中原地区重要的硫铁化工产业基地。

（3）大力扩充建筑材料产业

灵宝境内多山多石，建材类资源丰富，仅探明储量的就有白云岩、石墨、水泥灰岩、雕刻用板岩、砖瓦黏土、花岗石、蛭石、水晶、砂砾石、大理石、硅石等10余种。其中，石墨矿、白云岩矿、硅石矿探明资源量位居河南省前列，具有开发新型建材的良好前景。

近几年，随着灵宝逐年扩大的新上和续建投资项目以及新农村建设、城市化进程的加快，基础设施建设规模迅速扩大，建筑业的蓬勃发展带动了建材工业的发展。原材料的丰富，建筑市场的扩大，为灵宝发展建材产业提供了有利条件。但是灵宝建材产业规模并不大，目前仅有2个水泥厂和2个木板厂。把建筑材料产业作为灵宝的潜力产业来培育，需要重点从以下几个方面进行突破。

第一，水泥产业的扩大调整。2008年灵宝市的水泥产量仅为35万吨，规模太小，远远不能满足当地基础设施建设和房地产业发展的需要。立足本地丰富的灰岩资源，争取在2015年之前新上或扩建一个年产50万吨的干法水泥项目，使全市水泥年产达到100万吨。

第二，大力发展石墨型材。石墨是21世纪最有前景的三大新兴材料之一。石墨经提纯、超细粉碎、化学改性等工艺得到高纯石墨、石墨乳、膨胀石墨；再进一步生产得到高纯石墨及制品、显像管用石墨乳、拉丝石墨乳、锻造石墨乳、石墨涂料、柔性石墨卷型材、石墨密封材料、石墨坩埚等终端产品。灵宝的石墨矿主要分布在故县镇泉家峪—阳平镇荆山峪一带，属中型矿床，已探明工业储量989.8万吨，保有储量为756.68万吨，品位4.1%，且具有片体大、晶质好的特点。目前只有一个企业开采，年设计采选能力约10万吨，由于市场因素，近年来一直处于停产状态。今后的发展方向应该是在提高提纯技术上有所突破，并逐渐向卷材、密封材料和坩埚等终端产品发展，形成比较长的石墨产业链。近期先重点实施金地置业公司6000吨/年石墨制品项目，扩大石墨产能。

第三，积极推进白云岩深加工。白云岩可用皮江法提炼出金属镁，而镁具有质量轻、机械强度高、导电导热性好、易于加工和回收等独特性能，故被誉为21世纪最具开发和应用潜力的绿色工程材料，广泛应用于工业生产中。灵宝的白云岩资源主要分布在朱阳、五亩、苏村、故县、程村等五个矿产地，已查明的资源量为6857万吨，远景资源量可达1亿吨以上，具有质量好、厚度大的特点，完全符合提取金属镁的工业要求，潜在经济价值巨大。目前仅有的2个矿产企业规模小，技术水平低，2008年实际生产能力只有0.46万立方米，远远未能充分利用当地的白云岩资源。需要新建一个10万吨/年的金属镁提取和加工项目，加快建设金龙镁业6万吨/年镁合金项目，大力开发各种镁合金型材，并使白云岩加工产品最终用于航天、交通等领域。

第四，高度重视硅石材料的开发。硅石是脉石英、石英岩、石英砂岩的总称，可大量用做建筑材料的原料，也是无机盐工业的重要原料。用化学方法可将硅石加工成一系列硅化合物，主要用于冶金工业用的酸性耐火砖。灵宝的硅石矿已查明的资源量

1043.68万吨，预测的远景资源量在2800万吨以上，居河南省前列。2008年5月，灵宝成立了一家从事硅石开采加工的企业——金源矿业，获得承包面积及探矿权面积2.5平方千米，近期拟上马一条研磨硅粉的生产线，设计生产能力为每年5万吨。在中长期，灵宝硅石产业的发展需要在吸收和消化现有国内先进技术的基础上，逐渐向多条产业链进军，在扩大开采业、研磨能力的同时，不断开发适用于建筑工业、玻璃工业、冶金工业、化学工业等领域的多种产品，形成比较上档次的硅石产业链。

（4）积极发展医药产业

重点推进加强医药产品研发，快速扩大医药产业规模，提高灵宝药业的质量和品牌。推进生物制药高端产品生产，采用先进的提取、基因工程、蛋白质工程等技术，加强医药中间体等方面的研制和生产。调整产品结构，加快原料药下游产品开发，加大新药研发和生产。发展抗生素原料药和化学合成药。

以市场为导向，整合医药业的人才、技术等资源，在现有工业园区基础上进行科学规划，逐步形成富有特色且相互推动的产业集群。在此基础上，大力实施专业化协作配套工程，有针对性地组建、培育各类医药专业市场，特别是医药产业链中的上、下游产品市场和子行业产品市场，为企业提供原材料和中间产品，使龙头企业在降低采购、仓储、运输物流等综合商务成本的同时，扩大产销利润空间，从而发挥带动产业聚集的主导作用。

以豫西药业公司、三宝药业公司、零一制药公司、泉鑫医化公司等企业为依托，建立"药材种植—医药中间体—高科技新药"的医药产业链，做强做大黄连素系列、兽药、中药、中药提取和化学合成药，创造有自主产权的医药品种，促进产业升级变强。重点实施孟成生物药业2000吨/年色氨酸项目、阳店镇5000吨/年生物蛋白项目、3亿粒/年连蒲双清胶囊项目、300万支/年盐酸纳美芬项目，并鼓励企业积极申请建立省级技术研发中心，加强医药产品研发，快速扩大医药产业规模，提高灵宝药业的产品质量。

3. 加快发展现代农业

通过强化农业发展的政策支持、资金投入与科技扶持，大力调整优化产业结构，积极发展现代农业，确保农业的增值增效和农民的持续增收。力争到2015年，第一产业增加值达到30亿元，年均增长4.2%以上；农民人均纯收入达到1万元，年均增长8%。

（1）优先抓好果品生产

果品种植已成为灵宝市最主要的农业生产项目。今后的果品生产必须以市场为导向，以效益为中心，加快布局调整，推广新技术，发展新品种，建立新型果品生产和加工基地。一方面，以增加农民收入为出发点，调整生产布局和品种结构，加强苹果优势区域建设,通过强化良种苗木繁育体系、苹果出口基地、质量标准体系、市场信息体系、采后贮藏加工等建设,实施名牌和龙头带动战略,推进苹果产业化经营,加快外向型苹果产业的发展。另一方面,以产品结构调整为重点,在2015年前再增加20万亩苹果的同时,适当减少晚熟品种的比重,相应扩大早熟或中熟品种的比例,并不断增加适合于加工的酸度比较高的品种,使其能够与果品加工业配合起来;同时,扩大大枣、核桃和小杂果品的种植面积,加快朱阳镇30万亩核桃基地项目建设。通过这些举措,大幅度提高灵宝果品生产的竞争力,打造全国果品产业大市目标。

(2) 大力调整农业品种结构

鉴于目前灵宝市的各类农业资源和生产要素配置还不合理、优势还没有充分发挥的现实,灵宝农业下一步的调整发展仍需继续坚持"多业并举、共同发展"的思路,重点发展林业经济、中药材种植和无公害蔬菜。

- 林业经济

坚持生态林、产业林和区域经济发展相结合,合理利用森林资源,积极培育公益林,大力发展商品林。商品林要重点建设50万亩速生丰产林基地,发展板材加工。公益林要加快实施67万亩生态林项目建设,并按照"生态产业化"的方法去建设,用生态林废弃树枝栽培蘑菇、木耳等食用菌,使公益林建设和农民增收相辅相成、良性发展。

- 中药材种植

要以南部山区、西部塬区乡镇为重点,不断扩大丹参、黄芩、芍药、栝楼等具有地方特色的中药材种植,使总面积扩大到15万亩。这样,既可以拓宽农民增收的渠道,也可以为当地制药业提供稳定的原料基地。

- 无公害蔬菜种植

目前,灵宝市的蔬菜种植面积达到了11万亩,其中有3万亩芦笋。从近年来的发展形势看,蔬菜特别是无公害蔬菜无疑成为当地农村经济的新增长点。今后几年内,要依托景源公司70平方千米果蔬基地建设项目,继续加大无公害蔬菜的种植面积,增加反季节蔬菜品种,使蔬菜生产成为农民增收的稳定来源之一。

(3) 积极推进农业产业化经营

围绕山塬区林果、沿黄区芦笋、井灌区蔬菜三个农业优势产业带发展规划,积极发展生态农业、订单农业、精准农业和创汇农业,推动农业产业化。积极扶持发展各类农村专业合作经济组织,通过"协会+公司+农户"、"专业合作社"、"订单农业"等形式,大力发展农产品精深加工,建立农工贸一体化、产供销一条龙经营体制,不断提高农业专业化和农民进入市场的组织化程度,实现农业产业化经

营。通过不断完善农业技术服务体系，加快农业新技术的推广应用，加强农业生产的科学管理，建立生态高效农业。积极推进农用地有序流转，进一步完善"公司＋基地"模式，发展壮大龙头企业和企业集团，培育10家以上产值超亿元的骨干龙头企业，带动农业产业化良性发展。

(4) 引导发展技能型劳务经济

新世纪以来，劳务输出成为中西部农村经济的重要部分，工资性收入占到农民增收的一半左右，成为农民增收的主要来源。目前，灵宝市劳务输出达到10万人，占全市农村劳动力比重的30%，形成了规模越来越大的劳务经济。但是从总体上看，灵宝市劳动力转移仍处于低水平状态。一方面，输出的劳动力技能还比较低，就业创业的能力不强；另一方面，输出的方式主要靠自流，劳动部门有组织、有目的的输出量很小，加大了劳动力转移的成本与风险，未能形成优势劳务品牌。

发展现代农业必不可少的一项内容就是需要有技术懂管理的新型农民。因此，灵宝要把发展技能型劳务经济作为农村经济的一个大产业进行规划。以培育新型农民为目标，坚持"对外输出、对内转产"两手抓，积极开展农村实用技术、职业技能和劳动力输出等培训，推动劳动力资源向人力资源转变，不仅向市外输出越来越多的技能型劳动力，而且依托镇区商贸和产业集聚区工业企业，实现更多劳动力就地转移，拓展农民增收渠道。

4. 大力发展现代服务业

工业化、城镇化进程的加快，为发展现代服务业创造了有利条件。服务业的快速发展不仅能提高人民生活质量，促进工业化良性发展，而且能够增强对外信息交流和城市的品牌度，起到"旺市"的效果。实现灵宝市资源枯竭型城市的转型，离不开现代服务业的大发展。

(1) 科学规划、有序发展生态文化旅游业

坚持政府主导、社会融资、龙头带动、优美山水和人文景观相配合的方针，深入挖掘人文山水文化的丰富资源，发展生态文化旅游，打造灵宝旅游品牌。以函谷关景区为龙头，以鼎湖湾、娘娘山、铸鼎原、龙湖、亚武山等景区为依托，开发历史文化游、生态休闲游、黄金热线游、风情民俗游，理顺旅游服务管理体制，全面发挥旅游文化产业优势，带动县域经济快速发展。

到2015年，全市力争接待海内外游客320万人次，旅游总收入10亿元，实现接待人数比2008年翻一番，旅游收入比2008年翻两番，使旅游产业综合实力明显增强。到2020年，旅游总收入在2015年基础上再翻一番，使灵宝成为豫、秦、晋三角地区重要的旅游集散地。

发展的重点工作是以函谷关古文化旅游区为龙头，重点抓好"一关"、"一

山"、"一湖"的建设工作。函谷关文化旅游区要突出"老子道教文化"和"古战场军事文化"两大主题,在函谷关的"古"字上和道家之源的"源"字上做好文章,以创建4A级景区为目标,用五年时间建成"河南一流、全国知名"的旅游景区。亚武山景区要以山岳观光和自然生态游为主题,加快登山道路等基础设施及配套服务设施建设,特别是要把索道建设作为最主要的工程项目尽快建好。鼎湖湾景区要以生态环境保护为前提,在保护中利用,扩大水域面积,完善配套娱乐设施,丰富景区内涵,充分展示黄河湿地、黄河第一荡的生态魅力。娘娘山、铸鼎原、龙湖等景区要在坚持统一规划的前提下,吸引国内外资质好、实力强的企业投资建设,加快发展。同时,在科学论证的基础上,稳步推出黄金游、果乡游等特色旅游线路,形成新的旅游亮点。

(2) 大力发展现代物流业

灵宝市境内交通发达,有众多的铁路、公路、航运等交通运输途径。铁路有陇海铁路以及新建中的郑州至西安高速铁路。公路主要有连霍(连云港—霍尔果斯)高速公路和310国道、209国道。地方公路四通八达,有跨省线路24条,跨区线路19条,市内线路20条,实现了乡乡通油路、村村通公路。距西安、郑州、太原三大空港分别为2小时、3小时、4小时左右的车程。发挥灵宝交通区位优势,从服务中原城市群和沟通中西部的高度,大力发展现代物流业,形成晋陕豫三角地区的物流集散中心。

- 加快道路网络建设

做好境内高速公路的新建和扩建工作,重点是连霍高速公路改扩建工程、209高速公路、山西芮城—灵宝高速公路的公铁两用桥等重点项目的开工建设。提高国道、干线公路好路率,使全市122.8千米国道、省道的好路率平均达到85%以上。完成总投资2.13亿元,加大县乡村公路改造力度,重点是抓好农村"出口路"建设、"经济路"建设,使农村公路网更加完善,实现由"通"到"畅"的转型。

- 加快运输枢纽网络建设

2015年,灵宝市道路运输场站建设将得到快速发展。全市16个等级客运站实现政策引导、市场运作、集约经营、规范管理,经济效益与社会效益同步发展。将建设一个物流中心(灵宝市五龙物流中心),投资3200万元发展一个货运中心(灵宝西区客货运站场),并要完善西闫客运站,实现客、货运市场规范有序。

- 加快运输信息网络建设

全面运用省运政信息管理系统可以实现货运信息平台、客运信息平台和运政信息平台功能,为道路交通现代物流的发展提供信息技术支持。目前,为物流提供服务的GPS系统已经投入使用,在此基础上逐步形成物流信息交易平台。

- 加快运输组织网建设

作为全市交通和道路运输的行业主管部门,市交通局、运管处要加快组织筹建全市交通物流中心,负责对各乡(镇、街)物流节点的规划、设计、建设及物流管理提供咨询论证的技术支持;对投资建设物流节点的资金进行资本运营;组织应用货运信息系统,并开展第三方物流经营服务。各乡(镇、街)也要设专人负责现代物流发展事宜。各地依托货运场站注册成立物流转运中心,逐步形成以市内各物流节点间横向联系、相互沟通,面向全省、全国的物流经营网络。

(3) 发展繁荣商贸流通业

继续发展和完善各种商品批发零售专业市场,引进新型业态,整合改造市镇商贸网点,积极发展连锁经营、物流配送、电子商务等现代化流通组织形式。积极发展专业合作社、村级综合服务社,发挥供销社在农村流通中的主渠道作用。发挥农副产品资源优势,建设果品、中药材、食用菌等土特产品交易中心。重视城镇市场商贸网建设,搞好农贸市场扩建,方便城镇群众生活。通过加快推进投资5.4亿元的购丰生活广场项目、投资3.6亿元的桃林街中心商业区项目、投资1.5亿元的涧东区东关商贸城项目、投资1.4亿元的时代广场及凯歌商务大厦项目、投资2.6亿元的灵宝金煜商贸物流城项目,彻底改变商业设施、环境和服务,从而为黄河金三角居民提供舒适的生活环境。

5. 科学规划产业布局

紧密结合灵宝产业发展现状,按照区域集中、特色突出、功能完善、资源节约的原则,统筹调整全市产业布局,合理规划产业发展空间,建设特色工业园区,推进特色产业集聚区建设,推动产业集聚发展,促进资源节约利用。

(1) **重点建设豫灵产业集聚区**

该集聚区紧邻豫灵镇老镇区,规划范围在西峪河、文峪河和陇海铁路围成的范围内,规划总面积为9.9平方千米,其中建成区5.5平方千米,发展区2.4平方千米,控制区2平方千米。发展定位是以有色金属的精深加工为重点,积极培育以现代产业为基础的高新技术产业,严格限制高能耗、高排放项目入驻,打造河南省有色金属精深加工基地。

必须要坚持规划先行的原则。一方面,按照构建现代产业、现代城镇和自主创新"三大体系"的功能要求,科学编制总体规划、产业发展规划、控制性详细规划,形成相互统一衔接的规划体系;另一方面,坚持"主业突出、产业集聚、功能提升、持续发展"的理念,全面深化"组团式规划,板块式发展",围绕有色金属加工及装备制造、商贸物流等最具竞争性、成长性、关联性的主导产业,严格招商选资,打造有色金属精深加工板块,使其成为豫、秦、晋三省交界处最具活力、市场竞争力、产业辐射力的战略增长极，推动周边区域的城乡一体化进程。

为了加快建设的进度和成效，要制定和完善相关促进政策，加强建设的扶持服务，实行重大项目优惠，设立专项扶持资金，建立企业服务中心，成立企业贷款担保服务公司，成立土地储备中心，成立集聚区建设投资公司。力争到2012年GDP达到33.4亿元，中期2015年GDP达到42亿元，远期2020年GDP达到61.8亿元。

(2) 积极推进城东产业集聚区建设

该集聚区位于川口乡灞底河东岸，规划范围在陇海铁路以西G209线以东，东水头村以南，川口村以北，总面积为6.9平方千米，其中起步区用地面积1.2平方千米，发展区用地面积2.0平方千米，控制区用地面积3.7平方千米。集聚区将以果食品加工、机械电子为主导，以高新技术和现代服务业等产业为支撑，完善配套服务，形成以第二产业为主，二、三产业协调发展的产业体系。

按照"企业集中布局、产业集群发展、资源集约利用、功能集合构建"的总体要求，该集聚区的建设工作正在有条不紊地推进。今后几年将进一步加大基础设施建设力度，完善产业集聚区各种配套功能，优化投资环境，为项目入驻搭建平台，同时大力开展招商引资和项目建设。预计到2012年实现销售收入20亿元左右，用地规模达到2.52平方千米；2015年实现销售收入50亿元，入驻企业20家；到2020年入驻企业达到50家，总销售收入达到100亿元左右，用地规模最终达到6.9平方千米。该集聚区建设完成后，将会形成"种植—果食品加工—饮料—包装—果渣综合利用"的完整产业链，全面确立果品加工业、机械电子加工业在河南省乃至全国的优势地位，从而把灵宝市打造成为全国著名的果品加工业基地、河南省具有显著特色的机械电子加工基地。

(3) 抓紧调整现有工业园区

2003年以来，灵宝市陆续建设形成了5个工业园区，即五龙工业园区、城南工业园区、豫灵工业园区、西闫工业园区、大王工业园区。目前，当地工业园区建设存在着许多问题，主要是：园区总体规划相对滞后，各园区的布局不明确；园区产业定位不明确，主导产业不突出；园区基础设施建设相对滞后，除五龙工业园区、城南工业园区基础设施建设基本齐备之外，其他三个工业园区尚处于建设、规划阶段；园区数量多、规模小，聚集功能弱，缺少行业龙头企业。鉴于这种情况，灵宝市必须对现有工业园区进行调整。

考虑到有色金属产业在灵宝市的重要作用，需要加强对城南工业园区和豫灵工业园区的建设；根据灵宝未来城市发展的需要，五龙工业园区在必要时需要进行适

当调整，西闫和大王两个工业园区应该下决心取缔。调整后的各工业园区应有明确的分工和产业定位。城南工业园区要按照"综合开发、深度加工、高效利用、循环经济"的思路，重点发展黄金、铅锌等有色金属冶炼、加工和化工产业，拉长产业链条，成为有色金属冶炼加工工业园区。豫灵工业园区要做大做强铅锌冶炼、铜加工及废渣综合利用产业，建成河南省资源节约型、发展循环经济的示范工业园区及豫、陕、晋三省交界处最大的有色金属产业工业园区。五龙工业园区应以机械制造业和高科技产业为重点。

3.4 社会转型和民生建设

3.4.1 加强城市基本功能

紧紧围绕农业、农村现代化和城乡一体化的战略目标，以中原崛起为契机，扩大城市规模，创新管理机制，进一步增强城市整体功能，逐步把灵宝建设成为具有生态特色、文化特色、旅游特色的新型工业化城市。

1. 拓展城市发展空间

围绕建设现代化城市的总体目标，按照"北进东扩，发展两翼"的总体思路，牢固树立经营城市理念，创新城市发展方式，挖掘城市发展潜能，加快城市现代化进程。城市拓展的重点是加快城市北区建设、旧城改造和西区开发，稳步推进小城镇建设。

大力拓展灵宝城市空间，加快老区改造、新区建设、北区开发，不断完善中心城区功能；加快城市北区、西区、城南区和城市工业区建设步伐，努力构建以中心城区为主体，邻近中心镇为支撑，城关、川口、焦村一体化发展的现代化城市框架；加快完成灵宝西区总体规划编制，兴建豫灵、朱阳区域性副中心，推动灵宝"一区两园"发展，加快各组团间的功能协调、服务对接和产业聚集；向南将富士路和涧东区规划南北主干道延伸与道南区相接，使城市南北部分连为一体；向北将函谷路、尹溪路、富士路延伸至规划区北沿；向东延伸五龙路、金城大道至环城东路并与310国道相连；重点建设城市西部，加快焦村镇区周边建设，彻底打开城市西出口；向东北部的川口方向拓展，引进高新技术产业，使东北区域迅速崛起，尽快形成"东西呼应、南北辐射"的现代化中等城市发展格局，成为融工业、商贸、居住为一体的现代化城市。

目前，灵宝市城市框架拉大到33平方千米，建成区面积22平方千米，城区人口23万人。根据《灵宝市北区城镇建设总体规划》，到2020年，城市建成区面积达到50平方千米，城区人口30万人，达到现代化中等城市规模。灵宝将建设成为环境优美、设施完善、文明富庶、充满活力、和谐开放的现代化城镇，成为名副其实的"黄河金三角上的明珠"。

2. 增强城市集聚承载能力

按照"产业集聚、功能完善、节约土地、集约发展、合理布局、各具特色"的原则，加快城市建设和发展，将灵宝中心市区建设成集行政办公、居住生活、现代商贸、教育科研于一体的经济文化中心，提高城市土地的集约使用、产业的承载强度、技术创新水平。

（1）增强创新经营城市理念，加快城乡一体化进程

按照规模扩展与品位提升同步推进的原则，创新经营城市理念，加快推进城市资源资本化、资源配套市场化。围绕经济建设编制城市功能规划，促进产业集聚，加速人口有序集中。坚持以融入城市经济为取向，加快推进区内乡镇融入经济圈，使城市的人口承接能力与农村人口的转移步伐相协调，促进城乡协调发展，逐步消除城乡二元结构。按照"中心商务化、社区现代化、农村城市化"的要求，城乡一体、联动发展，不断推进城市化进程。

（2）健全城镇基础设施建设，完善城市功能

贯彻建设与管理并重的方针，调整城市路网、管网、电网、信息网格局，加快城市道路、排污设施、公共交通、管网设施、河道设施、物流中心等项目建设。新建37.71千米的产业集聚区路网建设项目、12.8千米的城市规划区道路建设工程、20千米的城市西区路网建设项目、年配送能力10万吨的冷链物流项目、建筑面积80万平方米的华鑫物流中心项目、20千米管网的秸秆热电联产集中供热项目，续建20千米中压管网的城市天然气利用项目、购丰广场、东关商贸城等项目，不断提高市政公用设施的共享水平。

突出城市特色，重点实施好"一环、一带、一园、一河、三入口"绿化美化工程，加快市区文化、娱乐、休闲设施建设，不断提高居民的生活质量。进一步加大引水入城力度，实施市区水系一体化工程，增加城市灵气和活力，提升城市整体品位。

（3）提升城市内涵，打造宜居灵宝

坚持生态建城、文化塑城，提升城市的生态效益、文化品位和人居环境。进一步巩固和提高中国优秀旅游城市的质量，抓好城市园林绿化、城市文化保护与挖掘、城市景观设计与雕塑、城市环保和生态建设等，突出"道德天书、函谷寻古"的品牌主题，不断丰富城市文化内涵，塑造鲜明的城市特色。以函谷关景区为龙头，集中力量培植壮大骨干景区，培育灵宝旅游品牌；精心打造黄金游、文

化游、果乡游等特色旅游线路，壮大旅游产业，为县域经济发展不断注入新的活力。积极改善人居环境，扩大中心城区人均公共绿地面积，提高城市绿化覆盖率，努力实现中心城区园林绿化、人文品位和景观美化的高度和谐，把灵宝建设成新型工业城市和文化旅游城市，依托国家级卫生城市，积极创造条件申报国家文明城市。

3. 构建和谐的城市治理体系

积极转变政府职能，创造政策软环境，为社会经济转型提供制度保障。大力倡导社会主义市场发展、法治逻辑和善治理念，将政府职能切实转变到"经济调节、市场监管、社会管理和公共服务"上来，落实建设好一流经济发展软环境。大力推进政府由事务型平稳转变为服务型，创建高质量的社会管理和公共服务业绩，优化政府功能和形象，广泛建立政府与公众的共识以及他们的良性互动联系。

抓好城市经营管理，充分发挥社会组织的合作治理功能。树立以市场经济为主导的经营城市理念，实现城市的自我积累、自我增值、自我发展。进一步激活城市经营机制，挖掘城市资源潜力，盘活城市资产，提高城市经营效益。形成以政府财政投入、银行信贷投入、企业资本投入、社会财富投入的多元融资的城市建设投资格局，促进城市建设的良性循环。城市建设和管理要牢固树立以人为本的理念，集约配置城市用地，科学利用城市空间，形成政府、市场和社会参与的有效合力，使城市扩张与人居和谐相协调，增强城市吸引力和亲和力。

3.4.2 切实改善民生

以人为本，民生优先，调结构，促发展，奠定全面小康社会建设环境基础。夯实民生，解决与民生相关的突出环境问题，防范环境风险，切实维护人民群众的环境权益，促进社会和谐。统筹发展卫生、教育、科技、文化等社会事业。大力实施就业再就业工程，进一步完善社会保障体系。加大投入，着力实施新农村建设工程，让广大群众共享改革发展成果。

1. 稳步推进扩大就业战略

进一步扩大就业，积极加大劳动力市场体系的建设，建立开放有序的劳动力市场，完善市场导向机制。大力培育和支持各类经济实体发展，采取园区建设安一批、水库建设转一批、小城镇建设吸纳一批的办法，因地制宜地发展劳动密集型工业、服务业；进一步提高"灵宝焊工"品牌效应，积极组织劳务输出，发展对外劳务合作；鼓励自主创业，以创业带动就业，创造劳动机会，拓宽就业渠道。2010~2015年平均每年新增就业人口1.5万人左右。

提高失业人员和农民特别是失地农民就业、创业及职业转换能力，完善再就业援助制度和困难群众帮扶机制。统筹规划，大力发展职业教育，建立城乡一体化的职业培训体系，确保职业教育的重点逐步由城市转向农村，实现农村富余劳动力的有序转移，重点抓好灵宝市就业培训中心建设。加强劳动保障监察工作，规范企业用工和职业介绍行为，保障劳动者合法权益。"十二五"期间，力争将城镇登记失业率控制在4%以内，失业职工再就业率达60%以上。

2. 完善社会保障体系

加大社会保障基础设施建设。在全市范围内，加快流浪未成年人保护中心、儿童福利院等项目建设，解决困难群众的生活保障问题。大力推进拥军优属工作及社会福利事业，建立健全全市各级老龄工作机构，加大老年公寓、敬老院等老年活动基础设施建设投入。全方位抓好医疗、教育、文化、体育、治安、安全生产、民族、宗教等各项社会事业，使全体市民充分享受经济发展的成果。

建设城乡一体化的劳动用工管理体系、职业培训体系、公共就业服务体系和社会保障体系，形成一体化的培训、就业、社会保障工作机制。积极探索和争取集体企业下岗职工的失业保障，确保他们的生活出路；更加重视农村养老保险工作，加强对城乡弱势群体的保障和救助工作，加大扶贫脱困工作力度，健全城乡居民最低生活保障制度。提高社会救助水平。不断扩大廉租住房建设项目、经济适用房建设项目和棚户区建设项目的规模，稳步推进城市安居工程。基本实现养老保险城镇从业人员全覆盖，失业保险覆盖全市国有企业、城镇事业单位及其职工。建立多层次的医疗保险体系，全面推进城镇职工基本医疗保险、城镇居民基本医疗保险、新型农村合作医疗制度建设。

到2015年基本实现养老保险城镇从业人员全覆盖，失业保险覆盖全市国有企业、城镇事业单位，新型农村合作医疗覆盖全体农村居民，城镇工伤保险逐步覆盖进城务工农民。建立健全城乡社会救助体系，形成以城市居民最低生活保障制度和农村特困群体救助制度为主体，城乡特困家庭医疗、子女就学、住房救助等相配套的救助体系。积极发展残疾人事业，保障残疾人权益，加快残疾人基础设施和无障碍设施建设，为残疾人平等参与社会生活创造条件。

3. 切实做到"包容性发展"

为加快城市转型，促进经济发展，灵宝市必须要大力推进城市化进程，实施城市建设改造，着力提升城市品位，以缩小新城旧城之间的差距。在城镇化建设过程中，失地农民和失房市民的合理安置补偿问题日益凸显。

（1）必须实现城镇的和谐拆迁

灵宝市委、市政府要坚持依法、为民、竞争、共赢四个原则，按照"三个有利于"的标准，让利于老百姓，让利于村组集体，兼顾开发商的利益，政府不多

得什么，实现环境改善、城市品位提升、增加就业、增加税收的目的。为此，改造前期必须花大力气研究和完善拆迁政策，研究出台等面积、等性质拆迁安置办法和拆迁工作流程等一系列政策措施，做到政策公正合理，程序公开透明，赢得广大群众的普遍认可。拆迁执行过程中要最大限度地保障群众的利益，加大资金支持力度，加强组织领导，从根本上克服群众认识不统一和群众利益受侵犯等困难，努力实现依法拆迁、和谐拆迁。

（2）必须使失地农民生活得到大转变

城市化进程推进使每个城市都产生了这样一个群体：他们失去了土地，既有别于农民，又不同于城市居民，成为一个边缘群体，因此他们有一个特殊称谓——失地农民。建议在实施农民安居工程中，灵宝市要灵活采取三种方式：一是鼓励采用货币补偿安置，房屋拆迁补偿费在规定的标准基础上增加20%，拆迁补偿各项补助一次性给付；二是鼓励农民入住单元房，专门为失地农民按商住式综合楼建设农民新村；三是对不愿入住单元房的，在城市规划区域边缘选位置，按规定的标准，允许建造住宅小院。通过这些办法，使规划区的村民实现居住条件的改善。灵宝在城市化进程中，还要按照"个人自主择业，市场就业，市场调节就业，政府促就业"的原则，保障农民的经济收入。

对于宅基地和承包地被占的农民，不仅要让他们有新的居住房，而且还必须等面积置换门面房，靠自己做生意、搞出租来增加收入。同时，灵宝市在城镇化进程中，一定要将人民群众的眼前利益和长远利益结合起来，精心经营城市，创新思路，通过农民用土地换社保、农民入新村等办法妥善解决被征用土地人员的安置问题。被征用土地人员全部转为非农业户口后，政府统一要将其纳入社会保障管理范围，并根据不同年龄段发放生活补助费、助学金、婚嫁补助金、养老保险补助金和养老补助金等，使失去土地的农民彻底变为市民，解决"老有所养"的问题，从根本上解除他们的后顾之忧。

3.4.3 加快社会事业发展

坚持保增长与保民生、保稳定统筹兼顾，全面协调推进社会事业发展。加大对科教文卫等社会事业的整体投入，形成"少有所学，壮有所劳，病有所医，老有所养"的社会发展局面。集中各级财力和智力，保证社会事业重点工程的投入，切实解决好教育、卫生、文化、科技等事业的持续发展问题。

1. 稳步推进教育事业

统筹发展基础教育、职业教育和成人教育，鼓励扶持学前教育和民办教育，确保基础教育在提高质量上实现突破，职业教育在扩张规模上实现突破。不断加强基础教育，基本扫除青壮年文盲。加大实用人才培训力度。巩固和提高基础教育发展水平，推动教育均衡发展，加快污染区中小学的搬迁和新建工作。进一步拓宽灵宝多层次教育网络和多元参与的办学方式，不断提高市民素质。加大扶持力度，做好国家级重点职专灵宝职专的扩建、扩招工作，充分发挥其在职业培训和劳动力转移方面的引领作用，积极推进灵宝技工学校建设，到"十二五"末，职专和技校分别都达到10所以上，在校生接近10000人，全市年接受职业教育人员达15000人以上。依托灵宝职专，强化创新型人才、技能型人才培养，抓好技术工人培养和培训工作，使人才队伍整体素质得到全面提高。做到以创业带就业，以就业促增收；迅速提高实用人才培训、青壮年农民培训、劳动力转移培训的人次，继续维持100%的脱盲人员巩固率。

2. 持续发展卫生事业

增强卫生基础设施建设力度，全面推行新合作医疗制度，不断提高人民健康水平。加大政府对卫生事业的投入，完善公共卫生和医疗服务体系，提高卫生服务质量和水平。坚持城市社区卫生服务的公益性质，以社区居民需求为导向，始终把社会效益放在首位。坚持政府主导，部门支持，社会参与，多渠道发展城市社区卫生服务。坚持实行区域卫生规划，立足于调整现有卫生资源、辅以改扩建和新建，健全城市社区卫生服务网络。坚持公共卫生和基本医疗并重，中西医并重，防治结合。坚持以地方为主，因地制宜，探索创新，积极推进。重点建设市第一人民医院、市中医院及市二院、三院、妇幼保健院等医疗设施建设，完成卫生监督综合楼、120急救指挥中心建设和市疾病预防控制中心组建工作。完善公共卫生服务体系，健全三级卫生服务网络。更加注重改造乡镇卫生院和村卫生室工程，改善农村医疗条件，扎实推进农民参加新型农村合作医疗工作。到2012年农民参合率提高至99%，2015年实现"新农合"全覆盖。

3. 切实繁荣文化事业

加强区域文化建设，整合地方文化资源。加大对文化事业的投入，逐步形成覆盖全市的公共文化服务体系，完成和改造市文化馆、图书馆、博物馆、文化活动中心等设施建设；加强乡村文化设施建设，使乡镇有综合文化站，行政村有文化活动室。广泛开展人民喜闻乐见的各种文化活动，着力发展村镇文化、校园文化、企业文化，繁荣灵宝文化事业。配合国家大遗址工程，加大对北阳平遗址群的保护和开发，加强文化发展和旅游事业的整合，充分挖掘"道德天书"、"函谷古风"的文化内涵，着力开发具有灵宝民俗文化和豫西特色的旅游项目和观光线路，加大剪纸、皮影、布制工艺品等非物质性文化遗产保护力度。

4. 大力开展科技兴市事业

以提高科技对社会经济发展的贡献率为目标，以企业为主体、市场为导向、产学研结合的技术创新体系，致力打造"创新灵宝"，助推资源型城市转型；实现自主创新能力显著增强、科技综合实力显著增强和可持续发展能力显著增强的发展目标。

不断加大科技工作力度，加强制度建设，优化科技创新环境，营造有利于科技进步的社会氛围。突出科技创新的先导地位，谋划建设创新灵宝和科技强市新布局；突出企业科技创新主体地位，推进新型工业化进程；突出专利申报重点，大力实施知识产权战略；突出创新科技投入机制，为科技创新提供资金保障；突出强化智力支撑，实施人才强市战略。

3.4.4 加速新农村建设步伐

按照"新农村、新面貌、新产业、新农民"的指导方针，加大农村基础设施的投入，进一步扩大生态新农村建设成效。大力发展农村水利、能源、交通、教育、卫生等公共事业，完善农民减贫增收政策。加强农村饮用水源地的保护。积极发展集中连片节水灌溉项目，多元化搞好小型农田水利工程和农村饮水安全工程，不断提高农业抗御自然灾害的能力。开展农村资源综合利用，实施沼气富民工程，积极采取多渠道筹集资金、多方式帮扶贫困的办法，改善基础设施、发展生产和劳务输出等途径帮助农村贫困人口尽快脱贫致富。加强农村公共卫生和基本医疗服务体系建设，基本建立新型农村合作医疗制。结合社会主义新农村与农村环境保护建设，健全农村环境保护协调机制和社会监督机制。以"生态乡镇、生态村创建"为宗旨，持续推进农村环境整治，提高农村环境质量。

到"十二五"末，新建（续建）中小型水库 5 座，累计发展灌溉面积 80 万亩；全市沼气池总量达 10 万个，农村沼气覆盖率达 40% 以上；秸秆综合利用率达到 60%，畜禽粪便综合利用率达到 90%，农村生活垃圾无害化处理率 10%；培育形成百家以上的农业龙头企业，其中国家级农业龙头企业 3 家，省级 10 家以上。生态乡镇建设个数达到 5 个，生态文明村个数达到 35 个，从根本上解决全市 46 个贫困村、2 万多人的温饱问题。

3.5 生态环境转型

3.5.1 加强环境治理与生态保护

充分考虑资源承载力和水、气、土壤环境容量，积极推进实施污染物排放总量控制。高度重视环境保护，推进节能减排，建设林业生态市，实现经济社会和谐发展，人与自然和谐相处。实施"民心工程"，加快建设大气污染治理工程、城乡安全饮水工程、新型能源建设工程、城乡基础设施和生态环境建设工程，让市民呼吸上新鲜的空气、喝上安全的水、用上清洁的能源，在良好的环境中生活。

1. 强化环境治理

加强综合协调和分类管理，对主要污染物排放实行浓度与总量双向控制，力争全市环境污染和生态破坏趋势得到有效控制，区域环境质量稳步提高。提高环境监管和应急能力建设，严格防范环境风险，建立环境与健康风险评估的长效机制。加强建设项目环境管理，从源头上控制污染源。进一步加大对矿山企业复垦恢复的监管力度，建立实时监督管理机制，完善矿山生态环境保护与治理档案，健全环境保护与治理数据库系统；加强动态监管，减少地质灾害，保护矿区植被；坚持土地复垦与土地整理相结合，多元化筹措资金进行矿山生态环境保护与治理，实施政策倾斜，鼓励采矿权人自觉开展矿山生态环境恢复治理工作，提倡废石废渣按要求堆放，逐步提高废石回填率。

重点推进渣堆综合整治、矿区河道清理疏通、尾矿库综合治理和固体废弃物资源化综合利用、矿区绿化植被恢复、地质灾害防治、土地复垦等工作，积极改善矿区环境。根据采矿规模和生态破坏情况，生态恢复主要放在国营、集体采矿单位的法定矿区；加大执法力度，组织地矿、黄金、环保、公安等部门联合对生态环境进行治理整顿，控制乱采乱挖现象；坚决取缔污染严重的黄金"三小"设备。

大力减少工业污染，提高城市宜居性能。充分发挥环境科技对环保工作的引领、支撑和保障作用，严格执行产业政策，"关小扶大"，坚决淘汰落后技术、设备和生产能力的炼铅、炼铜和黄金"三小"产业。重点加强工业污染控制管理，逐步建立清洁生产体系，发展少污染和无污染企业，杜绝新污染源产生，巩固工业污染排放达标成果。大力扶持环保设施先进、循环经济型企业。扩建新凌铅业有限责任公司含锌废渣多金属综合回收项目工程、新建黄金股份有限公司黄金冶炼分公司废水深度治理项目、改造市污水处理厂和新建市第二污水处理厂项目及金源矿业有限责任公司黄金废渣综合利用的闪速磁选焙烧铁精粉项目，扩大减排能力。推行清洁生产，以金城水泥公司、同鑫建材公司、兴阳新型墙体建材厂等企业为龙头，大力推广环保建材，兴办一批低能耗、无污染、性能好的新型建材企业。

协调推进多污染物综合控制，减少生活污染排放，控制市域固体废弃物污染，

加强农业面源污染治理。实施生活垃圾无害化处理，加速生活垃圾分类收集。综合处置工业固体废物，完善城市垃圾回收网络体系建设，强化垃圾资源化回收利用。以空气质量整体改善为目标，建立空气质量管理机构和协调机制，健全大气污染联防联控机制，推进大气污染防治。

强化污染减排考核，积极稳妥地推进质量考核。继续强化总量控制，降低污染负荷。提高城市、乡镇和农村基础设施运行维护财政支出最低比例保障。加大城乡环保投入，加快环境基础设施建设。推进城市污水、垃圾处理产业化，建设一批重大污染治理、综合利用与居民生活相关的环保设施项目。逐步取消小锅炉，实施城市集中供热、供气工程，加快续建20千米中压管网的城市天然气利用项目。建成污水处理网络、巩固和扩大城区噪声达标区、扩大城南烟尘控制区。加强区域农作物秸秆综合利用和禁烧工作。积极发展农村沼气。进一步完善城市污水处理厂及管网建设，提高中水回用率。加快城西、城南和城东工业园区和豫灵、朱阳等城镇组团的污水处理设施建设。严格制定统一的行业排放标准，工业企业达标排放废水。继续加大实施安全水饮用工程，新建五龙水厂、产业集聚区（城东产业园）水厂、产业集聚区（豫灵产业园）水厂、乡镇镇区供水管网等一批基础设施建设项目。结合污水处理设施和堤防建设，优化整治城市现有取、排水口，推进农村分散式污水处理，推动面源污染防治，保障农村自来水源水质。

到"十二五"末，实现主要污染物排放得到基本控制，常规（传统）因子环境质量得到基本改善，环境安全得到基本保障。城区空气质量二级标准以上天数达到300天以上，城市饮用水水源地取水水质常规指标达标率为100%，垃圾无害化处理率达到85%以上，污水处理率不低于90%。农村自来水普及率90%以上，卫生厕所普及率85%以上。

2. 加强生态保护

坚持"既要金山银山，又要绿水青山"的指导思想，继续高度重视节能减排，实施环境综合治理工程，以城郊绿化为重点，全力推进林业生态市建设。根据灵宝"七山二塬一分川"的条件，按照"山、水、田、林、路统一规划"原则，强化对水源地、森林及秦岭丘陵等重点地区的保护，促进生态系统的良性循环。抓紧建立和完善土壤环境监管体系，初步建立土壤污染防治和修复机制，更加注重加快矿区地质生态环境治理，进一步改善县域生态环境。

积极落实河流治理目标责任制和市控断面水质考核制度，加快完善生态补偿机制，多渠道增加投入，加速治理工程建设。续建灵宝市饮水安全项目、新建五亩镇区段14.7平方千米涧河治理项目和解决32万人安全饮水的民生项目。统筹流域水资源开发利用和保护，统筹生活、生产和生态用水。加快实施黄河治理五年规划以及卫家磨水库复建、窄口水库除险加固工程、白虎潭水库开发项目，合理开发鼎湖湾和龙湖等水域景区，保护和涵养水源。加大河流污染防治力度，继续推进、强化市境内弘农涧河、阳平河、双桥河、枣乡河等四条主要河流河道的出境水质达到地表水功能区划标准要求。

坚持以生态为主导的林业和林区经济发展方向，进一步减少灵宝西部地区重点林区木材采伐量，促进林区经济转型和可持续发展。强化旅游开发活动的环境保护，加大对旅游区环境污染和生态保护的环境监管。继续实施天然林保护工程，加快实施亚武山、娘娘山、燕子山等森林生态园（森林公园）保护工程。巩固退耕还林成果，加强育林和管护，落实矿产资源合理开发利用与地质环境保护政策，续建55.9万亩造林和抚育的省级林业生态工程。加强城区生态绿化，完成弘农涧河治理和河岸绿化工程，加快城市生态网建设。

到"十二五"末，自然保护区面积升至占国土面积的15%，天然湿地保护率达到65%，矿山生态修复率达到80%以上；加大市域生态治理和生态修复效果，基本建成现代林业生态体系，使森林覆盖率达到40%，重点生态公益林管护率达到100%，补偿率达到95%以上。显著提高生态功能和生态承载能力，进一步增强全民环保意识，稳步推进生态市建设规划的实施，基本形成保障生态安全的生态系统格局。

3.5.2 安全合理地使用土地资源

"十分珍惜、合理利用土地和切实保护耕地"，合理配置城镇、乡村建设用地，加强沉陷区和废弃地整治，加快存量土地再开发步伐，盘活各类闲置用地，最大限度地提高土地利用效率，为灵宝社会经济转型提供强力保障。

1. 集约和可持续利用土地

认真实施土地管理法规，坚持保护耕地的基本国策，严格执行土地利用整体规划、年度建设用地计划和基本农田保护制度，优化土地结构；强化建设用地定额指标，严格执行工业园区、工业集聚区单位土地面积投资强度标准，积极开展建设用地节约集约评价，清理空闲、废弃、闲置和低效用地。调整土地利用结构和布局，建立主导产业、生态环保产业用地优先支持制度，确保项目建设用地。合理增加建设用地规模，尽量利用闲置土地、存量土地，优化土地利用方式，逐步提高规划项目的投资强度；提高城市用地内涵挖潜，通过搬迁改造使工业企业逐步向园区集中，实现中心城市土地集约高效利用。按照布局集中、用地集约、产业集聚的原则，积极推动经济转型项目向五龙、城东、城南和豫灵等工业园区聚集。在

财政税收和审批用地方面，支持多层和高层住宅、厂房和公共设施建设，限制低层住宅项目。

合理控制城镇工矿用地规模，盘活城镇闲置低效土地、优化配置城镇工矿用地布局、实行城镇用地扩展边界控制制度，实现集约节约利用建设用地的目标。正确处理好建设与保护的关系，坚持在园区建设之前落实水土保持和生态维护制度，防止形成新的水土流失和废弃土地。加强对非农建设占用耕地的控制和引导，适度开发未利用地。大力推广开展城镇建设用地增加与农村建设用地减少挂钩的试点工作，稳步推进农村建设用地整理。

顺应城镇化发展要求，强化村镇土地整理，发展重点小城镇，鼓励和支持农民中心村向小城镇集中；推进迁村并点，促进农村居民点用地相对集中，逐步减少乡村居民点用地面积；通过控制城市外延，挖掘城区存量用地潜力，促进市民向社区集聚。强化市场在土地资源配置中的基础性地位，加大价格机制、竞争机制对土地资源的合理分配，实现土地资源的可持续利用。

2. 加快土地复垦和废弃地整理

建立健全矿山生态环境保护的管理体系，编制生态保护专项规划。积极建立耕地储备制度，积极推进城乡土地整理和复垦，强化耕地的占补平衡管理，逐步做到耕地的先补后占。多渠道、多途径拓展建设用地来源，推行土地整理折抵、城乡建设用地增减挂钩、建设用地置换等新政策。建立完善矿山生态恢复治理和土地复垦治理制度，对于新建、在建的矿山和现有生产矿山，按照"谁开发，谁治理；谁破坏，谁治理；谁受益，谁治理"的原则，加大对采空区和尾矿库的整理复垦力度。更加重视工程、生物措施对采煤塌陷、挖损和矸石、粉煤灰等挤占土地的复垦作用，鼓励、引导矿山企业采用先进适用的工艺、技术和设备，改进管理措施，促进矿山生态环境保护治理的有效实施。建立多元化、多渠道的矿山环境保护投资机制，促进恢复治理的有效开展，对闭坑矿山进行生态环境的恢复治理与土地复垦，将矿山采空区土地及废渣场进行复垦，增加土地利用率。修建堆渣坪或尾砂坝，集中堆放，大力开展综合利用，变废为宝。确定治理模式和治理措施，做到"宜耕则耕，宜林则林，宜渔则渔"，避免复垦整治的盲目性。治理重点是渣堆的综合整治、矿区河道清理疏通、尾矿库综合治理和固体废弃物资源化综合利用、矿区绿化植被恢复、地质灾害防治、土地复垦等。

坚持数量、质量和生态并重的原则，利用本区未利用土地（山区丘陵地）资源丰富的优势，加快进行土地开发整理工作。完善实施土地整理新增耕地指标折抵等配套政策，逐步建立土地开发整理项目管理制度。不断提高矿山生态恢复治理效率，显著降低因开发利用矿产资源诱发的地质灾害发生率。持续推进小秦岭金矿区的大西峪、枣乡峪、大湖峪、杨砦峪等9条沟谷内30多家矿山企业1.0477平方千米的尾矿库治理；逐步加强0.2909平方千米采矿塌陷土地复垦整理力度，宜林则林、宜草则草，最大限度地恢复矿区土地。

3.5.3 大力发展循环经济

发展循环经济是资源型城市成功转型的必由之路。坚持把经济增长与发展循环经济紧密结合，按照"减量化、再利用、资源化、无害化"的原则，构建发展循环经济的技术支撑体系，探索发展灵宝特色的循环经济模式，实现资源开发、经济发展和生态环境保护的良性互动。

1. 提高资源综合利用水平

坚持按照循环经济资源再生利用的要求，延长有色金属冶炼产业链条，拓展新的产业领域，实现重点资源多层次开发利用。在矿产资源开发中贯彻循环经济理念，强调综合开发和保护性开发相结合，做好资源开采过程中共生、伴生资源的综合利用。吸收国内外先进技术，加大金、银、铜、铅、锌、铁、钼等伴生资源的综合开发和利用。

灵宝市要按照"规模扩张、产业升级、循环发展、做大做强"的指导原则，依托资源优势和产业基础，加速经济发展方式转变，实现县域经济持续健康发展。根据灵宝市现有的产业门类和资源状况，提高资源综合利用的产业链主要有以下几条。

一是着力打造"采选—冶炼—多金属回收—废物利用—精深加工"黄金产业链。黄金股份公司冶炼厂、开源公司冶炼厂、金源矿业公司等主要企业，在扩大采选规模并不断扩大冶炼规模的同时，还要强力开展多金属综合回收利用，不但使金、银回收率进一步提高，低品位矿石得到回收利用，而且使铜、银、硫等元素实现综合回收。

二是着力打造"铅冶炼—烟气制酸—烟化提锌—湿法炼铅—废渣提金银—硫酸渣添加制水泥"铅业产业链。继续按照"关小扶大，环保达标，规范发展"的要求，进一步将全市的炼铅企业整合重组，多方筹措资金实施技术工艺改造。重点扶持以新凌铅业、鑫华铅业、志成铅业等为依托，合理利用境内外铅锌矿产资源，积极推进氧气底吹技术，降低消耗，减少污染，提高电解铅、再生铅生产能力，综合开发氧化铅、氧化锌、阳极泥中金银回收技术，在建成中西部地区最大的铅锌冶炼基地的同时，务必防止铅污染，打造"绿色铅都"。

三是着力打造"采矿—选矿—制酸—化肥生产—废渣综合利用—余热发电—

多金属回收"硫铁化工产业链。以金源矿业公司为主体,大力实施硫铁化工综合利用项目,使硫铁矿中伴生的金、银、铜等金属得到充分回收利用,实现硫铁资源的综合利用和链式开发。

四是着力打造"采矿—冶炼—铜箔—铜材深加工"铜产业链。灵宝市矿产资源中共生、伴生有大量的铜,区内企业要在加大铜冶炼、提高铜材产量的同时,着力开展铜材深加工,努力建设高档铜箔生产基地。

五是着力打造"种植—果食品加工—饮料—包装—果渣综合利用"产业链。积极利用建设新型果品生产和加工基地的良好契机,依托海升、景源、鑫源等果品加工龙头企业,提升果品深加工规模和水平,不断拉长果品加工产业链条。以浓缩苹果清汁、果醋、果酒、脱水蔬菜等为主导品牌,进一步拉长"果品—果汁—果醋—果酒—果汁饮料—包装业—印刷业"产业链,积极开发果酱、果脯、果蔬罐头、石榴汁、梨汁、蔬菜汁等绿色无公害的系列产品。

2. 推动资源节约

提升铅业氧气底吹技术、湿法炼锌技术、铜箔9.18微米生产技术、硫铁化工综合利用技术、氧化钼提取技术,积极推行节能环保战略。

抓好节能和污染治理,减少生产生活中废弃物的产生量,推进废旧资源以及工业废渣、废水、废气再利用,加强废旧物资回收管理,完善再生资源回收利用体系。促进再生资源交易市场建设,提高可再生资源的综合加工能力,重点扶持再生资源公司规模扩展。以农作物秸秆、树枝等碳化、气化技术为重点,推进循环农业发展,实现农业资源的再循环、再利用、再增值。

强化水资源管理,加强城乡取水水源地保护,加快城市排水管网建设和改造,实现雨污分流。大力推进节水工作,逐步调整高耗水工业行业,发展低耗水产品。建立合理的水价形成机制,积极开发中水利用,工业用水的重复利用率达80%以上。

3. 建设循环经济园区

坚持治理与预防并重原则,积极推进循环经济园区建设,建立经济发展、资源能源节约、污染物排放之间的联动诊断机制,促进发展方式转变。按照土地集约经营、产业链式延伸、企业集群组合和资源循环利用的要求,重点围绕五龙、城南、城西、城东、豫灵等工业园区和有色金属、果食品加工两大产业发展循环经济。加强生态保护与环境治理建设工作,全面推行清洁生产,探索建设生态型企业、生态工业园区和生态型工业体系。

加快科技创新力度,加快淘汰落后工艺和设备,扶持骨干企业走规模化发展道路。新建年产3万套/年的风光互补太阳能系统灯具项目、阳平镇年产5万台太阳能热水器项目、城东产业集聚区年产 1 万吨高性能软磁粉料项目、城东产业集聚区玻纤电子布项目。围绕黄金采选冶炼、铅冶炼加工、铜冶炼加工和果品生产加工等主要企业和核心资源，合理延长产业链，实现物质流、能量流、信息流和基础设施共享，基本实现园区企业内部和企业间的资源循环利用。新建年产 120 万吨的金源矿业公司预还原金属化球团项目、城东产业集聚区磷石膏综合利用项目，扩建 50 万吨规模的黄金股份公司钼矿综合开发利用项目、阳平矿业公司日处理 300 吨有色金属回收项目。

3.6 转型的保障措施和政策建议

3.6.1 转型的保障措施

1. 领导机构和组织保障

转型是一项系统工程，牵涉面广，工程量大，协调性强。要按照《国务院关于促进资源型城市可持续发展的若干意见》（国发〔2007〕38 号）的指导精神，深化对转型工作的认识和理解，完善工作思路，加强组织领导体系建设。

（1）建立强有力的领导机构

在河南省委、省政府和三门峡市委、市政府的领导下，成立灵宝市转型工作领导小组。由灵宝市委书记担任领导小组组长，市长为常务副组长，各相关单位一把手为成员。负责制定规划、政策，组织实施转型工作，协调解决有关问题，并根据情况变化，不断对领导小组成员进行充实调整，保持领导小组工作的连续性和有效性。负责与国家、省、市的沟通协调，积极研究制定转型规划，落实相应的政策和措施，组织规划的有效实施与监督指导，及时掌握转型动态情况，密切配合，形成合力，扎实推进转型和可持续发展各项工作。

（2）建立协调推进的工作机制

建立统一领导、分工明确、协调运作、严格考核的转型工作机制。领导小组定期召开联席会议，统筹协调，整体推进各项工作。同时，建立转型工作例会制度，每一季度或半年召开一次会议，听取转型工作汇报，讨论研究转型重点项目建设和有关政策措施，落实、协调和检查各部门年度任务完成情况。各成员部门、市属企业和有关单位坚持把转型任务列入年度重点工作，实行目标责任制和领导负责制，确保各项工作顺利开展。

（3）建立完备有效的监督机制

灵宝市委、市政府要把转型和可持续发展工作列入年度考核目标，进行专项工

作督查。灵宝市人大要强化法律监督和工作监督，对与转型相关法律法规的执行情况进行重点监督检查，促进各项法律法规的落实。灵宝市政协组织政协委员考察调研，为转型工作出谋划策，发挥积极推动作用。认真落实灵宝市人大、政协、民主党派的议案、提案，发挥公众及社会团体对转型与可持续发展工作的监督作用。加强社会监督，定期邀请人大代表、政协委员视察工作，聘请市民担任义务监督员、评论员，保证规划目标的顺利完成。

（4）成立转型决策管理信息中心

全面、系统地收集、分析全国各地的转型进展信息及国内外转型发展动态，并建立适用、有效的可持续发展数据库，为政府和管理部门提供转型与可持续发展信息服务。

2. 体制创新和制度支撑

强化转型实践创新体系建设，实现制度化和规范化管理。在政府的综合计划、规划以及行业专业计划、规划中，要充分体现转型与可持续发展的思想，遵从人口、资源、环境与经济、社会协调发展的原则，充分体现转型及可持续发展总体规划的内容和要求。

（1）强化转型工作的目标责任制

将转型与可持续发展战略目标分解为具体的年度目标，列入各部门、各级政府及其主要领导人员的任期责任制，实行年度考核。建设项目涉及的部门和人员要同转型工作领导小组签订目标责任书，做到定任务、定责任、定进度、定标准，严格按照规划要求组织实施。建立年度报告制度，定期发布转型工作情况评估报告。

（2）健全转型工作专家咨询制度

广泛联络一批有较强的可持续发展意识、有转型理论和实践素养、有一定协调组织能力的专家进入咨询机构，为灵宝市的转型及可持续发展事业提供源源不断的智力保证。对当地国民经济和社会发展规划及行业发展计划的制订以及重大工程建设等，开展跨学科、跨领域、跨部门的综合研究指导。

（3）建立转型示范项目管理体系

加强转型规划项目的科学管理，对转型重大示范项目实行"开放、竞争、协作"的招投标制度；积极扶持中介评估机构独立开展工作，以推进转型及可持续发展示范项目管理工作的科学化、制度化。建立建设项目评价奖惩制度，奖优罚劣。

（4）完善各项配套政策

进一步贯彻落实《国务院关于促进资源型城市可持续发展的若干意见》（国发

〔2007〕38号），加快适应转型与可持续发展要求的决策、规划、经济、技术管理等方面配套政策的制定与落实。综合利用经济手段和市场手段，不断调整和完善各项经济政策。

3. 投资机制和物质基础

（1）积极申报中央财力性转移支付资金

根据国发〔2007〕38号文件精神，合理安排中央财力性转移支付资金，进一步增强城市基本公共服务保障能力，重点使用在接替产业项目贷款贴息、完善社会保障、教育卫生、环境保护、公共基础设施等方面。

（2）安排好中央各项专项扶助资金

首先，要落实好厂矿职工生产生活区基础设施建设项目，将其作为民生工程的一项重要内容，真正体现以人为本、改善民生的转型宗旨。其次，要彰显接续替代产业专项资金在吸纳就业、资源综合利用中的作用。在项目评审中将单位投资吸纳就业人数作为重要遴选标准。再次，积极争取国家开发银行设立的资源型城市可持续发展专项贷款，探索利用专项贷款促进灵宝市转型的新路子。最后，积极申请省市建立资源型城市可持续发展准备金制度，筹措资金用于灵宝市资源环境问题的解决及接续替代产业的发展。

（3）吸引社会资金向相关产业化项目倾斜

积极尝试新的资金筹措机制，开辟多条集资渠道，采用BT、BOT等建设模式，广泛吸纳社会资金参与转型及可持续发展规划项目的建设，解决资金投入不足影响项目发展的问题。加大招商引资，利用省市政府有关部门的对外交流渠道，推出一批项目，以吸引国外政府、大财团、工商界的资金支持。积极争取将转型重大项目纳入国家和省市优先项目计划，列入三门峡市国民经济和市政府有关职能部门的行业中长期发展计划，以取得一定的资金支持。

（4）拓宽国际合作渠道，争取国际援助

通过广泛宣传，积极参与区域性优化资源环境等国际合作，推动可持续发展。一方面，在深化改革的基础上，制定相关措施，不断优化投资环境，扩大招商选资；另一方面，积极开展国内外合作与交流，争取有关国际援助和国家重点项目。

4. 自主创新和人才支持

（1）突出科技创新的先导地位

要全力实施"科教兴市"和"人才强市"两大战略，努力构建"三个体系"，即建立以企业为主体、市场为导向、产学研结合的技术创新体系，政府、企业、社会共同参与的多元化科技投入体系，鼓励支持自主创新的政策体系；实现"四个增强"，即自主创新能力显著增强，科技综合实力显著增强，产业竞争力显著增

强，可持续发展能力显著增强。充分发挥科技奖励的导向作用，每年拿出一定数目的专项资金，重奖在科技创新中作出突出贡献的优秀科技人才，在全市营造尊重科学、崇尚创新的浓厚氛围。

(2) 突出企业科技创新主体地位

加快做大做强新型有色金属冶炼和加工基地、新型果品生产和加工两大新型工业基地。组织科技攻关，力争在关键技术上取得新突破。要充分发挥金源矿业公司博士后工作站、灵宝黄金天津地院研发中心等平台作用，支持金源矿业公司全力实施河南省节能减排重大科技专项"多金属矿产资源综合回收利用关键技术研究与产业化示范"项目。依托景源果业有限公司的"河南省果蔬饮品工程技术研究中心"，组织景源果业、鑫源果业、远村食品等果汁加工企业，积极开发罐头、果汁饮品等适销对路的终端消费产品，推动企业发展由出口型向国内消费型转变。积极培育华鑫铜箔等高新技术企业，引导市属企业和重点民营企业树立科技意识、质量意识、名牌意识，开展企校合作、企企合作，进行体制创新、管理创新、企业文化创新等合成创新，突破一批关键技术，实现自主创新能力的重点跨越；突破一批示范型企业培育，加强宣传、做好引路，引导大企业、大集团当好自主创新的排头兵和先行军。

(3) 加强人才引进和培育

引进国内外高素质人才，创造公平、宽松的环境，营造聚才、用才的良好环境。积极采取切实措施，营造良好的生活、工作环境，吸引国内外各种人才加入灵宝市的转型事业之中来。鼓励与吸引海外优秀人才以决策咨询、专题研究、创新创业、成果推广等多种形式为灵宝市转型和可持续发展服务。

立足实际培养人才。一方面，积极探索与科研院所联合培养人才的新思路和新渠道，积极支持有条件的企业与相关科研院所加强人才培养的合作，构筑支撑转型及可持续发展的人才高地。另一方面，通过综合性、先导性重大项目的实施，带动人才培养，使优秀人才脱颖而出。

创造环境加快人才成长。加强对外开放和交流，学习借鉴国内、国际先进的管理经验和方法，提高转型及可持续发展的管理水平和工作质量。鼓励市内企业、科研机构、教育培训机构与国内外同行建立合作关系，使高新技术人才在对外联系合作实践中快速成长。同时，构建人力资源开发平台，加强实用型人才的储备，为下一步经济发展做好人才储备。

(4) 突出创新科技投入机制

引导金融部门对科技创新项目给予重点支持，吸引社会资金投入科技事业。市财政按1%的标准将科学支出列入财政预算，乡镇科学支出经费要达到本级财政支出 5% 以上。建有省级工程技术中心和技术中心的企业开发费用占当年销售收入 3% 以上，高新技术企业要达到 5% 以上。

3.6.2 促进转型的政策建议

灵宝市在资源枯竭城市转型中，涉及的利益格局调整比较复杂，自身发展能力较弱，单靠自身的努力很难走出困境。需要中央有关部门和省市各级人民政府的大力支持，提请国家和河南省、三门峡市在政策上予以特殊优惠。特此主要提出如下针对性政策建议。

第一，建议河南省政府成立促进资源型城市可持续发展工作领导小组。按照国发〔2007〕38号的要求，资源型城市的可持续发展工作由省级人民政府负总责，为促进河南省灵宝市、焦作市等资源型城市的转型及可持续发展工作，建议省政府成立促进资源型城市可持续发展工作领导小组，并建立健全相关工作机构，强力推进河南省资源型城市经济转型工作。

第二，建议根据国发〔2007〕38号文件提出的目标、任务和要求，学习山西、甘肃、江苏、内蒙古、湖北、陕西等地出台"促进资源型城市可持续发展"综合性政策文件的经验，尽快制定出台《河南省人民政府关于促进灵宝市资源枯竭型城市转型与可持续发展的实施意见》，体现河南省的配套政策措施，并将各项任务分解落实到年度计划当中，使各项工作措施真正落到实处。

第三，建议河南省和三门峡市政府设立灵宝市转型及可持续发展的专项建设资金或配套财政资金，以增强对灵宝市的资金支持力度。

第四，建议河南省及三门峡市对灵宝市实施特殊扶持政策。一是在全省设立和征收资源型城市可持续发展准备金。二是在省级和市级范围促进签订对口帮扶协议。三是建议河南省将灵宝市列为省级综合配套改革试点城市。四是建议河南省及三门峡市在科技改造和技术创新方面予以资金和政策方面的支持，发挥科技的引领作用。

第五，建议河南省积极争取发行资源型城市经济转型专项债券，吸纳社会和民间资本参与经济转型。

第六，建议河南省协助灵宝市争取国家重大产业项目布局灵宝市。如申报省黄金优势企业项目、危机矿山接替资源找矿项目、建设小秦岭国家地质公园项目、建设小秦岭国家级黄金矿山公园项目、小秦岭金矿区老鸦岔垴及其周边矿山地质环境成片连区综合治理项目，以及河南省矿业经济区重点项目，等等。

第七，建议加快实行"省直管县"体制，减少管理层次，降低行政成本，提高管理效率，从而带动灵宝县域经济驶入高速发展的快车道。

第八，建议国家将灵宝市列入资源枯竭城市旧城改造试点城市，比照国家支持东北老工业基地棚户区改造相关政策，请河南省给予一定比例的配套支持。

第九，建议国家和河南省在调整现行分税制财政体制时，将增值税、企业所得税、金融保险业营业税省级分成增量部分全额返还灵宝市；建议将灵宝市列为进行资源税和资源价格改革的试点城市，改革现行黄金税收"从量计征"和免征增值税的政策。

参考文献

1. 河南省灵宝市发展和改革委员会、重庆工商大学长江上游经济研究中心：《灵宝市主导产业发展规划研究》（总报告），2007年10月，打印稿。
2. 2004、2005、2006、2007、2008、2009年《灵宝市国民经济和社会发展统计公报》。
3. 河南省灵宝市人民政府：《坚持科学发展加快城市转型，推进县域经济社会全面协调可持续发展》（2009年7月3日），全国资源型城市可持续发展工作会议地方交流材料。
4. 《关于灵宝市资源枯竭情况的报告》（灵宝市资源枯竭型城市转型申报资料）。
5. 灵宝市地矿局：《灵宝矿业经济转型分析与探讨——资源型城市转型问题调研报告》，2009年7月，打印稿。
6. 灵宝市地矿局：《灵宝市矿产资源规划（2001~2010年）》，打印稿。
7. 灵宝市地矿局：《灵宝市地质灾害防治规划（2005~2015年）》，打印稿。
8. 灵宝市科技局：《灵宝市中长期科技发展战略规划（2006~2015）》，打印稿。
9. 河南省城市规划设计研究院、河南财经学院：《灵宝豫灵产业集聚区总体发展规划（2009~2020）》，2009年3月，打印稿。
10. 灵宝市文化局：《灵宝市文化产业发展思路》，2009年2月25日，打印稿。
11. 党涤寰：《河南灵宝："金城"披上新"绿装"》，2010年2月8日《经济日报》。
12. 路治欧：《"中国金城"灵宝资源枯竭之痛》，2009年4月8日《东方今报》。
13. 路卓铭、胡国勇、罗宏翔：《资源型城市衰退症结与经济转型的中外比较研究》，《宏观经济研究》2007年第11期。
14. 路卓铭、胡国勇、罗宏翔：《我国资源型城市经济转型的战略及对策》，《盘锦市信息中心简报》2008年第6期（总第44期）。
15. 董锁成等：《中国资源型城市经济转型问题与战略探索》，《中国人口、资源与环境》2007年第5期。
16. 赵谦、黄溶冰：《资源型城市经济转型的产业政策分析》，《学术交流》2009年第3期。
17. 张复明、景普秋：《资源型经济的形成：自强机制与个案研究》，《中国社会科学》2008年第5期。
18. 张复明：《工业化视野下的资源型经济：解释模型和分析框架》，《经济学动态》2008年第8期。
19. 沈镭：《国内外资源型城市转型与可持续发展的经验与政策建议》，全国资源枯竭型城市经济转型与可持续发展研讨会，2004。
20. 贾敬敦、黄黔、徐铭主编《中国资源（矿业）枯竭型城市经济转型科技战略研究》，中国农业科学技术出版社，2004。

21. 汪安佑：《老矿业城市经济转型的路径》，《中国矿业》2007年第1期。
22. 王玉海、刘学敏：《区域经济集聚的资源视角分析》，《经济地理》2009年第4期。
23. 崔国峰：《关于资源枯竭型城市经济转型与可持续发展研讨会参会情况综述》，大庆市发展和改革委员会门户网站：www.dqfgw.gov.cn，2004年9月7日。
24. 曲庆江：《我国资源型城市的困境与经济转型对策研究》，吉林大学2004年硕士学位论文，电子版。
25. 朱娅琼等：《资源城市转型调查》，《中国投资》2009年2月17日。
26. 关于《灵宝市资源枯竭型城市转型规划》调研的有关汇报材料，2009。

第四章

陕西省靖边县转型与可持续发展研究

【题记】

进入新世纪尤其是"十一五"以来,在县委和县人民政府的正确领导下,靖边县的经济获得了快速发展,社会事业全面进步,为未来发展奠定了良好的基础,这是全县人民共同努力、奋发图强的结果。但是,在发展中也隐含着问题,譬如产业组织畸形、地方税源不足、收入差距过大、水资源强约束等,使靖边的发展走到了一个重要的"十字路口",这就需要用发展的办法解决前进中的问题。

2010年是"十一五"规划的收官之年,也是"十二五"规划的筹划之年。为谋划靖边未来发展,切实编制出高质量、高水平的"十二五"规划,中共榆林市委常委、靖边县委书记马宏玉和北京师范大学常务副校长史培军教授就共同合作开展靖边县"十二五"规划总体思路研究达成一致意见。就以下问题委托北京师范大学进行研究:经过"十一五"发展后靖边所在区域发展格局的新变化、国家百强县产业发展的态势和竞争力变化情况、靖边县产业结构的演进和走向问题、毛乌素沙地治理和靖边县生态经济发展问题、靖边县城镇化和城镇建设问题、靖边县发展的基础设施和教育文化发展的保障问题、靖边县"十二五"发展目标问题等。

基于此，北京师范大学成立了以史培军教授为组长、刘学敏教授为副组长的专家组，于2010年5月12~16日在靖边县进行了实地调研和资料收集，先后走访了经济发展局、城建局、交通局、农业局、林业局、水资办、乡企局、招商局、农综办、环保局、文化局、科技局、油气办以及中小企业创业园区筹建处，考察了小城镇建设、设施农业、生态环境和水资源、新能源开发利用、涧地开发、油区开发与治理、农副产品加工、文化旅游、社会主义新农村建设、天然气开发利用等项目和能源化工综合利用产业园区、中小企业创业园区，听取了县委和县政府就县域发展的基本情况、"十一五"规划的执行情况及"十二五"时期的初步发展思路的介绍，专家组也与主要领导交换了意见，形成共识。在此基础上，史培军教授在"靖边大讲堂"作了题为《区域跨越式发展的模式与靖边未来十年发展的思考》的演讲，就靖边县情、区域发展定位、产业结构、城乡一体化以及开发国有资源中的利益分摊问题等进行了阐释。

专家组回京后，用了一个月的时间消化、吸收资料并加以研究，于6月中旬，提交了一份约10万字的研究报告和一份规划思路的短报告。就此，刘学敏教授、王玉海教授和博士生曹斐于7月初又赴靖边，与经济发展局的各位领导进行了交流与讨论，并将稿件交付给对于靖边发展有长期思考的老领导，他们都提出许多建设性的意见和建议。在此基础上，专家组又对规划思路报告进行了修改和充实，于8月初提交了报告的第二稿。8月17日，刘学敏教授、王玉海教授以及博士生曹斐再赴靖边，与各个部门的负责人进行了交流和座谈。刘学敏教授系统地介绍了规划思路，王玉海教授则就规划思路中遇到的问题进行了说明，各个部门都提交了书面意见和建议，为报告的进一步完善提供了有力的支撑。对于经济发展局工作的高效率和尽职尽责的工作精神，对于各个部门领导高度的责任感，专家组备受感动。8月18日，借"靖边县首届陕北义乌商品交易会暨招商引资项目推介洽谈会"期间举行"县域经济发展论坛"之机，刘学敏教授又作了题为《靖边县的产业发展问题》的演讲，进一步阐释了靖边未来产业和区域发展问题。回京后，专家组充分吸收各个

部门的意见和建议，又形成了规划总体思路报告的第三稿。2010年12月21日，史培军副校长、王玉海教授与博士生曹斐去靖边，又与靖边县领导进行了深入的交流，在此基础上，对报告又进行了一次系统修改，形成研究报告的最终稿。

专家组认为，"十二五"期间将是靖边发展历程中的一个重要阶段。这一阶段的特征是：税收来源的"空档期"、资源型产业向综合配套产业发展的"转型期"、新型县域产业体系形成的"关键期"、城乡一体化发展的"攻坚期"、环境建设的"突破期"。为此，"跨越·调整·转型"是未来靖边发展的主题。这就是：使经济总量持续扩张，经济质量显著提高，实现县域经济的大跨越；致力于能源化工配套产业和服务产业聚集地的建设，积极培植税源产业，大力发展现代特色农业和物流产业，实现县域产业体系的大调整；加快转变经济发展方式，通过提升经济体的抗风险能力，实现由畸形、脆弱型经济向健康、可持续型经济的大转型。

当然，专家组仅仅提出未来靖边发展的思路，许多具体工作需要在实际操作中推进。专家组祝福靖边美好的未来，也期待着靖边美好未来早日来临。

参与本章研究和写作的人员是：史培军、刘学敏、王玉海、李强、曹斐、敖华、刘连友、于德永、叶涛、杨明川、杜士强、廖建辉、江冲、王珊珊。

位于陕西省北部的靖边县，地处毛乌素沙地与黄土高原的过渡地带，因受自然环境的限制，以前一直以农业经济为主，曾是国家级扶贫工作重点县，经济基础十分薄弱。20世纪80年代中后期，伴随着石油和天然气资源的大发现和大开采，工业经济迅猛发展。

依托油气资源开发，经过几十年的艰苦奋斗，靖边县的经济社会发展水平得到全面提升，综合实力明显增强，2008年进入全国百强县的行列，实现了由落后农业向现代化工业的跨越，由落后地区向全国经济百强县的跨越。但是，与所有资源型地区的发展经历类似，靖边县在快速成长的资源繁荣发展阶段也出现多种被称为"资源诅咒"的资源性"病兆"，主要表现为：产业组织畸形、地方税源不足、收入差距过大、水资源强约束等问题，靖边县的发展走到了一个重要的"十字路口"。

实践表明，资源型地区如果不能在快速成长的资源繁荣发展阶段，有效抑制自身固有的一种引导经济社会发展落入"资源陷阱"的内在因果循环机制，终将遭遇掉入"资源陷阱"的厄运，也必将经历痛苦艰难的调整转型过程。当然，新兴资源型地区若能汲取以往同类型地区经济社会发展中的教训，未雨绸缪，发挥后发优势，成功实施竞争性多元化发展战略，同时通过制度创新，建立起跨越"资源陷阱"的体制机制，完全可以成功跨越"资源陷阱"，从资源繁荣发展阶段直接走向更高、更好、更快的发展阶段，实现经济社会的可持续发展。

当前，靖边县的发展进入一个快速发展与问题凸现相互交织、机遇与挑战共同存在的关键时期，其主要特征是：税收来源的"空档期"、资源型产业向综合配套产业发展的"转型期"、新型县域产业体系形成的"关键期"、城乡一体化发展的"攻坚期"、环境建设的"突破期"。为此，需要用发展的办法解决前进中的问题，"跨越·调整·转型"将是靖边县"十二五"乃至其后更长一段时期的发展主题。"跨越·调整·转型"就是要使经济总量持续扩张，经济质量显著提高，实现县域经济的大跨越；致力于能源化工配套产业和服务产业聚集地的建设，积极培植税源产业，大力发展现代特色农业和物流产业，实现县域产业体系的大调整；加快转变经济发展方式，通过提升经济体的抗风险能力，实现由畸形、脆弱型经济向健康、可持续型经济的大转型。

在新的发展时期，靖边县需要立足自身优势和发展基础，正视面临的矛盾和挑战，审时度势，抢抓机遇，解放思想，改革创新，只有这样才能实现由粗放型经济向集约型经济的跨越，由生态恶劣地区向生态大县的跨越，由强调经济增长向注重经济社会全面发展的跨越，开创现代化建设的新局面。

4.1 靖边县概况

靖边县位于陕西省榆林市西南部，毛乌素沙地南缘（图4-1），地理位置介于东经108°17′~109°20′，北纬36°58′~38°03′，全县总面积5088平方千米。全县海拔1123~1823米之间，地处鄂尔多斯台地南缘与黄土高原北端的过渡地带，包括北部风沙滩区、中部梁峁涧区、南部丘陵沟壑区三个地貌单元，分别约占总面积的1/3。

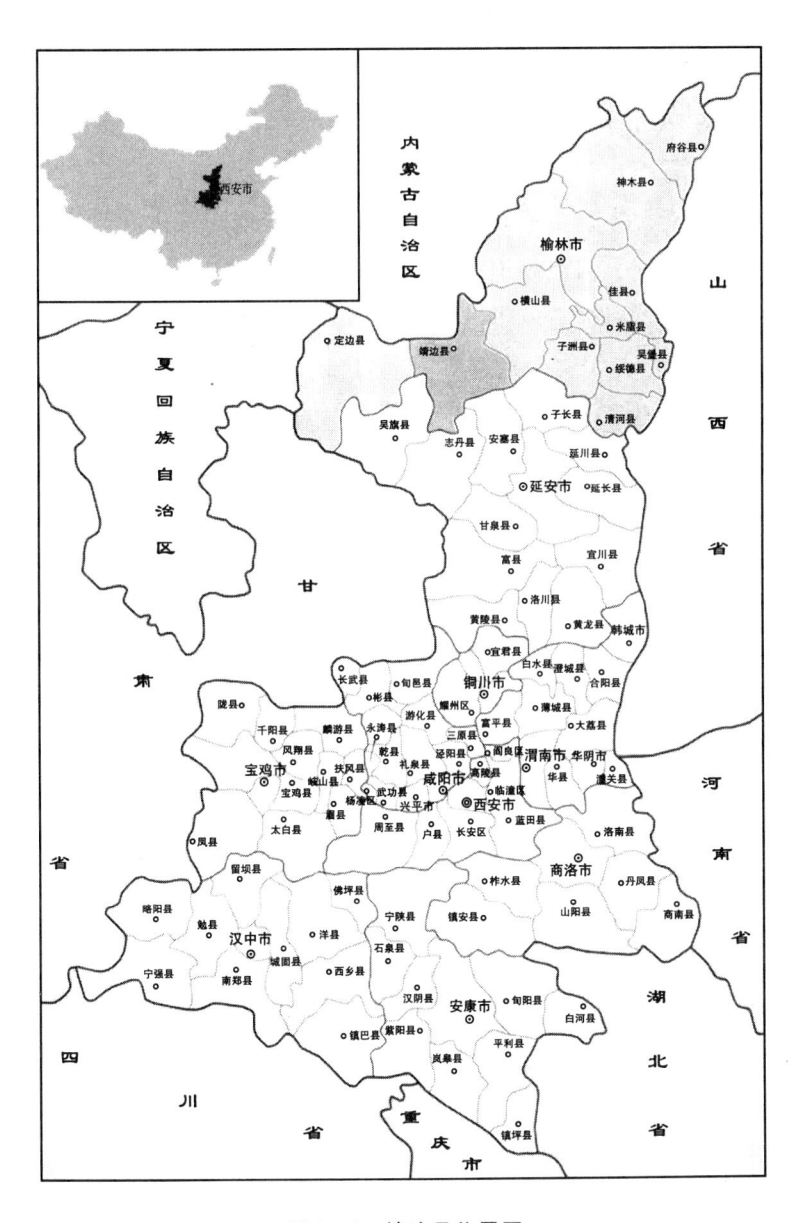

图4-1 靖边县位置图

靖边县属于半干旱大陆性季风气候，年平均气温7.8℃，年平均降雨量395.4毫米。境内有芦河、大理河、红柳河、黑河、杏子河、周河等六大河流，根据靖边县水资源普查报告及水资源规划报告，水资源总量为3.71亿立方米，可利用总量为2.63亿立方米。

靖边县地域辽阔，自然资源丰富。全县人均土地面积31亩，是陕西省平均值的3.3倍；耕地168万亩，人均耕地5亩，其中水浇地1亩。全县林草保存面积345万亩，林草覆盖率为45.2%，居陕北前列，是黄河流域基本不向黄河输送泥沙的县。县境内蕴藏丰富的天然气、石油、煤炭和岩盐等矿产资源，成为晋陕蒙能源基地的核心组成部分。农业方面，由于日照时间长，昼夜温差大，适合马铃薯、玉米、小杂粮的生长。靖边是马铃薯的主产区，年产马铃薯40多万吨；荞面和绿豆等绿色食品，早在20世纪70年代就出口日本，大蒜、辣椒、洋葱等农产品以其无污染、无公害的美誉而销往全国各地。

靖边县的旅游资源丰富多样。由于地处毛乌素沙地与黄土高原的过渡地带，拥有大漠风光、黄土奇观、河流湖泊、草滩湿地等自然景观。同时，悠久的历史、灿烂的文化、独特的民俗习惯造就了这里丰富的人文景观，无定河北岸的统万城曾是"大夏国"的国都，是古代匈奴族遗留下来的唯一都城遗址，是国家级重点文物保护单位。毛泽东、周恩来等老一辈无产阶级革命家在解放战争时期曾转战陕北，他们生活工作过的革命遗址具有重要的教育意义。"靖边跑驴"、"信天游"、"霸王鞭"、"单人摔跤"、"荞面饮食"、"靖边大秧歌"、"刺绣"、"靖边剪纸"等是靖边拥有的宝贵的非物质文化遗产。

靖边县共辖13个乡、9个镇、1个国营农场，包括214个行政村、6个社区，总人口31.56万，其中农业人口26.71万。

4.2 靖边县发展现状

4.2.1 发展历程

自新中国成立以来，靖边县的发展大体经过三个阶段。

第一个阶段是1949~1978年改革开放前，靖边县作为革命老区和国家植树造林的典型，以农业经济为主，贫穷落后。1949年，靖边县地区生产总值仅0.3亿元，人均生产总值392元，地方财政收入12.6万元。

第二个阶段是1979~1994年，伴随着改革开放，靖边开启了艰苦奋斗的发展历程，但依然以农业经济为主，工业经济只是在后期因油气资源开发而快速兴起。1980~1995年间，地区生产总值由0.38亿元上升为3.03亿元，年均增长速度

14.9%；人均生产总值由 209 元上升为 1185 元，年均增长速度 12.3%；地方财政收入由 158.5 万元上升为 1948 万元，年均增长速度 18.2%（图 4-2、图 4-3 和图 4-4）。1978 年，全县工业产值在工农业生产总值中的比重仅占 10%，随着一批以食品加工为主的小型工业企业的兴办，第二产业比重在 1980 年达到 19.93%（图 4-5）。之后，长庆石油勘探局于 1985 年在靖边县境内成功打出 5 口高产油井，3 年后又成功打出第一口天然气井，从而带动了靖边工业的迅猛发展。1995 年，靖边的第二产业比重已达到 30.95%。

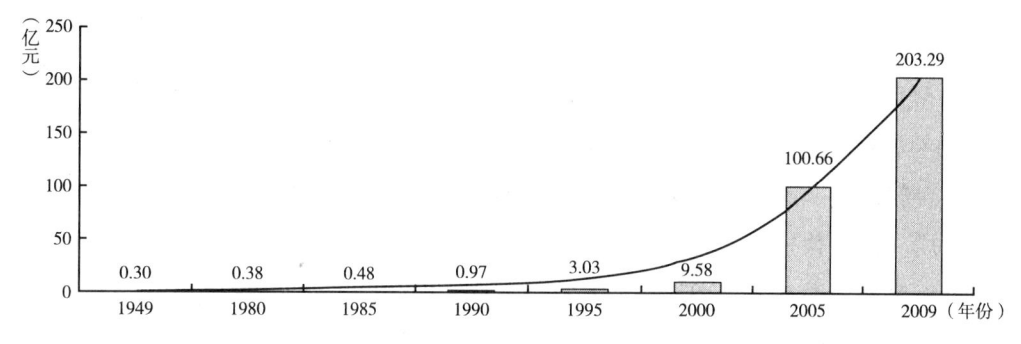

图 4-2　1949~2009 年靖边县主要年份地区生产总值

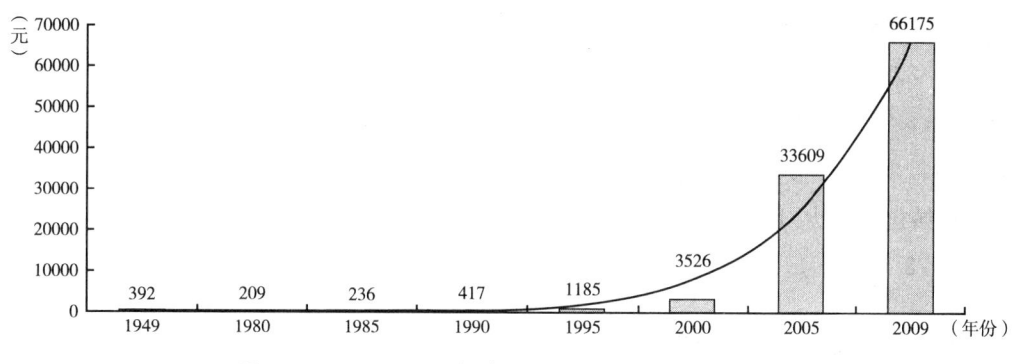

图 4-3　1949~2009 年靖边县主要年份人均生产总值

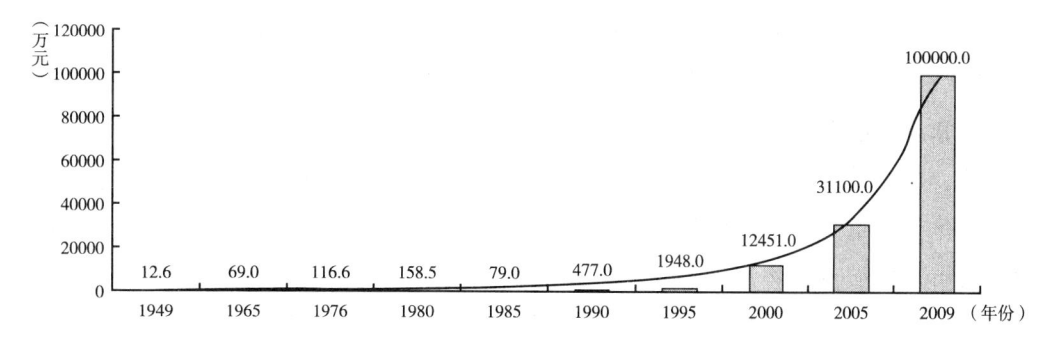

图 4-4　1949~2009 年靖边县主要年份地方财政收入

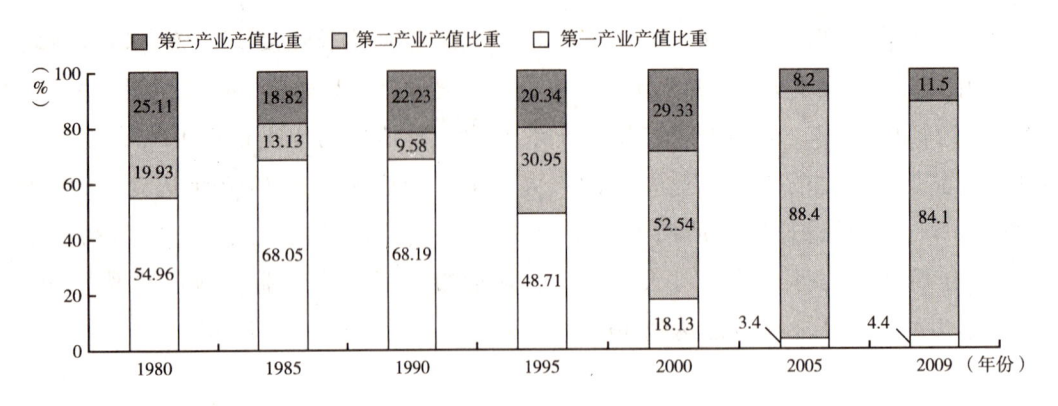

图 4-5 1980~2009 年靖边县主要年份三产产值比重

第三个阶段是 1995 年至今，伴随着油气资源的大规模开采，靖边进入工业大发展的崭新阶段，基本形成以油气化工、食品加工、皮毛加工、建材加工为主体的工业格局。经济快速发展，综合实力明显增强，进入全国百强县行列。1995~2009 年间，地区生产总值由 3.03 亿元上升为 203.29 亿元，人均生产总值由 1185 元上升为 66175 元，地方财政收入由 1948 万元上升为 10 亿元。

总体上看，改革开放 30 多年来，靖边县发生了翻天覆地的变化，人民群众收入水平明显提高，基础设施和城市建设取得重大进展。2009 年的生产总值是 1978 年的 687.7 倍，财政收入达到 1978 年的 2507.4 倍，全社会固定资产投资是 1978 年的 5977.2 倍。职工平均工资由 1978 年的 540 元增加到 2009 年的 34368 元，增长 62.6 倍；农民人均纯收入由 1978 年的 40 元达到 2009 年的 6031 元，增长 149.8 倍。县城区面积从 1978 年的不足 6 平方千米发展到目前的 22 平方千米，公路总里程由 1978 年的不足 600 千米发展到 2009 年的 3754 千米。

4.2.2 县域经济社会发展特点

靖边县"八五"以来主要经济指标的平均增长速度如表 4-1 所示。可以看出，"十五"期间是靖边县国民经济实现跨越式发展的重要阶段，综合实力明显增强。"十一五"期间，在科学发展观的指导下，靖边县始终把加快发展作为解决各种问题和矛盾的关键，紧紧围绕富民强县目标，坚定不移地实施"生态立县、工业强县、城镇带动、产业富民、文化引领"五大战略，突出工业化、城镇化、农业产业化三大重点，努力建设新型能源化工基地、现代特色农业基地、陕北第三大中心城市、区域商贸物流中心和区域交通枢纽的"两基地、两中心、一枢纽"，推动全县经济社会全方位的发展。截至 2009 年，已连续五年被评为陕西省县域经济社会发展十强县，连续六年跨入西部经济百强县行列，经济发展速度超过陕西省和榆林市的平均水平，在全国的排名不断前移，2009年位居全国第95位、西部第7位。

表4-1 靖边县主要经济指标的平均增长速度

单位：%

时期	"八五"时期	"九五"时期	"十五"时期	"十一五"时期
地区生产总值	25.16	26.22	60.05	15.09
人均生产总值	23.23	24.37	50.85	14.51
第一产业总产值	17.02	3.58	14.50	21.16
第二产业总产值	58.25	40.31	71.32	13.96
第三产业总产值	22.96	35.81	17.40	23.13
农业总产值	1.30	9.67	18.27	20.22
工业总产值	23.29	36.92	40.94	13.71
社会消费品零售额	13.58	13.61	23.01	13.30
地方财政收入	32.50	44.92	20.09	26.31
农民人均纯收入	15.72	12.08	8.68	26.77
城镇居民人均可支配收入	18.40		5.35	23.01

资料来源：根据《靖边县统计资料汇编"辉煌的历程"（1949~2000）》和《"数字2009"——靖边县经济社会发展回眸》提供数据计算得出。

1. 经济实力显著增强，但增长不稳定

2001~2009年靖边县的地区生产总值、人均生产总值和财政收入的状况如图4-6、图4-7和图4-8所示。2009年之前，地区生产总值一直保持高速增长，2007年突破200亿元，2008年达到250多亿元，2009年因受金融危机的影响有所下降。"十五"和"十一五"期间，靖边县的地区生产总值的年均增长速度分别为60.05%和15.09%。按照"十一五"规划目标，2010年全县财政总收入和地方财政收入分别预期达到14.6亿元和3.8亿元。而在2007年，财政总收入已达到14.23亿元，地方财政收入达到3.62亿元，分别完成规划目标任务的97.5%和95.3%；到2009年，财政收入为40.77亿元，地方财政收入为10亿元，超额完成预期目标。

如图4-9所示，靖边县的社会固定资产投资在"十五"期间迅猛增长，2005年比2001年增长近10倍，年均增幅58%；2005~2009年，社会固定资产投资继续保持增长势头，由45.1亿元增加到102.21亿元，年均增幅22.7%。全社会消费品零售总额表现出相似的变化趋势，但增幅平缓，2005年比2001年增长约2倍，年均增幅23.01%；2009年又比2005年增长近1倍，年均增幅16.9%。由此表明，"十一五"期间的经济发展主要依靠投资拉动，消费的贡献偏小，处于经济建设的初期阶段。

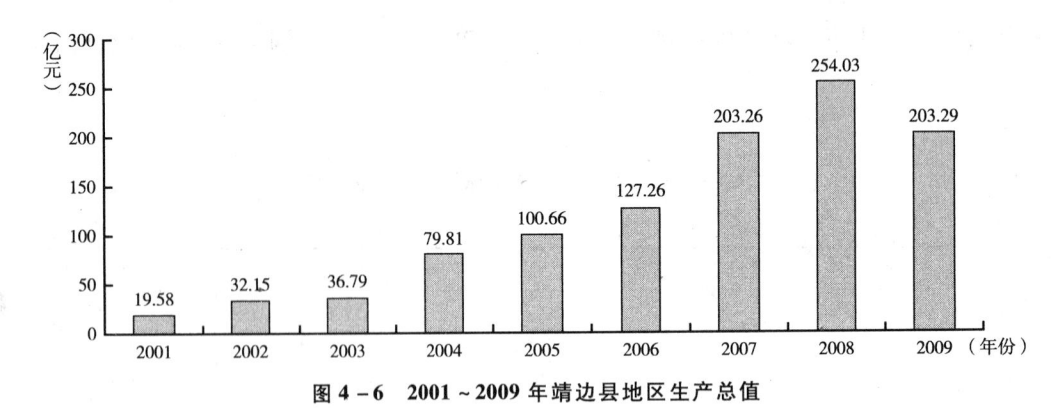

图 4-6　2001~2009 年靖边县地区生产总值

资料来源：靖边县统计局。

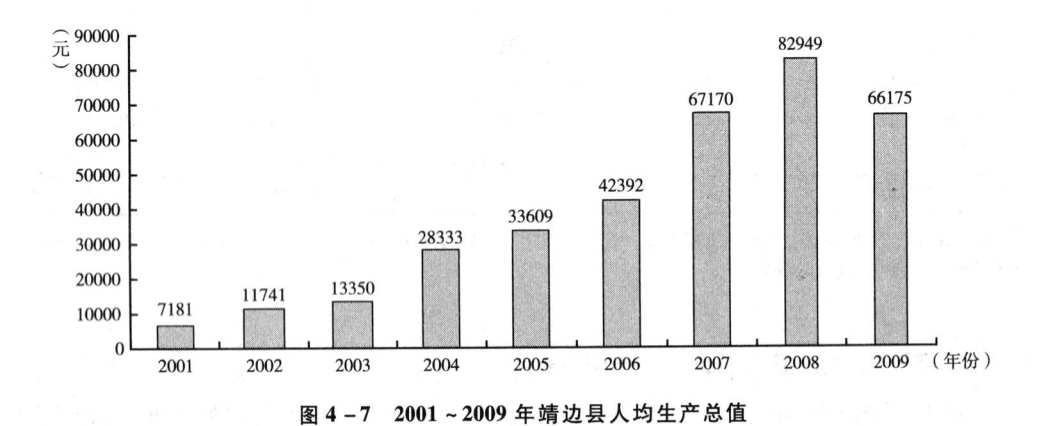

图 4-7　2001~2009 年靖边县人均生产总值

资料来源：靖边县统计局。

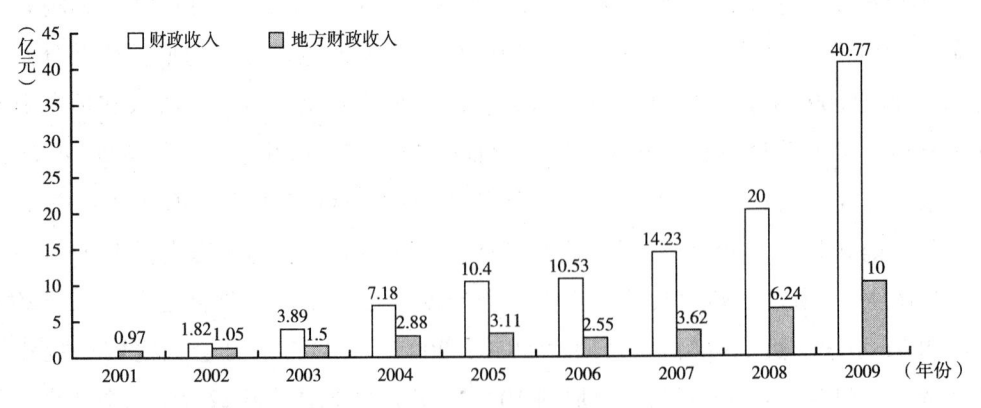

图 4-8　2001~2009 年靖边县财政收入和地方财政收入

资料来源：靖边县统计局。

另一方面，由于依托石油、天然气的产业是 GDP 的主要来源，而这些产业容易受到国内外各种经济社会因素的影响，因此，靖边县经济增长呈现极不稳定的特

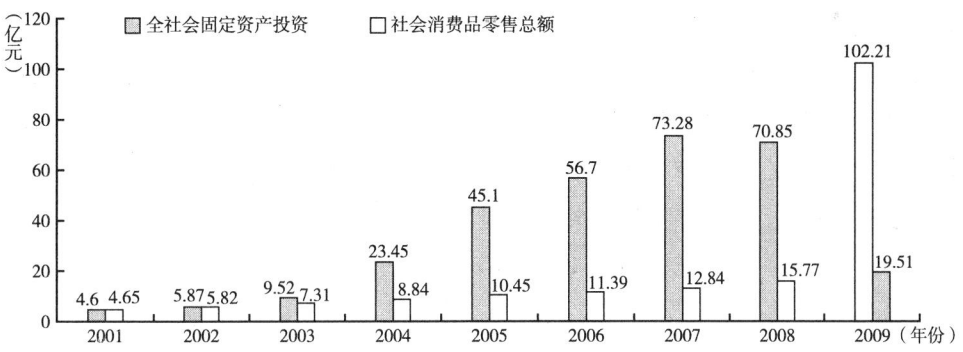

图 4-9　2001~2009 年靖边县投资与消费的变化状况

资料来源：靖边统计局。

点，波动幅度巨大（图 4-10）。2002 年的地区生产总值增长速度为 64.20%，但 2003 年下降到 14.43%，2004 年又以 116.93% 的速度骤然上升，之后两年徘徊在 26% 左右；继 2007 年以 60.11% 的速度再次上升之后持续下降，2008 年为 24.67%，2009 年呈现负增长，速度为 -19.97%。因此，靖边县只有改变目前单一依靠资源谋求发展的局面，才能变被动为主动，保持持续而稳定的发展。

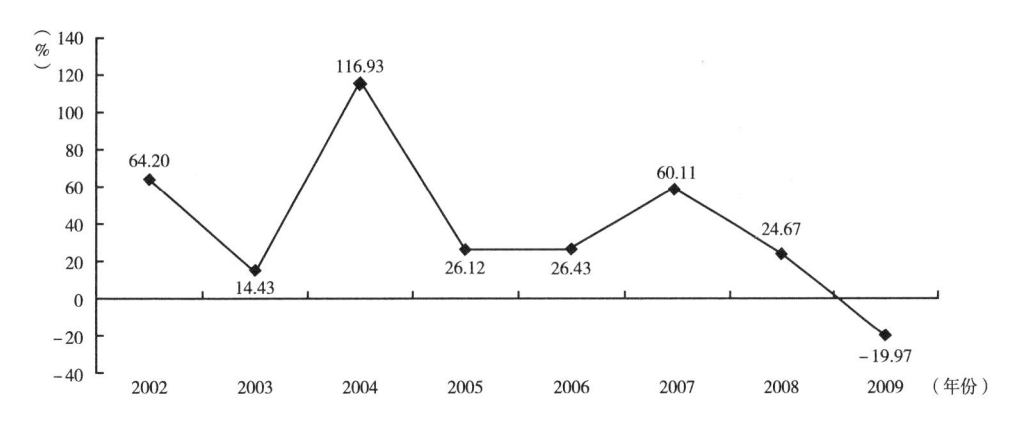

图 4-10　2002~2009 年靖边县地区生产总值增长速度

资料来源：根据靖边统计局提供数据计算得出。

2. 三大产业发展较快，但产业结构严重失衡

"十五"以来，靖边县的三大产业都得到较快发展（图 4-11、图 4-12）。随着内部结构的不断调整，第一产业由传统种植业占主体向农、林、牧、渔多业并举转化，农业产业化发展的广度和深度不断加大，形成"菜、畜、薯"三大主导产业和玉米、小杂粮、油料等优势产业。农业产值从 2001 年的 2.2 亿元增长到 2009 年的 8.93 亿元，并且增长率在 2008 年之前一直保持上升趋势。依托石油、天然气

和煤炭等资源优势，按照"强油、壮气、攻煤、兴园"的思路，在巩固油气产业基础地位的同时，靖边县努力推进工业园区建设，引导能源化工产业向综合化和精细化发展，工业化步伐明显加快。第二产业产值由 2001 年的 12.98 亿元上升到 2008 年的 229.7 亿元，2009 年因受金融危机影响有所下降。第三产业正在逐步改变以批发零售和住宿餐饮等为主体的结构，向门类齐全的多种服务业扩展并壮大，产值由 2001 年的 4.4 亿元上升到 2009 年的 23.35 亿元，增长 4.3 倍，并且增长速度越来越快。总体来看，如表 4-1 所示，第二产业总产值的增速以"十五"期间为最快，达到 71.32%，第一产业和第三产业总产值在"十一五"期间的增速明显快于"十五"期间。

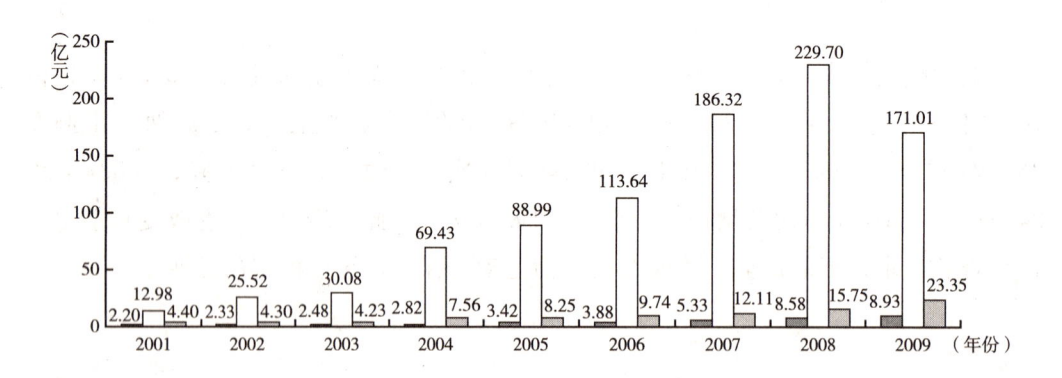

图 4-11　2001~2009 年靖边县三大产业产值

资料来源：靖边县统计局。

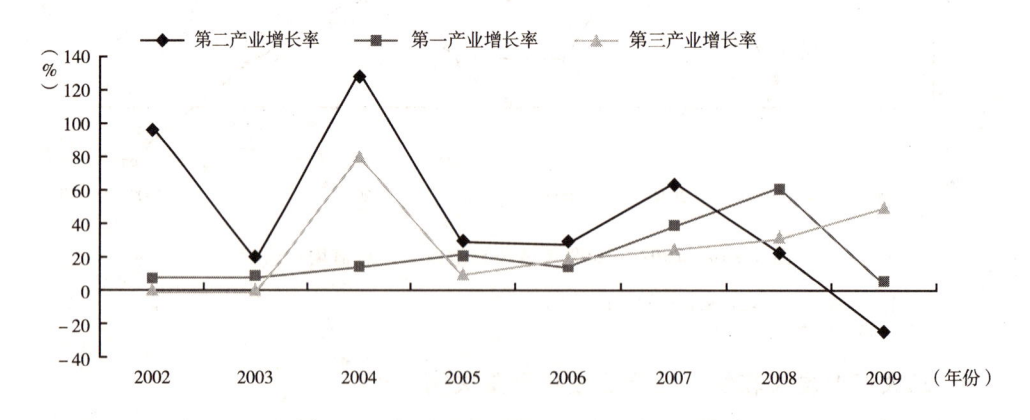

图 4-12　2002~2009 年靖边县三大产业增长率

资料来源：靖边县统计局。

靖边县 2001~2009 年的产业结构变化如图 4-13 所示。2001 年的三大产业结构为 11.2∶66.3∶22.5；2009 年，由于第二产业的比重进一步上升 17.8 个百分点，

三次产业结构变为 4.4∶84.1∶11.5，呈现第二产业绝对强势、第一产业和第三产业相对薄弱、产业结构极其不平衡的特点。依靠石油和天然气的开采加工，第二产业自"十五"以来一直保持对经济贡献的最大份额，"十一五"期间，工业增加值占 GDP 的比重在 80% 以上，2007 年和 2008 年竟达到 90% 以上（图 4-14）。与此相对，服务业的发展缓慢而滞后，2009 年占 GDP 的比重仅为 11.5%。深入分析第三产业的内部结构可以看出，批发和零售业占 29.52%，公共管理和社会组织占 22.41%，交通运输、仓储及邮政业占 10.54%，住宿、餐饮业占 10.03%；而信息传输、计算机服务及软件业占 7.11%，金融业占 4.19%（图 4-15）。这表明靖边县目前的第三产业还处于低层次的发展阶段。

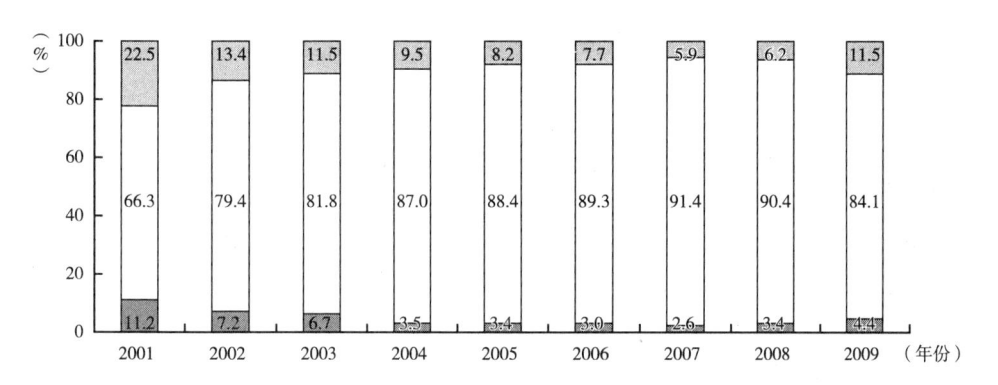

图 4-13 2001～2009 年靖边县三大产业产值比重

资料来源：靖边县统计局。

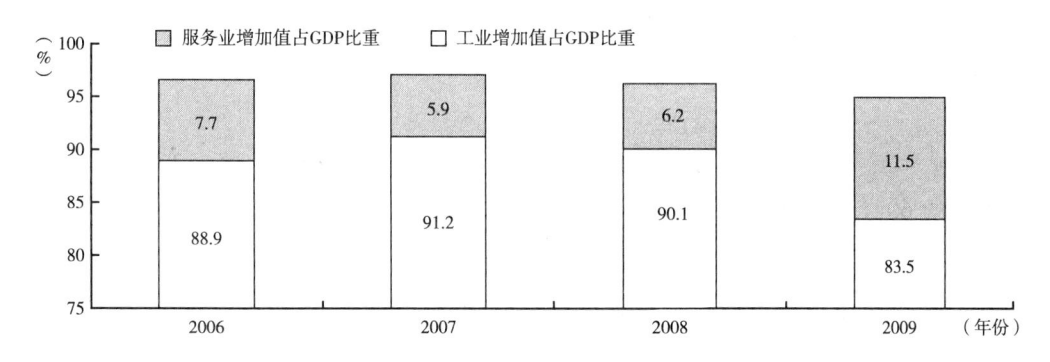

图 4-14 2006～2009 年靖边县产业增加值占 GDP 比重

资料来源：《"数字 2009"——靖边县经济社会发展回眸》。

3. 人民生活水平稳步提升，但群体和地域差异显著

2001～2009 年靖边县城镇居民和农民的收入情况如图 4-16 所示，呈现人民生活水平在"十五"期间稳步提升、"十一五"期间大幅提升的特点。城镇居民人均可支配收入由 2002 年的 4460 元增加到 2009 年的 18026 元，增长 3 倍，而且远远

资源开发地区转型与可持续发展

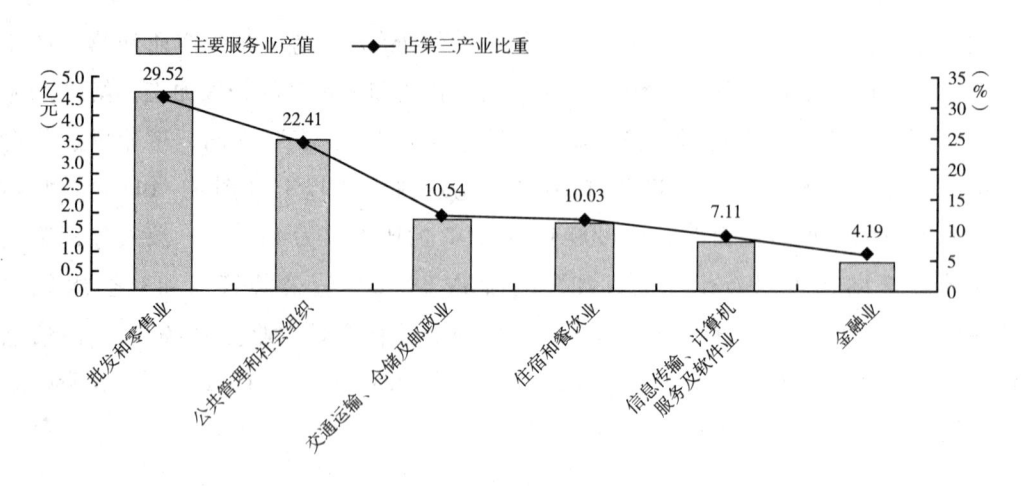

图 4-15　2008 年靖边县第三产业内部结构

资料来源：《靖边县统计年鉴 2008》。

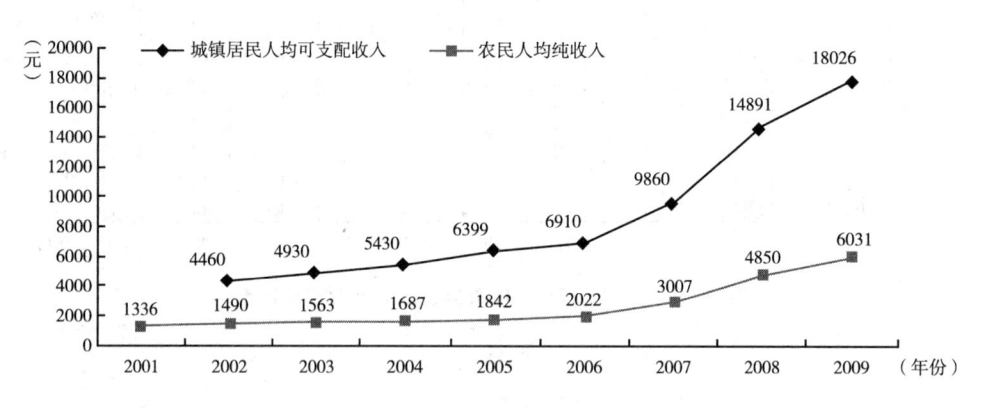

图 4-16　2001~2009 年靖边县城镇居民和农民的收入情况

资料来源：靖边县统计局。

超过"十一五"规划目标的 1 万元；农民人均纯收入由 2001 年的 1336 元增加到 2009 年的 6031 元，增长 3.5 倍，是"十一五"规划目标 3000 元的两倍多。但是，城镇居民人均可支配收入是农民人均纯收入的 3 倍，城乡收入差异很大。而且，根据表 4-2 的结果，城乡居民的收入的绝对差距由 2002 年的 2970 元拉大为 2009 年的 11995 元，差异显著。

根据表 4-1 的数据，计算人均生产总值与城镇居民人均可支配收入、农民人均纯收入的增长速度的比值，可以知道，"十五"期间人均生产总值的增速分别是城镇居民人均可支配收入和农民人均纯收入增速的 9.5 倍和 5.9 倍，反映出"十五"期间经济迅猛发展，但人民生活水平提高不快，二者不同步的现象；而在"十一五"期间，人均生产总值的增速分别是城镇居民人均可支配收入和农民人均纯收入增速的 0.63 倍和 0.54 倍，表明经济发展与人民生活改善逐步趋于协调。

表 4-2 2002~2009 年靖边县城乡居民人均收入绝对差额

年 份	2002	2003	2004	2005	2006	2007	2008	2009
城乡居民人均收入绝对差额/元	2970	3367	3743	4557	4888	6853	10041	11995

资料来源：根据靖边县统计局提供数据计算得出。

另外，由于自然条件等多方面的限制，农民人均纯收入的地域差异也很大。南部山区是靖边县贫困面最广、贫困程度最深的区域，该区域 2009 年的农民人均纯收入约为 3000 元，约为全县平均水平的 50%；而中北部地区同期的农民人均纯收入约为 8000 元，个别地方可以达到 14000 元。

4. 基础设施初具规模，但城镇化水平依然较低

一方面，随着经济实力的增强，靖边县在"十一五"期间加大基础设施建设的力度，使区位优势进一步凸显，城市面貌发生巨大变化。2006 年以来，全县累计投入公路建设资金 11.06 亿元，新建一级公路 26 千米，通村公路 643 千米。2009 年的公路通车里程达到 3745 千米，是 2005 年 1715 千米的 2.18 倍，年均增长 21.6%（图 4-17）。目前，县境内有青银、包茂两条高速公路通过，总里程达到 181 千米，位居陕西省首位；有国道 116 千米，省道 68 千米，农村公路 1256 千米。100% 的乡镇和 82% 的行政村通油路，乡镇和行政村的通车率分别达到 100% 和 90% 以上。太中银铁路的建设将进一步提升靖边在陕蒙宁交界区域的交通区位优势。

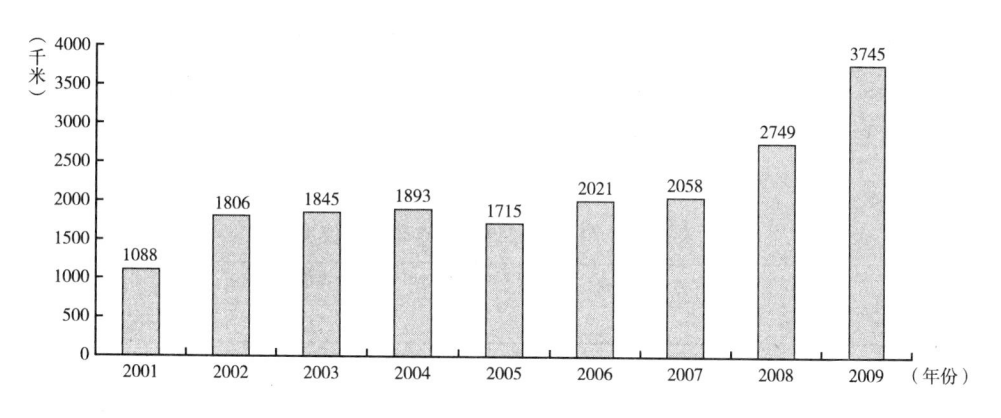

图 4-17 2001~2009 年靖边县公路通车里程

资料来源：靖边县统计局。

"龙腾战略"的强力推进加快了靖边城镇化的步伐和城乡一体化的进程。按照"东进西扩、南联北拓、中心提升"的发展目标，县城内修建了长庆路、南环路等 29 条市政道路，以及芦河南北大桥、龙山路大桥等桥梁，初步形成了"城内成网、城外成环"的城市道路基本格局。县城建成区面积由原来的不足 10 平方千米扩大到 22 平方千米，绿地面积达到 48 万平方米，绿化率达到 29%；城市主次干道亮灯率达到 100%。随着绿化、亮化、硬化、美化面积的不断扩大，县城的人居环境得到极大改善。此外，与群众日常生活密切相关的污水处理厂和垃圾处理厂等基础设施正在加紧建设，城区已经铺设天然气输气管线 198.7 千米，供气范围达到 22 平方千米。

另一方面，如图 4-18 所示，靖边县的城镇化率虽然自 1978 年以来有了很大提升，但年平均增长速度在 5% 左右（表 4-3），城镇化整体进程不快。2009 年的城镇化率只有 15.4%，远远低于全国平均水平，而且也低于榆阳区、神木县等周边一些发展水平相近的区县。靖边县城镇化发展缓慢的主要原因在于：国有经济与地方经济的关联度小、民营经济发展滞后、第三产业低层次发展，以至于难以充分吸纳劳动力就业，使其能够从事非农业生产。此外，劳动力的素质和文化水平较低也是阻碍城镇化进程的重要因素。

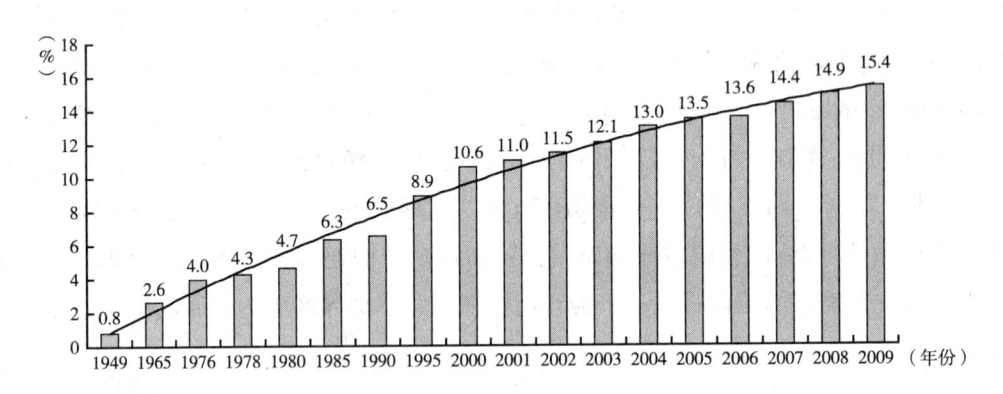

图 4-18　1949~2009 年靖边县城镇化水平

资料来源：根据《靖边县统计年鉴 2001~2009》计算得出。

表 4-3　靖边县城镇化率年均增长速度

时　　期	"八五"时期	"九五"时期	"十五"时期	"十一五"时期
城镇化率增长速度/%	6.45	3.66	4.87	3.34

资料来源：根据《靖边县统计年鉴 1980~2009》所提供数据计算得出。

5. 社会事业全面发展，但财政支持能力有限

伴随着教育投入的明显增加和办学条件的不断改善，教育事业蓬勃发展，成果丰硕。目前，全县小学和初中的适龄人口入学率均达到 100%，高中阶段教育的毛入学率为 88.6%。"十一五"期间，教育信息化进程加快，教育资源和网络教育共享初见成效。并且先后建成省级标准化普通高中 2 所、省级示范小学和幼儿园各 1 所，完成了建设省级教育强县的任务。

县乡村三级卫生服务体系在"十一五"期间逐步健全，公共卫生服务能力显著增强。人口和计划生育工作稳步推进，计划生育率保持在95%以上，人口出生率持续稳定在11‰以内，人口自然增长率控制在6‰以内，主体指标均优于榆林市平均水平。社会保障与服务体系日趋完善，基本形成以最低生活保障制度为基础，以养老、医疗、失业等专项保险为辅助，以社会互助为补充的新型社会救助体系，应保尽保，社会保障覆盖率达到40%。

文化和体育事业得到较快发展。电视和广播的人口覆盖率分别达到99.5%和98%，群众文化、民间艺术、文学艺术、图书出版、歌舞创作等方面进展显著。同时，建成综合体育健身广场1处、农村农民体育健身广场33处，提高全民健身活动的平台保障逐步完善，竞技体育水平进一步提高。

然而，社会事业的性质决定了其稳步发展需要财政的大力支撑。尽管靖边县的地方财政收入在"十五"和"十一五"期间分别以20.09%和26.31%的年平均速度增长，但根据表4-1的结果可知，"十五"期间地区生产总值和工业总产值的年均增长率分别是60.05%和40.94%，远远快于财政收入的增速。如图4-8所示，尽管地方财政收入在"十一五"期间表现为持续增长，但其占财政总收入的比例仅为1/4～1/3。而且，靖边县属典型的"石油财政"，存在"油兴财兴、油衰财衰"的问题，财政收入的稳定性相对较弱。因此，政府难以全面统筹和综合协调对各项社会事业发展的支持。

6. 环保工作扎实推进，但资源环境仍是制约因素

生态环境保护和工业污染防治是靖边县"十一五"期间的工作重点，生活污水处理及中水回用工程在加紧建设。北部地区加快了劣质腐败林的改造和治沙工程，以及油气重点开发乡镇的水资源保护和水污染防治，中南部地区则侧重巩固退耕还林和流域治理的成果。对于工业污染防治，一方面要求企业开展清洁文明采油井场建设、污水回注、残次井取缔和采油区绿化等工作，另一方面要加强对工业污水的监控和治理工作。目前，清洁文明采油井场建成率达到87.6%，污水回注率达到90%，累计新增采油区绿化面积130平方千米，取缔边缘残次井90个。同时，取得2008年工业废水排放量比2007年下降29.4%，而工业用水重复利用率和达标排放率分别上升2.95%和32.34%的显著成绩。

尽管靖边县的生态环境在"十一五"期间得到明显改善，但资源和环境问题仍将是经济社会快速发展的严重制约。生态环境脆弱，水资源不够充分，草原沙化和水土流失等问题没有得到彻底解决的现状，决定了靖边承载大规模工业化和城镇化发展的能力有限。就水资源而言，靖边人均水资源占有量为1200立方米，低于国际社会1700立方米的缺水标准，土地亩均水资源占有量仅为30立方米。地下水储量相对贫乏且分布不均匀，主要分布在北部风沙滩涧地区，南部地区甚少且埋藏深，不易开采。从长远来看，随着城市化和工业化步伐的加快、畜牧业的发展和农田灌溉的需求增加，用水矛盾将日益突出。

4.2.3 与周边地区的比较

由于经济基础和资源分布的差异，榆林市经济发展呈现明显的南北分异特点。位于榆林市北部的靖边县凭借资源优势，在榆林市实现跨越式发展的过程中扮演着重要角色。同时，靖边县处于陕蒙宁交界之处，与相邻区县在资源禀赋和自然条件、经济发展水平、历史文化特点和地缘关系等方面具有一定的相似性。因此，将靖边县与周边区县进行比较，有助于判断自身的优势与劣势，明确在区域经济发展中的位置，从而为科学合理地制定靖边县可持续发展的战略目标奠定基础。

1. 榆林市北六区县的比较

1990 年以来，榆林市北六区县依托资源优势而快速发展，成为国家能源化工基地的重点建设区。靖边县在北六区县中具有一定的经济实力，但各方面潜在问题的影响逐渐凸显。

（1）经济实力位居前列，增长速度不稳定

从地区生产总值的变化来看，靖边县 2005~2007 年的地区生产总值一直位居北六区县首位，2008 年被神木县赶超，2009 年出现大幅度下降，而其他五区县则保持增长势头（图 4-19）。从人均生产总值的变化来看，靖边县除 2009 年以外一直高居首位，并且增长幅度很大。神木县虽然与靖边县有一定差距，但表现出同样的趋势变化，2009 年超过靖边县；府谷县、榆阳区和定边县 2007 年以来的人均生产总值也有增长，府谷县增长最为明显，榆阳区次之，定边县 2008~2009 年增长不明显（图 4-20）。

不考虑 2008 年金融危机对各区县经济的影响，从地区生产总值的增长速度来看，只有榆阳区增速平稳，其他各县均表现出很大的波动性。定边县变化不大，而靖边县自 2007 年以来增长速度持续下降，2009 年甚至呈现负增长（图 4-21）。财政收入方面，2005 年靖边县低于神木县，排名第二；2009 年则位列神木和府谷之后，排名第三；绝对量一直是神木县的 50% 左右（图 4-22）。

（2）过度依赖第二产业的特点突出

三大产业协调发展是推动整体经济稳步增长、提升经济综合实力的基础。榆林市北六区县的发展都是依靠资源开发带动的，因而在产业结构上表现相似的特征，但也有一定的差异。根据图 4-23 和图 4-24 可以知道，各区县均以第二产业为主，比重均在 50% 以上。榆阳区产业结构较为合理，神木县的第三产业发展较快，

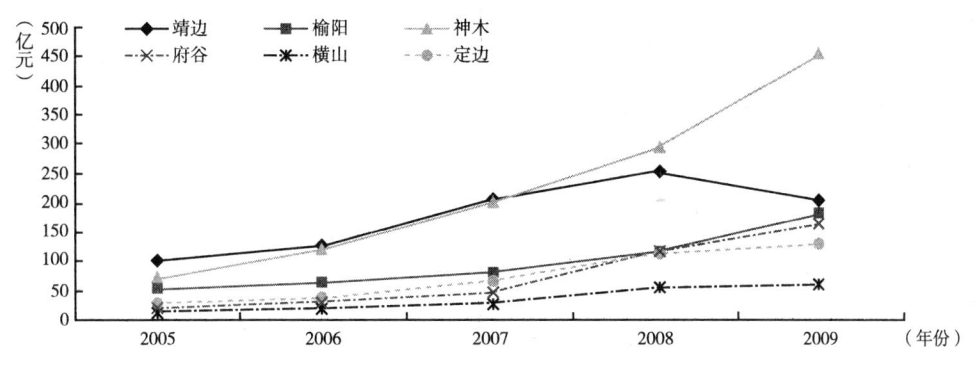

图 4-19 2005～2009 年榆林市北六区县地方生产总值

资料来源：靖边县统计局。

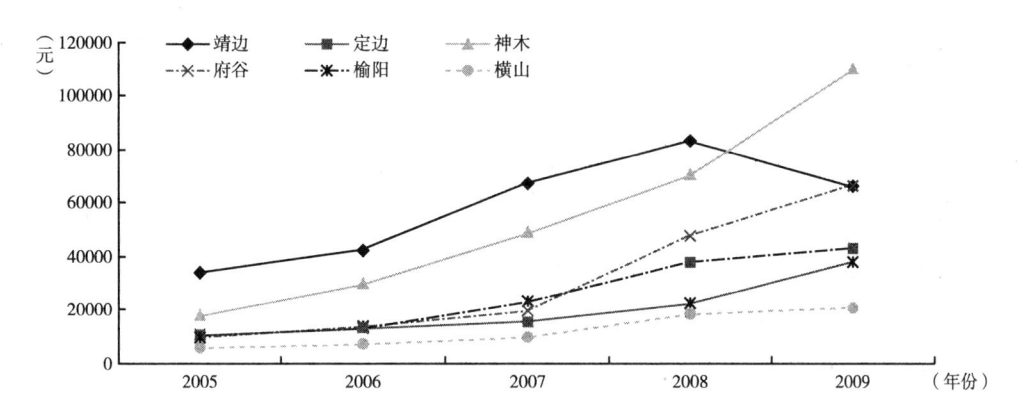

图 4-20 2005～2009 年北六区县人均生产总值

资料来源：靖边县统计局。

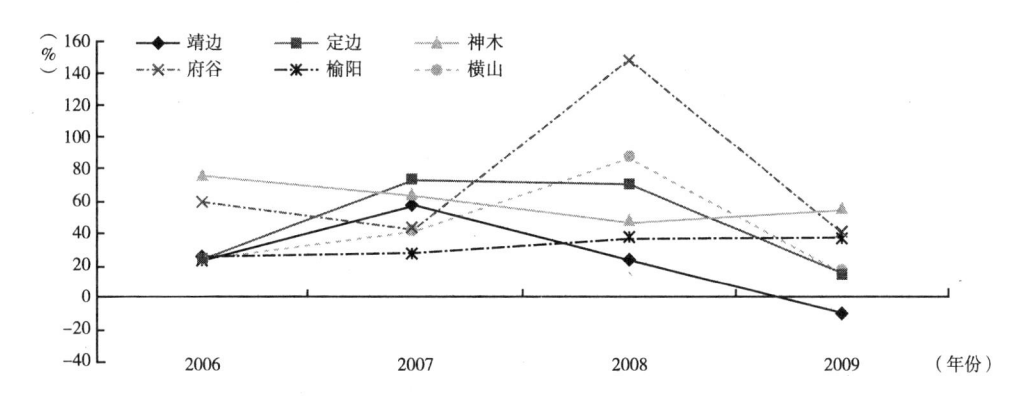

图 4-21 2006～2009 年北六区县地方生产总值增长速度

资料来源：靖边县统计局。

资源开发地区转型与可持续发展

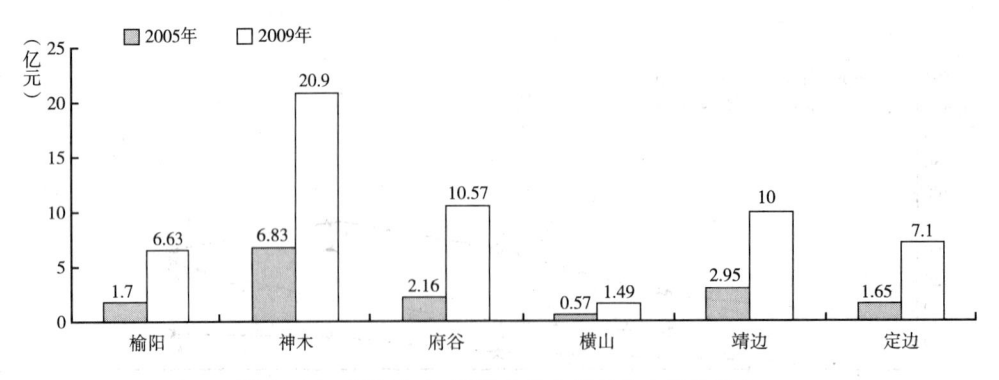

图 4-22　2005 年与 2009 年北六区县地方财政收入

资料来源：靖边县统计局。

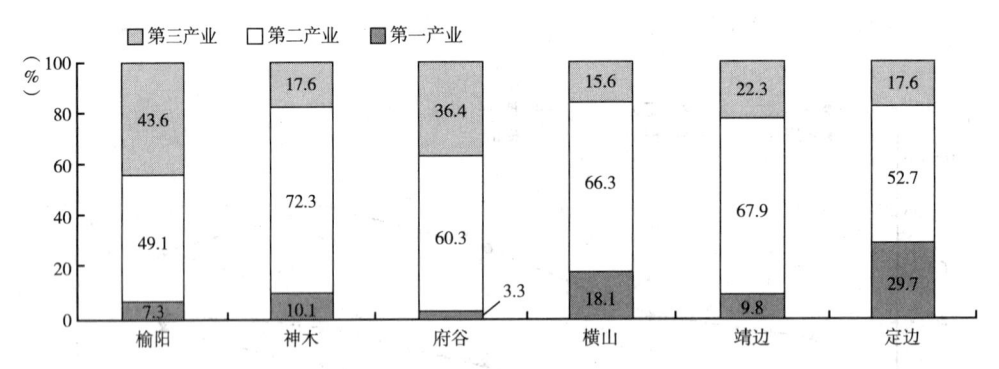

图 4-23　2005 年北六区县三产产值比重

资料来源：靖边县统计局。

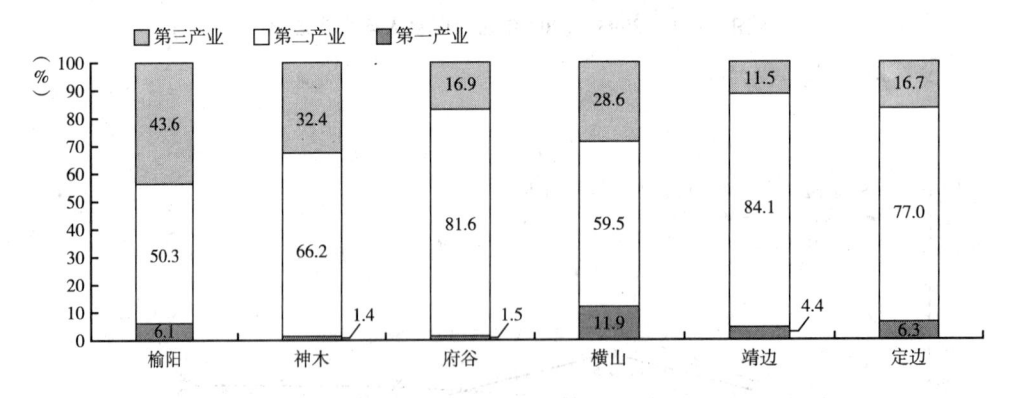

图 4-24　2009 年北六区县三产产值比重

资料来源：靖边县统计局。

产业结构趋于合理。各区县经济发展过度依赖石油、天然气等资源开发的特点十分明显，靖边县尤为突出，2009 年第二产业的比重高达 84.1%，居北六区县首位；而第三产业比重最小，仅占 11.5%。

(3) 投资力度不足以支撑持续的经济增长

榆林市的经济发展主要靠投资拉动,"十一五"期间的全社会固定资产投资快速增长,但不同区县表现各异。如图4-25所示,北六区县中的神木县、榆阳区、府谷县和横山县在2007~2009年均保持持续增长,而且神木县、榆阳区和府谷县的投资额相对较大,神木县在2009年达到188.56亿元。靖边县2009年的投资额位居第四,与神木县、榆阳区和府谷县有较大差距;而且2007~2009年的增长速度排名最后,年均仅为18.1%,不及神木县的50%(图4-26)。

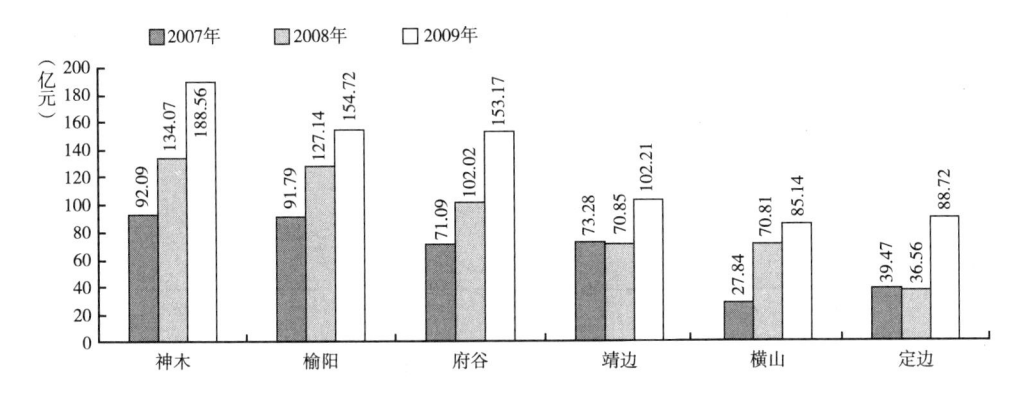

图4-25 2007~2009年北六区县全社会固定资产投资

资料来源:《榆林统计年鉴2006》。

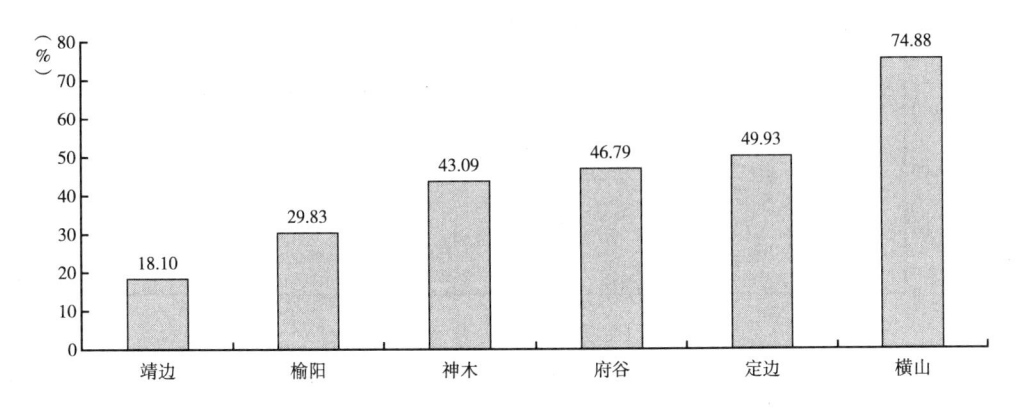

图4-26 2007~2009年北六区县全社会固定资产投资年均增长速度

资料来源:《榆林统计年鉴2006》。

(4) 城乡居民生活水平提高,城乡差距较大

伴随着经济的快速发展,北六区县城乡居民收入在"十一五"期间均呈现上升趋势。如图4-27所示,神木县的农民人均纯收入一直稳居首位,靖边县和府谷县在2008年超越榆阳区而分居第二和第三,2009年靖边县的农民人均纯收入达

到 6000 元以上。靖边县城镇居民人均可支配收入一直位居神木县之后，名列第二，2009 年达到 18026 元（图 4-28）。进一步比较城乡居民的收入差异可以看出，尽管北六区县的差异都在 1 万元以上，但神木县、定边县和榆阳区的差异相对较小，而横山县、靖边县和府谷县的差异则分列第一、二、三位（图 4-29），靖边县 2009 年的城乡居民收入差异大约比神木县高出 1800 元左右，城乡差距比较显著。

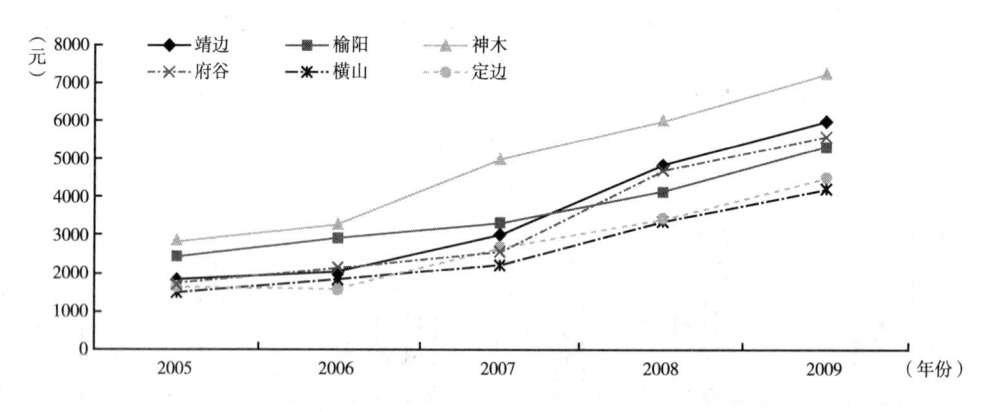

图 4-27　2005~2009 年北六区县农民人均纯收入

资料来源：靖边县统计局。

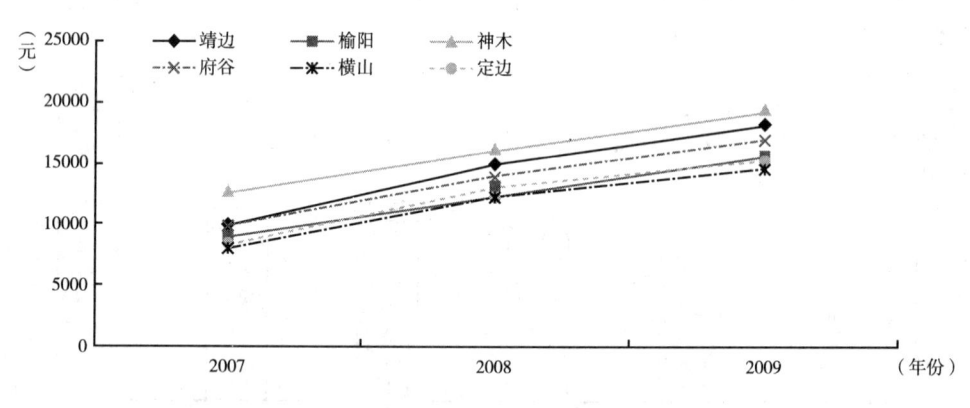

图 4-28　2007~2009 年北六区县城镇居民人均可支配收入

资料来源：靖边县统计局。

2. 与周边其他地区比较

靖边县及其周边地区具有相似的资源优势，伴随着资源的不断探明和大规模开发，这些地区先后得以快速发展。为明确靖边县在整个区域中的位置，选择宁夏的盐池县，内蒙古鄂尔多斯市的东胜区、鄂托克前旗、乌审旗和伊金霍洛旗，以及陕西省延安市的子长县、安塞县、吴起县和志丹县进行对比分析。

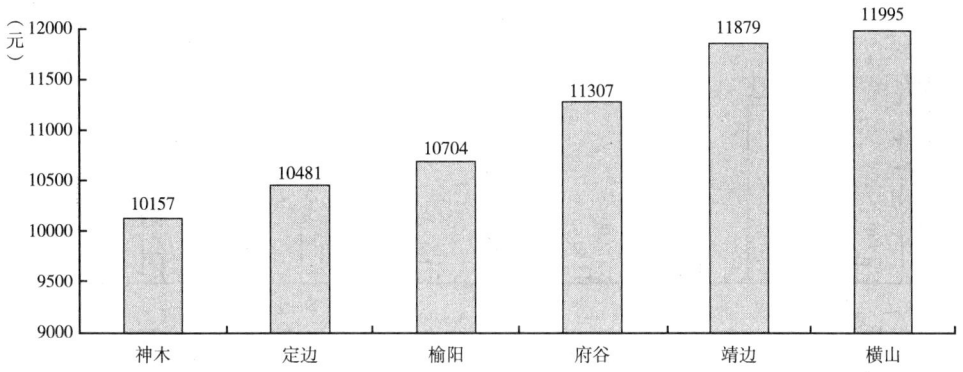

图 4-29　2009 年北六区县城乡居民人均收入差额

资料来源：根据靖边县统计局提供数据计算得出。

（1）经济实力强，增长速度缓慢

如图 4-30 和图 4-31 所示，在所选择的 10 个区县中，靖边县 2009 年的地区生产总值名列第三，仅次于鄂尔多斯的东胜区和伊金霍洛旗；但其增速甚微，排在最后。整体而言，除了鄂托克前旗增速在 18% 左右，内蒙古各区旗的增速均在 20% 以上；而陕西省除了靖边县以外，各县增速都在 14% 左右；盐池县的增速为 12.4%，表明陕西省各县在经济实力和发展速度上均与内蒙古各区旗有一定差距。如果考虑金融危机的特殊影响，上述数据也说明陕西省各县的经济比较脆弱，抵御外在影响的能力较差。

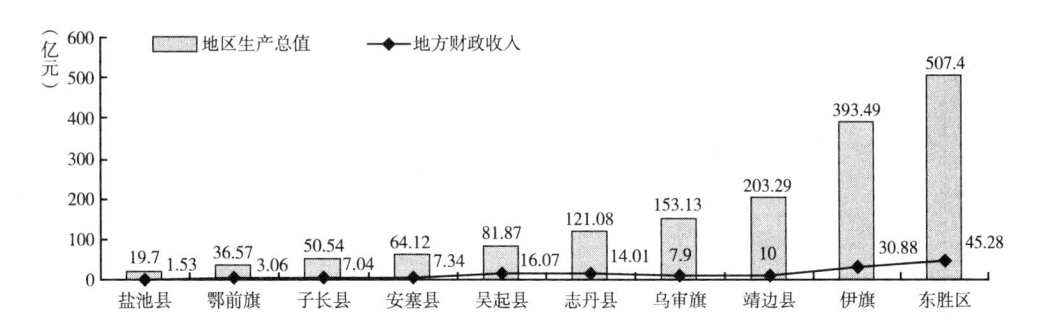

图 4-30　2009 年靖边及其周边区县地区生产总值和地方财政收入

资料来源：各地区 2009 年统计公报。

在地方财政收入方面，除了东胜区和伊金霍洛旗以外，靖边县还低于同为陕西省十强县的吴起县和志丹县，名列第五，这主要是由其"嵌入式"工业经济的特点造成的。从地方财政收入的增速来看，呈现基数较大的区县增速慢、基数较小的区县增速快，以及内蒙古各区旗的增速显著大于陕西省除子长县以外的其余各县的特点。

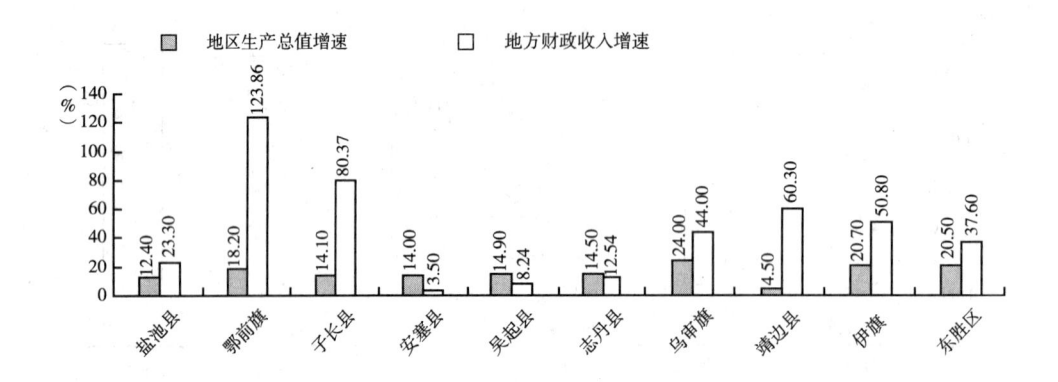

图 4-31 2009 年靖边及其周边区县生产总值和地方财政收入增速

资料来源：各地区 2009 年统计公报。

（2）工业发展迅猛，结构矛盾突出

靖边县及其周边区县 2009 年的三大产业结构如图 4-32 所示。可以看出，在陕西省的各县中，除了子长县以外，其余县的第二产业比重均在 80% 以上，表现出单纯依靠以资源开发为主体的第二产业的经济结构特点，第三产业发展滞后。与此相对，由于鄂尔多斯市的资源开发较早，已经走过了工业化的起步阶段，因而其产业结构表现出与陕西省各县不同的特点。东胜区的产业已转变为"三、二、一"的结构，其他各旗的第三产业也占有较高比例，产业结构趋于合理。

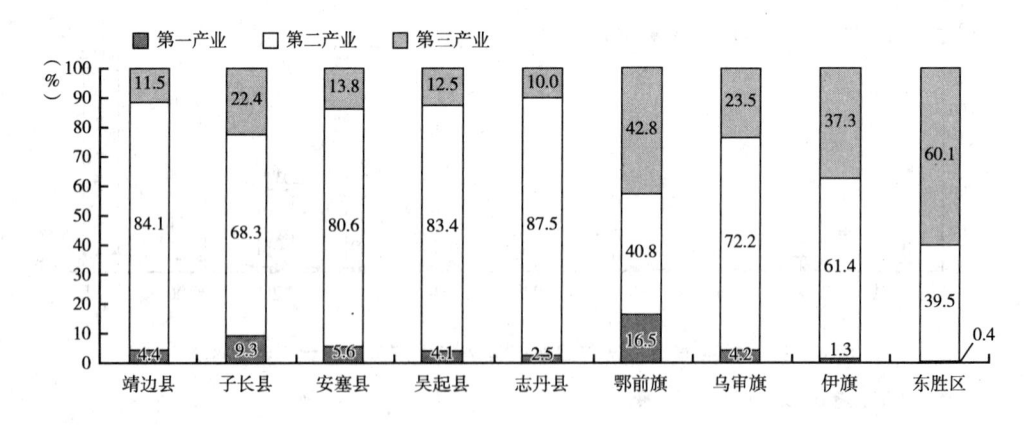

图 4-32 2009 年靖边及其周边区县产业结构

资料来源：各地区 2009 年统计公报。

（3）投资带动强劲，消费带动乏力

靖边县及其周边区县的全社会固定资产投资如图 4-33 所示。总体而言，无论

是绝对数量还是增长速度，陕西省各县与内蒙古各区旗的差距比较明显。鄂尔多斯市的东胜区、伊金霍洛旗和乌审旗的投资额位居前三，靖边县名列第四，与前后位次的差距均在30亿元以上。在增长速度上，靖边县位居中游，同比增速为44.27%。同时，对比社会消费品零售总额可以知道（图4-34），靖边县仅次于东胜区和伊金霍洛旗，名列第三，远远高于陕西省其他各县。各区县社会消费品零售总额增速比较一致，靖边县和鄂托克前旗略显突出。

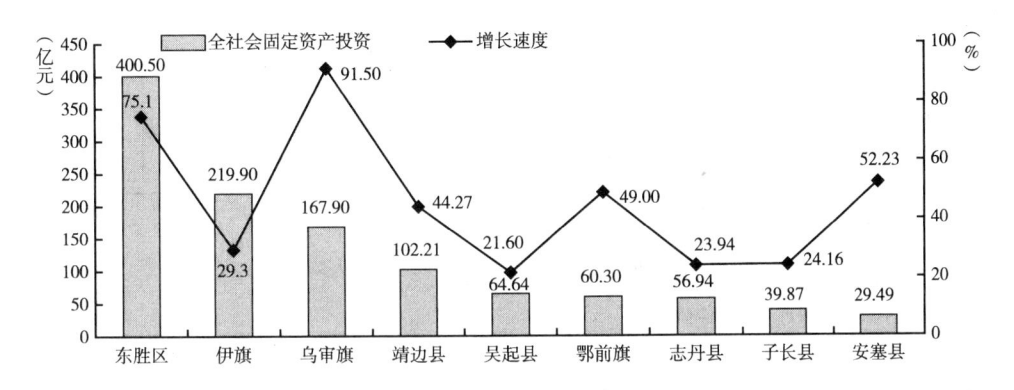

图4-33 2009年靖边及其周边区县全社会固定资产投资及增速

资料来源：各地区2009年统计公报。

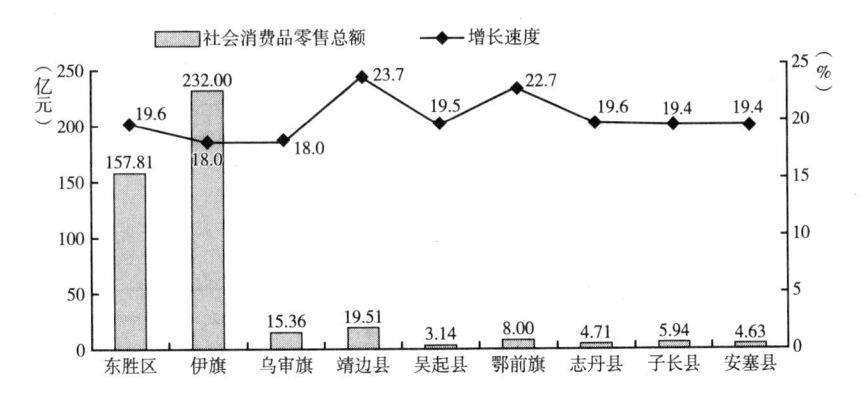

图4-34 2009年靖边及其周边区县社会消费品零售总额及增速

资料来源：各地区2009年统计公报。

（4）人民生活水平持续提高，城乡差距居高不下

从城乡居民人均收入来看，内蒙古各区旗要优于陕西省各县，城镇居民人均可支配收入在18000元以上，东胜区和伊金霍洛旗甚至达到23000元以上；农村居民人均纯收入接近8000元（图4-35）。而陕西省的各县中，靖边县相对突出，与内蒙古各区旗的水平比较接近，其他各县水平相当，城镇居民人均可支配收入约

16000元，农村居民人均纯收入在4000元左右，两者与靖边县的差距均为大约2000元。

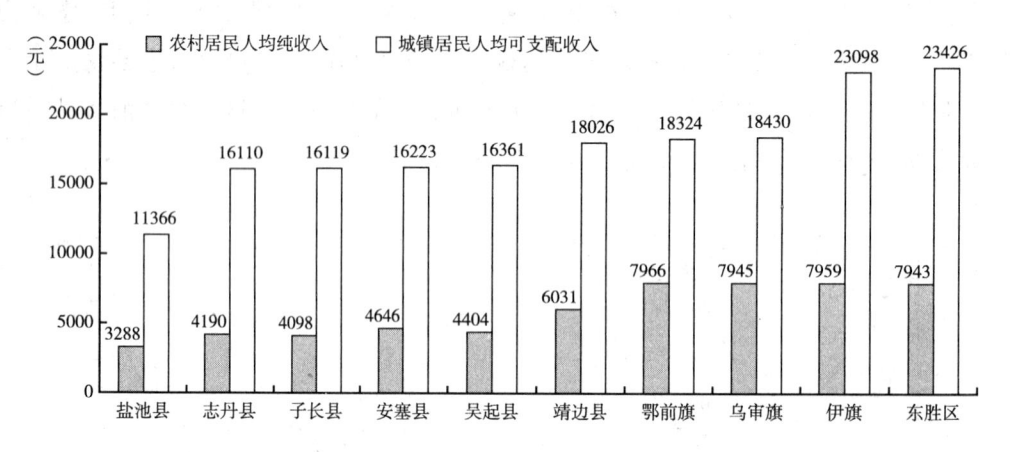

图4-35 2009年靖边及其周边区县居民人均收入

资料来源：各地区2009年统计公报。

4.2.4 在全国的地位

1. 竞争力与发展水平

2000年，靖边县在第一届全国县域经济中的排名为第1208位；2001年，靖边县在西部百强县中的排名为第81位。通过近10年的发展，2009年，在第十届全国县域经济基本竞争力与科学发展评价中，靖边县名列全国百强县第95位，同时继续保持在西部百强县的前列，排名第7位（图4-36、图4-37）。

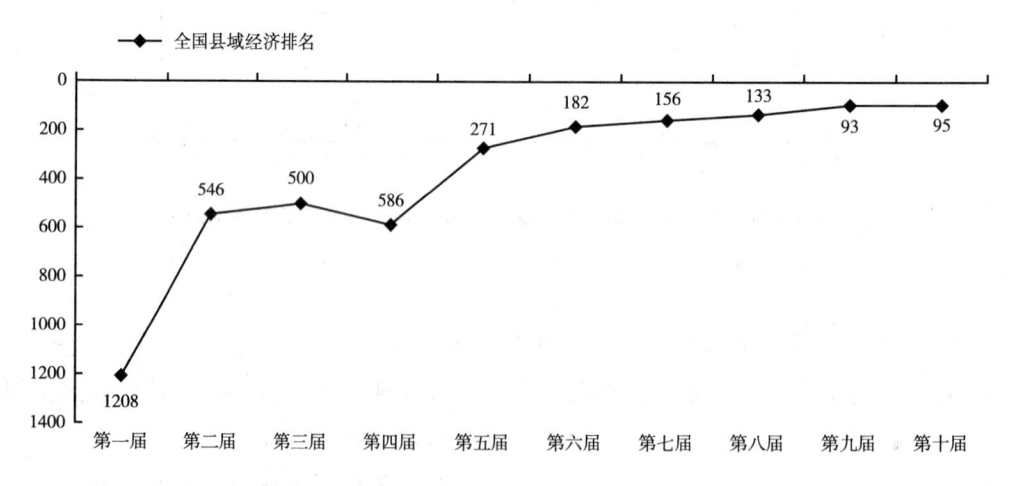

图4-36 靖边县在全国县域经济中的排名情况

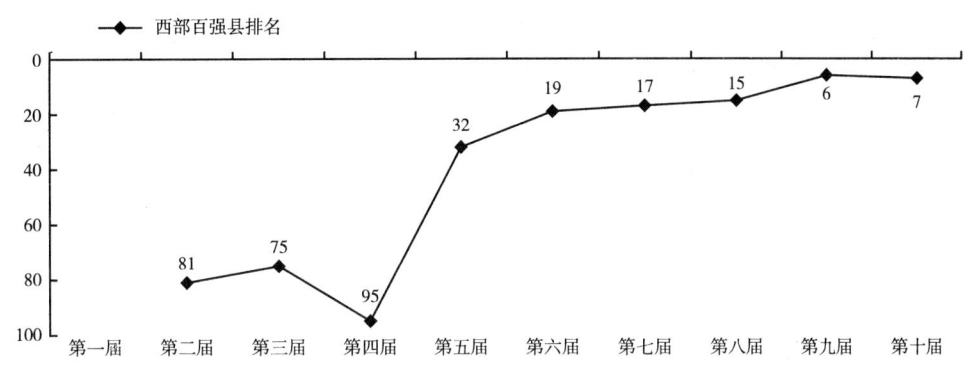

图 4-37　靖边县在西部百强县中的排名情况

但是，靖边县能够进入全国百强县的行列，更多是得益于近年来较高的 GDP 增速和较小的人口基数，而通过对全国县域单位[①]、县域经济强县[②]、百强县和靖边县的基本经济指标的横向对比，可以看到靖边县其他各方面的经济指标与百强县的一般水平仍有一定的差距。[③]

（1）人口

2008 年，靖边县的总人口只占百强县平均人口的 37.42%，占县域经济强县平均人口的 43.64%，占全国县域经济单位平均人口的 66.71%（图 4-38），呈现人口偏少、与平均水平有一定差距的特点。但是，人口规模及增长速度在很大程度上与县域的资源禀赋、地理区位、人文历史、发展基础甚至外部政策等要素相关联，具有一定的客观性。

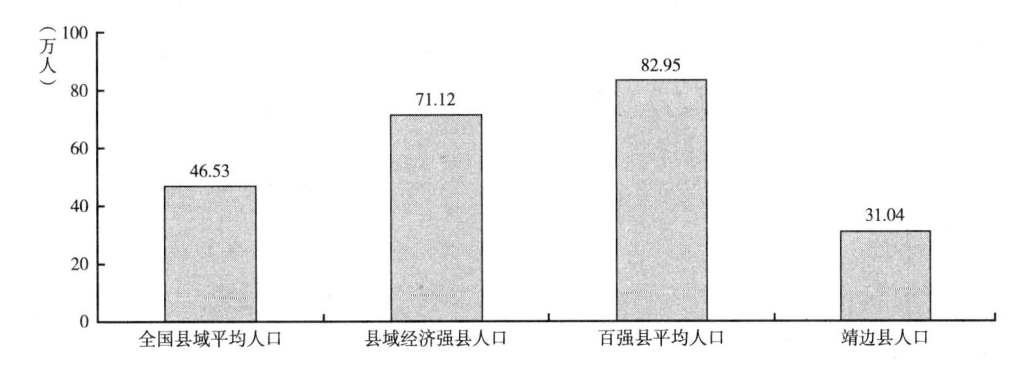

图 4-38　人口情况比较

[①] 第九届全国县域经济基本竞争力评价的县域经济单位不包括县级市辖区，共有 2001 个，其中县级市 367 个、县 1462 个、自治县 117 个、旗 49 个、自治旗 3 个、特区 2 个、林区 1 个。
[②] 第九届全国县域经济强县包括全国县域经济百强县、西部百强县、中部百强县和东北十强县，共有 310 个。
[③] 为保证指标的横向可比性和数据的完整性，此处采用 2008 年的经济指标进行比较。

(2) GDP

靖边县 2008 年的 GDP 达到 254.03 亿元，大大超过全国县域经济单位 75.21 亿元的平均 GDP，也超过县域经济强县 218.19 亿元的平均 GDP，在全国县域经济强县中 GDP 排名处于中等靠前的位置。但是，离百强县 367.26 亿元的平均 GDP 仍有较大的差距，其 GDP 水平在百强县中排名相对靠后（图 4-39）。

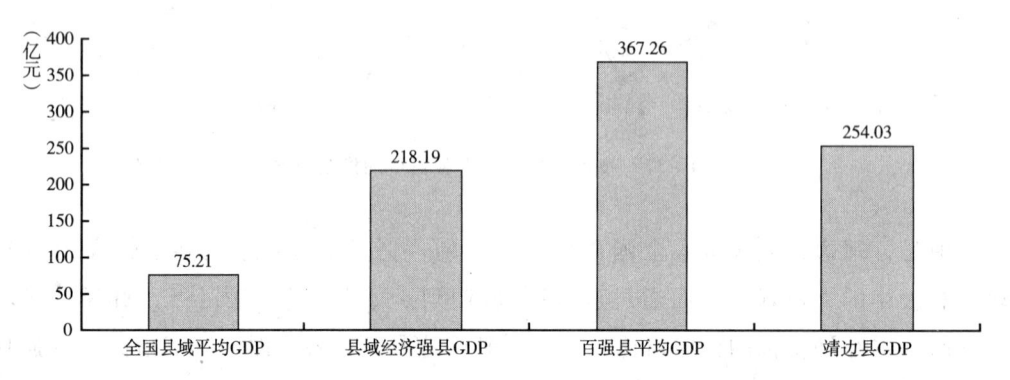

图 4-39 国内生产总值情况比较

(3) 人均 GDP

较高的 GDP 水平和较低的人口数量使得靖边县的人均 GDP 水平非常高，达到 82950 元，不仅远远高于 22640 元的全国人均 GDP、16430 元的全国县域经济单位人均 GDP、36320 元的县域经济强县人均 GDP，而且也高出百强县 49080 元的人均 GDP。而且，这一指标大大高出小康水平（800 美元，以人民币 5500 元计）和全面小康水平（3000 美元，以人民币 20625 元计）（图 4-40）。但是，考虑到靖边县较少的人口规模和 14.94% 的城镇化率（2008 年总人口 31.04 万人，其中农业人口 26.4 万人），可以认为，总体富裕程度并未达到人均 GDP 所对应的水平。

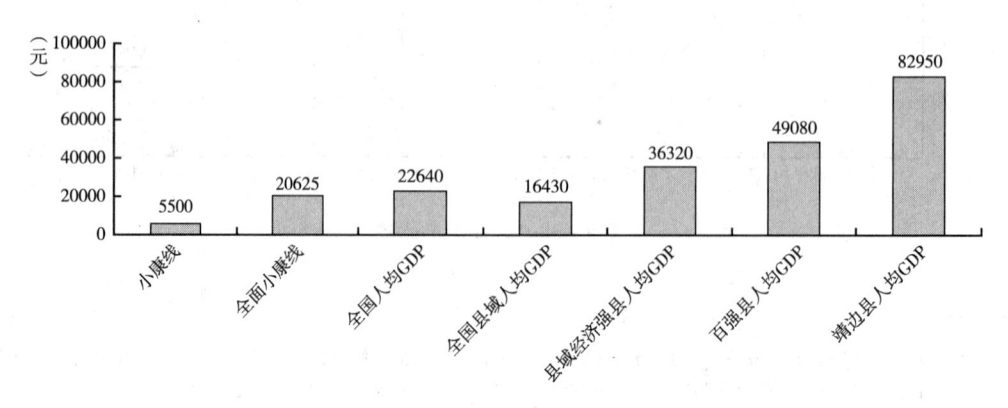

图 4-40 人均国内生产总值情况比较

(4) 财政一般预算收入

靖边县 2008 年的财政预算收入为 6.24 亿元，仅高于全国县域经济单位 3.29 亿元的平均值，离县域经济强县 11.29 亿元和百强县 19.89 亿元的平均水平均有较大差距（图 4-41）。主要原因是：一方面，油气产业的中央企业虽然每年在靖边县创造较高的地方收入，但给地方财政的贡献非常少；另一方面，靖边县的产业结构过于依赖油气主导产业，而轻型工业、中小企业、民营经济的发展十分缓慢，对地方财政的贡献非常有限。

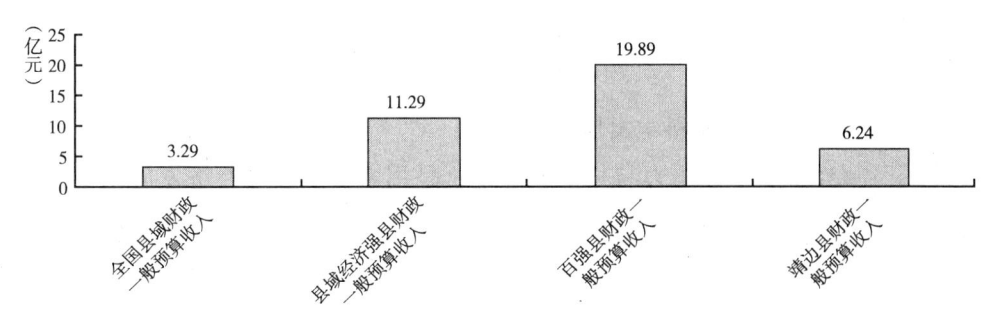

图 4-41　财政一般预算收入情况比较

(5) 城镇居民人均可支配收入

由于非农业人口的比重较小，靖边县 2008 年的城镇居民人均可支配收入为 14891 元，基本与 14680 元的县域经济强县城镇居民人均可支配收入持平，略低于 15781 元的全国城镇居民人均可支配收入和 17900 元的百强县城镇居民人均可支配收入（图 4-42）。

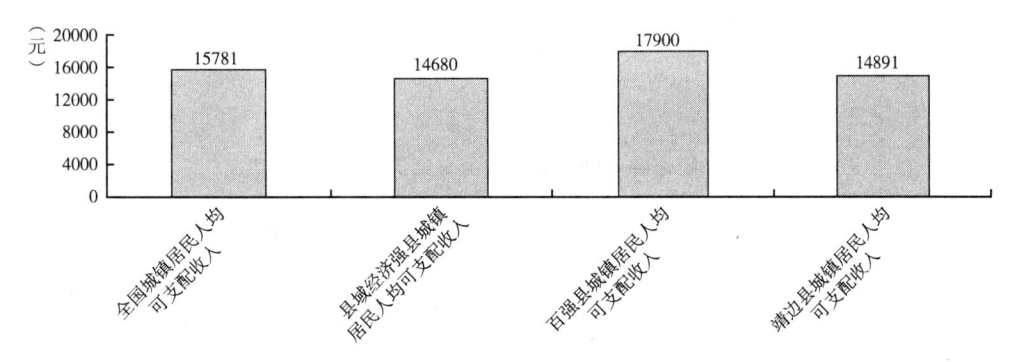

图 4-42　城镇居民人均可支配收入情况比较

(6) 农村人均纯收入

靖边县 2008 年的农村人均纯收入为 4850 元，略微高于 4761 元的全国农村人均纯收入水平，与县域经济强县 6570 元的农村人均纯收入水平和百强县的 8470 元农村人均纯收入水平有着不小的差距（图 4-43）。

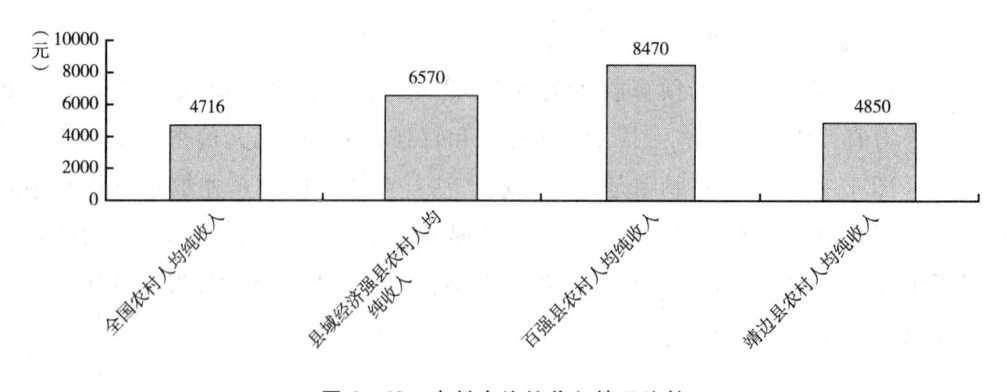

图4-43 农村人均纯收入情况比较

2. 基本竞争力评价和科学发展评价

全国县域经济基本竞争力与科学发展评价是用来评判县域经济发展水平和发展态势的,是评比"全国百强县"、"西部百强县"的主要标准和依据。县域经济竞争力评价关注县域经济的区域经济属性,县域经济科学发展评价关注县域经济科学发展的约束条件。

县域经济竞争力评价采用表示县域经济发展水平及县域经济基本竞争力的中郡指数、表示县域经济基本竞争力的排位在本届和上届评价中的动态变化情况的竞争力动态和表示县域经济基本竞争力的强弱等级的竞争力等级三个方面。

自2000年参加第一届全国县域经济基本竞争力评价以来,靖边县的中郡指数总体呈上升态势,由最初在全国县域经济单位中排名第1208位,到目前排名第95位。竞争力动态稳中有升,尤其在第二届、第五届和第九届上升势头明显。竞争力等级由最初的G级逐渐上升至A+级(最高为A+级,最低为J级)(见表4-4)。

表4-4 靖边县2000~2008年县域经济竞争力排名情况

届 次	省市区	县市旗	中郡指数	竞争力动态	竞争力等级
第十届	陕西	靖边县	R95T2001	相对稳定	A+级
第九届	陕西	靖边县	R93T2001	上 升	A级
第八届	陕西	靖边县	R133T2001	相对稳定	A级
第七届	陕西	靖边县	R156T2002	相对稳定	A级
第六届	陕西	靖边县	R182T2008	相对稳定	A级
第五届	陕西	靖边县	R271T2005	上 升	B级
第四届	陕西	靖边县	R586T2012	相对稳定	C级
第三届	陕西	靖边县	R500T2026	相对稳定	C级
第二届	陕西	靖边县	R546T2052	上 升	C级
第一届	陕西	靖边县	R1208T2073	上 升	G级

县域经济科学发展评价包括反映以人为本、强调"富民"与"强县"一致性的县域相对富裕程度评价，反映县域经济社会与环境协调发展、促进县域经济发展方式转变的县域相对绿色指数评价和以幸福指数为主要内容的县域科学发展人文环境评价三个方面。其中，县域相对富裕程度评价和县域相对绿色指数评价又进一步分为等级评价和类型评价两大方面，县域科学发展人文环境评价只涉及等级评价。等级评价分为四级，由高到低分别是 A+级、A级、A-级和B级；类型评价则分为Ⅰ、Ⅱ、Ⅲ、Ⅳ，共四类。

根据图中的评价结果（图 4-44 到图 4-53），可以知道目前靖边县的相对富

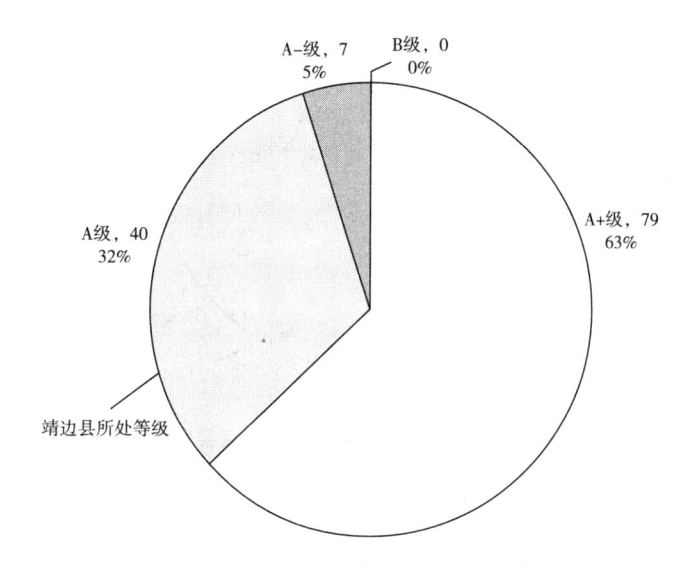

图 4-44 百强县相对富裕程度等级分布

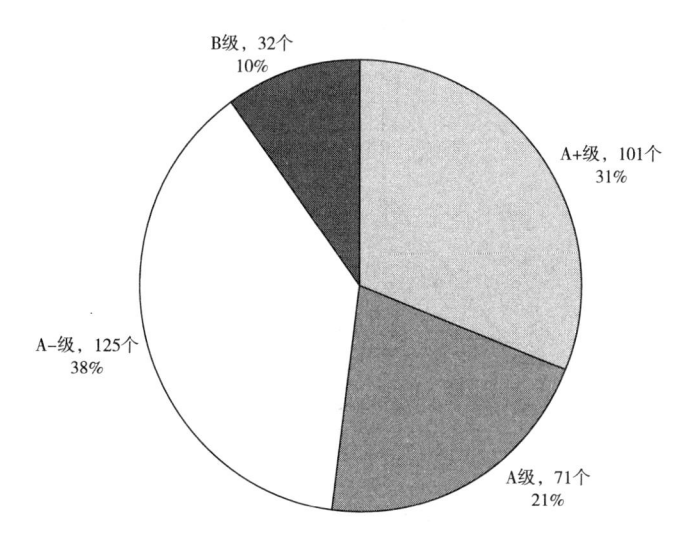

图 4-45 县域经济强县相对富裕程度等级分布

裕程度等级为 A 级（最高为 A+级，最低为 B 级），相对富裕程度类型为 I 类（最高为 I 类，最低为Ⅳ类）；相对绿色指数等级为 A 级（最高为 A+级，最低为 B 级），相对绿色指数类型为Ⅲ类（最高为 I 类，最低为Ⅳ类）；科学发展人文环境等级为 A 级（最高为 A+级，最低为 B 级）。

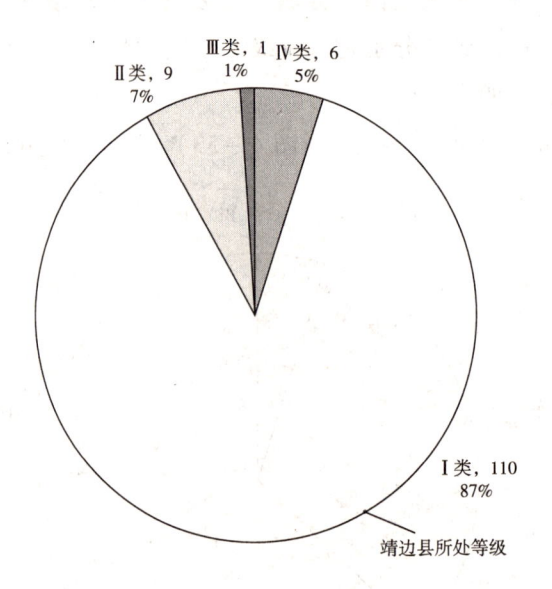

图 4-46　百强县地区相对富裕程度类型分布

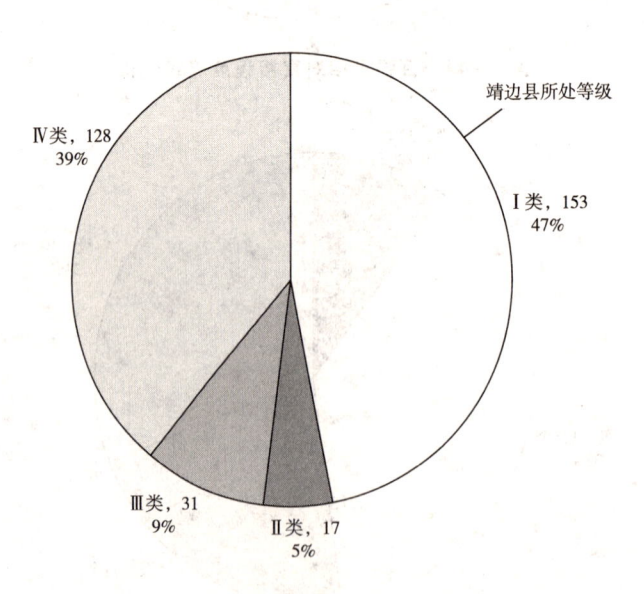

图 4-47　县域经济强县相对富裕程度类型分布

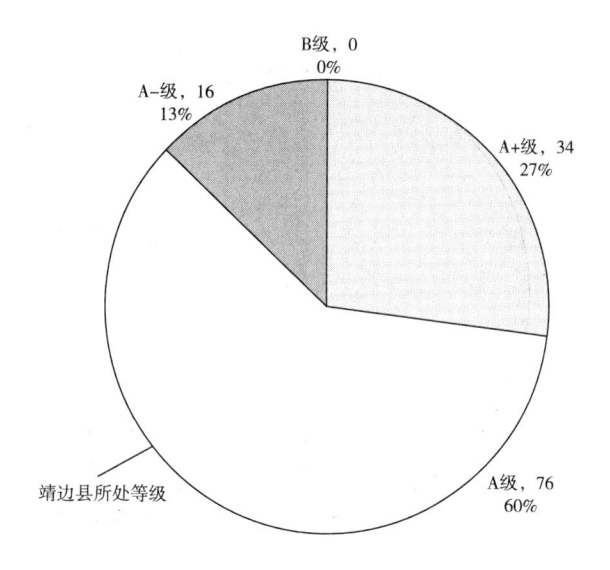

图 4-48 百强县相对绿色指数等级分布

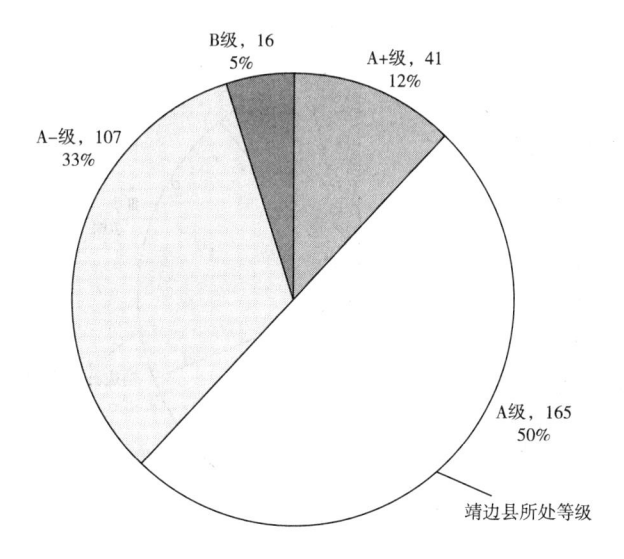

图 4-49 县域经济强县相对绿色指数等级分布

一方面，虽然靖边县在第九届、第十届全国县域经济基本竞争力与科学发展评价中进入全国百强县，分别排名为第 93 位和第 95 位。但是除了人均 GDP 的水平处于百强县平均水平之上，其余各项指标均未能达到百强县的平均水平，财政一般预算收入和农民纯收入两项指标甚至未达到全国县域经济强县的平均水平。另一方面，靖边县在全国县域内的竞争力等级虽然已快速上升至 A+级，竞争力动态稳中有升，但县域经济科学发展评价并不尽如人意，虽然地区相对富裕

资源开发地区转型与可持续发展

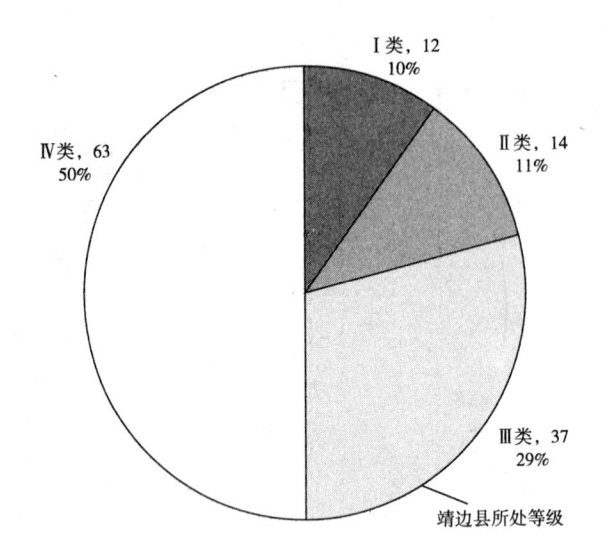

图 4-50　百强县相对绿色指数类型分布

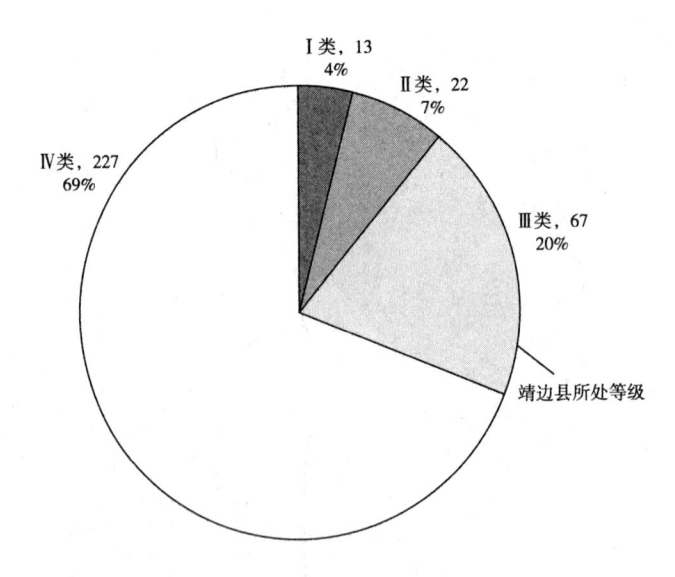

图 4-51　县域经济强县相对绿色指数类型分布

等级和相对富裕类型的排名比过去有了大幅提升,但县域相对绿色指数评价则仍在百强县中排位靠后,县域科学发展人文环境也处于一般水平。今后,靖边县在扩大经济发展规模、加快经济发展速度、实现跨越式发展的同时,更要调整思路,总结经验,推动经济结构的调整和发展方式的转型,要在快速提升县域竞争力的基础上,更加注重富民强县的一致性以及县域经济的科学发展和可持续发展。

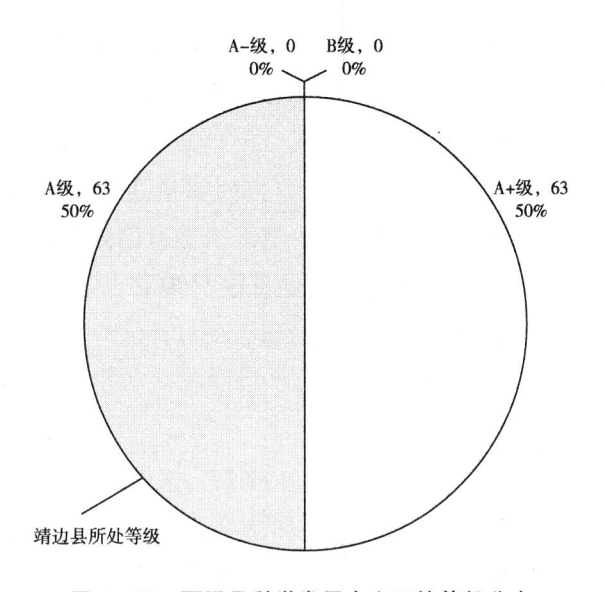

图 4-52 百强县科学发展人文环境等级分布

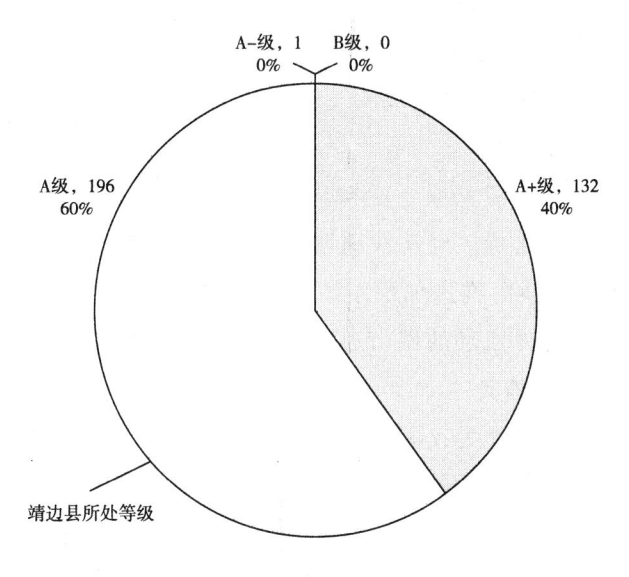

图 4-53 县域经济强县科学发展人文环境等级分布

4.3 靖边县未来发展面临的形势

4.3.1 发展的优势

1. 资源富集、特色组合

县境内天然气、石油、煤炭和岩盐等矿产资源丰富。以靖边为中心的陕甘宁盆地中部天然气田，控制面积为4300平方千米，探明储量4666亿立方米，是我国已探明陆上最大的世界级整装大气田。靖边是"靖安油田"的主储区，南部山区蕴藏着丰富的石油资源，探明储量在3亿吨以上。县境北部煤炭资源的分布面积达800多平方千米，是神府煤田的连接部分，探明储量达35亿吨以上，预测储量在150亿~200亿吨之间，具有重要的开采价值。全县范围内有近80%的面积含岩盐，盐层深度在2400~3500米之间，预计岩盐储量在1500亿~2000亿吨之间。如此几种主要资源集中于一县，国内罕见，具有资源组合的综合优势，为发展提供了良好的资源保障。

2. 区位优越、交通便利

靖边地处陕蒙宁交界的地区，具有承东启西、连南通北的区位优势。交通条件日益改善，青银、包茂两条高速公路在县城交会，四通八达的交通网络初具雏形。穿境而过的太中银铁路即将通车，将使靖边成为连通华北、西北的重要交通节点。靖边至延安机场、榆林机场各只需1小时，到银川机场只需2小时，方便了靖边与外界的联系。而且，靖边还是"西气东输"工程的枢纽，承担着向北京、西安、银川、上海等全国20多个大中城市供气的重要任务。

3. 基础良好、潜力巨大

随着油气资源的大规模开采，已初步形成以油气化工、食品加工、皮毛加工、建材加工为主体的工业格局。经济快速增长，综合实力明显增强，进入全国百强县行列。"龙腾战略"的强力推进加快了靖边城镇化的步伐和城乡一体化的进程，初步形成了城内成网、城外成环的城市道路基本格局。

4. 传统优良、作风踏实

靖边县民风淳朴，因地处汉蒙民族交汇地区，草原文化和黄土文化交相辉映，包容性强。靖边是1935年解放的革命老区，红色资源富集，红色文化底蕴深厚。秉承惠中权书记"实事求是，不尚空谈"的工作作风，形成了一个严谨务实、积极进取的领导班子。

4.3.2 存在的问题

依托油气资源的开发，经过几十年的艰苦奋斗，靖边县经济社会综合实力明显增强，为今后的发展奠定了坚实基础。但是，发展中也隐含着许多问题，譬如前文中提到的经济增长不稳定、产业结构失衡、群体和地域的收入差异大、城镇化水平低、资源环境压力大等，使靖边县的发展受到很大制约。在众多问题中，产业方面的问题表现得最为突出，影响最为关键。此外，从软件环境看，创新能力弱也是影响靖边县发展的重要问题。

1. 产业问题

第一，如前所述，三大产业存在第一产业和第三产业相对薄弱，第二产业绝对强势，结构极其不平衡的问题。

第二，存在产业构成体系残缺的问题。无论是第一、二产业还是第三产业，靖边县的产业发展都处于产业链中游，产品附加值低，没有形成完整的产业链。农副产品仍然以原始产品销售为主，尚未形成深加工产业链，而且产品销售渠道相对狭窄，没有形成产、供、销一条龙服务体系；由于缺少科技型、流通型和加工型龙头企业的带动，农民种植的农产品经常销不出去，导致亏损。工业格局仍然以单一的资源开采和资源外输为主，深加工型和精细工业发展滞后，产业链条短，产品附加值低，与地方经济关联度不大。服务业也停留在较低水平。此外，靖边县各个产业间也没有形成配套关系，相互分离，这在一定程度上制约了地区经济的发展。

第三是产业成分反差过大的问题。2008 年，中央属、省属、市属企业的工业产值占到靖边县工业总产值的 99.18%，而地方民营企业工业产值仅占工业总产值的 0.82%，呈现中央所属及省属企业超强、超大，属地中小民营企业在夹缝中求生存，大中小型企业之间存在断裂的局面。目前，全县尚未形成上规模、上档次的民营经济实体，民营企业总体上规模小、竞争力低、产值少，难以满足经济社会发展的需要。而且，民营经济发展受资金、技术限制很大，发展空间有限，产品市场占有率很低，直接影响着县域产业的整体升级和地方经济实力的进一步提升。

第四是工业结构单一，没有形成规模化、集约化的产业集聚。靖边县的工业主要以石油和天然气开采业为主，230 余户工业企业虽然涉及油气化工、建材、食品加工、轻工纺织等多个行业，但规模以上工业企业中以能源企业占主导。而且，除了长庆油田、靖边采油厂和榆林炼油厂等大型企业以外，以小企业居多，虽然靖边能源化工综合利用产业园区和靖边县中小企业创业园等正在建设，但与点状企业相关的产业链以及产业集聚的园区尚未真正形成，呈现资源型经济的点状结构，没有形成规模化、集约化的产业集聚。

第五是财政过度依赖资源型产业的问题。靖边县第二产业对财政的贡献占绝对主导地位（图 4-54）。2008 年，第一、二、三产业的财政收入占全县财政总收入的比重分别为 0.6%、92.2% 和 7.2%。而且，全县财政收入对石油采炼及相关行业的依存度很大，是典型的"石油财政"。如图 4-55 所示，2008 年，来自石油采炼行业的税收收入为 18.34 亿元，占全县财政总收入的 87.3%，其中提供地方收入约 6 亿元，占到全县地方财政收入的 87%。进一步从企业对财政收入的贡献看（图 4-56），2008 年的财政收入主要依赖三家大企业，尤其是靖边采油厂，对财政收入的贡献额达到 50.9%，超过一半。财政过度依赖资源型产业，存在"油兴财兴、油衰财衰"的问题，财政收入的稳定性相对较弱，受外部市场因素影响严重，抵御风险能力较弱。

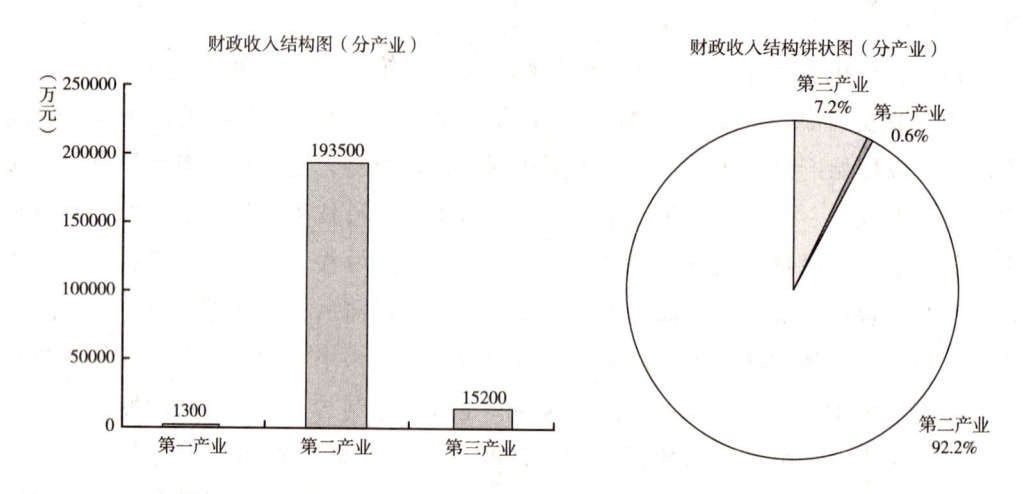

图 4-54　2008 年靖边县财政收入产业结构

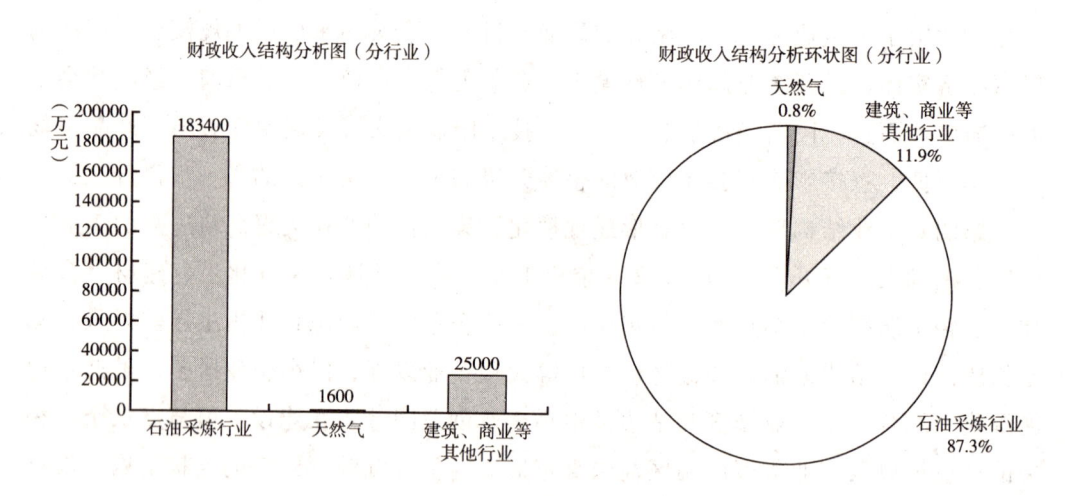

图 4-55　2008 年靖边县财政收入行业结构

2. 创新能力问题

创新能力是经济竞争的核心，而创新的关键在人才，人才的成长靠教育。靖边县创新能力弱的根源是由于地处晋陕蒙宁交界地的一隅，远离中心城市，难以受到特大城市的辐射；而且传统文化的积淀与现代城市文明缺乏对接，市场经营意识淡薄，观念滞后，思想保守。具体表现为：劳动者总体受教育程度偏低；人才资源总量匮乏，专业性人才尤其是高层次人才严重缺乏；人才培养与产业发展需求不相匹配；企业家创新意识差，开拓能力不足。

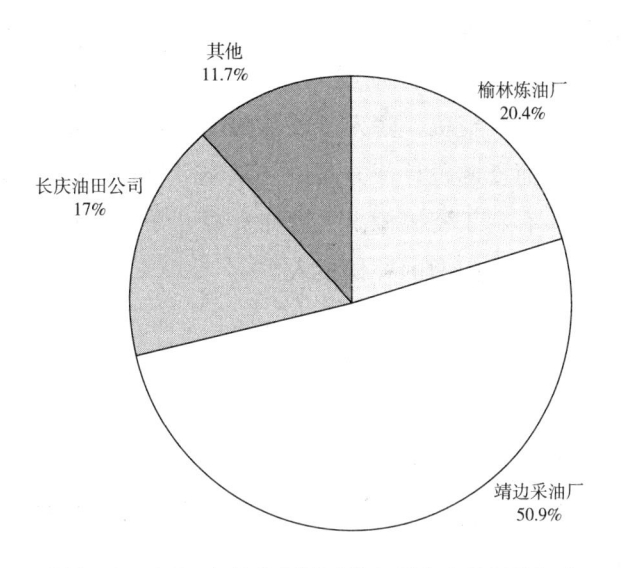

图 4-56 2008 年靖边县财政收入重点企业贡献构成

全县农村劳动力的文化程度构成为：高中仅占 9.8%，初中 30.9%，小学 40.4%，文盲 18.9%；民营企业从业人员中有七成以上的人员文化程度在初中及以下，15 岁以上主要劳动力的平均受教育年限在 9 年左右，仅与全国平均水平（8.5 年，2009 年数据）持平，远低于国内教育发达地区水平（上海 2008 年为 14 年）。全县民营企业中管理人才、熟练技工和本土人才十分缺乏，人才引进难，留用更难，已经影响到民营企业的可持续发展。人才培养方面，农业技校办学条件不足，作用难以发挥；城镇劳动力缺乏劳动就业教育的渠道，社区教育与培训机会匮乏。正规教育存在重普高轻职高、重学历轻技能，与市场需求脱节的现象，其结果是普通高中毕业生及大专院校毕业生就业困难，而当地经济发展所需要的人才得不到保障。此外，靖边县的民营企业家普遍存在安于现状的心态，难以进一步拓展发展规模，形成产业聚集，带动地方经济发展。

4.3.3 机遇与挑战

1. 机遇

靖边县是国家晋陕蒙能源基地的核心组成部分，国家将大力推进能源基地的建设和能源产业的发展，鄂尔多斯盆地能源综合利用等产业振兴规划的出台，为能源产业提供了广阔的发展空间。

新时期国家西部大开发相关政策力度不断加大，呼、包、鄂、榆区域的协调发展规划正在拟议之中，陕甘宁革命老区振兴规划的出台，以及关于发展新兴产业、加快城镇化建设、加大民生领域和社会事业的投入、促进居民消费扩大等方面的举措，为靖边县的跨越式发展提供了良好的政策支持。

我国酝酿数载的资源税改革在新疆试点后，现已在西部12个省区正式推行，为靖边县的发展提供了重要契机，注入了改革的动力。资源税属于地方收入，有利于增强地方财政实力；而资源税计征方式由"从量计征"改为"从价计征"，在资源价格上涨的背景下，有利于资源输出大省在资源开采中获得更多利益，增加地方政府对资源开采造成的环境问题的补偿投入。

2. 挑战

国家在"十二五"期间着力发展低碳经济，强化节能减排任务，这对于以资源开发、建设能源化工基地来带动地区经济发展的靖边县来说，面临着结构调整和走循环经济发展之路的经济发展方式转变的挑战。

国际能源市场波诡云谲，变化频繁，不确定因素增多，使靖边产业发展来自于外部市场的压力增大。同时，在资源型产业开发的过程中，边际成本具有递增的趋势，提高效率的压力不断加大。

在靖边县的周边地区，既有率先发展、经济社会各方面取得丰硕成果的"标兵"，也有竞相崛起、发展势头强劲的"追兵"，这些地区在"十二五"期间的进一步发展将会给靖边县带来巨大挑战。如何取人之长补己之短，通过竞争和协作的方式，实现整个区域的共同繁荣是摆在靖边县面前的难题。

当前经济社会发展中存在着"三个掩盖"，即财政收入的大幅增长掩盖了农民收入的低增长；城市的快速发展掩盖了农村的依然落后；部分的富裕掩盖了面上的贫穷。这是困扰靖边县实现跨越式发展和可持续发展的关键，也是靖边县在谋划未来发展时必须要正视的现实。

4.3.4 发展阶段的判断

新中国成立以来，靖边县的发展经过了三个阶段。1995～2010年期间，以能源开发为主，工业优势突出，经济发展显著，人均GDP超过了1万美元。同时，基础设施建设加强，交通区位优势凸显，城镇化快速发展。这一切意味着靖边县实现了由落后地区向全国经济百强县的跨越，实现了由落实农业向现代化工业的跨越，为今后的发展奠定了坚实基础。为了谋求长远的发展，建设一个更为发达的靖边，需要正视现存的问题和面临的挑战，对靖边县所处发展阶段有一个准确判断。总体上，"十二五"以及其后一定时期是靖边县的快速成长黄金期和重大矛盾凸显期，具体表现为以下几个方面。

1. 税收来源的"空档期"

今后一段时期，靖边县的石油天然气开发产能将达到鼎盛阶段，在石油价格上

涨的大趋势下，经济产值总量及财政收入仍将保持上升势头。但是，传统税源的增量将会逐渐减少，在新的税源产业尚未发展成型的情况下，存在着税源产业发展的断层。

2. 资源型产业向综合配套产业发展的"转型期"

依托资源开发，资源型产业发展势头迅猛，但配套产业发展非常滞后，迫切需要由点状离散的资源型产业向以油气资源产业为依托而形成的配套制造业及服务业集聚转型。

3. 新型县域产业体系形成的"关键期"

转变中央属、省属企业与属地中小企业畸重畸轻的格局，改变资源型产业与地方工业相互脱节的现状，形成具有内在有机联系的县域产业体系，促进县域经济各部分的协调运行。

4. 城乡一体化发展的"攻坚期"

目前，城镇化建设和新农村建设已有一定基础，但要进一步促进城镇化，就必须从整体推进城乡统筹，尤其是面对日益拉大的城乡收入差距以及南北地域间的差距，城乡一体化发展的现实需求更加强烈。在基础设施建设、社会事业发展、城乡体制管理等方面，城乡统筹进入深层次的攻坚阶段。

5. 环境建设的"突破期"

伴随着经济建设的大发展，水资源短缺、土地资源紧张、环境容量有限的问题愈加突出。同时，作为京、津地区防风治沙重点源头区域，生态环境保护的重任不容忽视。需要下大力气改善资源环境状况，保障区域社会经济发展，同时，要通过建立生态补偿机制、筹划黄河调水等途径，突破环境建设的瓶颈制约。

综合而言，"十二五"期间将是靖边发展历程中的一个重要阶段。在迎接一个新的发展时期到来之际，靖边县需要进一步解放思想，改革创新，既要审时度势，抢抓机遇，乘势而迈上新台阶；也要注重未雨绸缪，清醒认识和沉着应对各种重大挑战，力争成功跨越成长"陷阱"。要依托资源产业的持续发展和社会经济建设的良好基础，加快由资源型经济向主导产业规模化集群的演进，积极统筹城乡的一体化建设，着力解决各类环境问题，实现由粗放型经济向集约型经济的跨越，由生态恶劣地区向生态大县的跨越，由强调经济增长向注重经济社会全面发展的跨越，实现经济、社会与环境的可持续发展。

4.4 靖边县可持续发展思路和目标

如图4-57所示，资源型地区的发展一般都要经历初创期（规划建设期）、成长期、繁荣期、衰退期、枯竭期（调整转型期），这五个时期构成前后相继的两大发展阶段，即快速成长的资源繁荣发展阶段（图中 $t_0 \sim t_2$ 发展时期）和资源快速繁荣掩盖下的"资源陷阱"阶段（图中 $t_2 \sim t_4$ 发展时期）。

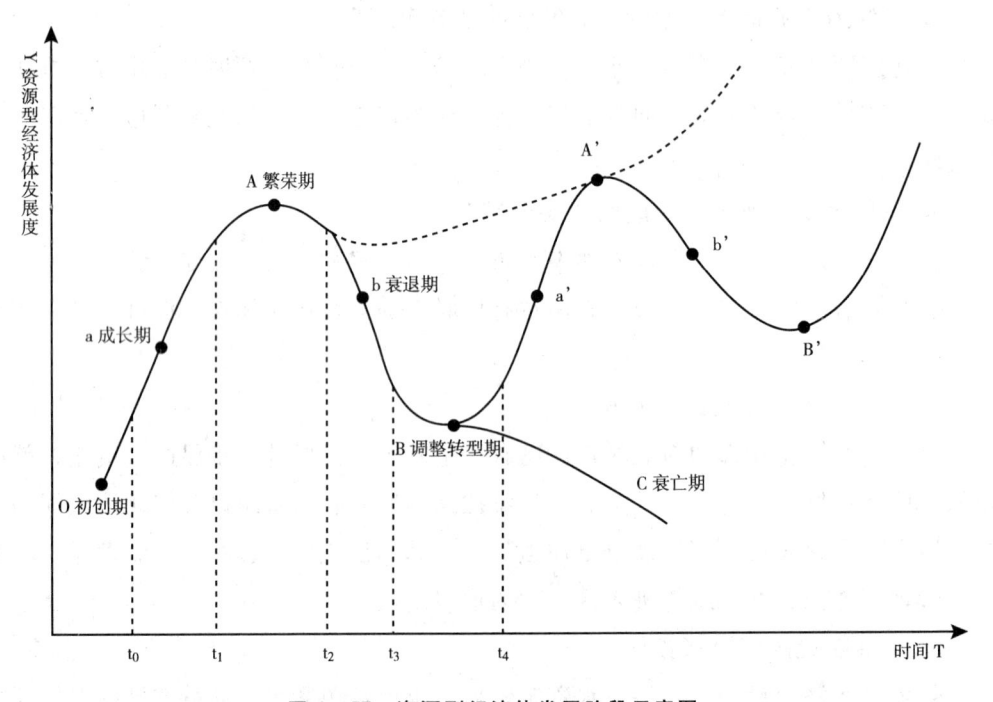

图 4-57 资源型经济体发展阶段示意图

在快速成长繁荣发展的第一阶段，资源型经济体中先天固有的一种引导经济社会发展落入资源陷阱的内在因果循环机制也在不断成长，在这种机制作用下，经济社会发展过程中会出现多种资源性"病兆"，国际上称为"荷兰病"和"资源诅咒"。如果不打破这种因果循环机制，不未雨绸缪消除各种资源"病兆"，则资源型经济体终将难以逃脱陷入"资源陷阱"的厄运，也必将经历痛苦艰难的调整转型过程。

理论和实践都表明，新兴资源型城市和经济体若能发挥后发优势，实施竞争性多元化发展战略，建立起跨越"资源陷阱"的体制机制，完全可以从资源繁荣发展阶段直接迈上更高、更好、更快的发展阶段（图 4-57 中的点状虚线）。越是尽早转型越能掌握主动，越是主动调整越能成功避开"资源陷阱"。

4.4.1 发展主题

根据所处的发展阶段，可以认为"跨越·调整·转型"是靖边县"十二五"乃至其后相当长时期内经济社会发展的主题。一定要坚定不移地把"调整和转型"

作为靖边县跨越式发展的题中之义，继续推进跨越式发展，注重调整提高，着力实现转型，贯彻落实科学发展观。

1. 推进经济跨越式发展

2008年，陕西省政府对榆林市提出了跨越式发展的要求，专门出台了《关于进一步促进榆林跨越发展的若干意见》，对榆林市跨越式发展进行了全面部署。靖边县近年来经济社会发展取得显著成效，完全具备继续推进跨越式发展的基本条件。而且，作为榆林市经济版图中重要的一极，靖边县继续保持跨越式发展速度，对于全市实现跨越式发展具有决定性意义。因此，继续推进经济社会跨越式发展既是陕西省对榆林市发展的期望，也是榆林市对靖边县发展的要求，更是靖边县自身发展的内在需要。

不仅要继续推进跨越式发展，而且要拓展跨越式发展的内涵，更要提升跨越式发展的质量。要把转型和调整的要素融入跨越式发展，实现跨越式发展本身的转型和调整。一是从速度型跨越式发展向结构型、制度型、质量型跨越式发展转变；二是从资源投入驱动型跨越式发展向创新驱动型跨越式发展转变；三是加快发展转型，在资源繁荣时期提前主动调整，成功跨越"资源陷阱"。

2. 注重结构调整

产业发展一般经历资源驱动—生产驱动—产业集聚驱动—资本市场驱动几个阶段，靖边县目前正处在资源生产为主的资源型经济向主导产业规模扩大的产业集群演进的阶段，产业深化及产业链延伸是这个阶段结构调整的关键。要改变以油气资源为核心的资源型产业结构，使已经形成规模的矿产采掘产业向重化工业石油冶炼延伸，延长能源工业的产业链；同时要通过与相应产业的衔接和转化，拓宽产业幅，发展配套工业。

注重产业组织和产业结构的调整，主要依靠市场力量，调整油气资源及其配套产业的企业构成，促进中小民营企业的发展，培植属地企业，做大做强地方工业。要完善《关于进一步促进民营经济快速发展的实施意见》，在政策上进一步为民营经济发展创造宽松的环境。要进一步加快建设中小企业创业园，让"小园区"在建设"大靖边"历史进程中成为中小企业发展壮大的基地，成为民营资本创业的平台。

3. 加快经济转型

资源型地区可持续发展的关键是如何促进和实现资源优势向经济优势的转化。资源优势转化为经济优势并不在于从资源优势中直接或间接获取更多利益，更为重要的是要培植具有竞争力的产业优势，而且还要促进不同产业优势的转化与替代。资源优势向经济优势的转化必然要经历"既有资源产业—接续产业—替代产业"

这样一个循序渐进的过程，而不是一劳永逸、一次性地直接从矿产资源型产业转变到可持续性发展的优势产业。

转型分为两种：一种是以原有不可再生资源为常量，未雨绸缪，从资源型产业向新型替代产业转型，实现可持续发展；另一种是突破原有的资源约束，通过提高资源利用效率和引入外部资源，形成与资源相关配套产业的竞争优势，实现可持续发展。对于靖边县来说，走出"资源陷阱"的现实途径，就是要由点状离散的资源型产业向以油气资源产业为依托而形成的配套制造业及服务业集聚转型，是塑造与资源深加工相关的配套产业集聚优势，属于第二种转型。

4.4.2 发展定位

1. 国家级新型能源化工基地和配套产业聚集地

对靖边县而言，油气资源是立县之本，以油气资源为基础的化工产业是强县之源。要充分依托优势自然资源，继续加大油、气、煤等资源的就地转化力度，做大做强优势产业；同时，以能源化工综合利用产业园和中小企业创业园为载体，大力发展依托于油气资源产业的机械、储运配套和服务产业聚集区，努力发展成为国家能源化工基地和配套产业聚集地。着力提高区域创新能力，在能源和煤化工技术创新和资源型城市体制创新方面有新突破。

2. 两原地区现代化中心城市

充分发挥地处晋陕蒙宁交界地带、内蒙古高原和黄土高原过渡地带的地理区位优势，利用交通基础设施大幅改善的优越条件，大力推进交通运输业的发展，加快区域商贸物流园区建设，形成辐射周边地区重要的交通枢纽、现代物流集散地和商贸物流中心。继续推进城镇带动战略，构建城市未来发展框架，提高城镇化水平，增强城市综合服务功能和对周边地区的辐射和带动作用，努力打造成为陕北第三大中心城市，力争形成"榆林—延安—靖边"陕北能源化工基地"金三角"，与北部的"呼—包—鄂"经济发展"金三角"遥相呼应。

4.4.3 总体目标

以邓小平理论和"三个代表"重要思想为指导，以科学发展观统领经济社会发展全局，紧紧围绕榆林市建设"中国经济强市、西部文化大市、塞上生态名市"三大奋斗目标，明确"两地一中心"（国家级新型能源化工基地、配套产业聚集地、两原地区现代化中心城市）的发展定位，大力彰显"三个靖边"（国家靖边、知名靖边、中枢靖边），使经济总量持续增长，经济质量显著提高，实现县域经济的大跨越；致力于能源化工配套产业和服务产业聚集地的建设，积极培植税源产业，大力发展现代特色农业和物流产业，实现县域产业体系的大调整；加快转变经济发展方式，通过提升经济体的抗风险能力，实现由畸形、脆弱型经济向健康、可持续型经济的大转型。进一步解放思想，开拓创新，深化政府管理体制改革，促进政府职能转变，努力把靖边县建设成为经济发达、政治文明、生态良好、文化繁荣、社会和谐的高标准小康社会。

4.4.4 重点任务

紧紧围绕"跨越·调整·转型"的发展主题和建设"两基地一中心"的发展定位，进一步加快工业化、城镇化和农业产业化的步伐，注重推进产业结构优化升级，注重加强生态环境保护和建设，注重统筹城乡一体化发展，注重推进经济社会发展转型和人民生活改善，注重推进经济社会管理体制改革，实施大战略，力争大突破，建设大靖边。

1. 综合实力上台阶

"十二五"时期要加快发展，力争使GDP、第一产业增加值和第二产业增加值、社会消费品零售总额等指标在榆林市各区县中排名第一，第三产业产值在榆林市各区县中排名前三，综合经济实力居榆林市各区县之首，保持在西部经济强县的前10名和全国百强县的前50名。争取到"十二五"期末，全县GDP达到1000亿元，人均GDP超过35000美元，全社会固定资产投资达到230亿元，财政总收入达到100亿元（其中地方财政收入达到40亿元），社会消费品零售总额完成60亿元以上。

2. 生产结构趋合理

坚定不移地抓住"两地一中心"建设不放松，着力调整产业结构。以资源就地深度转化为重点，继续做大做强油、气、煤炭等资源产业及其配套产业和服务产业。以农产品深度加工为重点，做大"菜、畜、薯"三大主导产业，做精玉米、种苗、种子、小杂粮等优势产业，发展现代特色农业。以现代物流、城市商业、金融业、旅游业为重点，大力发展现代服务业，繁荣城市文明和商业文化。

充分发挥政府的调控作用，建立促进产业多元化的政府调控体制和财政促进机制，积极探索跨越"资源陷阱"的先行经验，力争在产业多元化方面取得实质性进展。

3. 生态建设显成效

坚定不移地推进实施"生态立县"战略，继续实施退耕还林、天然林保护、三北防护林等生态工程和小流域治理工程，进一步加大封山禁牧力度，保护和改善生态环境。积极有序地推动农村人口从限制和禁止开发区域向鼓励和优化开发区域转移集中,减少人类生态足迹,增强生态环境自我修复能力,争取在"十二五"期末使灌木为主的森林覆盖率达到45%以上。

大力发展循环经济,减少"三废"排放,争取在"十二五"期末减少排放量20%以上。水源保护工程取得重要成果,城市饮用水源地水质达标率达到100%。芦河治理、开发、建设取得重大突破,充分发挥芦河的生态功能、休闲娱乐功能、产业发展功能,使这一"生态碧水长廊"成为城市居民向往的绿色休闲娱乐的水上乐园,并最终成为全县生产力发展空间格局中最富有韵律、最富有"灵""气"的组成部分。

4. 城市建设有"神""气"

城镇化发展要坚持循序渐进。力争到"十二五"期末使中心城区建成面积达到35平方千米以上,城镇人口达到25万人以上,初步实现宜居城市的发展目标。到2020年,城市建成区面积达到50平方千米以上,城镇人口达到30万人以上,基本实现陕北第三大中心城市的发展目标。在2020~2050年期间,以建设陕北第三大中心城市、区域交通枢纽和区域商贸物流中心作为新的起点,逐步建成两原地区现代化中心城市,力争在21世纪中叶把发达的现代化、国际化靖边建设成为亚欧大陆城市带上一颗璀璨的城市明珠。

围绕"北上南下、东进西扩、中心提升"的城市建设总体思路,统筹规划,科学布局,使城镇体系更加合理,城乡及区域发展趋于协调,城乡及区域间差距扩大的趋势得到遏制。

加强城市生态工程建设,加大城市基础设施建设力度,并逐步推进基础设施建设向农村延伸,实现在扩大城市规模的同时,改善城市环境面貌,完善城市综合服务功能,统筹城乡一体化发展的目标。

提升城市管理水平,加快城市产业特别是城市文化旅游产业的发展,增强城市的吸纳能力和辐射能力。

5. 社保民生大提升

开发资源,富民为先。坚持实施"产业富民"战略,大幅提高城乡居民收入,进一步改善人民群众生活水平,力争在"十二五"期末,使城镇居民可支配收入达到4.5万元,农村居民人均可支配收入达到1.1元,实现城乡人民的共同富裕。

促进教育优先发展,积极推进靖边"人才高地"建设。建设与国家级新型能源化工基地和配套产业聚集地需要相配套的专业技能人才培养体系。加快医疗卫生事业发展,进一步完善城乡社会保障体系。大力促进城乡就业,加大广播电视、体育、住房等涉及民生的各项事业投入。

实施文化引领战略,大力发展文化事业和文化产业,促进人民群众思想更加开

放和现代化，文化素养和基本技能明显提高。

6. 制度创新大突破

基本建立有利于跨越"资源陷阱"的体制框架，形成市场调节、政府调控、社会监督三位一体的资源型经济发展机制，以政府外在的调控机制矫正资源型经济落入"资源陷阱"内生性成长机制，积极探索跨越"资源陷阱"的成功经验。

城乡一体化发展体制取得根本性突破，非公有制经济实现突破性发展，开放型经济发展提高到新水平，政府的行政执行能力显著增强，行政效率大幅提高。

4.5 靖边县的经济转型

4.5.1 产业发展思路

1. 总体思路

一方面，靖边县需要在促进资源优势向经济优势转化的过程中加强产业建设，从内外两个方面推动产业结构调整与转型。

随着2009年以区域经济一体化为主导的区域规划高潮的兴起，区域间的联系得到强调，区域间的合作竞争进入一个崭新阶段。新区域的成形会促使中国经济格局的改变，所形成的既不是全国一盘棋式的产业布局，也不是产业与地域叠加而成的由东向西的阶梯状布局，而可能是"区域一体"的多元化区域布局模式。

在这样的外部背景下，靖边县要做好在不同层次区域范围的产业发展定位，并加强区域间的产业联系。要跳出靖边，融入区域发展的战略当中，与国家和区域的产业实现对接。主要是从国家、首都区、晋陕蒙三个层面认识和界定靖边对外联系的产业定位，其实质是辨析靖边在这三个层面的需求价值。国家级能源化工基地是国家层面对榆林市及其下辖属靖边县的定位；从与首都区的关联来看，靖边县作为"西气东输"的重要枢纽和东部地区的风沙源头，与周边晋陕蒙的其他旗县市一起构成首都区的能源依托和生态屏障；从晋陕蒙范围来看，由于地缘和历史渊源的关系，靖边县与周边地区在交通运输、能源网络和传统畜牧业方面联系比较密切，是区域的重要交通枢纽和产业联系节点。

另一方面，随着国家能源发展战略的调整，国家财政投资的重点将向能源基地倾斜集中，东部地区的产业和资金也将随之更大程度地向西部地区转移，这将促进靖边县的产业结构调整升级和经济持续快速增长。

在内部，要通过产业链的延长使靖边县从资源优势发展到后发优势，再通过资源的集聚，从后发优势发展到竞争优势，主要从主导产业集聚、配套产业体系形成和优势产业转型三个层面来把握。主导产业能否集聚并可持续地发展下去是判断产业结构是否合理的依据，在既有的石油天然气优势产业方面，要促进以能源化工综合利用产业园为载体的产业集聚；在配套产业体系建设方面，要以能源化工综合利用产业园区和中小企业创业园为载体，大力发展配套产业；同时，通过科技创新、改造传统产业和引进新兴产业等多种方式，促进资源型产业向接续产业和替代产业的转型，争取在"十二五"期间建立起以石油化工为基础产业，以配套服务为支柱产业，以农产品加工和文化旅游为特色产业的功能定位明确、结构组织合理的产业体系。

具体而言，要协调好与延长集团和长庆油田的关系，树立为国有大型企业服务的意识，并以此为基础寻求和拓展产业发展的空间。经过五年甚至更长一段时间，使靖边县成为油气配套产业的聚集地以及配套设施的先进制造业基地。

要在保持经济高速增长的前提下，加强对属地（注册）企业的支持力度，吸引外部资本进入靖边，解决企业属地问题；逐步调整失衡的重、轻产业比例，解决产业组织问题；结合城镇化发展，从县域经济的整体出发，解决产业空间布局的问题。

2. 具体思路

根据油气资源耗竭性的特点，未雨绸缪，利用"西气东输"能源转化枢纽的地位，积极培植发展油气配套产业，并将其作为地方经济发展的支柱产业，扩大招商引资，培植属地产业，通过产业集聚实现跨越式发展。

从既有产业条件出发，以油气产业配套设施制造业为重点，以能源化工综合利用产业园和中小企业创业园为载体，延伸以油气资源为核心的产业链，通过技术改造和科技创新，促进资源型产业由点向面拓展，形成依托于油气资源产业的机械、储运配套和服务产业聚集区，着重在油井装置、清洗设备、运输设备、工程建筑、低温存储技术及设备等方面获得大发展。

依托当地丰富的风能和太阳能等资源优势，以及土地相对较多，有利于发展生物质能的优越条件，做好清洁能源产业发展规划，并通过项目带动，逐步推进产业发展。同时，围绕石油天然气开发和畜牧业的发展，加强对油田伴生气的开发利用以及农村沼气的利用和推广。

以设施农业和畜牧业加工为基础，围绕"菜、畜、薯"三大主导产业，加大对既有产业的嫁接改造，调整农业经济结构，以标准化、规模化、集约化、品牌化为重点，打造"陕西一流、全国知名"的现代农业基地，以产业化提升农业，以城镇化带动农村，以工业化富裕农民。

以建设陕北第三大中心城市为依托，形成陕北商贸物流园区，利用便利的交通

条件和独特的区位优势，带动区域商贸物流业的发展，打造区域重要的现代物流集散地和商贸物流中心。

基于国家发展的需要，利用国家能源基地的开发建设，为煤炭资源的大规模开发做好准备。同时，加强对岩盐资源的基本普查，将岩盐资源的开发利用提到议事日程上来。

积极挖掘旅游文化资源，努力开发特色鲜明的旅游品牌，通过外引内联，培育和壮大文化旅游特色产业。

4.5.2 产业空间布局

根据产业发展的现状和未来发展的走势，依托交通和城镇的基础设施，构建融产业发展和城镇化于一体的"一横五纵"产业发展格局（图4-58），进一步打造芦河两岸经济发展带（图4-59），使各个发展带之间优势互补，城镇化与产业发展良性互动。

1. "一横"

"一横"从宁条梁镇开始，经过东坑镇、张家畔镇，到杨桥畔镇，是未来产业发展布局的核心带、人口聚集带和都市区域带，主要布局以两大园区为支撑的能源化工产业及其配套产业和第三产业，对县域其他地区的发展起辐射带动和聚集作用。

2. "五纵"

"五纵"为辅助带，是"一横"的副中心或者是由中心带动发展的产业带。各纵向发展带要充分发挥各自的优势，对"一横"核心带在产业结构等方面起辅助和补充作用。"五纵"的中间"三纵"要布局不同特色的产业，通过"一横"轴线衔接产业与交通，融合生态和城镇发展，改变北、中、南三大区域发展不平衡的状况。

从红墩界镇、黄蒿界乡、海则滩乡向南，经杨桥畔镇，过龙洲乡，到小河乡，为第一纵向发展带。这条纵向带以杨桥畔镇为轴心，形成纵贯横向核心带的南北两翼，以解决经济发展的南北不平衡问题和毛乌素沙地的综合治理问题。这条带可以充分利用北部统万城历史文化遗迹和南部小河乡红色旅游资源的带动作用，大力发展旅游业；另外，该地区可以打造陕北白绒山羊养殖园区，重点培育羊系列产品深加工龙头品牌企业，带动整个靖边地区羊子产业的发展。

从张家畔镇向南，经镇靖乡、乔沟湾乡、杨米涧乡、天赐湾乡、大路沟乡，一直到较为落后的五里湾乡，为第二纵向发展带。这条纵向发展带要充分利用芦河流域水资源较为丰富及沿途涧地平坦、肥沃的特点，优先发展特色旅游、现代化精加

资源开发地区转型与可持续发展

横向发展带——经济中心、产业聚集中心、城镇主体功能区、人口集中带

主要产业布局：化工能源基地、油气配套集聚地、中小企业创业园区、物流中心、芦河流域开发带、现代农产品加工业、特色旅游产业。

纵向发展带之一

主要产业布局：北部白色旅游产业、南部红色旅游产业、白绒山羊养殖业。

纵向发展带之四

主要产业布局：现代化农业配套产业、节水设施农业。

纵向发展带之三

主要产业布局：优质有机马铃薯生产基地、外联延安市。

纵向发展带之二

主要产业布局：现代化精加工生态农业产业、芦河流域生态廊道。

纵向发展带之五

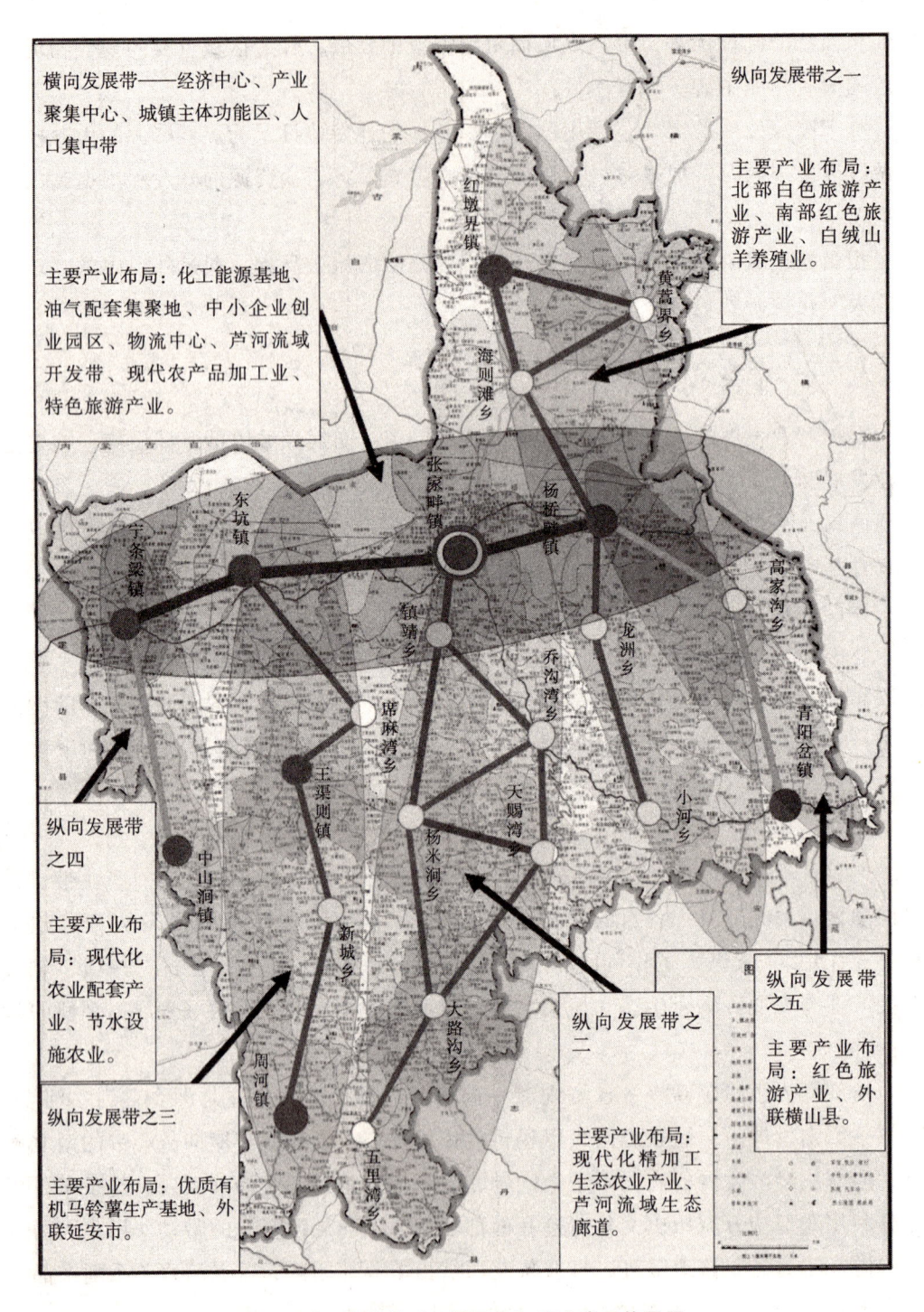

主要产业布局：红色旅游产业、外联横山县。

图 4-58　靖边县"一横五纵"产业发展格局图

工生态农业。同时要加强芦河流域景观规划、改造与治理，建设多层次、多形式、多品位的生态廊道系统，为城镇居民提供良好的亲水生态空间，使之成为中南部城

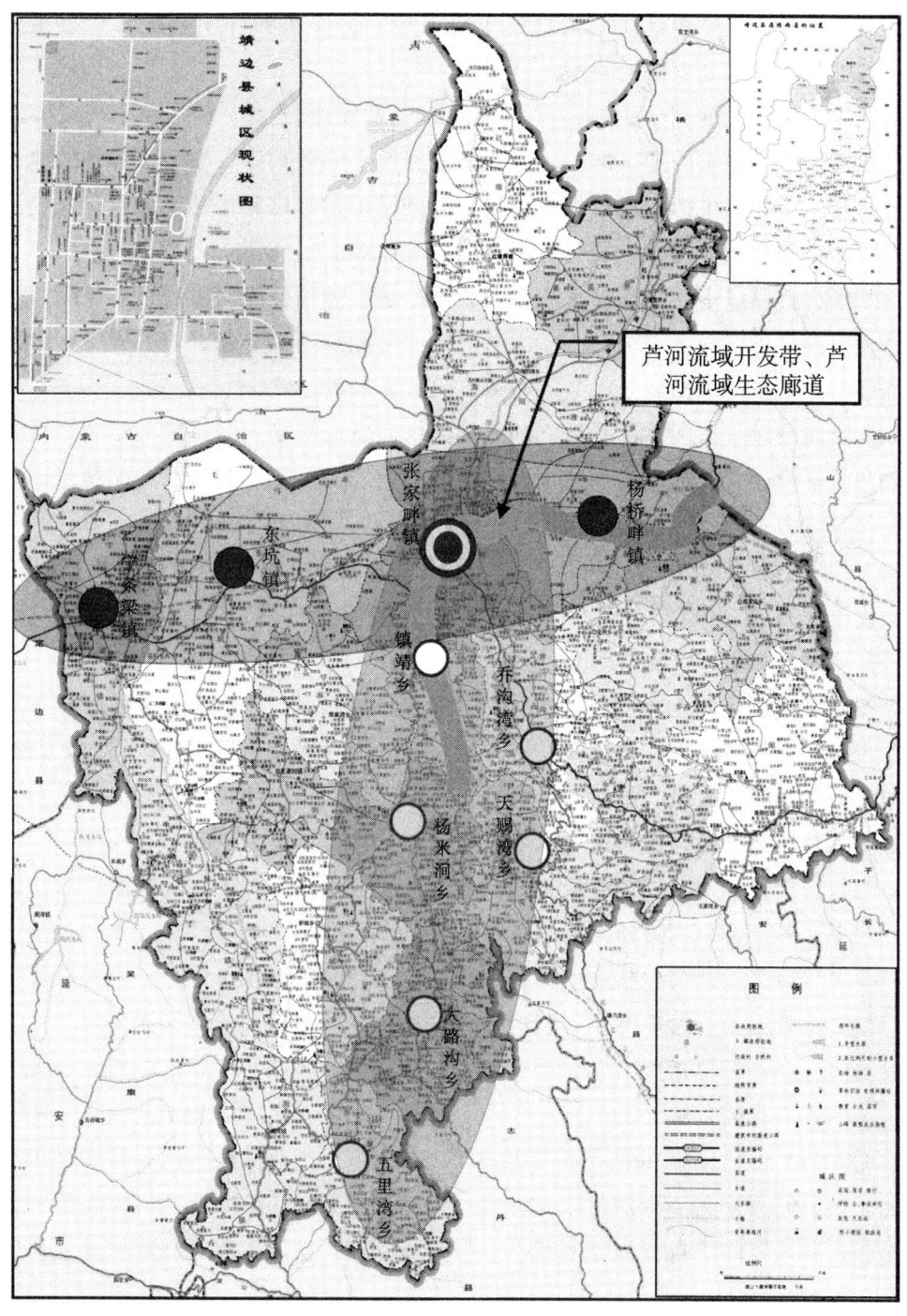

图 4-59 芦河两岸发展带与"横"、"纵"发展带的关系图

镇化发展的重要地带。

从东坑镇往南,包括席麻湾乡、王渠则镇、周河镇和新城乡,为第三纵向发展

带，这条纵向带是靖边优质马铃薯的主要产地，主要布局优质有机马铃薯相关产业，并加强与南部延安市的联系。

从宁条梁镇向南到中山涧镇，为第四纵向发展带。这条纵向带处于红柳河下游，也是优质马铃薯的产区之一，可以充分利用水陆畔水库，在条件具备的地方发展节水设施农业。中山涧镇毗邻东坑镇和宁条梁镇，可以利用两镇现代化农业示范基地的辐射和带动作用，发展与之相关的配套产业。

从杨桥畔镇以南，包括高家沟乡及青阳岔镇，为第五纵向发展带。该纵向条带毗邻横山县，可以加强靖边县与横山县的产业与经济的优势互补。另外，青阳岔镇要加强与小河乡的横向联系，共同打造红色旅游品牌。

各纵向发展带之间并不是孤立的，加强纵向发展带横向联系的关键之一是要加强农产品规模经营，提高产品质量及信誉；关键之二是要加强产品的品牌认证和推广工作，努力提高农产品的知名度，打开国内及国际两个市场。

"一横五纵"的产业发展格局是靖边县的远期目标，近期内可以根据实际情况，优先发展"一横"和第一、二、三纵向发展带。

3. "横""纵"策应关系

按照"龙腾"战略的要求，以"一横"为中轴，以"五纵"为辅助，在横向核心带的辐射与带动下，将纵向发展带进一步分为一级辐射区及二级辐射区，加强纵向发展带产业、人口、城镇化重心向横向发展核心带的聚集（图4-60）。充分发挥张家畔镇、杨桥畔镇、东坑镇等重点区域的聚集与辐射效应，形成以城带镇、以镇带村、梯度推进、整体升级的发展格局，建立规模等级合理、布局结构有序、相互联系、各具特色的城镇网络体系（图4-61）。

一级辐射区：北部包括红墩界镇、黄蒿界乡、海则滩乡；中部自西向东包括中山涧镇、王渠则镇、席麻湾乡、镇靖乡、乔沟湾乡、龙洲乡、高家沟乡。

二级辐射区：包括周河镇、五里湾乡、新城乡、大路沟乡、杨米涧乡、天赐湾乡、小河乡、青阳岔镇。

图4-61中的聚集环表示城市功能、基础设施、产业结构、社会制度等相对完备的城镇，四大聚集环分别是张家畔镇（含靖边县城）、杨桥畔镇、东坑镇及宁条梁镇。这些城镇除了自身需要不断扩展与发展以外，还要发挥对其他地区的辐射与带动作用。

聚集轴是指各聚集环之间实现物质和信息等交换与联系的通道与纽带，主要包括青银高速公路、307国道以及即将建成的高速铁路靖边段等交通运输设施、能源动力设施、邮电通信设施、环保与水力设施、生态基础设施等。

策应环是指除张家畔镇（含靖边县城）、杨桥畔镇、东坑镇、宁条梁镇以外的

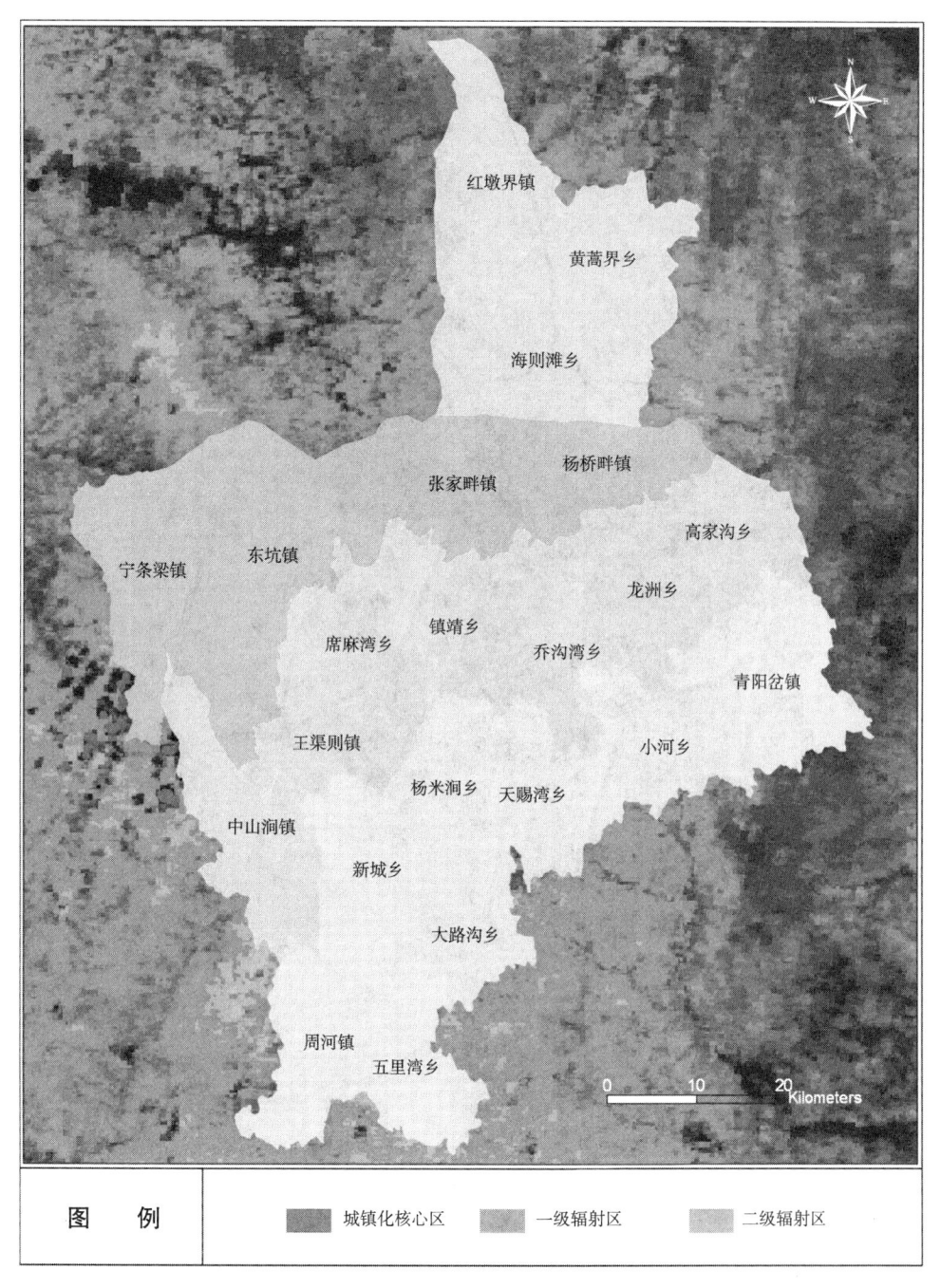

图 4-60 靖边县城镇化发展核心区及其辐射区

各乡镇，这些乡镇在聚集环的辐射与带动下谋求自身发展，实现城镇区面积的不断扩大、功能的日益增强、产业结构的不断升级，同时要发挥着对聚集环的配套服务等策应功能。

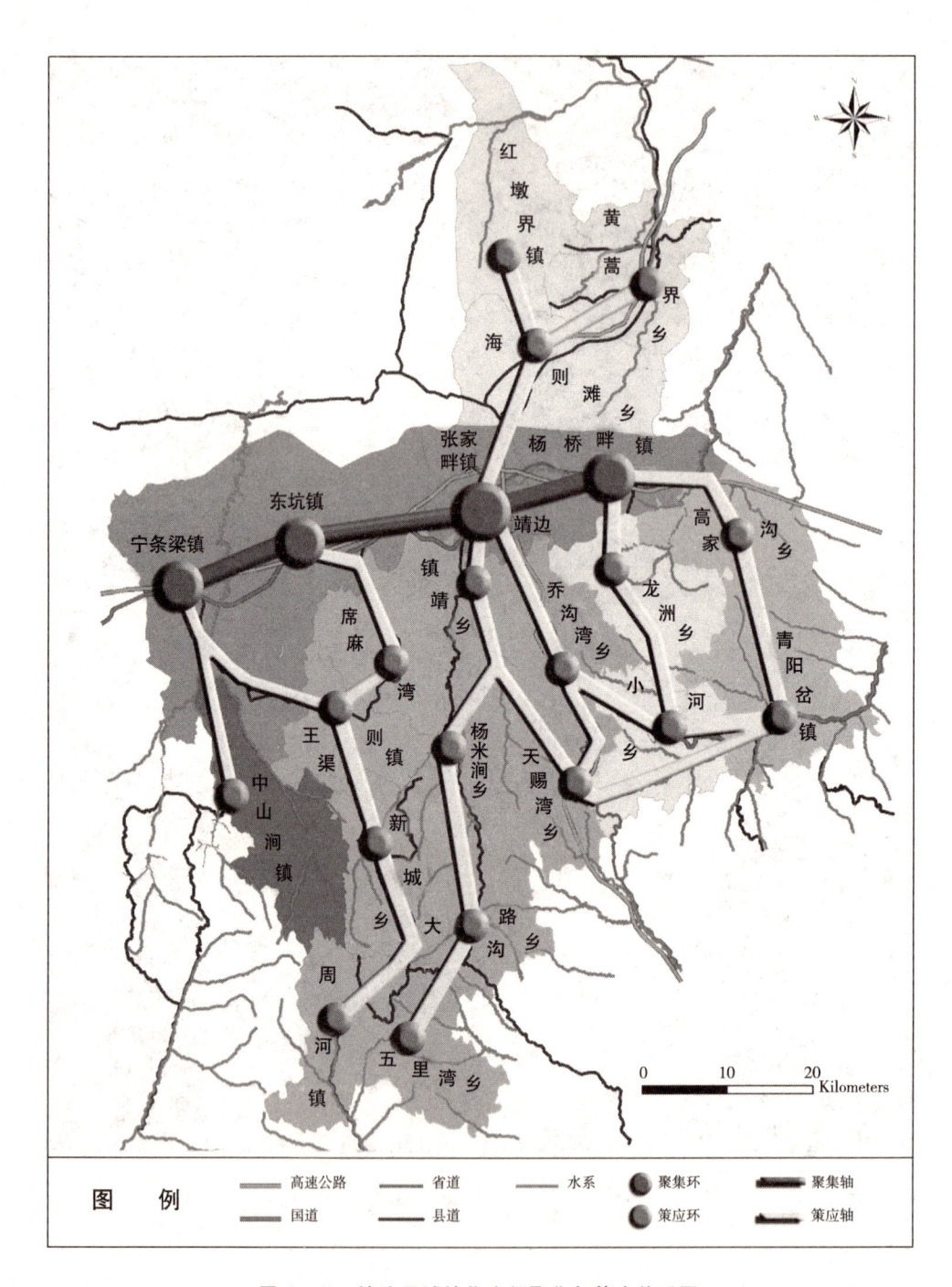

图4-61 靖边县城镇化空间聚集与策应关系图

策应轴主要指各策应环之间以及策应环与聚集环之间实现物质和信息交换与联系的通道与纽带，同时还包括重点区域优化配置的产业带。要优先选择地势较平坦、现有道路系统较完备的地区，加强能源动力、交通运输、通信等基础设施的建设，加强芦河流域等水资源较丰富的重点区域的开发。

具体而言，北部红墩界镇、黄蒿界乡、海则滩乡等城镇区要通过包茂高速公路靖边段以及县乡道路系统，加强与张家畔镇、杨桥畔镇的联系与策应。东部要进一步延长从高家沟乡到青阳岔镇的县级道路，贯通并增强杨桥畔镇对青阳岔镇的辐射与带动能力。青阳岔镇、小河乡、天赐湾乡、乔沟湾乡等城镇区要通过包茂高速公路、307国道靖边段加强与靖边县城、张家畔镇的联系与策应。镇靖乡、杨米涧乡是靖边中南部芦河主要流经区，要加强芦河流域的开发与先进产业配置，这条轴线及沿途乡镇是靖边中南部腹地最具经济发展潜力的地区之一，可作为中南部城镇化发展的中轴线。五里湾乡、大路沟乡与杨米涧乡之间，周河镇、新城乡、王渠则镇、席麻湾乡与东坑镇及宁条梁镇之间要重点加强道路基础设施的建设，打通南部山区、中部地区与靖边城镇化中轴的联系，促进南部油气资源的输送及加强配套服务。中山涧镇要在红柳河流域配置先进产业，加强道路基础设施建设，进一步增强与宁条梁镇及东坑镇的联系与策应。

4.5.3 产业发展举措

1. 培点

在既有产业条件下，积极谋划新型战略性产业、能源替代产业和优势特色文化创意产业。重点培植油气资源配套产业、油气产业配套设施制造业、设施农业和畜牧业加工、商贸物流、煤炭产业和旅游文化产业等，积极引进风能、太阳能、生物质能等新型清洁能源产业。

围绕能源化工综合利用产业园区2012年一期工程建成投产的目标，加大支持和服务力度，确保该项目按期达产达效，为最终将该园区建成投资过千亿、产值过千亿、年产甲醇千万吨的"国际知名、国内一流"的循环经济示范园区奠定坚实的基础。

一方面，大力支持国电、华能600万千瓦的煤电一体化项目建设，确保一期2×100万千瓦在2012年开工，2015年投产发电。另一方面，充分利用靖边县风能、太阳能等绿色清洁能源丰富的优势，积极开发风能和太阳能，大力发展绿色能源经济。为此，加快鲁能、国电、华能等风力发电项目建设，力争在"十二五"期间形成50万~100万千瓦的风力发电基地；积极实施"金太阳工程"，大力支持华电、国电、美国通用公司投资太阳能项目，尽快建成50万~100万兆瓦太阳能发电示范园区，建成亚洲最大的太阳能发电基地。

重点加强基本农田建设，提高农业综合生产能力。2015年实现21万亩涧地和10万亩坝地开发任务，形成高标准基本农田75万亩，达到人均3亩高标准基本农田。以标准化、规模化、集约化、品牌化为重点，全力建设现代特色农业基地，打造特色农业品牌和产业集群。调整优化农业产业结构，大力发展"菜、畜、薯"三大主导产业，积极培育设施小杂粮、玉米、种苗、种子等特色优势产业。重点发展羊子和生猪饲养业，力争把靖边建成陕西省重要的猪羊养殖基地。同时，大力对农产品生产和加工龙头企业进行扶持，探索并推广"公司+农民"、"公司+基地"等农业产业化发展模式，实现农业增产和农民增收。

2. 连线

按照现有的交通体系和城镇空间格局，依据城乡一体化发展的理念，加强小城镇建设，实现产业与交通的衔接，生态建设和城镇发展的融合，形成产业带、人口聚集带、都市区域带的统一。

以科学规划引领城镇发展，加快完善城镇建设的规划体系，实现城乡一体规划。在此基础上，一方面，依据"北上南下、东进西扩、中心提升"的总体思路，围绕"经济发达、文化繁荣、功能齐全、环境优美、宜居宜业"的发展目标，坚定不移地加快陕北第三大中心城市建设步伐。加快旧城区改造和提升的步伐，全面完成新城区建设，进一步拉大城镇框架，扩大城镇规模，提升城镇管理水平，完善城镇综合服务功能。同时，以物流园区建设为龙头，大力发展城镇产业，增强城镇吸纳能力和辐射能力，吸引农民向县城转移，产业向县城聚集，带动就业，促进增收。

另一方面，积极推进基础设施建设向农村的延伸，社会保障不断向农村覆盖，城乡就业实现互动，城乡体制逐步配套，打造县城与各乡镇"1小时交通经济圈"和"1小时健康服务圈"，提高农村居民生活质量，统筹城乡一体化发展。

3. 拓面

以长庆油田和延长集团为依托，扩大产业半径，延伸产业链，拓宽产业幅，发展配套产业和服务产业，形成以油气资源产业为主体的产业体系。同时，横向耦合，纵向闭合，通过产业的代谢和共生关系，构建县域循环经济体系。

通过延伸产业链调整资源型产业，将重心由资源开发转变为资源高效利用，提升石油冶炼和制造加工的比重，与此同时，在人才、技术、资金以及企业家精神和制度环境建设等方面创造条件，为将来实现新兴产业对传统产业的替代奠定良好基础。

一方面，大力支持长庆和延长两大集团在靖企业加大产能建设，放手让其满负荷勘探、满负荷生产，争取原油、天然气、成品油的产量有较大增长。大力支持延长集团在"十二五"期间将榆林炼油厂建成800万~1000万吨炼油能力的国内大型炼油厂，加快榆林炼油厂180万吨/年催化裂化项目建设。另一方面，充分利用好园区发展空间，对能源化工综合利用产业园和中小企业创业园进行科学规划，加强园区基础设施建设。在此基础上，加快发展以石油、天然气为原料的炼油、石油化工、化肥、有机化工等重化工业，实现石油能源向重化工的产业链延伸；同时，大力发展配套产业，推进园区各产业之间的循环经济建设，建立起集约化并具有循环经济和节能减排特征的一体化产业集群，提升资源附加值，实现能源清洁生产。

4. 强体

深化改革，放宽民营资本准入限制，促进民营经济和中小企业的发展，为民营经济搭建平台。在人才、技术、资金以及企业家精神和制度环境建设等方面创造条件，激活民间资本，发展民营经济，激发经济体的活力。明确不同产业的功能定位，培植税源产业，增强地方财力，降低财政风险，发展县域经济，形成产业特色显著、相互联系紧密的县域产业体系。

4.6 靖边县的社会转型

4.6.1 教育事业和人才保障

创新能力弱是制约靖边县可持续发展的障碍之一。为改变目前优质教育资源数量不足并且城乡分布不均，高中阶段教育资源数量缺乏，职高教育与本地经济与产业发展之间缺乏联动机制，成人教育和继续教育发展落后等状况，为靖边县的跨越、调整和转型提供支撑，需要坚定树立人才资源是第一资源的观念，切实推动教育事业发展，大力培养和引进人才，以人才培养支撑工业化，以优质基础教育资源助推城镇化，以人才培养与产业需求的联动实现产业富民战略，减小城乡差距，统筹城乡一体化发展。

1. 增加教育投入

加强基础教育投入力度，不断完善和优化教学条件，合理布局教育资源，打造优质基础教育品牌。力争在"十二五"期间实现普及"十二年制"义务教育，提高劳动力人口的受教育年限。

合理规划基础教育资源的布局，以此助推城镇化，加快农村居民向城镇地区的转移。适当增加城区完全小学与高中数量，减轻部分学校教学负担，提高教学质量。同时，按照"高集中、低分散"的原则，在农村地区集中力量、有重点地布设优质教育资源，扩大教学规模，减少布点，加强寄宿制学校建设。

进一步发挥县城优质基础教育资源的优势，将其逐步打造成为榆林地区的品牌之一，增强其对周边地区城乡适龄学生及其家庭的吸引力。

2. 发展职业教育

依据产业布局、发展方向及企业需求，有目的性、有针对性地设置与调整职业教育专业，设计教学方案与学制，培养大量拥有专门技能的劳动力，为整个产业体系的形成和完善做好人才准备。与国内知名大专院校开展深度合作，设立职业技术学院或开办高层次职业技能班，提高职业教育的深度与层次，培养高水平的产品营销人才、技术专门人才以及综合管理人才。完善区域劳动力市场，形成职业教育与用人企业之间的供求联动机制，做到"培养一个、签约一个"，"需求一个、提供一个"。

配合"富民"与"城乡一体化"的总体战略，加强农业技术培训，着力解决农业产业化与现代农业科技示范园区所需要的智力支持。统筹利用资源，整合农技、扶贫、农业产业化等多方位的资金与技术力量，使培训专业化、系统化、长效化。由县职教中心、劳动力就业中心、农技推广学校、农业高科技示范园区以及各乡镇农技站形成全方位、多层次的培训体系，加大农民培训力度，提高培训质量，提升农业生产的科技含量，努力帮助农民提高收入水平。

3. 完善继续教育制度

建立和完善党政机关工作人员继续教育制度，依据《公务员法》的要求，分别对不同类别的工作人员开展各类培训，加大对政府工作人员继续教育的人、财、物投入，将经费纳入当年财政预算，形成完善的党政机关工作人员继续教育制度。

通过成立县属培训机构，与国内知名大专院校建立联合培训机制，或委托国内外著名培训机构，开展相关的继续教育工作。

充分结合培训班、研讨会、外出考察与调研等形式，分层次、分阶段地组织省内、国内与国际培训与调研，进行知识体系的更新、行政能力的训练、视野的拓展与创新性思维的训练。

4. 大力引进人才

将"引智"放到与"引资"相同的高度，大力引进和培养高层次营销、技术与管理人才，通过提供各种优惠条件，鼓励高层次的营销、技术与管理人才到靖边就业和创业。依托重点产业、重点项目和优势产业，从各类科研院所、高等院校引进高层次人才。

选择一批优秀的靖边本地的大专院校毕业生、青年企业家与政府工作人员，鼓励其走上企业经营与管理的一线阵地，并通过组织这些人员参加高水平的相关培训，为靖边的发展培育和储备一批高级人才。

依托产业园区成立"创业基地"，并设立"创业基金"，为县内外高素质人才在靖边创业提供一定的便利条件与保障措施。

5. 促进科技进步

为提高自主创新能力，实现县域经济增长方式的转变，需要在促进经济发展的同时，进一步增加科技投入，激励相关主体开展技术研发，实现科技成果转化，促进科技进步。加强科技人才队伍建设，加大产学研相结合的力度，为有效实现科研成果向现实生产力的转化奠定基础。整合全县科普力量，创新科普形式，拓展科普领域。

4.6.2 文化事业和文化产业

1. 文化事业

尽管靖边县的文化事业近年来得到长足发展，但仍与经济建设的快速发展不相匹配。为实现经济社会全方位的可持续发展，在推进物质文明建设的同时，需要进一步推进精神文明建设，以先进的文化提高人民群众的文化素养，以先进的文化引领富裕的生活，以先进的文化提升城市文明和工业文明。

重点从四个方面入手：第一要注重广播电视领域的人才引进，加强文化产业发展能力建设；第二要加强文化事业公共服务能力的建设，增设电影院、博物馆、图书馆等公共文化设施，满足广大群众日益提高的对精神文明的追求；第三要加强广播影视传播能力的建设，推进农村广播电视"村村通"和数字电视入户工程，做到电视和广播的人口全覆盖；第四要加强文化事业创新能力建设，加强对文学艺术创作、图书出版、歌舞创作的支持力度，打造一批独具地方特色的文化品牌，丰富群众文化，繁荣民间艺术。

2. 文化产业

靖边县所处的特殊区位使其民间艺术与文化极具民族特色和传统意蕴，既是蒙汉文化的有机交融，又是草原文化与黄土文化的有机结合，风格独特，久负盛名，对开发陕北特色的文化旅游具有很好的利用价值。利用自身旅游资源丰富、特色鲜明的优势，靖边县近年来着力开发了"白"、"红"、"蓝"、"绿"四色旅游。以统万城为核心的"白"色旅游，立足于厚重的历史文化；以南部小河乡、天赐湾乡、青阳岔镇等地的革命遗址为主的"红"色旅游，立足于光荣的革命传统；以金鸡沙水域为主的"蓝"色旅游，立足于自然的大漠风光；以农业示范与防沙治沙为中心的"绿"色旅游，立足于独特的人文精神。

然而，文化旅游产业并未在靖边县的发展中发挥其应有的作用。究其原因，一方面是由于文化旅游资源的开发滞后，"四色"旅游目前仍处于规划与相关基础设施建设的初期阶段。在开发过程中，缺乏对旅游资源组合效应的全盘考虑，未能有效克服当地自然旅游资源规模较小的困难，与周边地区相比特色不够鲜明；人文旅游资源缺乏观赏性与参与性的缺陷。同时，除统万城外，对其他资源的形象定位不够明确，并缺乏有效的宣传，致使旅游资源的知名度不高、吸引力不强。另一方面主要是由于相关产业的支撑能力弱。靖边县的旅游服务和配套设施很不完善，吃、住、行、游、购、娱各环节的接待能力有限，不能很好地满足文化旅游产业大发展的需求。

为了建设文化繁荣的靖边，要树立"大文化"理念，坚持文化引领战略，以提升靖边知名度、强化靖边在国家与区域的战略地位为宗旨，发展文化旅游产业，并在此基础上带动第三产业的迅速发展，为区域经济发展带来新的增长点，为部分旅游资源富集的贫困地区实现增收和致富开辟新途径。

具体而言，首先，要以区域发展定位为中心，确定文化旅游产业的主攻方向。靖边是国家的靖边（能源基地），是知名的靖边（西气东输的枢纽），是首都圈的靖边（防沙治沙屏障），文化旅游产业应充分立足于这一定位，通过影视、戏剧、小说等多种文艺形式，突出强调靖边为国家能源保障作出的贡献，为首都圈生态保障作出的贡献，加大宣传力度，进一步提高靖边的知名度，巩固靖边在国家与区域发展战略中的地位，增加靖边的吸引力。"西气东输"靖边枢纽应该打造成为重要的品牌，使东部地区的人们能够更多地了解其生活与靖边息息相关。

其次，打好"遗产"牌和"基地"牌，着力提高重点旅游资源的知名度。加大投入力度，加快统万城的"申遗"工作。将"红"色旅游线路申报为国家级教育基地（如爱国主义教育基地、党风廉政建设教育基地等），将油气产业生产链条进行打包和组合，并与"绿"色旅游资源一同，申报国家级科普教育基地。挖掘草原文化与黄土文化相交融的区域文化特性，借助市场化的方式，包装形成新型的旅游文化产品。

再次，进一步挖掘现有旅游资源的深度，着力规划"白"、"红"、"蓝"、"绿"四大文化旅游产品，增加旅游要素的维度。"白"色旅游要将统万城打造成世界级的匈奴古都遗址，融入内蒙古成吉思汗王陵、宁夏西夏王陵旅游圈；"红"色旅游要主动融入延安红色旅游圈；"蓝"色旅游要与芦河"生态碧水长廊"相结合，增加城市休闲娱乐的吸引力；"绿"色旅游要进一步拓展，与生态农业观光旅游和南部黄土高原自然风光旅游相融合。

最后，加强文化旅游业相关服务设施建设，形成服务产业链条。围绕重点建设的优势旅游资源，形成配套的餐饮、娱乐、休闲等系列服务，让游客拥有"看在靖边、玩在靖边、吃在靖边、住在靖边"的全方位体验，增加文化旅游产业的附加值与带动能力。

4.6.3 医疗卫生和社会保障

1. 改善医疗卫生条件

积极推进医疗卫生体制改革，加强行业作风建设，提升服务质量。加强基础设施建设，合理配置医疗卫生资源，解决群众看病难的问题。建立健康诊断、疾病预防控制、医疗救治和卫生服务等的评价体系和监督执法体系，提高公共卫生服务水平和突发性公共卫生事件应急能力。加大对农村卫生事业的投入，改善农村医疗卫生条件，加强农村医疗卫生队伍建设，提高诊疗水平。推进新型农村合作医疗和农村医疗救助工作，切实解决农民看病难、看病贵的问题。加强妇幼卫生保健，大力开展社区卫生服务。发展老龄、妇女、儿童和残疾人医疗服务事业，切实保障弱势群体。大力提高全县人口的平均预期寿命，力争使群众的健康主要指标超过全省平均水平。

2. 大力促进就业

就业是民生之本，做好就业困难群体的就业援助工作有利于社会稳定和安定团结。要构建市场导向、城乡一体、公平竞争的就业机制和公平公正的就业环境，努力开辟就业新途径，着重以长庆油田和延长集团为突破口，以第三产业、中小企业和民营经济为主渠道。

发展完善区域劳动力市场，改善就业服务环境，促进劳动力合理流动。大力开展职业教育培训，增强劳动者的综合素质和就业能力。在促进劳动力输出的同时，保障劳务输出者的合法权益。

做好长期失业人员的安置工作，建立就业与社会保障的联动机制。努力做好城乡富余劳动力、高校毕业生和就业困难群体的就业工作，营造创业环境，培养创业精神，促进由被动就业到自主创业的转变。

3. 完善各类社会保障

按照城市居民社会福利向农村延伸的要求，实施城乡一体化的最低生活保障、农村基本养老保险、被征地农民基本生活保障、农村大病医疗保险、农村"五保"对象和城镇"三无"对象集中供养为主要内容的"新五保"政策。同时，加强社保基金管理，加快社保信息化建设步伐。

积极开展农村社会救助，建立新型医疗救助机制，解决农村特困家庭看不起病的问题；建立农村教育救助机制，解决农村特困家庭子女上不起学的问题；建立农村特困家庭危房改造机制，基本消除危房。

继续加强对南部山区贫困人群的扶持，加强基础设施建设，加大移民搬迁力度，加强特色产业建设，加强农民技能培训，消除贫困人口，实现基本脱贫。

建立和健全人口和计划生育工作新机制，进一步完善计划生育利益导向机制，加强计划生育技术服务体系建设，加快计划生育新农村和新家庭的建设步伐，稳定保持较低的生育水平。

4. 构建和谐靖边

确立公共安全在社会经济发展中的重要地位，构建以政府为主导的公共安全防范体系和防灾减灾体系。健全公共安全监测、预测、预报、预警和快速反应系统，制定应灾处置预案，把应急管理工作纳入规范化、制度化、法制化轨道，提高应对突发公共事件的能力。健全常规与紧急状态相结合的城市公共安全防护体系，包括市政基础设施安全、防灾减灾设施建设、突发公共事件应急处置等内容。加大宣传力度，提高群众的安全意识、应急能力和自救能力。

贯彻落实安全生产法律法规，健全安全生产监管监察制度，形成安全生产长效机制，构建并完善包括技术支撑、信息管理、培训研习、宣传教育和应急救援等内容的安全生产保障体系，遏制重特大事故，减少人员伤亡，落实安全责任，加大安全投入，倡导安全文化，推动安全发展。

根据当地石油天然气开发和能源化工产业园建设的需要，强化特种设备动态监管体系建设，建立设备数据库，使所有设备在有效监控下安全运行。完善特种设备安全状况通报制度，定期检查设备的日常维护保养、安全运行和管理、安全责任落实等情况，杜绝事故发生隐患。建立相应组织机构，配备专项经费，保障特种设备安全工作的开展。

借鉴全国各地城镇安全管理的先进经验，构建信息化安全防范网络体系，加强社会治安综合管理。通过开展"安全乡镇"和"安全社区"的实践，建立化解社会矛盾的基层调解机制，营造和谐秩序。依据国家相关法律、法规和标准，建立健全食品质量和食品卫生检测机构，配备相应的检验检疫设施，在食品生产、采购、运送、经营等环节，强化食品安全管理，保障人民群众身体健康和生命安全。

4.7 靖边县水资源保障与生态环境建设

4.7.1 水资源保障

靖边县水资源总量较少，人均占有量低，水资源的供给保障程度逐步下降，而未来一段时期内经济与社会发展对水资源的需求又十分迫切。水资源不足将成为靖边县"十二五"以及更长一段时期内经济社会发展的重要制约因素之一。

1. 水资源现状

如前所述，靖边县水资源总量为 3.71 亿立方米，可利用总量为 2.63 亿立方

米，人均水资源占有量约 1200 立方米，属于严重缺水地区。靖边县可利用的水资源主要为地下水，地下水以北部风沙滩地最为富集，中部梁峁涧地区次之，南部丘陵沟壑区最差。

就水质而言，靖边县的地表水基本能够满足一般工业用水标准，部分地区符合农业灌溉用水标准，位于北部风沙草滩区或河流源头区的地表水在杀菌处理后可作为生活用水。但地下水水质较差，大部分地区地下水硬度大，含氟量高，不宜用于人畜饮用。

靖边县的水资源问题除了总量低、人均水资源量少、空间分布不均匀以外，伴随着工农业生产发展和城市建设，又产生了许多新问题，主要表现为以下方面。

（1）水质不达标，水污染严重，水质型缺水突出

近年来，由于油气资源开发、生活废水和工业污水排放等原因，地表水和地下水受到严重污染，导致水质性缺水，加剧了水资源危机。

（2）工农业用水效率低，浪费大

靖边县当前农业灌溉用水量占总用水量的 74%，远高于国际平均水平（北美地区为 49%、欧洲为 38%）。虽然农业节水灌溉面积占有效灌溉面积的比例为 44%，略高于全国平均水平（41.8%），但灌水利用系数仅为 0.3~0.4，低于全国 0.483 的平均水平，远低于 0.7~0.8 的国际水平。工业用水所占比例虽小，但增幅较大。2005~2007 年，农业用水量年均增加率不足 2%，而同期工业用水量的年均增长率在 33% 以上。不仅如此，靖边县 2007 年的工业用水重复利用率仅为 21%，远远低于发达国家 85% 以上的水平，水资源耗费量很大。

（3）地表水资源未得到充分利用，生态环境用水量低

按照国际惯例，地表水合理开发利用程度是 30%，极限开发利用程度是 40%。靖边县目前地表水的利用率仅占地表水资源总量的 5% 左右，这是另一种形式的水资源浪费。而且，作为国家生态建设重点县，靖边县 2007 年的部门用水结构中，生态环境用水仅占 0.14%，这与生态建设目标不相符合。

（4）北部风沙区地下水开采过量，影响生态安全

地下水是靖边县的主要水源，随着工农业的发展和城市建设，靖边县的水资源开采量尤其是地下水资源开采量逐年增加，造成地下水位下降，从而使地表植被因地下水补给量减少而出现枯萎，地面裸露、沙漠化等生态问题日趋严重。

2. 总体思路

尊重自然规律和经济规律，充分考虑水资源和水环境的承载能力，妥善处理开发与保护的关系。通过开源节流，保障农业生产用水和农村人畜饮水，发展民生水利。贯彻循环利用和节约利用的新理念，依托科技进步，提高水资源的利用效率，推

进资源水利建设。按照水环境和经济发展水平的地域差异，加快生态水利建设。依据未来产业发展走势和城市发展预期规模，综合考虑水资源开发利用的经济效益、生态效益和社会效益，充分发挥政府的主导作用，统筹规划，解决好水资源的保障问题。

(1) 开源节流

增强中部涧地区、南部山区的雨水收集与利用能力，发展旱作集雨农业，以解决农业灌溉与农村安全饮水工程的水源问题。在定边引黄二期配套工程的基础上，规划定—靖调水配套工程，先期解决西部乡镇人畜饮水问题。根据靖边未来能源化工及相关产业的发展需求，以及陕北中心城市发展建设的需要，依托黄河干流规划建设大柳树水库，设计年引水量5亿立方米。

加强农业基础设施配套建设，努力提高农业灌溉用水有效利用系数。紧密结合特色农业基地建设，改变农业灌溉用水方式，大力推广设施种植、覆膜滴灌等现代农业灌溉节水技术，显著提高水资源的生产效率，有效降低农业用水比重。

(2) 循环利用

在工业园区推进企业用水重复利用技术的开发和应用，建立中水利用机制，提高工业用水的循环利用能力，使单位工业增加值用水量显著降低。

提倡清洁生产，提高工业废物综合利用率，大幅减少生产废物的排放对水资源的污染。对现有企业的污水排放加强监管，限期整改，通过技术改造实现达标排放，促进水资源的循环利用。提高新建企业的排污门槛，引导企业向园区集中，促进水资源的综合利用。

加强城区生活污水处理能力，实现生活用水的循环利用。在保障城镇居民基本生活用水的基础上，实行差别水价，运用市场手段与价格杠杆，鼓励节约用水。大力宣传节水文化，构建高效利用水资源的节水型社会。

(3) 涵养保护

在北部风沙滩区，有限制、小规模地分散开采利用地下水资源，并利用地表水资源及时回补地下水。在南部白于山区，通过"生态捆绑"的方式，促进产业发展生态化，实现能源开发过程中的水源涵养。大力发展水源涵养林，维持地下水采补平衡和良性循环。

3. 主要任务

评估水资源保障能力。在普查的基础上，对现有水资源支撑未来工业产业发展能力进行评估，对"引黄济靖"的可行性进行论证，并开始具体实施。同时，加强水源保护和水源地水质的日常监测。

加强蓄水工程建设。对水源充足的库坝，根据地理条件，增强蓄水能力。对现有水库进行综合整治，重点开展病、险、淤水库的清理与维护工作。

加大节水工程建设。对现有农业灌溉设施进行升级和改造，因地制宜地大力推广各类节水措施，挖掘农业节水潜力。在机关和企业推广刷卡取水、使用节水水龙头和节水马桶等节水设施和节水技术，并逐步向居民生活用水领域推广，提高全民的节水意识和水资源利用率。因地制宜，在南部山区推广实施集雨工程。

加快污水处理系统建设。尽快推进县城污水处理厂的二期工程，建设污水处理厂与工业园区间的中水输送系统，实现中水回用。在工业园区，配套建设工业用水集中处理与循环利用系统。同时，各乡镇可以根据自身需要和实力，积极建设生活污水处理厂。

4.7.2 生态环境建设

靖边县属于半干旱气候，北临毛乌素沙地，南接黄土高原，生态环境脆弱。北部风沙区沙化、荒漠化严重，南部丘陵沟壑区沟道纵横，支离破碎，水土流失严重。长期以来，为了改善生态环境，当地政府带领群众坚持不懈地开展了治沙保土的生态建设，特别是改革开放以来，按照"北治沙、中治水、南治土"的发展战略，进一步加大了生态建设力度，实施了以退耕还林为重点的生态建设工程、天然林保护工程、"三北"防护林建设工程和农业综合防沙治沙等重点工程，取得了显著成效。

油气资源的大规模开发给靖边县带来了经济繁荣，同时也给这里本已十分脆弱的生态环境带来了更大的负担。以油气资源开采为主的粗放型经济增长方式加剧了生态环境的恶化，使经济社会发展与人口、资源、环境的矛盾日益突出。同时，与快速的经济发展相比，生态环境建设相对滞后，生态环境质量不能满足人民群众提高生活质量的要求。

靖边县的生态环境不仅仅关系到自身的可持续发展，还直接关系到东部首都圈的生态安全，因此，大力加强生态环境建设至关重要，刻不容缓。

1. 存在的问题

生态环境建设要做到坚持不懈并取得实效，依赖多种条件，在靖边县当前的生态环境建设中，主要存在以下问题。

（1）资金投入不足

生态环境建设资金主要靠国家投入，未形成多元化的投资机制，在一定程度上制约了生态环境的建设。尽管通过长期努力，靖边县生态环境建设取得了很大成绩，但因生态环境先天比较脆弱，生态治理的任务还相当艰巨。

（2）科技支持力度不够

生态环境相关领域专业人才严重短缺，中高级技术人员比例偏低，科研条件较差，科技成果较少且转化率较低，无法为生态环境治理提供足够的科技支持。

（3）生态效益与经济效益不统一

由于现行的生态建设单纯关注生态效益，经济效益不明显，所以，以林养林养不住，造林越多，负债越重。而且，缺乏利益驱动不但无法调动群众参与生态建设的积极性，甚至还会导致新的生态环境破坏现象。

2. 总体思路

以可持续发展为目标，坚定不移地贯彻落实"生态立县"战略，坚持生态优先，生态、经济、社会紧密结合的基本原则，整体规划，因地制宜，分步实施，统筹管理，改善和提高生态环境质量，为经济社会发展和人民群众生活质量提高提供生态保障。

突出重点，构建完善的生态建设体系。继续实施退耕还林、天然林保护、三北防护林等生态工程和小流域治理工程，严格实行封山禁牧，舍饲养畜，增强生态环境的自然修复能力，保护和改善生态环境。加快县境内铁路、高速公路、307国道、县乡公路、乡村道路的沿线绿化，实现"条条道路有特色，乡乡树种各不同"，打造靖边绿色通道。加大芦河治理保护开发，建设沿河景观带，构建富有韵律的"生态碧水长廊"，成为带动城市经济发展的重要"一轴"。

伴随着快速推进的城镇化进程，率先探索"离乡不离土"的生态治理模式和新型生态城镇化道路，组织部分不再从事农业生产的城镇化人口，致力于生态环境建设。同时，鼓励企业参与生态环境建设，通过成立专业绿化队等各种模式，有效实施生态修复和环境治理工程。

积极推行清洁生产，大力发展循环经济。通过清洁生产、资源循环利用、发展清洁能源等途径，淘汰落后产能，不断提高资源的回采率、转化率和综合利用率，实现生态化的产业发展，在保障经济社会可持续发展的同时，最大限度地减轻对生态环境的压力。

通过生态建设产业化，改变片面追求生态效益的环境治理模式，以利益为导向，以产业化为内容，把生态建设和产业发展融为一体。生态工业建设的重点要考虑油气产能建设；建立清洁生产型石化基地和循环生态工业园区、发展可持续的矿业经济工程和清洁能源建设工程；农业生态产业建设重点从生态农业产业化（粮食、蔬菜、养殖、牧草、林果、油料），农业生态环境工程，生态村、生态户建设，农业"一村一品"专业化建设等方面，分类型、分区域逐步推进。

就区域而言，北部要充分利用沙地的水、土、热等自然资源，大力发展沙产业。包括以畜牧业为主的沙产业、以杂粮为主的沙产业、以沙生植物资源为基础的加工型沙产业、以沙地旅游景观为主的沙产业、以沙生植物资源优势为主的生物制

药产业；开展生态农业示范区建设，以发展生态农业为重点，考虑沙生中草药种植项目。

在中部和南部，依托市场发展以特色农业为核心的生态产业，实现经济效益的突破发展。中部梁峁涧地区侧重开展农业开发区建设，改善农业基础设施，实施综合开发；南部丘陵沟壑区侧重发展生态林牧区，继续实施退耕还林工程，建设生态林草基地，发展干杂果产业和优质杂豆生产。

同时，关注南部山区地下水下降问题，加强资源开发区的环境保护工作。加强原油管输维护，杜绝污水回注，治理井场污渍，加强生态环境保护。

4.8 靖边县转型与可持续发展的保障体系

包括静态的供水、排水、供电、供气等系统以及动态的交通运输系统在内的基础设施建设是保障区域经济社会发展的生命线，而制度和政策则有助于解决发展中的突出矛盾和问题，促进经济平稳较快发展和各项社会事业建设。因此，在靖边县推进跨越、调整、转型，实现可持续发展的过程中，这两方面的保障都是必不可少的。在进一步加强基础设施建设，增强区域发展潜力和活力的同时，要在观念上敢于突破，在机制上勇于创新，充分发挥制度政策的调控和激励作用，全面保障各项转型的顺利推进。

4.8.1 基础设施保障

1. 电力基础设施

靖边县工业化和城镇化的发展使得用电量快速增长，同时，农业产业化、农村现代化和城乡一体化的发展对农村电力供应的量与质提出了更高的需求。但目前靖边县电力基础设施的状况不尽如人意，难以满足未来发展的需求，主要问题表现为以下几个方面。

（1）变电站布点少，电力供应负荷大，线路损耗高

全县现有110千伏变电站5座，总容量190.5兆伏安，有35千伏变电站7座，总容量88.8兆伏安，有10千伏线路46条，线路总长4325.31公里。由于近年来城镇生活用电与第三产业用电的迅速增长，已经导致相关区域的变电站负荷迅速增长（表4-5）。与此同时，中部和南部地区的变电站数目过少，单个覆盖范围过大，导致线路损耗较高，严重影响远距离用户的用电需求。

（2）配电网结构不合理，互供能力差

县城区现有3条10千伏线路中有2条可以实现相互供电，还有1条呈放射形

和单回路，没有构成 10 千伏环网。电网整体结构比较薄弱，备用切换能力差。

（3）农村用电问题仍未完全解决

尽管在"十一五"期间通过农村电网建设、光明工程等，完成了大面积农村电网的改造工作，并实现了户户通电，但是，目前仍有 770 个自然村的农村电网并未改造，农村生产与生活用电的保障程度仍然有限，部分农村地区仅仅满足了照明用电。

（4）用电量峰谷明显，波动较大

靖边县属于典型的季节性用电负荷，6~8 月份为夏季用电高峰期，主要负荷为农业灌溉用电，2009 年夏季的最大用电负荷为 85000 千瓦左右。10~12 月份为冬季用电高峰期，主要负荷为取暖用电，2009 年冬季的最大用电负荷为 47000 千瓦左右。

表 4-5 靖边县不同类型区域 2009 年用电负荷的变化

地区	2009 年最大负荷（千瓦）	峰值出现时间（月份）	2009 年最小负荷（千瓦）	峰值出现时间（月份）
农村地区	55000	6~8	32000	3~5
城　　镇	28000	6~8	15000	3~5
工业园区	1031	12	74	6

电力基础设施的建设应紧密围绕靖边县工业化、城镇化、农业产业化、城乡一体化的进程，提供最有力和最可靠的能源动力保障。

"十二五"期间，建设重点在于进一步接入国家电网，建设 330 千伏主网架，保持与榆林、延安及关中方向国家电网的联络。以 330 千伏靖边变电站作为县域输电网枢纽，前瞻性地考虑能化工业园区、中小企业创业园区、特色农业产业园区等所属企业的用电需求增长，并在空间进行合理布局，分别在东坑、张家畔、杨桥畔、黄蒿界、沙石峁、五里湾等地相应建设变电站及输电线路。

结合煤炭资源的大规模开发，适当开展煤电一体化项目，建设坑口电厂，避免布设污染较重、利用效率较低的小型火电。同时，依托区域资源优势，大力开发风能、太阳能等清洁可再生能源，形成绿色能源产业。

依据城镇空间布局与城镇发展规划，超前布设城镇供电网络，满足工业化、城镇化快速发展的需要。加大农村电网改造的投入，保障农村地区生活和生产用电。实现城乡用电"同网同价"，为城乡一体化发展提供均等的公共服务保障。

2. 交通基础设施

交通系统是实现工业化、城镇化与城乡一体化的重要依托，承担"外联"与"内接"的基本职能。近年来，靖边县大力推进交通基础设施建设，交通条件显著改善，交通便利性大为提升。总体来看，目前的交通系统基本能够满足"外联"的需要，两条过境高速公路与一条复线铁路可以保障靖边县打造区域交通枢纽与物流中心的要求。但是，该交通系统难以实现"内接"功能，无法承载县域经济发展"一横五纵"的空间布局，不利于保障城乡一体化战略的顺利实施，无助于区域旅游与文化产业的发展。

此外，目前的交通基础设施方面还存在公路等级低、密度小、网络化程度差，公路超期服役、不堪重负、修护不善等问题。

县境内除两条主要过境高速公路外，无一级和二级公路，仅有一条三级公路（307国道）。公路密度为40公里/百平方公里，低于陕西省58.9公里/百平方公里的总体水平。由于地形地势的影响，县境内的公路以南北走向为主，东西向的横向道路联系匮乏。而且，"村村通工程"只保证了一乡一路、一村一路，道路交通仍然未能实现网络化。

普通公路多数修建于20世纪六七十年代，虽然在八九十年代经过改建，但仍然沿用原有的路基和路面，使用年限均超过国家规定。就主要公路的车流量来看，也都超过公路建设的标准，而且大部分货车严重超载，对道路造成极大的破坏，影响了道路的使用寿命。同时，由于公路管护的不到位，目前县内主要干线路面上断裂、沟槽、塌陷等现象随处可见。

依据靖边县未来五年以及更长时期的发展趋势，交通基础设施建设的基本方针应当是：利用两条高速公路、复线铁路等在靖边交汇这一优势，打造区域交通枢纽与商贸物流中心，保障"外联"便利；建设完善县域公路网络，疏通"一横五纵"基本框架下的各增长极、经济带之间的人流和物流，实现"内接"通畅。

围绕区域交通枢纽与商业物流中心的建设，打通各园区（能化工业园区、中小企业创业园区、特色农业产业园区、商贸物流园区等）与主要"外联"交通节点（火车站、高速公路入口等）之间的通道，完善相关配套设施，有效提高运输效率。同时，配合文化旅游特色产业的发展，对接周边地区的旅游线路和资源，增强县域重点文化旅游资源与外部的交通可达性，为实现区域旅游产业的协调发展奠定基础。

依据"一横五纵"的经济发展空间布局，全面升级干线道路，增加专线道路，促进形成县域内部交通网络体系，加强各经济带之间的内在联系。梯度推进，率先提升"一横三纵"的交通通行能力，为主要经济带充分发挥其带动与辐射作用提供便利的交通条件。升级307国道与204省道东西向路段，使其成为横向经济带的主动脉，有效贯通张家畔镇、杨桥畔镇、东坑镇、宁条梁镇等重点城镇。有重点、分层次改造升级现有县乡公路，优先加强中部"三纵"经济带的交通基础设施建设，形成横纵呼应的交通网络框架。

在"一乡一路"、"一村一路"的基础上，根据城镇化发展的趋势和生态移民的推进，合理规划农村公路网络系统。继续加强农村公路建设，增加农村公路密度，提高路网连通性。加强农村道路管护，保障实际通行能力，提高利用效率。

3. 市政基础设施

市政基础设施是城市发展的基础，也是保障城市可持续发展的关键。为适应陕北中心城市的建设目标和进度，需要超前规划和建设各类市政管网体系。

继续实施"煤改气"工程，提高集中供热普及率和天然气覆盖率。完善各气源接收门站和调压站点建设，继续铺设燃气干线管道，提升燃气气化率和管道气化率。

与城市发展相适应，完成城市污水处理厂和垃圾处理厂的建设工程，并尽快启动垃圾处理厂二期工程，提高垃圾无害化处理率。同时通过宣传、教育和示范，推动生活垃圾的源头减量、分类收集和综合利用。

以城市生态建设为核心，加快芦河综合开发治理，规划建设城市道路绿化体系、万亩林森林公园、西草滩湿地生态公园、水源保护地生态公园，积极创建省级卫生县城、园林县城和文明县城。

4.8.2 制度政策保障

1. 管理体制创新

"十二五"将是我国行政体制改革的关键时期。靖边县经济总量已达到较高的程度，又是陕西省确定的"扩权县"，县域行政管理模式将会发生重大调整。

总体上，要为"县改市"创造条件，启动县域行政管理体制改革，加快"扩权强县"步伐，减少行政层级，落实扩权内容，管理重心下移。同时，转变政府职能，由主导经济发展转向主导公共服务与经济发展并重。借助扩权，增强行政效率和能力，通过强势的行政能力促进产业的聚集。

（1）落实好扩权内容

将计划和统计管理、项目管理、资金管理、税收管理、用地和矿权管理、证照管理、价格管理等七个方面的扩权落实到位。探索划清省、市、县的职责权限，明确县级政府在社会管理和基本公共服务中的责任，使财权和事权相匹配。尝试探索税收返还制度，为陕西省开展扩权直管改革提供经验和示范。

（2）着手撤乡并镇改制

通过城镇体系和小城镇建设，提升乡镇级别，稳定基层管理队伍，调动基层干部的积极性。同时，探索干部领办企业的模式，把优秀的干部往企业上转一批，支持经济发展。

（3）加快事业单位改革

针对不同事业单位职能，整合重构公共服务体系。根据不同事业单位类型，改革管理体制，建立起合理的内部用人制度、收入分配制度、社会保障制度和领导制度等。

（4）切实转变政府职能

加快政府自身改革，提高政府公信力，改变政府管理方式，由直接管理为主向直接管理与间接调控并重转变。明确部门事权，强化责任管理。尝试建设责任政府，推行问责制，建立以基本公共服务为导向的政绩考核评价体系。依法行政，激励公众参与，提高政府管理的公开性和透明度。尝试领导干部选拔任用制度改革，进行乡镇党政领导的直接选举试点。

2. 政策制度创新

资源型地区的可持续发展没有固定模式，需要各地区根据各自的实际，在实践中不断摸索。对新兴的、依托资源开发而发展起来的靖边县来说，为实现跨越、调整、转型，需要从政策制度方面进行创新，走出一条适合自身发展的道路。

（1）扶持民营经济发展

培育新的经济增长点，加大对中小特色企业的扶持力度。着手改变财政收入结构，凸显属地要求，加强对属地企业的支持力度，吸引外部资本进入。激活民间资本，促进其向生产性领域转移。

（2）设立可持续发展基金

效仿新疆资源价格改革，积极争取国家资源价格改革试点的相关政策。与资源税挂钩，提取一定比例的资金，用以支持接续产业的发展和恢复生态。整合区域发展和产业发展政策，将扶贫资金纳入可持续发展基金，使扶南政策与区域产业布局调整结合起来，将招商引资与扶贫开发结合起来。

（3）促进园区配套产业和服务产业聚集

出台促进油气配套加工制造产业集聚的优惠政策、促进物流配套产业发展的优惠政策、促进园区循环经济建设和低碳发展的优惠政策。

（4）探索城镇化的新模式

在空间上打造"一横五纵"的城镇化与产业发展格局，在制度上打破城乡二元结构，促进农民向市民的身份转化，由农业生产领域转向生态建设领域，探索"离乡不离土"的新型生态城镇化模式。用工业化带动城镇化，城镇化带动产业升级，形成完整互补的县域经济和产业体系。

（5）深化农村经济改革

积极稳妥地推进农村土地流转和适度集中，促进农业向规模化经营转变。加快林权制度改革,提高农民植树造林的积极性。加快建设市场服务体系,不断完善农产品市场销售网络。加快建立各类农民专业合作社,提高农民组织化和社会化程度,为农业发展注入强大动力。

（6）推进城乡一体化

根据现有的财力,实现医疗卫生保障、基础设施保障、社会安全保障的城乡一体全覆盖。

（7）出台区域发展政策

根据产业定位,在陕北、晋陕蒙、首都圈、国家四个层面谋划发展。陕北层面主要是突出与榆林、延安地区的呼应关系,加强与榆林、延安地区能源化工的产业联合。晋陕蒙层面主要是加入区域一体化战略,积极融入呼、包、鄂、榆经济体,并扮演重要角色。首都圈层面主要是彰显对京津冀地区的能源供应和生态保障的重要性,加强沟通,积极融入首都地区的产业发展。国家层面主要是梳理现有补偿政策,科学测算补偿标准,争取最大生态补偿,尽快制定资源税从价计征改革的应对方案。

参考文献

1. 《靖边县统计资料汇编（1949～2000）》。
2. 《靖边县统计年鉴（2000～2009）》。
3. 《"数字2009"——靖边县经济社会发展回眸》。
4. 《留住时代——360°图文靖边》。
5. 靖边县周边县市的经济社会统计数据。
6. 靖边县国民经济和社会发展"十五"计划及2010年规划纲要。
7. 靖边县国民经济和社会发展第十一个五年规划纲要。
8. 靖边县改革开放30年回顾与思考。
9. 中国陕西省委、榆林市委关于榆林市跨越式发展的意见。
10. 《探索与实践——靖边县领导干部论文集（1992～2004）》。
11. 2008年靖边县级领导干部调研报告。
12. 靖边县水资源情况。
13. 靖边县东坑镇水资源概况。
14. 靖边县工业经济概况。
15. 靖边县工业调研报告。
16. 靖边县红墩界镇产业建设简介。
17. 靖边县城镇建设调研报告。
18. 靖边县东坑镇小城镇建设简介。
19. 陕西省移民扶贫千村示范项目建设。
20. 靖边县南部山区综合开发调研报告。

21. 靖边县扶持南部山区发展2010~2014年移民建设内容。
22. 靖边县东坑镇发展现代特色农业情况。
23. 席麻湾乡农业综合开发工作情况。
24. 靖边县伊当湾村发展"一村一品"情况。
25. 《靖边县镇靖乡阳洼村生态环境综合治理示范项目实施方案》。
26. 《靖边县交通运输系统现状》。
27. 靖边县当前推进义务教育均衡发展存在的问题。
28. 靖边县教育事业主要指标。
29. 靖边县文化事业发展近况。
30. 靖边县广播电视事业建设简介。
31. 靖边县旅游基本情况及存在的问题。
32. 靖边县"十一五"期间环境保护、污染治理状况。
33. 靖边县环境空气质量监测点位技术报告。
34. 各地区重点调查工业污染排放及处理利用情况（2007~2009）。
35. 各地区非工业污染、生活污染、医院污染排放及处理利用情况（2008）。
36. 靖边县土地利用总体规划修订方案（1996~2010）。
37. 陕西省靖边县综合农业区划报告。
38. 靖边县生态功能区划。
39. 陕西省靖边县扶贫开发规划（2001~2010）。
40. 靖边县推进社会主义新农村建设规划。
41. 靖边县2009~2015年生态环境建设总体规划。
42. 靖边县环城生态林建设总体规划。
43. 靖边县城镇总体规划（2007~2020）。
44. 靖边县红墩界镇建设规划（2000~2015）。
45. 靖边县周河镇建设规划（2000~2015）。
46. 靖边县东坑镇总体规划（2009~2020）。
47. 靖边县杨桥畔镇总体规划。
48. 靖边县中山涧镇建设规划。
49. 统万城遗址保护总体规划。
50. 靖边县能源及化工产业专项规划。
51. 靖边县西蓝天然气综合利用项目二期、三期规划。
52. 靖边县能源化工产业发展规划重点项目。
53. 靖边县中小企业创业园区"十二五"规划材料。
54. 靖边县太阳能光伏产业示范园区规划介绍。
55. 靖边县"十二五"农业规划设想。
56. 靖边县"十二五"时期林业发展思路。
57. 靖边县城市建设"十五"、"十一五"发展现状及"十二五"发展构想。
58. 靖边县"十二五"生态环境保护规划编制大纲。
59. 靖边县工商行政管理局"十二五"工作规划。
60. 靖边县水利局"十二五"规划材料。
61. 靖边县广播电视局广播影视发展"十二五"规划。
62. 靖边县交通局"十一五"总结及"十二五"规划。
63. 关于"十五"、"十一五"就业情况及"十二五"规划。
64. "十一五"电网规划完成情况及"十二五"电网规划。

65. 《延长石油股份有限公司靖边采油厂"十二五"规划》。
66. 统万城遗址简介。
67. 靖边县污水处理厂项目简介。
68. 靖边县垃圾填埋场及垃圾资源无害化处理厂简介。
69. 中国石油长庆油田公司第一采油厂第一净化厂简介。
70. 陕西延长石油集团有限责任公司榆林炼油厂概况。
71. 靖边天然气有限公司基本情况简介。
72. 靖边能源化工综合利用产业园区简介。
73. 靖边县中小企业创业园区简介。
74. 靖边县芦河酒业有限责任公司企业简介。
75. 陕西省榆林市新田源集团公司简介。
76. 王贵集团简介。
77. 靖边县黄嵩界乡陕北白绒山羊良种繁育场简介。
78. 靖边县富海万头良种养殖场简介。
79. 高海则马铃薯标准化生产示范基地靖边县职教中心介绍。
80. 陕西省靖边中学简介。
81. 靖边发展规划展览馆介绍。
82. 统万路社区简介。
83. 尔德井村简介。
84. 靖边县张家峁水库基本情况。
85. 靖边县大岔水库基本情况。
86. 靖边县猪头山水库基本情况。

社会科学文献出版社网站

www.ssap.com.cn

1. 查询最新图书　　2. 分类查询各学科图书
3. 查询新闻发布会、学术研讨会的相关消息
4. 注册会员，网上购书，分享交流

　　本社网站是一个分享、互动交流的平台，"读者服务"、"作者服务"、"经销商专区"、"图书馆服务"和"网上直播"等为广大读者、作者、经销商、馆配商和媒体提供了最充分的互动交流空间。

　　"读者俱乐部"实行会员制管理，不同级别会员享受不同的购书优惠（最低7.5折），会员购书同时还享受积分赠送、购书免邮费等待遇。"读者俱乐部"将不定期从注册的会员或者反馈信息的读者中抽出一部分幸运读者，免费赠送我社出版的新书或者数字出版物等产品。

　　"网上书城"拥有纸书、电子书、光盘和数据库等多种形式的产品，为受众提供最权威、最全面的产品出版信息。书城不定期推出部分特惠产品。

咨询／邮购电话：010-59367028　　邮箱：duzhe@ssap.cn
网站支持（销售）联系电话：010-59367070　　QQ：1265056568　　邮箱：service@ssap.cn
邮购地址：北京市西城区北三环中路甲29号院3号楼华龙大厦　社科文献出版社　学术传播中心　　邮编：100029
银行户名：社会科学文献出版社发行部　　开户银行：中国工商银行北京北太平庄支行　　账号：0200010009200367306

图书在版编目（CIP）数据

资源开发地区转型与可持续发展：鹰手营子矿区、灵宝、靖边转型案例/刘学敏等编著.—北京：社会科学文献出版社，2011.10
（北京师范大学资源经济与政策研究中心，北京师范大学资源学院研究系列/资源经济与管理丛书）
ISBN 978 - 7 - 5097 - 2645 - 7

Ⅰ.①资… Ⅱ.①刘… Ⅲ.①区域发展 - 研究 - 中国 Ⅳ.①F127

中国版本图书馆 CIP 数据核字（2011）第 178741 号

北京师范大学资源经济与政策研究中心
北京师范大学资源学院　　　　　　　　　研究系列/资源经济与管理丛书

资源开发地区转型与可持续发展
——鹰手营子矿区、灵宝、靖边转型案例

编 著 者／刘学敏　王玉海　李　强　程连升 等

出 版 人／谢寿光
出 版 者／社会科学文献出版社
地　　址／北京市西城区北三环中路甲 29 号院 3 号楼华龙大厦
邮政编码／100029

责任部门／社会科学图书事业部（010）59367156　　责任编辑／赵建波　关晶焱
电子信箱／shekebu@ ssap. cn　　　　　　　　　　　责任校对／杨俊芳
项目统筹／刘晓军　　　　　　　　　　　　　　　　责任印制／岳　阳
总 经 销／社会科学文献出版社发行部（010）59367081　59367089
读者服务／读者服务中心（010）59367028

印　　装／北京季蜂印刷有限公司
开　　本／787mm×1092mm　1/16　印　张／18
版　　次／2011 年 10 月第 1 版　　字　数／337 千字
印　　次／2011 年 10 月第 1 次印刷
书　　号／ISBN 978 - 7 - 5097 - 2645 - 7
定　　价／55.00 元

本书如有破损、缺页、装订错误，请与本社读者服务中心联系更换
版权所有　翻印必究